左右이념단체動向보고

趙成豪

(조갑제닷컴 편집실)

조갑제닷컴

머/리/글

'이념전쟁'에 참여한 단체들의 動向 보고서

左右 이념대립이 낳은 사회단체의 兩分化

이 책은 左派(좌파) 사회단체(이하 좌파단체) 70개, 右派(우파) 사회단체(이하 우파단체) 40개의 動向(동향) 보고서이다. 한국 사회의 左右(좌우) 이념대립은 정치권을 넘어, 정부와 국민의 架橋(가교) 역할을 하는 사회단체까지 이념에 따라 兩分(양분)한 상태이다.

좌파단체는 제도 정치권 바깥에서 좌파 정치세력을 측면 지원하며 광범위한 활동을 전개하고 있다. 좌파단체들이 先占(선점)한 분야들은 복지, 환경, 인권, 언론개혁 등이다. 이들이 표면상 내세우는 구호를 한 문장으로 요약하면 '인권을 보호하고, 사회적 약자들을 배려하며, 살아 있는 권력에 對抗(대항)한다'로 정리할 수 있다.

좌파단체의 實相(실상)은, 이런 美辭麗句(미사여구)와는 많이 다르다.

'인권'과 '사회적 약자 보호'를 내세운 단체들이 북한 인권 문제엔 침묵하고 있었으며, '살아있는 권력에 대항한다'면서 북한 3代 세습독재엔 함구한다. 많은 좌파단체들이 국가보안법(국보법) 철폐, 주한미군 철수, 연방제 통일을 주장(혹은 동조)하고 있었다. 일부 단체는 북한의 對南(대남) 赤化노선을 노골적으로 추종, 사법부에 의해 利敵(이적)단체로 판시되었다.

이 책에선 국보법 철폐(혹은 개정)·주한미군 철수(反美 활동 포함)·연방제 통일을 지지하거나 이런 주장에 우호적인 입장을 보이는 단체를 좌파로 분류했다. 利敵(이적)단체를 비호·두둔하고, 북한 체제를 美化·찬양(김정일 사망에 弔意·哀悼 포함)한 단체나 결집체도 좌파로 규정했다. 활동의 強度(강도)에 따라 '좌파'와 '중도좌파'로 세분화했다.

'국보법 폐지 주장' 33개로 最多

국보법 철폐(혹은 개정)를 주장한 좌파단체는 70개 중 33개(47.1%)로 最多(최다)였다. 대표적인 단체로는 ▲국가보안법폐지국민연대 ▲민주사회를위한변호사모임 ▲민주언론시민연합 ▲사회진보연대 ▲전국교직원노동조합 ▲전국민주노동조합총연맹 ▲통합진보당 등이다. 주한미군 철수(反美 활동 포함)를 주장한 단체는 24개(34.2%)로 그 뒤를 이었다. 대표적인 단체는 ▲미군학살만행진상규명전민족특별조사위원회 ▲우리민족끼리연방제통일추진회의 ▲6·15공동선언실천연대 등이다. 연방제 통일을 주장한 단체는 10개(14.2%)로, ▲우리민족끼리연방제통일추진회의 ▲조국통일범민족연합남측본부 ▲조국통일범민족청년학생연합남측본부 ▲한국대학총학생회연합 등이다.

국보법 철폐·주한미군 철수·연방제 통일을 모두 주장한 極左(극좌) 단체는 총 10개(우리민족끼리연방제통일추진회의, 6·15공동선언실천연대, 한국대학총학생회연합 등)였으며, 이중 6개 단체가 利敵단체로 판시되었다. 통합진보당은 국가보안법 폐지와 주한미군 철수를, 정의당은 주한미군 철수를 강령에 넣었다.

북한체제 찬양·美化 단체도

한총련 등 利敵단체로 판시된 단체들을 비호하고 美化(미화)한 단체는 10개였으며, 북한 체제를 노골적으로 찬양·美化한 단체도 7개다. 〈민족21〉의 경우, 언론매체로서 북한 기관紙들과 제휴를 맺고, 그들의 기사를 소개해왔는데 대부분이 北 체제와 정책을 美化하거나 선전하는 내용들이었다. 독재자 김정일이 사망하자 北에 弔電(조전)을 발송하거나 弔問(조문)을 해야 한다고 주장한 단체도 11개나 되었다. 북한 인권에 침묵하거나 북한인권법 제정에 반대 혹은 소극적인 태도를 보인 좌파 단체가 많은데, 인권운동사랑방은 인권을 내세우면서도 북한인권법 제정에 비판적이었다.

천안함 爆沈에 집요한 의혹 제기

북한정권이 저지른 천안함 爆沈(폭침)·연평도 포격에 대한 좌파단체들의 입장도 좌편향 이념을 반영한다. 좌파는 이념을 사실보다 重視(중시)하는 경향이 강하다. 이들은 천안함 폭침에 대해 음모론을 내세우는 경우가 많았다.

'다함께'의 경우, "軍部(군부)와 右派 언론들은 근거도 없는 북한 관련 설을 흘리고 있다"고 했고, 민주당은 '민군합동조사단(이하 합조단)의 결과에 문제가 있다'며 정부를 몰아붙였다.

연평도 포격은, 포격 상황이 TV를 통해 방영돼 음모론이 먹힐 수가 없었다. 그러자 '다함께'는 북한이 '권력세습 과정에서 내부 결속'을 꾀하기 위해 일으켰다는 취지의 주장을 했다. 민주당은 햇볕정책을 내세우며 "(남북) 평화관리체제를 복원하라"고 압박했다. 피해자인 한국 정부를 비난하면서 가해자인 북한정권에 대한 비판은 원론적이거나 아예 하지 않는 경우가 많았다. 참여연대 평화군축센터는 '(천안함 폭침 사건) 합동조사단의 조사 결과에 의혹이 있다'는 내용이 담긴 서한을 유엔에 보내기도 했다.

公安사범 前歷者가 이끄는 단체들

상당수 좌파단체에는 公安사건에 연루되었던 인사들이 포진해 있었다. 민족문제연구소의 임헌영(상임이사)과 민주화실천가족운동협의회의 권오헌(명예회장)은 1979년 남조선민족해방전선준비위원회(남민전) 사건에 연루돼 實刑(실형)을 선고받았던 인물이다. 21세기코리아연구소의 조덕원(소장)은 1992년 남조선노동당 중부지역당 사건에 연루되어 實刑을 선고받은 적이 있다.

민주당의 黨歌(현재는 홈페이지에서 삭제)를 작사한 이철우 前 열린우리당(민주당의 前身) 의원도 같은 사건에 연루되었다. 안기부 수사白書(백서)에 따르면, 그는 간첩교육을 받은 황 모가 조선노동당에 현지입당시킨 핵심 인사중 한 명이라고 기재되어 있다.

정부 지원 받은 좌파단체

아름다운재단(중도좌파)은 기부문화 확산과 지원 등의 명목으로 다수의 親北·좌파성향 단체에 자금을 지원해왔다. 이들이 지원한 단체 전부를 좌파성향으로 단정할 순 없지만, 그렇다고 우파단체가 지원받은 사례는 全無(전무)하다. 이 책에 수록된 좌파단체 중 아름다운재단의 지원을 받은 단체(또는 단체 소속 인사)는 10개에 달한다.

노무현 정권 때 정부의 자금 지원을 받은 단체도 있다. 〈민족21〉은 '2006년 신문발전기금 우선지원 대상'으로 선정된 바 있으며, 2005년 민주언론시민연합도 방송위원회에 신청해 1억 5530만 원을 지원받았다. 利敵단체로 판시된 6·15공동선언실천연대는 2006년 행정자치부로부터 '한반도 평화체제 구축 운동'이라는 명목으로 3000만 원을 지원받았다. 利敵단체인 조국통일범민족연합남측본부도 통일부로부터 6억 5900만 원(2006년)과 13억 1300만 원(2005년)의 남북협력기금을 지원받아 남북공동행사를 개최하기도 했다. 한국민족예술인총연합 간부들은 公金(공금)을 횡령한 혐의로 實刑을 선고받았으며, 환경운동연합의 최열 前 대표는 알선수재 혐의로 구속수감 되었다.

연대체 구성, 신속 개입

利敵단체로 판시된 단체 중 일부는 이름만 바꿔 활동하는 경우도 있었다. 공안당국은 조국통일범민족연합 남측본부 등 5개 利敵단체가 여전히 활동 중인 것으로 파악하고 있다. 이 단체의 경우 利敵단체 확정 판결을 받은 후에도 인터넷 홈페이지를 유지하고, 북한 찬양 문건들을 게시하는 등 활동을 계속하고 있다고 한다(2013년 11월8일字 〈조인스닷컴〉).

통합진보당에 대한 정당해산이 헌법재판소에 청구(2013년 11월5일)된 상태지만, 反헌법적 활동을 하는 좌파단체에 대한 實效(실효)적인 제재는 거의 없는 실정이다. 일부 좌파단체들은 정부로부터 보조금까지 지급받아 '정부가 이들의 활동을 방조하는 것 아니냐'는 비판도 받았다.

좌파단체의 또 다른 특징은 수시로 연대체를 구성해 각종 이슈에 개입한다는 점이다. 2008년 광우병 사태가 대표적 사례이고, 2011년 제주해군기지 반대 시위, 2013년 밀양 송전탑 건설 반대 시위에도 복수의 좌파단체들이 조직적으로 개입했다. 이들은 정당한 법집행조차도 '탄압', '폭거'로 규정, 여론몰이에 나서고 左傾(좌경) 언론은 이를 응원하는 모양새를 취했다.

애국우파의 躍進

좌파에 비해 열세라는 평가를 받았던 우파단체는 前과 다르게 躍進(약진)하고 있다. 우파단체 역시 좌파세력에 맞서 場外(장외)집회와 기자회견을 열고, 신문광고를 게재하는 등 활발한 행동을 하고 있다.

김대중-노무현 정권 때 행동하는 애국단체로 주목을 받았던 국민행동본부(본부장 서정갑)는 李明博-朴槿惠 정부 들어서도 場外집회와 광고 게재 및 청원운동 등을 계속하면서 애국운동의 한 모범을 보이고 있다. 2004년을 시작으로 법무부에 네 차례 통합진보당(舊 민주노동당 포함) 해산을 청원했다. 법무부는 2013년 11월, 통진당 정당해산 심판을 헌법재판소에 청구했는데 국민운동본부가 제기한 法理(법리)를 상당 부분 수용했다.

대한민국재향경우회(회장 구재태)와 대한민국고엽제전우회(총회장 이형규)는 2013년 7월부터 서울 도심부에서 '反국가 종북세력 대척결 국민대회'를 지속적으로 열고 있다. 대한민국재향군인회(회장 박세환)는 노무현 정권 때 국보법 폐지 반대, 전시작전통제권 전환 반대 운동을 주도, 여론을 이끌었다. 최근에는 통합진보당 해산 청원 서명 운동에 적극적이다.
　특정 좌파단체를 상대로 싸우는 우파단체도 있다. 反국가교육척결국민연합(공동대표 이계성 外)은 反전교조 투쟁이 전문이다. 교장 출신인 이계성 공동대표는 1인 시위, 고소·고발, 전단지 배포 등 몸으로 때우는 거리 투쟁에 열심이다.

中道는 없었다

　이념전쟁은 銃聲(총성)없는 말과 글의 전쟁이다. 언론의 역할이 크다. 우파 언론기관이나 인사들의 활동도 점차 다양해지고 젊어지고 있다. 한국자유연합(대표 김성욱)은 〈리버티헤럴드〉라는 매체를 운영하면서 '자유통일과 일류국가 건설'에 대한 비전을 전파하고 있다. 한국자유연합은 젊은층을 상대로 토크콘서트도 연다. 올인코리아(대표 조영환)는 인터넷 매체이지만 對좌파 규탄시위 및 기자회견도 활발히 열어 '행동력이 강한 매체'란 평가를 받는다.
　미디어워치(대표 변희재)는 '연구진실성검증센터'를 운영하며 소위 진보인사들의 논문표절 檢證(검증)에 주력하고 있다. 2011년 창간된 뉴포커스(대표 장진성)는 '국내 최초의 탈북자 신문'을 표방하고 있다. 격주간지 미래한국(사장 김범수)도 이념적 이슈들을 개성있는 시각으로 심도있게 분석·보도하고 있다.

110개의 단체 중 中道(중도)로 분류할 수 있는 단체가 없었단 점도 눈여겨 볼 대목이다. 좌파단체들이 親北的(친북적) 성향을 버리고, 헌법의 테두리 내에서 정책을 다룬다면, 中道의 범주에 들어갈 수 있겠지만 현재 그럴 가능성은 없어 보인다. 우리 사회의 이념대립 구도가 얼마나 첨예한지를 잘 보여주는 단적인 예이다.

늦은 시간까지 관련 자료들을 수집하며 함께 고생한 許盛硯 씨(조갑제닷컴 인턴기자)에게 깊은 감사를 드린다. 부족한 부분이 많은 책이지만 미진한 부분은 앞으로 보완해 나갈 것이다.

2013년 12월11일

趙成豪(조갑제닷컴 기자)

차 / 례

머리글   '이념전쟁'에 참여한 단체들의 動向 보고서 …… 6

左派 단체

1. 경제정의실천시민연합 …… 20
2. 국가보안법폐지국민연대 …… 25
3. 노동인권회관 …… 29
4. 노무현재단 …… 32
5. 녹색연합 …… 39
6. 다함께 …… 43
7. 문화연대 …… 50
8. 미군학살만행진상규명전민족특별조사위원회 …… 54
9. 민족21 …… 58
10. 민족문제연구소 …… 64
11. 민족화해협력범국민협의회 …… 71
12. 민주당 …… 75
13. 민주사회를위한변호사모임 …… 91
14. 민주언론시민연합 …… 96
15. 민주주의법학연구회 …… 101
16. 민주화를위한전국교수협의회 …… 106

⑰ 민주화실천가족운동협의회 …… 109
⑱ 민주화운동관련자명예회복및보상심의위원회 …… 114
⑲ 민주화운동정신계승국민연대 …… 122
⑳ 민중의힘 …… 126
㉑ 반값등록금실현과교육공공성강화국민본부 …… 129
㉒ 백만송이국민의명령 …… 133
㉓ 불교인권위원회 …… 137
㉔ 사회진보연대 …… 141
㉕ 시민사회단체연대회의 …… 146
㉖ 실천불교전국승가회 …… 150
㉗ 아름다운재단 …… 155
㉘ 언론개혁시민연대 …… 161
㉙ 우리겨레하나되기운동본부 …… 165
㉚ 우리민족끼리연방제통일추진회의 …… 170
㉛ 우리민족서로돕기운동 …… 175
㉜ 6·15공동선언실천남측위원회 …… 179
㉝ 6·15공동선언실천연대 …… 185
㉞ 21세기코리아연구소 …… 191
㉟ 21세기한국대학생연합 …… 194
㊱ 인권실천시민연대 …… 198
㊲ 인권운동사랑방 …… 203
㊳ 인도주의실천의사협의회 …… 207
㊴ 전국공무원노동조합 …… 210
㊵ 전국교직원노동조합 …… 216
㊶ 전국농민회총연맹 …… 225
㊷ 전국민주노동조합총연맹 …… 229
㊸ 전국언론노동조합 …… 237

44 전국철거민연합회 …… 241
45 전태일재단 …… 245
46 정의당 …… 247
47 조국통일범민족연합남측본부 …… 253
48 조국통일범민족청년학생연합남측본부 …… 262
49 좋은벗들 …… 268
50 주한미군철수운동본부 …… 272
51 참교육을위한전국학부모회 …… 276
52 참여연대 …… 279
53 천주교정의구현사제단 …… 289
54 통합진보당 …… 297
55 투기자본감시센터 …… 310
56 평화네트워크 …… 313
57 평화를만드는여성회 …… 317
58 평화와통일을여는사람들 …… 320
59 평화재단 …… 326
60 학술단체협의회 …… 328
61 한국가톨릭농민회 …… 330
62 한국기독교교회협의회 …… 333
63 한국대학총학생회연합 …… 336
64 한국민족예술인총연합 …… 343
65 한국여성단체연합 …… 347
66 한국진보연대 …… 351
67 한국청년단체협의회(現 한국청년연대) …… 360
68 한미FTA저지범국민운동본부 …… 364
69 환경운동연합 …… 369
70 환경정의 …… 376

右派 단체

1. 교과서포럼 ······ 380
2. 국가정상화추진위원회 ······ 383
3. 국민행동본부 ······ 386
4. 국제외교안보포럼 ······ 390
5. 뉴포커스 ······ 393
6. 대한민국고엽제전우회 ······ 396
7. 대한민국어버이연합 ······ 399
8. 대한민국재향경우회 ······ 402
9. 대한민국재향군인회 ······ 405
10. 대한민국지키기불교도총연합 ······ 408
11. 라이트코리아 ······ 410
12. 미디어워치 ······ 413
13. 미래한국 ······ 416
14. 바른사회시민회의 ······ 419
15. 反국가교육척결국민연합 ······ 423
16. 북한민주화위원회 ······ 426
17. 북한민주화포럼 ······ 428
18. 星友會(성우회) ······ 430
19. 時代精神(시대정신) ······ 433
20. 시민과함께하는변호사들 ······ 435
21. 아산정책연구원 ······ 438
22. 올인코리아 ······ 441
23. 6·25전쟁납북인사가족협의회 ······ 444
24. 이북도민회중앙연합회 ······ 447
25. 21세기분당포럼 ······ 449

㉖ 자유경제원 ······ 452

㉗ 자유민주민족회의 ······ 454

㉘ 자유민주연구학회 ······ 456

㉙ 자유북한방송 ······ 459

㉚ 자유북한운동연합 ······ 462

㉛ 자유수호국민운동 ······ 464

㉜ 자유청년연합 ······ 466

㉝ 탈북난민보호운동본부(現 세이브엔케이) ······ 469

㉞ 피랍탈북인권연대 ······ 471

㉟ 한국공업신문 ······ 473

㊱ 한국기독교총연합회 ······ 475

㊲ 한국논단 ······ 478

㊳ 한국대학생포럼 ······ 481

㊴ 한국자유연합 ······ 485

㊵ 한국자유총연맹 ······ 488

左派 단체

① 경제정의실천시민연합

한총련 두둔, 6·15/10·4선언 이행 주장

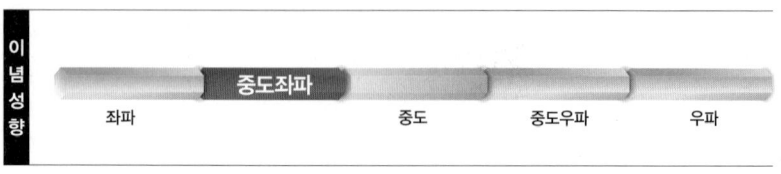

홈페이지: http://www.ccej.or.kr
전화: 02-765-9731~2
설립일: 1989년 7월8일
주요인사: 보선(前 조계종 중앙종회 의장)·임현진(現 서울대 사회학과 교수)·조현(의사)·최정표(現 건국대 경제학과 교수)·박종두(現 목포대 행정학과 교수) 등(이상 공동대표), 박상기(現 연세대 법학전문대학원 교수)·김대래(現 신라대 경제학과 교수) 등(이상 중앙위원), 김근식(現 경남대 정치외교학 교수) 등(이상 상임집행위원)

　경제정의실천시민연합(이하 경실련)은 공정한 시장경제질서와 경제정의의 안정적 유지를 명목으로 결성된 단체이다. 경실련은 단체산하 특별기구인 통일협회(舊 통일위원회)가 국가보안법폐지국민연대 등에 참가해 일부 左派단체의 주장에 동조해왔다. 6·15/10·4선언 이행촉구, 김정일 弔問(조문)도 공개적으로 주장했다.

利敵단체로 판시된 한총련 두둔

경실련은 2003년 2월24일字 성명에서 "한총련(注: 한국대학총학생회연합)은 매년 새로운 대의원이 구성되고 구성원이 선거라는 민주적 절차에 따라 학생들의 손에 의하여 직접 선출되는 연합단체"라며 利敵(이적)단체로 판시된 한총련을 두둔했다. 한총련은 1996년 8월, 연세대에서 열린 '통일대축전' 행사 때 연세대 內 종합관과 과학관을 점거해 농성을 벌이며 폭력을 행사했다. 농성 장소에선 김일성을 찬양하는 낙서와 유인물 등이 발견되기도 했다. 이를 계기로 대법원은 제5기 한총련을 이적단체로 1998년 7월28일 최종 판시(대법원 98도1395)했다.

6·15/10·4선언 이행 촉구

경실련 통일협회는 2008년 7월11일, 이명박 대통령이 국회 開院(개원) 연설에서 언급한 남북 당국간의 전면 대화 제의와 관련된 논평을 발표했다. 이들은 "6·15선언과 10·4선언 문제가 해결되지 않으면 남북관계를 풀어갈 수 없다는 현실을 이명박 대통령이 인정한 것은 나름 진전된 모습"이라고 평가했다. 이어 "10·4선언의 이행과 함께 3통(통행·통신·통관) 문제 해결을 위해 정부는 남북대화 재개로 신뢰회복에 적극적으로 나서야 한다"며 "2006~2007년 연이은 수해로 식량난이 가중되고 있는 북측에 식량지원 등 인도적 지원을 즉각 실시하라"고 촉구했다.

경실련은 같은 논평에서 보수성향 홍관희 안보전략연구소장의 통일교육원장 내정에 대해서도 비판했다. "'6·15선언'을 용공이적행위라고 비판하고, 공공연히 북한정권을 붕괴시키고 흡수통일을 해야 한다고 주장하는 홍관희 소장의 임명은 남북대결과 장기경색 국면을 더욱 조장하는 것"이라고 비난했다.

北核문제 양비론적 시각에서 다뤄

경실련 통일협회는 북한의 핵실험 직후인 2013년 2월12일 '북, 핵실험은 고립을 자초하는 명백한 도발 행위'라는 題下(제하)의 성명을 발표했다. 경실련은 "북한은 한반도 정세를 파국으로 몰고 가는 어떠한 행위도 더 이상 용납될 수 없음을 인식하고, 한반도 긴장을 고조시키는 행위를 즉각 중단할 것을 촉구한다"며 북한을 비판하는 듯한 입장을 취했다. 그러나 "실효성 없는 對北(대북)제재 방안에만 매몰되기 보다는 북한의 모험적인 행위가 더 이상 발생하지 않도록 대화의 장으로 유도하고, 합리적인 해결방안을 모색해야 할 것"이라고 주장했다. 우리 정부의 대북정책을 '실효성 없는 對北제재 방안'이라고 폄하한 것이다.

북한 주민들은 지난 수십여 년 간 김일성-김정일-김정은의 暴壓(폭압)통치로 대량 餓死(아사)에 시달리고, 정치범 수용소에서 인권유린을 당하는 등 극심한 탄압을 겪고 있다. 국제사회의 계속되는 경고에도 불구하고, 북한정권은 인권상황을 개선하기는커녕 '先軍(선군)정치'를 표방한 핵실험에만 穿鑿(천착)하고 있다. 北의 핵실험은 전적으로 북한정권의 책임이지 우리 정부나 국제사회의 '對北제재'로 초래된 것이 아니다. 그럼에도 경실련은 '대화와 타협'을 내세우며 우리 정부의 책임만을 부각시켰다.

경실련은 '비핵화 공동선언'을 주장하며 7·4공동성명, 남북기본합의서를 비롯해 김대중-노무현 정권 때 합의된 6·15/10·4선언의 이행을 촉구했다. 2011년 6월15일 경실련 통일협회는 6·15선언 11주년을 맞아 발표한 '남북관계의 근원을 돌아보아야 한다'는 논평에서 다음과 같이 주장했다.

〈2000년 '통일문제의 자주적 해결과 1국가 2체제의 통일방안 협의, 남북 간 교류활성화, 이산가족의 조속한 상봉, 이러한 약속을 실천하기 위한 실무회담 개최'를 합의했던 6·15선언의 의미를 되새겨야 한다. 우리는 6·15선언이 이행되지 못한 채 버려지고 있음을 유감스럽게 생각하며, 한반도 평화와 안정을 위한 대북정책으로의 전환을 요구한다.〉

이들이 이행을 촉구한 6·15선언 제2항에는 "남과 북은 나라의 통일을 위한 남측의 연합제 안과 북측의 낮은 단계의 연방제 안이 서로 공통성이 있다고 인정하고 앞으로 이 방향에서 통일을 지향시켜 나가기로 하였다"고 명시되어 있다. 대한민국 헌법은 '자유민주적 기본질서에 입각한 통일'만 인정하고 있어 6·15선언 세2항은 헌법에 위배된다는 지적이 있다.

"노무현이 NLL 포기했다고 단정할 수 없다"

경실련 통일협회는 2013년 7월15일字 성명에서 "소모적인 NLL 논쟁을 중단하고 평화와 안보가 공존하는 NLL의 큰 청사진을 제시할 것"을 촉구하며 ▲정부·여당이 NLL을 정쟁의 도구로 쓰지 말 것 ▲NLL을 이념이 아닌 실사구시적 태도로 접근할 것 등을 제안했다.

이들은 "당략과 사익에 매몰돼 불법에 동조한 정부·여당의 무책임함에 책임을 묻지 않을 수 없다"며 정부와 여당을 싸잡아 비판했다. 이어 "대통령 직속기관이 회담문을 여과 없이 공개해버리는 것을 방조한 현 상황에서 어떻게 이 공약을 지킬 수 있을지도 의문"이라며 국정원의 대화록 공개에 대해서도 비판했다. 단체는 또 "노무현 대통령의 발상이 결코 NLL을 포기했다고 단정할 수 없다"고 주장했다. 그 근거로 "개성공단과 DMZ평화생태공원조성, 서해평화협력특별지대는 모두 평화와 안보가 함께 공유할 수 있는 방향을 제시했다"는 점을 들었다.

개성공단에는 우리 측 근로자 약 788명(출처: 개성공업지구지원재단·2013년 2월 기준)이 일하고 있다. 만약 북한이 개성공단 근로자들을 강제로 억류시킨다면, 이들은 북한의 인질이 된다. 실제로 2009년 북한은 韓美 군사훈련을 이유로 세 차례에 걸쳐 개성공단 육로 통행을 차단하고 137명의 현대아산 근로자들을 억류시킨 적이 있었다. 경실련 통일협회는 평화만을 강조하며, 북한의 前例(전례)에는 눈을 감은 것이다.

김정일 弔問 촉구

경실련 통일협회는 김정일 사망 직후인 2011년 12월20일 "우리 정부는 한반도의 불필요한 긴장과 갈등이 더 이상 발생하지 않도록 해야 하며, 한반도 평화를 위한 새로운 기회를 모색하는 차원에서 북한에 조문단을 파견하는 용기 있는 결단을 내리기를 촉구한다"는 성명도 발표했다.

> **참고**
> '국가보안법폐지국민연대' (25페이지)

② 국가보안법폐지국민연대

左派단체의 연합체…'왕재산 사건' 관련자를 '선량한 시민'으로 美化

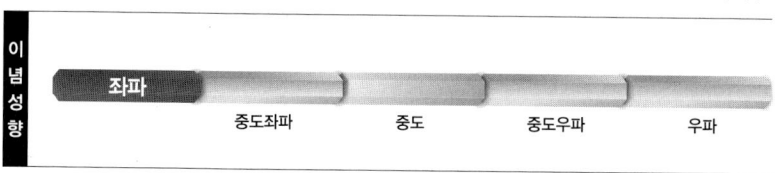

홈페이지: http://freedom.jinbo.net
전화: 02-2631-5027~8
설립일: 1999년 9월28일
주요인사: 권오헌(現 민가협양심수후원회 명예회장)·김혜경(前 민주노동당 대표)·무규현(前 전주교정의구현사제단 대표)·오종렬(前 전국연합 상임의장)·이수호(前 민노총 위원장)·최열(前 환경재단 대표)·황석영(前 민예총 이사장)·한상렬(前 통일연대 상임의장) 등 (이상 공동대표), 김기식(現 민주당 국회의원)·박석운(現 한국진보연대 공동대표)·최민희(現 민주당 국회의원)·김제남(現 정의당 국회의원) 등(이상 공동운영위원장)

국가보안법폐지국민연대(이하 국민연대)는 국가보안법의 완전 철폐를 목표로 한 左派단체들의 연합체이다. 단체는 2004년부터 100만인 서명운동, 단식농성, 대중집회, 기자회견, 공청회 등을 통해 국보법 폐지를 위한 여론몰이를 해왔다.

"국보법은 민주사회와 양립할 수 없어"

국민연대는 2004년 8월10일 再(재)발족을 선언하며 본격적인 활동에 들어갔다. 원래 이 단체는 2000년 7월, 232개 단체가 참여해 활동해왔었다. 노무현 정권 출범 후 국민연대는, 2004년 내로 국보법을 폐기하기 위해 300여 개의 좌파단체를 규합해 재발족했다. 국민연대는 同年 8월 10일 발표한 '국가보안법 시대를 청산하고, 민주·인권·통일의 시대로 나아가자'라는 題下(제하)의 글에서 "국가보안법과 공안통치기구가 지배하던 시대와는 단호하게 결별할 때가 되었다"며 17대 국회가 국보법 폐지에 앞장설 것을 촉구했다.

2008년 12월1일 서울 프레스센터에서 '국가보안법 제정 60년에 즈음한 선언문 발표 기자회견'을 열었다. 국민연대는 "국가보안법이 지배한 60년은 국민들의 의식 속에 아직도 빨갱이에 대한 공포를 남겨 놓았다. 사상과 표현의 자유마저 부정하는 국가보안법은 민주사회와 결코 양립할 수 없다"고 주장했다(발언출처: 2008년 12월1일字 〈통일뉴스〉 보도). 2009년 5월7일 국가정보원 앞에서 열린 기자회견에서는 "이명박 정권이 남북민간급 교류와 협력마저 완전히 차단하고, 진보적 통일 활동 일체를 불법화하려는 것이다"라고 주장했다(발언출처: 2009년 5월8일字 〈오마이뉴스〉 보도).

"국가보안법은 태생부터 惡法"

국민연대는 2012년 11월29일 발표한 '국가보안법 제정 64년 선언문'의 序頭(서두)에서 "낡고 나쁜 법, 국가보안법 폐지에 모두 나서자"라고 밝혔다. 이어 "국가보안법이 제정된 지 64년이 지났다. 태생부터 악법이었던 국가보안법은 이명박 정부가 들어선 이후 그 악랄한 명성을 더욱 날리고 있다"고 비난했다. 단체는 "국가보안법의 괴물 아래 우리 사회는 여전히 신음하고 있다"며 "지난 유신시대와 독재시절의 국가보안법의 문제점이 지금도 그대로라는 점, 더욱 악화되고 있다는 점에서 국가보안법이 더 이상 존속될 이유가 없다"며 국보법 폐지를 거듭 주장했다.

국민연대는 같은 날 서울 광화문 광장에서 기자회견을 열고 "이명박 정부가 들어선 이후 국가보안법 사건은 폭발적으로 증가했다. 남북관계가 완전히 차단된 상황에서 갑자기 국가보안법 사건이 증가하는 이유가 과연 무엇인지 묻지 않을 수 없다"고 비난했다(발언출처: 2012년 11월 28일자 〈자주민보〉 보도).

'왕재산 사건' 관련자를 '선량한 시민'으로 美化

2011년 12월10일, 국민연대는 '왕재산 사건'이 조작·과잉수사라며 서울 종각에서 'NO! 국가보안법 STOP! 국가보안법 집회!'를 개최, 국보법의 전면 폐지를 주장했다. '왕재산 사건'은, 북한 225국(舊 노동당 대외연락부)의 지령을 받은 IT업체 대표를 비롯해 前 국회의장 비서관이 구속된 사건이다. 이들은 국내 정치동향과 군사정보를 北에 제공했으며, 左派정당 통합에 개입하려 했던 것으로 검찰 조사결과 드러났다.

이 과정에서 국민연대는 국정원의 '왕재산 사건'의 수사를 비난했다. 이들은 같은 해 12월28일 발표한 성명에서 "누가 국정원에게 선량한 시민들을 범법자처럼 대하고 협박할 권한을 주었던가"라며 왕재산 사건 관련자들을 '선량한 시민'으로 美化했다.

2012년 10월29일 수원지법 형사10단독(부장판사 이상훈)은, 국가보안법 위반 혐의 등으로 기소된 윤기진에 대해 징역 1년 6월에 자격정지 1년 6월을 선고하고 법정구속했다[注: 항소심에서 무죄판결. 2013년 5월30일 수원지법 형사항소6부(부장판사 송인권)는 "피고인의 서신은 대한민국의 정통성을 위협하지 않아 대법원이 요구하는 이적성이 있다고 볼 수 없다"고 밝힘].

그는 2002년부터 제11기 범청학련 남측본부 의장으로 활동하는 등 利敵단체에 가입해 이적표현물을 제작·배포하고, 한총련 의장을 북한에 보내 지령을 받게 한 혐의로 2008년 2월 구속돼 3년을 복역한 뒤 2011년 2월 滿期(만기)출소했다. 그러나 만기출소 하루 전 교도소에서 利敵 표현이 담긴 옥중서신 등을 제3자에게 보내 인터넷에 올리도록 한 혐의로 2011년 2월 다시 기소돼 불구속 상태에서 재판을 받아왔었다. 그의 부인 황선(前 통합진보당 최고위원) 역시 2005년 불법 訪北(방북)해 평양에서 딸을 출산하기도 했으며, 국보법 위반 혐의로 입건됐었다.

국민연대는 윤기진에 대한 법원의 판결을 비난하는 내용의 성명을 발표했다. 2012년 10월29일字 성명에서 "출소 하루 전에 기소를 한 검찰은 국가보안법을 남용하여 개인에 대한 반인권적 탄압을 자행하였고 오늘 재판부는 검찰의 어처구니 없고, 무자비한 탄압에 동조하여 실형을 선고하였다"고 비난했다.

> 참고

'민주화실천가족운동협의회' (109페이지)
'전국민주노동조합총연맹' (229페이지)
'천주교정의구현사제단' (289페이지)
'한국진보연대' (351페이지)

③ 노동인권회관

反美선동하고, 김일성 찬양한 홍근수

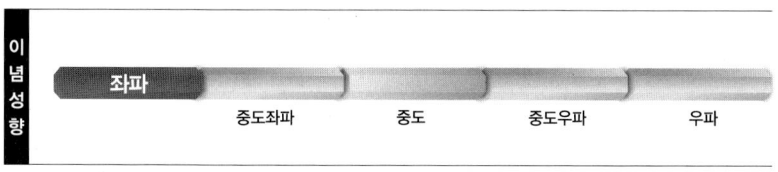

홈페이지: http://www.inkwon.or.kr
전화: 02-749-6052, 8975
설립일: 1989년 10월28일
주요인사: 홍근수(前 이사장)

노동인권회관(이하 회관)은 "노동자들의 인권을 옹호하고 건전한 노동자 문화의 창달 및 노동자의 사회·경제·정치적인 지위향상을 도모하겠다"는 목적으로 설립되었다. 현재 이 단체는 뚜렷한 활동이 없는 상태이다.

홍근수, 연방제 통일·주한미군 철수 주장

회관 이사장이었던 홍근수(2013년 사망) 향린교회 前 담임목사는 주한미군 철수와 연방제 통일을 주장해 온 인물이다. 홍근수는 자신의 논설집인 《자주통일로 가는 길》중 '남한통일운동의 방향과 전망'에서 "4대 정치적 과제인 국가보안법 철폐, 평화협정 체결, 미군철수, 연방제적 통일을 확고히 추진해야 한다"며 "진정하고 가장 합리적이고 공정하며 가능한 통일방안은 연방제적인 통일방식임을 부인하지 못할 것"이라고 주장했다.

홍근수가 대표로 있었던 좌파단체 '평화와통일을여는사람들(평통사)'의 2006년 4월4일字 성명은 "한반도 평화위협의 근원과 실체가 주한미군과 反민족적인 한미동맹에 있다"며 "평화체제 수립에 호응해 주한미군을 철군시켜야 한다"고도 했다.

'권좌에 반세기 넘어 있던 김일성, 영웅으로 추앙받아야'

홍근수는 2006년 3월17일字 〈통일뉴스〉에 기고한 '양키! 고 홈!'이란 칼럼에서 이 말의 유래를 소개했다. 그는 "'양키 고 홈!'을 외치면서 그 자신 산 인간의 횃불이 되어 산화한 한 청순한 젊은 대학생이 시작했다"며 1990년 분신자살한 김세진(당시 서울대 재학)을 언급했다. 홍근수는 "정의감과 조국애의 충동으로 그 자신이 인간횃불로 민족자주와 '양키 고 홈!'을 외치면서 산화하여 순교자가 된 것"이라며 金 씨의 분신자살을 美化(미화)했다(실제로 그는 자신의 칼럼을 엮어 2006년 《양키! 고 홈!》이라는 책을 출간하기도 했다).

홍근수는 2000년 8월9일字 〈민중의소리〉에 '북, 바로알자'라는 칼럼에서 美軍을 비난하고 연방제 통일을 주장했다. 그는 "이 땅에 점령군으로 온 미군은 우리 한국인들을 알기를 개 같이 알고 있는 터였습니다"

며 "1945년 8월에 일제가 물러갔다지만, 일제에 빌붙어 살았던 고등계 형사를 비롯, 일본 군대에 있었던 자들, 내놓은 친일파 관리들, 거의 모두가 그대로 미 점령군 당국의 미군정에 그대로 참여하였습니다"라고 주장했다. 홍근수는 줄곧 反美발언과 美軍철수 주장을 해왔지만, 정작 자신은 미국 브루클라인 소재 보스톤 한인교회에서 목회를 한 적이 있다.

그는 또 "80세를 향수하고 평소에 건강했으며, 권좌에 근 반세기 넘어 있었다면 그는 영웅으로 추앙받아 옳지 않습니까"라며 독재자이자 반란집단의 首魁(수괴)였던 김일성을 美化(미화)했다.

> 참고

'평화와통일을여는사람들' (320페이지)

④ 노무현재단

민주당 소속 국회의원 63명 배출한 親盧조직

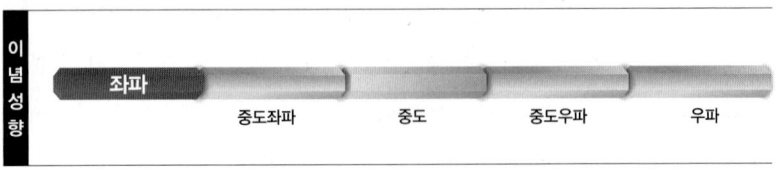

홈페이지: http://www.knowhow.or.kr
전화: 1688-0523/055-344-1004
설립일: 2009년 9월23일
주요인사: 이병완(前 청와대 비서실장)(이사장), 도종환(現 민주당 국회의원)·안성례·이해찬(現 민주당 국회의원)·정연주·이재정(前 통일부 장관)·문재인(現 민주당 국회의원)·한명숙(現 민주당 국회의원)·문성근(前 민주통합당 상임고문)(이상 이사)

노무현재단(이하 재단)은 2009년 노무현 前 대통령 자살 후, 親盧세력이 주축이 되어 설립한 재단이다. 재단은 '노무현 시민강좌'를 비롯한 노무현 前 대통령의 일생·사상·정책 등을 교육하는 강좌를 개설했으며, '노무현 시민학교'도 설립했다. 이외에도 재단은 노무현의 유품과 일반 기록물, 증언, 인터뷰 등을 採錄(채록)·정리하고 각종 기록물을 영구보존 및 관리하기 위한 데이터베이스를 구축하고 있다.

19대 국회에 진출한 노무현재단 출신들

2012년 4·11총선에서 민주통합당(이하 민통당·現 민주당) 당선자 127명 중 63명이 재단 임원 출신인 것으로 나타났다. 이는 민주당의 최대 계파가 親盧라는 것을 傍證(방증)한다. 총선 당시 공천심사위원의 절반 이상도 재단 임원 출신이었다. 총 15명의 공천심사위원 중 재단 임원 출신은 도종환 재단 이사, 백원우 재단 상임운영위원을 포함, 노영민·박기춘·우윤근·전병헌·최영희 재단 자문위원, 김호기 재단 운영위원 등 총 8명이었다. 이들 외에 조정식·최영희 공천위원의 경우 각각 김부겸(재단 자문위원 출신) 前 민주당 최고위원과 한명숙(재단 초대 이사장 출신) 前 민주당 대표가 추천한 인사들이었다. 한명숙 前 민통당 대표 이후 문재인 의원이 재단 이사장을 맡았으나, 18대 대선 경선 출마를 앞둔 2012년 4월25일 이사장직을 사퇴했다.

〈조갑제닷컴〉 확인 결과 민주당 19대 총선 당선자 가운데 재단 출신 국회의원들의 명단은 아래와 같다(2012년 5월 기준).

〈▲문재인(前 이사장) ▲이사: 도종환, 이해찬, 한명숙 ▲상임운영위원: 김용익, 박남춘, 이용섭, 임수경, 전해철, 최민희 ▲운영위원: 김진표, 신계륜, 원혜영, 장병완, 최규성 ▲고문: 문희상, 정세균 ▲기획위원: 강기정, 김경협, 김윤덕, 김재윤, 김태년, 김현, 서영교, 유기홍, 유대운, 이원욱, 홍영표 ▲자문위원: 강창일, 김성곤, 김영주, 김우남, 김춘진, 김현미, 노영민, 문병호, 박병석, 백재현, 설훈, 신기남, 신학용, 안민석, 양승조, 오영식, 오제세, 우상호, 우원식, 우윤근, 유승희, 유인태, 윤호중, 윤후덕, 이낙연, 이목희, 이미경, 이

석현, 이인영, 이종걸, 전병헌, 정성호, 정청래, 조경태, 최재성 이상 총 63명〉

韓美FTA 반대하고, 김정일 사망에 弔意 표해

재단은 2011년 11월9일 "이명박 정부 한미FTA 힘의 논리로 강행처리 해선 안 된다'는 성명을 발표했다. 이들은 "이명박 정부의 재협상은 어렵게 성사시킨 한미 양국간의 이익균형을 무너뜨려 버렸다. 그러다 보니 참여정부가 큰 틀에서 어렵게 수용했던 부분들이 새로운 문제로 부각 되는 것"이라며 사실상 韓美FTA 반대 입장을 밝혔다. 韓美FTA 1차 실무 점검회의는 2005년 2월3일 서울, 韓美 간의 첫 공식협상은 2006년 2월3일 워싱턴에서 각각 개최되었는데 모두 노무현 정권 때였다.

재단은 김정일 사망 이틀 뒤인 2011년 12월19일 '김정일 국방위원장 급서에 즈음하여'라는 제목의 알림을 통해 "김정일 위원장의 급서소식에 조의를 표하며 유족과 북한 동포들께 위로의 말씀을 전한다"고 했다. 재단은 또 같은 해 12월20일 긴급간담회를 열고 김정일 사망과 관련 ▲정부 차원의 조문단 파견 ▲북한을 자극하는 언행 자제 ▲조의문을 작성해 전달할 것 등을 논의했다.

교학사 교과서에 날선 비판

재단은 2013년 9월2일 "민주정부 10년, 교과서에서도 왜곡·편향인가. 교학사 역사교과서 심의통과, 당장 철회해야 한다"는 성명에서 교학사 교과서 우편향을 문제삼았다. 이들은 "김대중 대통령, 노무현 대통령으로 이어진 민주정부 10년에 대한 기술에서 교학사 교과서는 그 같은 편향은 물론 기본적인 사실관계까지 왜곡하고 있다"고 주장했다. 단체는 "(교학사 교과서가) 이전부터 편향된 시각과 서술로 비판 받아왔다"며 교학사 교과서 심의 통과 철회를 주장했다. 이들이 반박하는 교학사 역사교과서의 내용은 다음과 같았다.

〈▲"(참여정부가) 법치의 규범을 약화시켰다는 비판도 받고, 국회에서 탄핵을 받기도 하였다"
→ "노무현 대통령은 권력을 사유화하지 않았다", "탄핵의 부당함과 위법성은 그해 17대 총선과 헌법재판소의 기각 결정으로 법과 민의의 심판을 받았다. 법치를 약화시킨 차원이 아닌, 법치를 훼손한 사례가 탄핵이었다"

▲"노무현 정부가 밀어 붙인 행정 수도 건설 특별법은 위헌 판결을 받았다"
→ "2003년 12월29일 재적 국회의원 194명 중 167명의 찬성이라는 압도적 지지 속에 통과된 것이다", "제1야당 한나라당의 전폭적 지지가 있었음은 물론이다"

▲"(김대중 대통령이) 지나친 대북 유화 정책을 추진하여 북한으로 하여금 미사일과 핵을 개발하도록 하는 기회를 주었다는 비판을 받았다", "(노무현 대통령 때) 대북 유화책이 두드러져 안보에는 소홀하다는 비판도 받았다"
→ "남북 간 교류협력은 전임 국민의 정부에서 물꼬를 트고 참여정부에서 꽃을 피웠다", "민주정부 10년 동안 이산가족 상봉, 개성공단 가동을 비롯한 인적·물적 교류는 수치만 가지고도 이후 정

부와 명확히 대비되는 성과였다", "참여정부의 '북핵불용' 원칙은 핵실험 등의 진통을 거치면서도 북핵 불능화 단계까지 이끌어냈다. 그러한 과정이 남북정상회담의 밑거름이 됐음은 물론이다"

▲"(이명박 정부가) 안보를 보다 확실히 한다는 입장을 분명히 했다"

→ "금강산 사건·천안함 사건·연평도 사건 등으로 안보 불안을 노출한 시기는 도리어 이명박 정부 때였다"〉(출처: 노무현재단 홈페이지)

노무현재단의 교과서 관련 성명 檢證

2004년 노무현 대통령 탄핵 사태 당시 憲裁(헌재)는 국회의 탄핵소추와 그 절차를 適法(적법)한 것으로 인정했다. 국회가 소추한 주요 사안 '노무현 대통령의 재신임 국민투표 시도 및 선거법 위반과 불복' 등에 대해 헌재는 違法·違憲(위법·위헌)이라고 판단했다. 탄핵소추안이 헌재에서 기각된 이유는 그 자체가 '부당하고 위법성이 있기 때문'이 아니라 탄핵결정에 필요한 재판관 수(6명)의 찬성을 얻지 못했기 때문이다.

노무현 정권의 행정 수도 이전은 '신행정수도 건설'이라는 作名(작명)으로 국민을 속인 뒤, 실제로는 국가 중심기능을 거의 전부 옮기는 사실상의 '遷都(천도)'를 추진했다. 청와대, 국회, 대법원, 행정부까지 옮기는 건 수도이전인데, '신행정수도 이전'이라고 주장(혹은 사칭)했다가 헌재의 위헌판결을 받은 것이다.

국민들의 국가안보에 대한 우려 역시 김대중·노무현 정권 때 높았다는 게 衆論(중론)이다. 두 정권 10년 동안 사면된 對共(대공)사범은 3538명에 달해 이들이 反국가활동을 再開(재개)할 수 있도록 방조했다는 비판을 받았다. 두 정권은 對北 포용정책(소위 햇볕정책)을 지속적으로 펴

왔지만, 김대중 정권 때인 2002년 북한은 제2연평도발을 자행, 우리 해군 참수리호 장병 6명이 戰死(전사)했다. 북한은 노무현 정권 때인 2006년 7월5일 미사일 발사, 同年 10월9일 핵실험을 자행했다. 단체는 천안함 폭침·연평도 포격을 근거로 '이명박 정부 때 안보 불안이 노출되었다'는 요지의 주장도 했다. 그러나 천안함 폭침과 연평도 포격의 근본적 원인은 전적으로 북한에 있기에 이를 이명박 정부 탓으로 돌리는 건 무리가 있다.

2008년 7월 금강산 관광객 박왕자 씨가 북한군의 총격으로 피살되자 당시 이명박 정부는 국민의 신변안전보호 차원에서 금강산 관광을 전면 不許(불허)했다. 금강산 관광은 개성공단과 더불어 북한정권의 중요한 '現金(현금)창구'였기에 관광 중단 조치는 북한정권에 큰 타격을 입혔다. 천안함 폭침과 연평도 포격은 북한이 그 반발 차원에서 일으킨 도발이라는 분석이 지배적이다. 따라서 북한 책임을 간과한 채 '이명박 정부 때 안보 불안이 노출되었다'는 재단의 논리는 사실과 다르다.

좌편향 교과서에 대해선 침묵

이들은 교학사 교과서가 '역사적 사실을 무시·왜곡·편향적으로 기술했다'는 식의 주장을 했지만 8種(종) 교과서 중 천재교육 교과서의 좌편향이 가장 두드러졌다는 게 學界(학계)의 지적이다. 천재교육 교과서는 북한의 잔인한 對南 도발행각을 대거 생략했다. 천재교육 교과서가 생략한 북한의 주요 對南 도발 및 인권유린 사례는 ▲8·15 대통령 저격 및 육영수 여사 시해사건(1974년) ▲아웅산 테러 사건(1983년) ▲KAL 858機 테러사건(1987년) ▲북한의 강제수용소 등이다.

반면, 국군에 의한 베트남 양민 학살 등을 부각시켜 국군을 폄하하는 듯한 記述(기술)도 있었다. 천재교육 교과서는 建國(건국)의 기초를 닦고 경제발전을 주도한 이승만·박정희 前 대통령은 가혹하게 평가하면서 북한 독재자 김일성·김정일의 暴壓(폭압)통치는 적게 다루거나 아예 다루지 않았다. 재단은 대한민국 정통성을 否定(부정)하는 좌편향 교과서에 대해선 별도의 언급을 하지 않았다. 이념적으로 좌편향된 조직이란 증거이다.

参考

'민주당' (75페이지)

⑤ 녹색연합

'反美주의' 성향의 환경단체

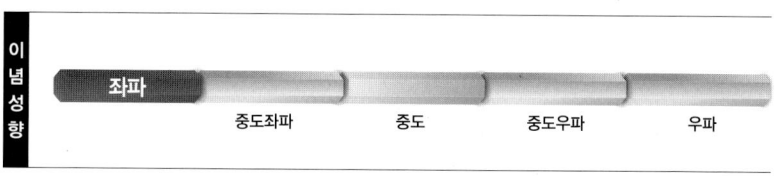

홈페이지: http://www.greenkorea.org
전화: 02-747-8500
설립일: 1994년 4월1일
주요인사: 박경조(前 대한성공회 주교)(상임대표), 심익섭(現 동국대 행정학과 교수)·김규복(現 빈들교회 목사)·원정(승려)·유경희(現 한국여성민우회 이사)·최용순(現 인천녹색연합 공동대표)(이상 공동대표), 김제남(現 정의당 의원)(前 사무처장)

녹색연합은 ▲광우병 난동 비호 ▲제주해군기지 건설 반대 ▲美軍기지 환경오염 고발에 주력해왔으며, '反美주의 코드'라는 공통점이 있다.

광우병 사태의 책임을 이명박 정부에 전가

녹색연합은 2008년 5월3일에는 '광우병 괴담 몰지 말고, 쇠고기 협상 파기하라'는 성명을 발표했다. 이들은 韓美 쇠고기 협상 파기를 촉구하며 "우리는 '대한민국 주식회사 이명박 CEO'의 이윤창출 부속품이 아니라 살아야 할 권리를 가진 인간"이라며 이명박 정부를 비난했다. 이어 "우리는 공동체의 선을 해치는 법보다는 정의를 존중한다. 이명박 정권이 국민에게 요구하는 희생은 이미 그 도를 넘었다"고도 했다.

이들이 제기했던 광우병에 대한 의혹은 실체가 없었다는 게 定說(정설)이다. 논란의 시발점은 같은 해 4월29일 방영된 MBC PD수첩 '미국산 쇠고기, 과연 광우병에서 안전한가'라는 보도였다. 당시 이 프로그램은 인간 광우병에 대해 다뤘고, 광우병에 감염된 미국산 쇠고기가 수입되면, 인간 광우병에 걸릴지 모른다는 보도를 했다. 결국 그해 5~6월 서울 광화문 광장을 중심으로 미국산 쇠고기 수입 반대 촛불시위가 연일 계속되었고, 촛불시위는 이명박 정권 퇴진을 요구하는 폭력난동으로 변질돼 수백 명의 경찰이 불법 시위대에 의해 부상당하는 등 피해가 속출했다. 2008년 5월15일 언론중재위는, MBC PD수첩의 방송내용 중 일부 보도에 대해 정정·반론 보도 결정을 내렸다. 농림수산식품부도 6월3일 정정보도 및 반론청구 소송을 제기했다.

2011년 9월2일 대법원 전원합의체(주심 양창수 대법관)는 이 사안에 대한 최종 선고를 내렸다. 대법원은 방송 내용 중 ▲다우너 소(주저 앉는 소)를 광우병 소로 지칭한 부분 ▲미국 여성 아레사 빈슨이 인간 광우병으로 사망한 것처럼 언급한 부분 ▲한국인이 인간 광우병에 걸릴 확률이 94%에 이른다고 지적한 부분이 '허위사실에 해당한다'고 결론 내렸다.

MBC는 대법원 판결 직후인 同年 9월5일 社告(사고)를 통해 "PD수첩이 한미 쇠고기 협상 절차를 점검하고 문제점을 지적하려 한 것은 정당한 취재 행위였다. 그러나 기획 의도가 아무리 정당하다고 해도 프로그램을 지탱하는 핵심 쟁점들이 '허위 사실'이었다면, 그 프로그램은 공정성과 객관성은 물론 정당성도 상실하게 된다"고 밝혔다(注: PD수첩 제작진은 정정보도 조치가 자신들의 명예를 훼손했다며 2011년 12월 정정보도 청구와 함께 소송 제기).

사실이 아닌 것으로 드러난 '고엽제 매립' 의혹

2011년 5월30일 대구경북녹색연합은 '불리하면 말바꾸는 주한미군, 믿을 수 없다'는 성명을 발표, 경북 칠곡군 왜관의 미군기지에 고엽제 매립 의혹을 받고 있는 주한미군을 비난했다. 이들은 "주한미군은 불리한 내용에 대해 계속 말 바꾸기를 하고 있다"면서 ▲주한미군 부대인 캠프 캐럴의 고엽제 성분 모니터링 조사결과를 모두 공개할 것 ▲1978년 당시 캠프캐럴의 41구역에서 D구역으로 이동·매립한 화학물질의 내역을 모두 공개할 것 ▲주한미군이 사용 중인 유해화학물질의 내역을 모두 공개할 것을 촉구했다.

주한미군 고엽제 매립 의혹은 스티브 하우스 등 주한미군 출신 퇴역 군인 세 명의 폭로로 불거졌다. 美 KPHO 방송은 同年 5월13일(현지시각) 과거 경북 칠곡군 왜관읍에 위치한 美軍 기지 캠프캐럴에서 근무했던 이들 세 명을 인터뷰했다. 이들 중 스티브 하우스는 '1978년에 밝은 노란색이나 오렌지색(注: 고엽제의 일종인 일명 '에이전트 오렌지')을 띤 55갤런(208ℓ)짜리 드럼통들을 상부 지시에 따라 營內(영내)에 파묻었다'는 요지의 폭로를 했다.

같은 해 12월29일字 인터넷 〈한겨레〉는 "경북 칠곡군 왜관읍의 미군 기지 '캠프 캐럴'에 대한 환경오염 조사 결과, 땅속 토양에서 고엽제와 관련된 성분이 검출되지 않은 것으로 나타났다"며 "한미 공동조사단은 과거 이곳에 고엽제가 매립됐다는 의혹을 확인할 수 있는 증거가 없다고 결론짓고 퇴역 미군 스티브 하우스의 폭로 이후 7개 월 여에 걸친 조사를 마무리했다"고 보도했다. 고엽제 매립 의혹이 사실이 아닌 것으로 밝혀졌음에도 녹색연합이 이를 사과하거나 訂正(정정)했다는 기록은 찾기 어렵다.

'4대강 사업'을 연평도 포격에 결부시켜

북한의 어뢰공격으로 천안함이 爆沈(폭침)된 직후인 2010년 4월1일, 최승국 당시 녹색연합 사무처장은 '천안함 장병 무사귀환과 진상규명을 위한 촛불집회'를 주도해 경찰에 연행됐었다. 그는 연평도 포격 직후인 같은 해 11월25일字 〈경향신문〉에 기고한 칼럼에서 연평도 포격과 4대강 사업을 결부시키며 "연평도 참사를 접하면서 자연스럽게 4대강을 떠올렸다"고 밝혔다. 그는 이어 "그곳에는 연평도에서 무고하게 죽임을 당하고 평화로운 삶터를 순식간에 빼앗긴 사람들과 마찬가지로 느닷없는 굴착기 삽질에 목숨을 빼앗긴 숱한 생명들이 있었기 때문"이라고 주장했다.

참고
'환경운동연합' (369페이지)

⑥ 다함께

자본주의를 배척…'제주해적기지' 발언자도

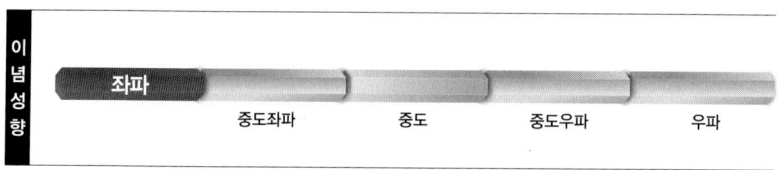

홈페이지: http://www.alltogether.or.kr
전화: 02-2271-2395
설립일: 2007년 7월
주요인사: 전지윤·최일붕·김인식·최영준 등(이상 운영위원)

'다함께'는 홈페이지에 "지금의 위기는 미치광이 운전수(기업주들)와 무능하고 부패한 교통경찰(각국 정부)의 책임이며, 멋대로 운전하도록 방치하자던 엉터리 신호체계(신자유주의)의 탓이다. 무엇보다 자동차(자본주의 체제) 자체의 구조적 결함 때문"이라는 주장들을 소개하고 있다. 이들은 ▲물가통제·실질임금 삭감 반대 ▲모든 형태의 해고 반대와 고용 안정 ▲부도기업의 국유화 ▲공공부문 민영화 반대 및 再국유화 등을 주장하며 사실상 자본주의 체제를 반대하고 있다.

'자본주의 배척'을 공개적으로 주장

다함께는 〈저항의 촛불〉(2008년 10월13일字)에서 자본주의를 반대한다는 입장을 밝혔다.

이들은 '논쟁과 논평: 한국 경제 위기와 투쟁의 과제'에서 "자본주의 자체를 배척해야 한다"며 다음과 같이 주장했다.

> 〈마르크스가 말했듯 자본주의적 축적은 자체의 모순으로 이윤율 저하를 낳는다…(중략) 자본주의 자체를 뛰어넘어, 노동자·서민이 통제하는 사회를 건설해야 이 끝없는 비극을 막을 수 있다.〉

'노동자·서민이 통제하는 사회' 등의 주장을 종합해 볼 때, 이들이 추구하는 체제가 어떤 것인지를 짐작할 수 있다.

"이명박의 무덤을 파기 위해 촛불을 계속 들자"

다함께는 2008년 8월14~17일 고려대에서 '맑시즘2008' 행사를 개최했다. 박원석 당시 광우병국민대책회의 공동상황실장(前 참여연대 협동사무처장·現 정의당 국회의원)은 이 자리에서 "촛불은 생명을 경시하고 인간다움을 훼손하는 천박한 자본주의에 대한 저항이었다"고 주장했고, 김광일 광우병국민대책회의 행진팀장(前 다함께 운영위원)은 "이명박의 무덤을 파기 위해, 이윤보다 인간을 위해 촛불을 계속 들자"고 선동했다(발언출처: 2008년 8월20일字 〈레프트21〉 보도).

"국가보안법과 공안세력을 박물관으로 보내야"

단체는 2006년 5월26일字 '강정구 교수에 대한 유죄 선고는 反민주적 폭거이다'란 논평에서 反美左派(반미좌파) 학자인 강정구 前 동국대 교수를 옹호하며 국가보안법을 맹비난했다. 이들은 논평에서 "국가보안법이야말로 민주주의의 존립과 안전을 해치는 악법이며 강정구 교수의 입을 틀어막으려는 자들이야말로 민주주의의 적"이라고 규정, "국가보안법과 공안세력, 〈조선일보〉와 한나라당을 박물관으로 보내야 한다"고 주장했다. 다함께는 2006년 10월4일字 논평 '노무현 정부는 한총련 탄압 음모 즉각 중단하라'에서 다음과 같이 주장했다.

〈우파들은 국가보안법을 통해 사회 분위기를 냉랭하게 만들고 진보운동 단체를 마녀사냥하려 하고 있다…(중략) 군사독재 정권에서 벌어진 '인혁당', '통혁당' 사건부터 김대중 정부 하에서 벌어진 소위 '영남위원회' 사건까지 역대 정권들은 정권이 위기에 처했을 때 좌파에 대한 속죄양 삼기를 통해 위기를 모면하려 했다. 노무현 정부도 전임자와 마찬가지로…(중략) 국가보안법의 칼날을 활용하려 한다. 전교조와 민주노총, 그리고 한총련은 그 희생양일 뿐이다.〉

2009년 2월1일字 논평에서도 국보법에 대한 비난은 계속됐다. 단체는 "우리는 한청(한국청년단체협의회)을 비롯한 모든 단체들에 대한 利敵(이적)규정이 철회되고 국가보안법이 철폐될 때까지 함께 투쟁할 것"이라고 주장했다.

"軍·우파 언론들, 北 관련설 흘려"

다함께는 천안함 폭침 직후인 2010년 4월2일 발표한 성명에서 "군부와 우파 언론들은 근거도 없는 북한 관련설을 흘리고 있다"고 주장했다. 그들은 "군부와 '조중동'은 '북한 잠수정의 어뢰 발사설', '북한 기뢰 폭발설' 등을 꾸준히 제기하고 있고, 심지어 '북한 인간어뢰 공격설' 같은 황당한 상상력까지 드러냈다"고 비난했다.

연평도 포격 직후인 2010년 12월7일字 성명서에서는 "미국과 이명박 정부가 북한과의 대화를 거부하고 항공모함을 동원하는 것은 화약고 근처에서 불장난하는 것과 같다"며 한미연합훈련을 비난했다. 미국이 조지워싱턴號(호)를 서해에 急派(급파)한 것에 대해 "미국이 북한의 도발을 동아시아에서 자신의 패권을 강화하려는 데 이용하려 한다"고 왜곡했다. 반면, 연평도 포격의 主犯(주범)인 북한정권에 대해서는 온정적인 입장을 취했다. 이들은 북한이 '미국에 평화협정 필요성을 압박'하고 '권력세습 과정에서 내부 결속'을 꾀하기 위해 연평도 포격을 자행했다는 취지의 주장도 했다.

왕재산 사건에 重刑 내린 법원 규탄

다함께는 2012년 2월24일 "왕재산 조직은 없었다— 反국가단체 결성 무죄라면서 중형을 선고한 법원을 규탄한다"는 성명을 발표했다. 단체는 2012년 2월23일 서울중앙지방법원이 왕재산 사건 피고인들에 중형을 선고한 것에 대해 "反국가단체 결성·가입에 대해 무죄를 선고하면서도, 피고인들이 '증거가 조작됐다'며 변호한 것이 '법원을 적극적으로 오도'하려 한 것이라며 괘씸죄를 적용한 것"이라 주장했다. 다함께는 "총선·대선 등을 앞두고 검찰과 국정원이 진보운동에 찬물을 끼얹고 보수세력을 결집시키려 '왕재산'이라는 희대의 조작사건을 만들고 있다는 진보진영의 주장이 입증된 것"이라고 강변했다.

왕재산은 북한 對南 공작부서인 대외연락부(舊 225국)가 남한에 조직한 '지하당'이다. 검찰이 2011년 8월25일 발표한 수사발표문에 따르면, 이들은 인천을 거점으로 인천 지역 저유소·주안공업단지 등을 폭파하고, 보병사단·공수특전단·공병대대 등에 핵심성원 1~2명을 點(점) 형태로 배치하거나 경비원·관리직원·장교 등을 매수해 2014년까지 폭파 준비를 완료할 계획을 세웠다고 한다. 다함께는 왕재산 조직의 국가변란 企圖(기도)에 대해선 언급하지 않고 "희대의 조작사건"이라고 誤導(오도)한 것이다.

北의 군사도발에 양비론적 시각

다함께는 2013년 2월12일 "제국주의 압박이 불러낸 북한 3차 핵실험"이란 題下(제하)의 성명도 발표했다. 단체는 "북한의 핵실험은 한반도 평화에 결코 도움이 되지 않는다"면서도 "그러나 북한의 3차 핵실험은 한미일의 대북 압박이 낳은 예정된 결과였다"고 주장했다. 그러면서 "미국은 북한의 광명성 3호 발사와 하나도 다를 게 없는 남한의 나로호 발사는 조금도 문제 삼지 않았다"며 북한의 미사일 발사와 나로호 발사를 同格(동격)으로 취급했다. 이밖에도 北의 1차 핵실험(2006년 10월9일)은, 2005년 부시 행정부가 북한의 금융제재를 가한 데 따른 반발이라고 주장했으며, 2차 핵실험(2009년 5월25일)을 비롯한 미사일 발사는 오바마

행정부가 북한을 무시·압박했기 때문이라고 주장했다. '다함께'의 주장을 요약하면, 北의 불법 군사행위의 책임이 韓美 양국에도 있다는 이야기이다. 좌파세력은 兩非論(양비론)적 논리를 자주 사용하는데, 일반적으로 북한에 대해선 원론적인 비판을 하지만 대한민국 정부를 겨냥해서는 원색적인 용어를 써가며 강하게 비난했다.

김지윤의 비뚤어진 행태: "제주 해적기지 반대!"

일명 '고대녀'로 알려진 김지윤은 '다함께' 소속이자 통합진보당 당원이었다. 광우병 난동이 격화되던 2008년 6월7일, 연세대 100주년기념관에서 '한승수 국무총리와의 대화'가 열렸다. 당시 미국산 쇠고기 수입 반대 시위가 폭력난동으로 변질되자 韓 총리가 대학생들의 의견을 청취하고자 마련한 자리였다. 그는(당시 고려대 사회학과 재학) 韓 총리에게 "이명박 대통령이 고려대학교 선배이신데 요즘처럼 고대를 다니는 게 부끄러웠던 적이 없었다"고 말했다. 2009년 2월14일에는 서울 신촌에서 열린 용산방화사건 불법 시위에 참여한 혐의로 같은 해 5월29일, 경찰에 연행된 적도 있었다.

김지윤이란 이름이 널리 알려진 것은 그가 트위터에 올린 사진 한 장 때문이었다. 그는 2012년 3월4일, 자신의 트위터에 제주 해군기지 건설 반대를 주장하며 "제주 해적기지 반대, 강정을 지킵시다"라는 인증사진을 찍어 올렸다. 네티즌들은 그의 행동을 거세게 비판했다. 이들은 '우리 해군을 해적이라니', '북한은 친구고 국군은 해적인가'라고 목소리를 높였다.

김민석 국방부 대변인도 同年 3월8일, 성명을 발표하고 "해군을 해적이라고 하는 부분에 대해 우리 군으로서는 통탄을 금할 수 없다"고 밝혔다. 金 대변인은 "그렇다면 해군에 간 우리 장병은 전부 해적이고 그 장병의 부모·형제는 전부 해적의 부모·형제란 뜻"이라며 "도저히 있을 수 없는 말씀"이라고 개탄했다. 이어 "그는 천안함 피격 당시 전사한 46분은 전부 해적이란 말이냐. 이렇게 말하는 분이 저는 대한민국 국민인지 의심스럽다"고 비판했다.

| 참고 |

'노동인권회관' (29페이지)
'평화와통일을여는사람들' (320페이지)
'한국청년단체협의회' (360페이지)

⑦ 문화연대

'천안함 폭침' 의혹설 다룬 영화 비호

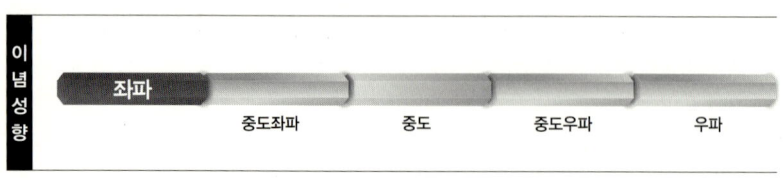

홈페이지: http://www.culturalaction.org
전화: 02-773-7707
설립일: 1999년 9월18일
주요인사: 강내희(現 중앙대 영문과 교수)·임정희(現 연세대 인문예술대학 겸임교수)(이상 공동대표), 원용진(現 서강대 신문방송학과 교수)(집행위원장), 이원재(사무처장)

    문화연대는 소위 '스크린쿼터 사수운동'을 계기로 결성됐다. 단체는 창립선언문에서 "오늘날 가장 큰 문화 권력을 행사하는 것은 국가와 시장, 그리고 문화 제국주의 세력"이라고 밝히고 있다.
    이들은 다국적 문화산업의 문화주권 침탈에 따른 문제점을 비판하고 있지만 실제로는 국가보안법 폐지 주장, '천안함 폭침' 의혹설을 다룬 영화를 비호했다.

"국가보안법은 과거에도 지금에도 영원히 惡일 뿐"

　문화연대는 2003년 10월22일 '송두율 교수에 대한 사전구속영장을 철회하고, 국가보안법을 폐지하라'는 성명에서 "송두율 교수와 같은 냉전, 반공시대의 피해자가 또 다시 발생하지 않기 위해서는, 시대의 변화와 평화통일에 대한 희망을 가로막는 국가보안법부터 조속하게 폐지해야 한다"고 주장했다[注: 2008년 4월17일 대법원 전원합의체(주심 박일환 대법관)에서는 송두율이 대한민국 국적 상실하기 전인 1991년 5월부터 1993년 5월까지 독일에서 출발해 방북한 것은 '유죄'로 판시 했으나, 독일 국적 취득 후의 방북은 '무죄'로 판단함].

　문화연대는 2004년 7월22일 발표한 '악법은 악일 뿐이다. 이제 국가보안법을 폐지하자'는 성명에서 "'국가보안법'을 폐지하지 않겠다는 것은 우리에게 부여된 시대적 책임을 져버리는 행위이다. 惡法은 법은 될 수 있지만, 결코 善(선)이 될 수는 없다. 국가보안법은 과거에도 지금에도 영원히 惡(악)일 뿐"이라고 했다.

'천안함 프로젝트' 상영 중단 비난

　문화연대는 천안함 爆沈(폭침) 후인 2010년 4월13일 국가인권위 배움터에서 '천안함 참사 관련 정부의 정보통제와 언론보도의 문제점'이라는 토론회를 참여연대, 민주언론시민연합 공동으로 개최했다. 문화연대는 토론회 기획의도에서 "정부는 사고 대응에 있어 '무능함'의 극치를 보여 위기관리 시스템에 구멍이 났다는 비판을 받고 있다"며 "정부가 사건의 진실을 은폐하려는 것 아니냐는 의혹마저 제기된다"고 주장했다.

문화연대는 2013년 9월10일 "천안함 프로젝트의 상영 중단은 문화민주주의의 심각한 훼손이다"라는 성명서를 발표했다. 천안함 프로젝트는 '천안함 爆沈에 의혹이 있다'며 각종 음모론을 다룬 다큐멘터리 영화이다. 이 영화는 同年 9월5일, 개봉 하루 만에 메가박스에서 상영 중단되었다. 문화연대는 성명에서 메가박스의 상영 중단 처분이 "문화적 권리에 대한 침해와 표현의 자유에 대한 억압"이라며 "우리 사회가 문화민주주의로 한 걸음 더 나아갈 수 있는 길을 가로막는 어리석은 처사"라고 강하게 비판했다. 이들은 "정치적으로 보수화되고 있는 사회 속에서 차이와 다양성을 존중하지 않고 검열하고 억압하려 하는 문화적 기현상이 나타나고 있다"고 비판했다.

당초 메가박스 측은 '영화 상영을 중단하라'는 보수단체의 압력 때문에 상영을 중단했다는 취지의 입장을 밝혔었다. 이후 메가박스 측은 '보수단체라고 지칭한 적이 없다'고 해명했고, 이는 고객센터 상담원의 실수였던 것으로 나타났다.

천안함 프로젝트는 내용 상 국내외 전문가들의 民軍합동조사로 밝혀진 북한 어뢰에 의한 爆沈을 사실상 인정하지 않았다. 이 영화는 국방부의 주장을 반박할 수 있는 새로운 증거자료를 제시하지 못했고, 영화에서 제기된 의혹들은 국방부 民軍합동조사단의 조사보고서인 《천안함 피격사건 백서》에서 이미 해명된 것들이 대부분이었다.

'천안함 프로젝트'에 등장한 신상철

이 영화는 신상철 〈서프라이즈〉 대표와 이종인 알파잠수기술공사 대표를 주로 등장시켜 그간의 의혹을 再論(재론)하는 데만 많은 시간을 할 애했다. 이 영화를 다룬 한 기사에 따르면, "이 씨는 '암초 좌초설'을, 신 씨는 '제3국 잠수함과의 충돌설'을 줄기차게 제기해왔었다"고 보도했다. 특히 신상철은 民軍합동조사단을 구성할 당시 민주당 추천으로 민간 위원에 선임됐던 인물이다. 그는 2012년 12월 《천안함은 좌초입니다》란 일종의 備忘記(비망기) 형식의 책도 발간했었다.

그의 이름이 널리 알려진 것은 2011년 3월23일, 천안함 1번 어뢰 추진체에 부착된 빨간색의 작은 물체 사진을 공개, 그 물체가 '붉은 멍게'라고 주장하면서부터다. 신 씨는 "동해에만 살고 있는 붉은 멍게가 어뢰 추진체에서 발견됐다는 것은 이 어뢰추진체가 천안함 침몰 원인과 무관하다는 것을 말해주는 증거"라고 주장했다.

국방부 조사본부는 同年 3월29일~4월3일까지 농림수산식품부 국립수산과학원 전략양식연구소와 동해수산연구소에 의뢰해 붉은 멍게 추정물질을 분석했다. 조사 결과 어뢰추진체의 물질은 붉은 멍게(또는 어린 멍게)가 아닌 무생물인 것으로 밝혀졌다. 전략양식연구소는 'DNA 조각을 확인할 수 없어 생물체로 볼 수 없다'고 결론지었다.

참고

'민주언론시민연합' (96페이지)
'참여연대' (279페이지)

⑧ 미군학살만행진상규명전민족특별조사위원회

"美軍은 처음부터 철저한 침략자·강점자"

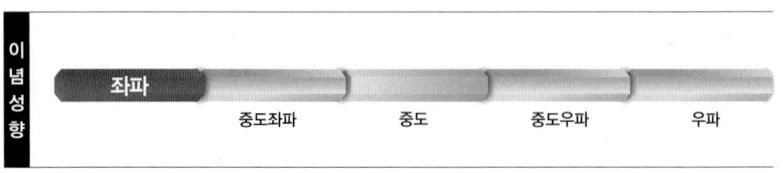

홈페이지: 없음
전화: 없음
설립일: 2000년 5월19일
주요인사: 한상렬(前 위원장), 오종렬·박석률(이상 前 위원), 오병윤(前 집행위원장)

　미군학살만행진상규명전민족특별조사위원회(이하 전민특위)는 소위 6·25전쟁 당시 미군의 전쟁범죄를 조사한다는 명목으로 결성됐다. 전민특위는 남한에서 활동중인 남측본부와 북한에서 활동 중인 북측본부가 있다. 전민특위 남측본부는 민노총, 한노총, 한총련, 조국통일범민족연합남측본부, 6·15남북공동선언실천연대, 민가협양심수후원회, 전국농민회총연맹 등이 참여했었다. 현재 전민특위 북측본부는 일부 활동을 하는 것으로 추정되나 남측본부의 뚜렷한 활동은 확인되지 않고 있다.

反美선동에 주력

전민특위는 주로 反美(반미)선동에 주력했다. 2000년 단체 결성 당시 "전 조선민족 대 미국의 대결구도 아래 우리 민족끼리 시대에 부응하는 반미민족공동의 투쟁조직으로 전진해 나가자"며 "전민족적 범위에서 반미공동행동, 반미통일전선을 형성해나가는 데서 중추적인 조직으로의 역할과 지위를 더욱 높여나갈 것"을 중요 과업으로 설정했다(발언출처: 2007년 9월26일字 〈통일뉴스〉 보도).

전민특위 북측본부는 2000년 8월19일 발표한 담화에서 "미국이 증거물을 없애는 방법으로 전쟁시기 저지른 죄상을 감추고 범죄적 책임에서 벗어나려 할 것이 아니라 자기의 죄행을 솔직히 인정하고 그 조직자들과 집행자들을 처벌하며 우리 민족 앞에 사죄하고 보상해야 한다"고 했다(발언출처: 2000년 8월20일字 〈통일뉴스〉 보도). 이들은 ▲미군철수 ▲광우병 선동 ▲한미동맹 해체 ▲북한체제 찬양을 했다.

"양심을 가진 사람들이 국가보안법을 끝장내야"

전민특위는 2001년 5월21일 기자회견에서 "북한 방문을 통해 미군의 양민학살이 수없이 자행됐음을 다시 한 번 확인할 수 있었을 뿐만 아니라 그 피해규모와 만행정도가 남쪽보다 훨씬 크고 잔혹했음을 직접 확인할 수 있었다"며 북한의 날조된 반미선동을 비호하는 주장을 했다. 이들은 "6월23일 국제 전범재판 이후, 이 전범재판에 참여한 미국인 변호사들을 중심으로 한 국제변호인단을 구성해 미국 정부를 상대로 민사소송을 제기할 것"이라고 했다(발언출처: 2001년 5월21일자 〈통일뉴스〉 보도).

　전민특위는 국가보안법 폐지 운동을 적극적으로 벌여왔다. 2004년 12월, 램지 클라크(Ramsey Clark) 前 미국법률총회장 등 국제인사 222명은 '남한의 국가보안법을 폐지하라'는 제목의 서명운동을 벌였다. 이들은 성명에서 "권위주의적 통치의 잔인한 도구인 국가보안법을 폐지하기 위해 단호한 운동을 전개해온 수많은 한국인 여러분과의 연대 속에서 우리는 이 성명을 제출한다"며 "양심을 가진 사람들이 일어나 국가보안법을 끝장내기 위한 운동에 목소리를 보태야 할 때"라고 했다(발언출처: 2004년 12월20일자 〈오마이뉴스〉 보도).

출처와 근거가 불분명한 소위 '白書'

　이들은 단체 설립 후 전민특위 북측본부와 공동으로 《미군학살만행진상규명 전민족특별조사위원회 공동백서》(이하 백서) 발간계획을 세웠다. 실제로 국내 인터넷 포털 사이트에 '미군학살만행진상규명 전민족특별조사위원회 공동백서'를 검색해보면, 〈조선중앙통신〉 등 北 매체가 발표한 同名의 자료들을 쉽게 찾아볼 수 있다. 2002년 4월3일자 〈조선중앙통신〉이 보도한 白書에는 "산천초목도 분노에 떨게 하는 미군의 이 치떨리는 만행은 세상에 그 류례가 없는 범죄로서 마땅히 조선민족과 인류의 준엄한 심판을 받아야 한다"고 적혀있다. 이들은 美軍을 겨냥해 막말과 욕설을 퍼부으며 범죄행위들을 나열했으나, 일부 자료들은 출처와 근거들이 불분명하다. 이 자료들은 《미군에 의한 학살만행 남북해외공동 백서》로 출간되기도 했다(출처: 여성가족부 산하 '일본군 위안부 피해자 e-역사관' 홈페이지).

한상렬·오종렬 참여

　단체의 위원장 출신인 한상렬(現 한국진보연대 상임고문)은 2010년 8월, 不法 방북한 혐의로 구속됐다. 단체의 위원으로 참여했던 오종렬은 反美좌파 성향의 인사로, 1991년 출범한 민주주의민족통일전국연합(한국진보연대의 前身) 상임의장과 한국진보연대 공동대표를 역임했다. 그는 ▲2002년 미군 장갑차 사고에 의한 촛불난동 주도 ▲2005년 평택미군기지 반대 시위주도 ▲2005년 한미FTA반대 시위 주도 등 좌파세력이 관련된 거의 모든 시위에 개입해온 인물이다.

참고

'민주화실천가족운동협의회' (109페이지)
'6·15남북공동선언실천연대' (185페이지)
'전국농민회총연맹' (225페이지)
'전국민주노동조합총연맹' (229페이지)
'조국통일범민족연합남측본부' (253페이지)
'한국대학총학생회연합' (336페이지)
'한국진보연대' (351페이지)
'한국청년단체협의회' (360페이지)

⑨ 민족21

북한정권의 선전 대변…정부 지원금도 받아

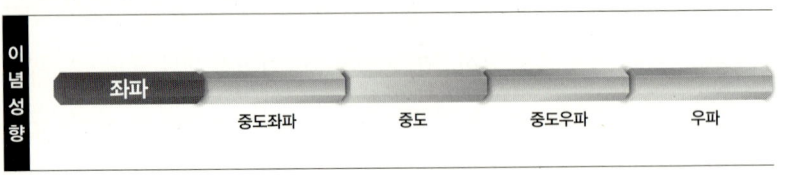

홈페이지: http://www.minjog21.com
전화: 02-336-6150
설립일: 2001년 3월
주요인사: 강만길(고문), 명진(발행인), 정창현(대표), 정용일(편집국장), 안영민(편집주간), 심재환(변호사)·한홍구(現 성공회대 교수) 등(이상 편집기획위원)

〈민족21〉은 강만길 前 친일반민족행위진상규명위원회 위원장이 창간한 월간지이다.

이 월간지는 '남북이 함께하는 통일전문지'를 모토로 북한정권의 해외 홍보지인 〈통일신보〉, 일본 조총련 기관지인 〈조선신보〉와 기사교류를 맺는 등 북한체제를 소개해왔다. 〈민족21〉은 월간지 뿐 아니라 인터넷 언론도 겸하고 있다.

북한 美化 기사 빈번히 게재

〈민족21〉은 2005년 12월호 한동성 교수(일본 조선大)와의 인터뷰 기사에서 "선군정치는 조선반도의 평화를 확고히 수호함으로써 경제의 부흥 발전을 위한 안전한 환경과 조건을 보장하는 정치", "나라의 자주권을 지키고 인민의 이익을 실현하기 위한 정치", "인민대중의 자주성을 옹호하고 실현하기 위한 정치", "우리 민족의 통일을 담보하는 통일애국의 정치"라는 주장을 비판없이 소개했다.

2006년 5월호에는 '北은 나의 두 번째 고향, 때묻지 않은 공동체 사회'라는 기사가 실렸다. 정기열 감리교신학大 교수와 평양 체류 외국인 다니엘 씨와의 대담을 엮은 이 기사는 북한을 다음과 같이 美化(미화)했다.

〈北은 조국에 대한 사랑과 제 민족에 대한 긍지가 대단히 높은 사람들이다. 일에 대한 높은 열정과 책임성, 창의성, 사람들에 대한 따뜻한 배려와 정성이 훌륭했다. 그들은 강하되 겸손했으며 동시에 결단성이 있는 사람들이다. 높은 일체감과 공동체 정신으로 강하게 결속된 아름다운 사회였다.〉

김성한 건설산업연맹 통일위원장이 2006년 6월호에 기고한 '北의 노동절은 축제…투쟁하며 보내야 하는 南과는 정반대'라는 글에서도 북한을 美化했다.

〈자신들(북한노동자들)이 그곳의 노동자라는 사실에 무한한 자긍심을 느끼고 있음을 충분히 확인할 수 있었습니다. 반면 '평양산원'을

다녀온 여성 참가자들은 여성복지에 대한 부분은 北이 오히려 더 잘되어 있다면서 부러워하더군요.〉

노무현 정권 때 신문委로부터 정부지원금 받아

2006년 7월4일 신문발전위원회(이하 신문위)는 '2006년 신문발전기금 우선지원 대상' 중 〈민족21〉을 선정, 발표했다. 〈민족21〉과 함께 우선지원 대상으로 선정된 매체는 인터넷 신문 〈오마이뉴스〉, 〈프레시안〉과 〈한겨레신문〉 등 12개社이다. 신문위는 정부기구가 아닌 각계의 추천으로 구성된 독립기구지만, 신문발전기금은 公的(공적)자금으로 전체 규모는 157억 원에 달했다.

신문委는 이날 보도자료를 통해 ▲독자권익위원회 지원 2억 원 ▲고충처리인 지원 1억 원 ▲경영컨설팅 4억 원 ▲구조개선 및 신규사업 75억 원 ▲시설도입 및 정보화사업 75억 원 등 우선지원 대상사업자로 선정된 정기간행물 사업자들에게 157억 원을 지원할 계획이라고 밝혔다.

당시 복수의 언론들이 '157억 원의 공적자금이 親與(친여)매체에 편향적으로 지원되고 있다'는 요지로 일제히 비판에 나서자, 신문委는 7월 5~7일 보도자료를 내고 "12개 우선지원 대상 사업자가 지원받을 수 있는 기금은 사업비 예산 157억 원 중 65억 5000만 원"이라고 설명했다.

신문委는 또 "신문발전기금은 신문법과 同法 시행령 근거 조항에 따라 신문발전위원회의 의결을 거쳐 집행되는 것이며, 신문발전위원회의 기금집행 지침에 따라 엄격히 관리되고, 기금집행 후에는 신문발전위원회의 기금평가 지침에 따라 집행과정을 검증받게 되어 있다"고 덧붙였다.

"MB가 천당가면 난 지옥가겠습니다"

이 잡지의 발행인 승려 명진은 서울 강남구 삼성동 소재 봉은사의 주지를 지냈었다. 그는 2011년 12월, 이명박 前 대통령을 비판하는 내용의 《중생이 아프면 부처도 아프다: 鼠耳讀經(서이독경)》이란 책을 펴냈으며, 편향적인 정치관을 자주 피력해왔다. 이명박 前 대통령을 겨냥한 막말과 비난이 대표적인 예이다. 명진은 2012년 1월11일, 건국대 새천년관에서 열린 자신의 저서 Book콘서트에서 "MB시대는 거짓말이 선을 넘었다"고 비판했다.

명진은 "박원순이 정치를 하게 하고 문재인·안철수 같이 직분에 충실한 사람들이 정치하게 만들고 정치에 관심없던 2030이 정치현장에 뛰어들게 만든 위대한 가카(注: 대통령을 비꼰 말)의 업적을 찬양한다"고 비난했다. 이어 "MB가 천당간다고 믿습니다. MB가 천당가면 난 지옥가겠습니다"라고 막말을 했다.

명진은 同年 1월2일 발표한 신년사에서도 이 前 대통령을 비판했다. 그는 "한나라당에서 김종인 비대위원의 17년 전 전과를 거론하며 사퇴를 촉구하는데, 그보다 전과가 많은 MB부터 탄핵해야 진정성이 있다"고 말했다(발언출처: 2012년 1월3일字 〈뷰스앤뉴스〉 보도). 같은 해 1월4일字 〈오마이뉴스〉가 보도한 인터뷰 기사에서는 "국민들의 머슴으로 살겠다고 MB도 말했는데, 머슴이 곳간 키를 갖더니 주인의 말을 무시했다. 국민을 밟고 방패로 찍고 잡아갔다"고 비난했다. 반면, 안철수 의원에 대해선 "탐욕의 시대에 50%의 지지율을 받는 사람이 5%의 지지율을 받는 박원순 후보에게 아름다운 양보를 했다"고 치켜세웠으며, 문재인에 대해선 "양심적이고 정직하다"고 평가했다.

안재구·안영민 父子, '왕재산 사건' 연루

〈민족21〉의 편집主幹(주간) 안영민은 2011년 8월, 왕재산 사건에 연루되었다는 혐의로 수사를 받았다. 당시 국정원은 안영민과 정용일 편집국장의 집을 압수수색했다.

2011년 8월3일字 〈조선닷컴〉은 "공안당국은 최근 적발한 간첩단 '왕재산'이 북한 내각 산하 대남공작기구인 225국의 지령을 받아 활동한 데 비해, 〈민족21〉 관계자들은 국방위원회 산하 정찰총국의 지령을 수수한 점으로 미뤄 북한이 남한에 구축한 지하당 성격의 간첩단이 더 있을 것으로 보고 수사 중"이라고 전했다. 안영민의 아버지 안재구(前 경북대 수학과 교수)도 북한 原典(원전)이나 관련 자료 등을 블로그에 지속적으로 올린 혐의를 받았다. 2013년 1월2일 서울중앙지검 공안2부(부장검사 이정회)는 북한의 지도를 받는 지하조직을 만들기 위해 공작원과 접촉하고 국내 운동권 관련 動向(동향)을 보고한 혐의(국가보안법상 간첩 등)로 안재구를 불구속 기소했다고 밝혔다. 안영민도 북측 인사와 연락을 주고 받은 혐의(국가보안법상 회합통신 등)로 불구속 기소됐다. 검찰에 따르면, 안영민은 2005년 7월, 북한을 방문한 〈민족21〉 관계자를 통해 北 〈통일신보〉 주필 박진식(注: 北 통일전선부 산하 101 연락소장 출신)에게 취재계획서가 담긴 편지를 전달했다. 이 편지에는 1992년 탈북한 강철환(現 북한전략센터 대표) 씨에 대한 동정이 적혀 있었다고 한다. 2007년 11월12일 정 모 씨에게 '방북 때마다 수령관, 先軍(선군)혁명, 조선노동당史 같은 강의 듣는 일을 지속적으로 전개해야 한다'라는 내용의 사업계획서도 보냈다고 한다.

안재구는 과거 남조선민족해방전선준비위원회(남민전) 사건에 연루되어 징역 10년을 선고받고 복역하다 1988년 특별 가석방 되었다. 그는 지하당 '구국전위' 총책으로 활동한 혐의로 1994년 구속됐다가 1999년 광복절 특사로 석방됐다.

이영희 주장 인용해 NLL 부정

정용일 편집국장은 〈민족21〉 2012년 11월호에서 'NLL 논란 사실에 기초해 정면돌파해야'라는 글을 기고했다. 이 글은 2012년 10월8일 정문헌 새누리당 의원의 폭로 직후 나왔다. 정문헌 의원은 국회 국정감사장에서 노무현-김정일 회담 당시 '노무현 前 대통령이 김정일에게 NLL 포기성 발언을 한 기록이 있다'고 폭로했다. NLL 논란은 그해 실시된 대선 정국의 최대 쟁점이 되었다. 이듬 해 6월24일 국정원은 당시의 대화록 발췌본을 공개했다. 발췌본에는 鄭 의원의 주장을 뒷받침할 만한 발언들이 담겨있었다.

정용일은 이 글에서 "(새누리당의) 떨어지는 지지율 만회하고, 야권 대선 후보를 공격하기 위한 정치공세"라고 단정했다. 그는 이영희(前 한양대 교수·2010년 사망)의 논문을 인용해 NLL이 합의된 경계선이 아니라고 주장했다. 이영희는 "한국이 한반도 유일 합법 정부가 아니다", "6·25를 전후로 해 진정한 애국자는 北으로 갔다", "주한미군을 철수하고, 한미동맹 해소하자", "국가보안법 폐지만이 인간을 자유롭게 한다"는 등의 발언을 했던 인물이다.

> **참고**
> '민족문제연구소' (64페이지)

⑩ 민족문제연구소

親北인사 주도…'백년전쟁' 제작해 이승만·박정희 비방

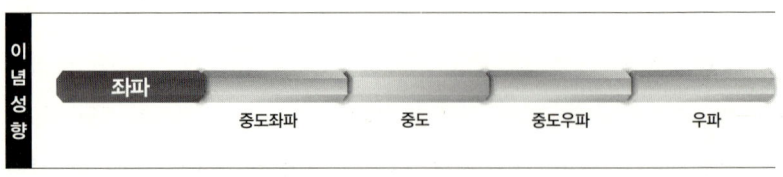

홈페이지: http://www.minjok.or.kr
전화: 02-969-0226
설립일: 1991년 2월27일
주요인사: 함세웅(이사장), 임헌영(상임이사), 김승교·이정희(現 통합진보당 대표) 등(이상 고문변호사), 강만길(前 상지대 총장)·백낙청(現 서울대 명예교수)·최병모(변호사)·조정래(소설가) 등(이상 지도위원)

민족문제연구소(이하 민문연)는 親日(친일)문제를 이용, 대한민국의 정통성을 폄훼하고 건국 및 산업화 주도세력을 일방적으로 비방하는 데 주력해왔다.

특히 2012년 18대 大選(대선)을 앞두고 이승만·박정희를 비방하는 내용의 '백년전쟁'이란 동영상을 제작하기도 했다.

'남민전 사건 연루자' 임헌영

민문연 소장인 임헌영(본명: 임준열)은 1979년 남조선민족해방전선준비위원회(남민전)사건에 연루되어 실형을 선고받은 적이 있다. 남민전은 북한과의 연계 속에 결성된 지하공산혁명조직이다. 남민전 조직원들은 彗星隊(혜성대)라는 행동대를 조직한 뒤 활동자금을 마련하기 위해 '땅벌작전' 등의 암호를 사용하며 한 기업인의 자택과 금은방에 침입해 금품을 털기도 했다. 이들은 김일성에게 충성서신을 보내기도 했다. 공안당국은 이들이 反정부적인 일부 학생, 지식인, 근로자 등을 선동, 대규모 민중봉기를 일으키고 봉기한 민중과 남민전 무장전위대로 인민해방군을 조직, 전국 각지에서 국가전복투쟁을 전개한다는 계획을 세웠다고 발표했다.

그가 1977년 10월 경 작성한 김일성에게 바치는 서신 내용을 일부 발췌하면 다음과 같다.

〈남조선 인민들이 자신의 손으로 혁명을 완수하기 위하여 지식인, 학생노동자 등 광범위한 각계각층의 세력이 모여 민족해방전선을 결성했으며, 앞으로 굳게 투쟁해 나갈 것입니다. 아낌없는 성원을 바랍니다. 사회주의국가 건설을 지향하는 이 투쟁을 당의 이름으로 굳게 유대 맺어줄 것을 당부합니다.〉(출처: 《좌익사건실록》 제12호)

주요 좌파인사들의 집결지

이사장인 함세웅은 국가보안법폐지국민연대 고문, 송두율석방대책위원회 상임대표, 천주교정의구현사제단 상임대표를 지낸 인물로, '한총련 합법적 활동보장을 위한 종교인 1000인 선언(2002년 7월18일)', '국가보안법 폐지를 촉구하는 각계인사 공동선언(2004년 9월16일)', '시대를 고민하는 사제들의 기도와 호소(注: 4대강 사업 관련한 정진석 추기경 비난 기자회견·2010년 12월13일)', '희망시국회의 200선언(注: 한진중공업 사태 해결 촉구·2011년 7월22일)' 등에 참여했었다.

고문 변호사인 김승교는 민주노동당(통합진보당의 前身) 중앙위원 출신으로 남북공동선언실천연대(이하 실천연대) 상임대표이기도 하다. 실천연대는 친북反美 성향을 노골적으로 드러내 利敵(이적)단체로 판시된 바 있으며, 과거 강령에 '반미민족자주운동으로 주한미군을 하루 빨리 철거하고, 미국의 지배양식을 완전히 제거한다(2조)', '민족 공조로 가까운 장래에 6·15공동선언이 지향하는 연합, 연방제 통일을 달성한다(3조)'는 조항도 있었다.

2006년 일심회 사건을 변호했던 최병모 변호사, 좌파세력의 元老格(원로격)인 백낙청 교수도 지도위원으로 참여하고 있다.

여운형의 적극적 친일은 '묵살', 장지연의 소극적 친일은 '부각'

민문연의 사상적 편향성은 이 단체의 주요 활동인 《친일인명사전》(이하 사전) 편찬에서 확인된다. 이 단체가 2008년 4월29일 편찬한 사전의 경우, 좌파의 친일은 덮어주고, 그렇지 않은 이들의 친일은 부각시켰다. 예컨대 사전은 일제 말기 징병을 권유한 글까지 썼던 여운형(1886~1946년)은 친일파 명단에서 빼버렸다. 반면, 1905년 11월20일 '시일야방성대곡'이라는 명문을 남겼고 이후 애국계몽운동을 벌여온 장지연(1864~1921

년)은 1916년 일본총독 부임을 환영하는 넉 줄짜리 漢詩(한시)를 썼다는 이유로 친일파에 포함시켰다.

두 사람의 결정적 차이는 여운형은 좌익계열, 장지연은 민족계열이라는 점이다. 여운형의 친일행적은 널리 알려진 사실이다. 1943년 일제가 출간한 《반도학도출진보》라는 책에는 여운형의 '반도 2500만 동포에게 고하는 글'이 수록돼 있다. 이는 학생들에게 일제징병에 자진 참여하라는 내용이다. 같은 책에는 安在鴻(안재홍·1891~1965년)의 글도 수록돼 있는데 안재홍의 글에는 '談(담)', 여운형의 글에는 '手記(수기)'라고 표시돼 있다. 안재홍은 마지못해 말로 했지만 여운형은 직접 손으로 썼다는 뜻이다. 광복 후인 1947년 〈대동신문〉은 "일제 때 여운형의 충성… 친일의 活證(활증)을 보라"는 題下(제하)의 기사에서 여운형의 친일행적을 규탄했다. 당시 조선공산당 자료집을 보면 "여운형은 학도지원권고문 발표하고, 총독부와 밀접하여 김태준 등을 전향하게 했다"며 "친일분자라는 것은 변명의 여지가 없다"는 내용이 나온다.

사전은 박정희 前 대통령을 만주 육군훈련학교를 나와 만주군 보병 중위로 복무했다는 이유로 친일파에 포함시켰다. 반면, 일본 고위 장교 출신인 高宗(고종·1852~1919년)의 손자 '이우'는 친일파에서 배제시켰다. 이우는 일본 육사를 나와 육군 중좌(중령)까지 지낸 인물로 33세 때 히로시마에서 원자폭탄에 사망했다.

언론사학자인 鄭晉錫(정진석) 한국외대 명예교수는 좌파들이 박정희의 친일 운운하는 데 대해 "국가정통성을 무너뜨리기 위해 친일문제를 정치적 무기로 삼고 있다"며 "마음에 안 맞는 이들의 친일에는 현미경을 들이대고, 그렇지 않은 이들의 친일은 무시한다"고 비판했다. 그는 "당시를 살아보지도 않은 이들이 이데올로기로 상대방을 재단하며, 점점

더 친일파에 가혹해진다"며 좌파들이 주도하는 친일청산이 역사왜곡이라는 점을 강조했다.

'흥남철수의 영웅' 金白— 장군도 친일파로 규정

2011년 7월, 일부 사회 단체는 경남 거제에 건립된 '흥남철수작전의 영웅' 金白—(김백일, 1917~1951) 장군 동상에 검은 휘장을 씌우고 철거를 시도했다. 민문연이 펴낸 《친일인명사전》에 김백일 장군의 이름(본명 김찬수)이 등재돼 있었기 때문이다. 그러나 김백일 장군은 1951년 '흥남철수작전' 당시 제1군단장으로, 북한동포 10만 여 명을 피란시킨 인물이다. 김백일 장군은 美 10군단장 아몬드(Edward M. Almond) 장군에게 흥남 부두로 몰려온 피난민들의 구출을 강력하게 요구했다.

2013년 10월16일, 대법원 1부(주심 박병대)는 '흥남철수기념사업회'가 거제시장을 상대로 김백일 장군 동상 철거 명령 및 철거집행 처분을 취소해 달라며 낸 소송에서 "동상 철거를 하지 않아도 된다"며 원고 승소 판결한 원심을 확정했다.

왜곡·날조로 점철된 '백년전쟁' 동영상

민문연은 2012년 11월26일 大選 직전 2부작으로 제작한 '백년전쟁'이란 동영상 두 편을 발표했다. 이 동영상은 한국 근현대사 100년을 '민족주의 세력'과 '反민족·對日(대일)협력세력'의 대결로 보고, 민족주의 세력으로 안중근·김구·윤봉길·여운형·장준하를 배치하고, 反민족·對日협력세력으로 이승만·서정주·방응모·박정희·백선엽을 배치했다.

동영상 1부 '두 얼굴의 이승만'은 이승만에 대해 "사적인 권력욕을 채우기 위해 독립운동을 했다. 이 목적을 추구하며 그는 자신의 출세를 위해 수단·방법을 가리지 않았다"고 주장했다. 동영상은 이승만이 과거 '하와이안 갱스터(깡패)'로 불렸다고 했으며, 심지어 노디 김이란 여성과 Mann Act(注: 부도덕한 성관계를 목적으로 州 경계선을 넘는 것을 금지한 법)를 위반했다고 했다.

백년전쟁이 노디 김이란 여성과 美 당국으로부터 수사를 받았다는 근거로 내놓은 사진은 조작인 것으로 나타났다. 이승만과 노디 김이 10년 간격을 두고 따로 찍은 사진을 붙여 같은 날 경찰 조사를 받은 것처럼 조작한 것이다. '하와이안 갱스터'란 표현도 反이승만派(파)의 주장만을 인용한 것일 뿐 객관적인 근거는 없었다. 그가 프린스턴 대학과 하버드 대학에서 받은 학위에 대해서도 '거래와 특혜'가 오고간 것처럼 묘사했지만, 이 또한 근거없는 억지였다.

동영상 2부 '프레이저 보고서'는 박정희 대통령의 업적을 전면 부정하는 내용으로 채워져있다. 이 동영상은 한국의 눈부신 경제성장이 박정희 대통령의 공업화 전략 덕분이 아니라 '親美 국가 개발 전략'을 세웠던 케네디 정부의 원조를 바탕으로 발전한 것이라고 폄하했다.

2013년 5월, 이승만 대통령의 養子(양자) 이인수 박사는 임헌영을 비롯한 민문연 관계자 2명을 死者(사자) 명예훼손 혐의로 검찰에 고소했다. 고소장의 내용 일부를 요약하면 다음과 같다.

〈▲이승만을 사리사욕에 가득 차 수단과 방법을 가리지 않고 돈과 권력을 추구한 폭력배로 묘사

▲이승만의 박사학위는 실력이 아니라 미국 기독교계의 특혜에 힘

입어 받은 엉터리라는 취지로 폄하
▲美 〈워싱턴 포스트〉紙와의 기자회견에서 인터뷰한 내용이 친일적이었다며, 그 내용을 악의적으로 왜곡·번역
▲이승만이 '고문 후유증 코스프레'를 했다고 비난
▲이승만이 국민회 재산인 韓人 여학교를 단돈 美貨 1달러에 인수한 '갱스터'라고 비난
▲하와이 법정에서 동포의 독립운동을 밀고하는 증언을 했다고 왜곡
▲이승만을 노디 김이라는 여성과 부적절한 행위를 한 호색한으로 묘사
▲이승만이 백인 여자들에게 접근해 재벌2세처럼 최고급 식사를 사주며 데이트를 즐겼다고 왜곡
▲이승만이 자금모집 브로커로서, 자신의 몫을 늘리기 위해 무장투쟁에 반대했다고 비방
▲이승만이 김구에게 "멍청한 짓 좀 작작해라"라는 말을 했다고 비난
▲이승만이 맥아더에게 러브레터를 보내 환심을 사서 대통령이 되었다고 주장〉

  민문연이 만든 '백년전쟁'은 대한민국의 근현대사 100년을 친일과 반일의 이분법적으로 접근하고, 대한민국의 건국·건설을 주도한 대통령들을 친일파·파렴치범으로 매도했다. 대한민국의 민족사적 정통성을 부정할 목적으로 만들어진 선전·선동물로 보인다.

⑪ 민족화해협력범국민협의회

左右 인사들이 혼재해 있는 對北지원단체

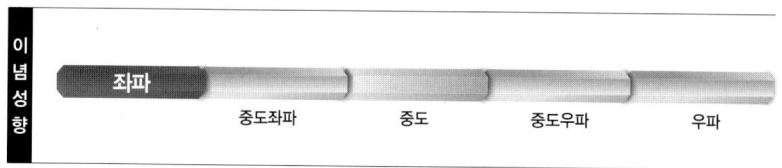

홈페이지: http://www.kcrc.or.kr
전화: 02-761-1213
설립일: 1998년 9월3일
주요인사: 홍사덕(대표상임의장), 김정숙(現 한국여성단체협의회 회장)·권미혁(現 한국여성단체연합 상임대표)·문진국(現 한국노동조합총연맹 위원장)·김기문(現 중소기업중앙회 회장)·설훈(現 민주당 국회의원)·황영철(現 새누리당 국회의원)(이상 상임의장), 김덕룡(前 대표상임의장)·김민하(前 민주평통수석부의장) 등(이상 상임고문)

김대중 정부 초기 출범한 민족화해협력범국민협의회(이하 민화협)는 자유총연맹·재향군인회·전경련·교총 등 일부 보수단체도 포함돼 左右를 아우른 듯하나, 구성원 중에는 좌파성향 인사들이 다수 포함돼있다. 민화협은 김대중·노무현 정권 때는 對北(대북)지원을 수행해왔으나 최근에는 '대학생 통일캠프' 등을 추진하고 있다.

6·15/10·4선언 이행 촉구

민화협은 2009년 6월14일 장충체육관에서 열린 '6·15공동선언 9주년 汎국민실천대회'에도 참가했다. '6·15공동선언 발표 9돌을 맞아 종교, 시민사회단체, 정당이 모두 한자리에 모여 6·15공동선언의 정당성을 공유하고 6·15공동선언 실천에 대한 결의를 모으기 위한 취지'로 열린 이 행사의 기획단장은 조성우 당시 민화협 공동의장이었다.

이들은 2007년 6월7일 '국회의 6·15 기념일 제정 추진을 환영한다'는 성명을 통해 "6·15공동선언은 한반도 평화의 버팀목이자 민족미래의 나침반이다. 기념일 제정으로 우리와 우리 후손이 6·15남북공동선언의 숭고한 뜻을 기리며 통한의 분단을 극복하자"고 주장했다.

6·15/10·4선언에는 反헌법적인 조항이 포함되어 있다. 김대중-김정일이 합의한 6·15선언 제2항에는 "남측의 연합제안과 북측의 낮은 단계의 연방제안이 서로 공통성이 있다"는 문구가 들어가 있다. 대한민국은 한반도 유일의 정통국가이며, 북한은 한반도 북쪽을 점거한 反국가단체이자 반란집단이다. 反국가단체가 내세우는 연방제 통일방안과 대한민국 헌법 4조가 명령하는 통일방안에는 공통성이 없다. 헌법 제4조는 "자유민주적 기본질서에 입각한 평화적 통일"만을 명령하고 있으므로 6·15선언 2항은 헌법에 위배된다. 10·4선언 역시 6·15선언을 "고수하고 적극 구현해 나간다(제1항)"고 명시하고 있어 이 역시 反헌법적 합의라고 볼 수 있다.

김정일 사망하자 弔意 표해

민화협은 對北 인도적 지원이라는 명목으로 황해도 사리원시에 밀가루를 지원했었다. 이들은 2011년 10월11일字 보도자료를 통해 "(2011년 7월26일) 1차로 300톤을 지원한 이후, 이번의 10차 지원으로 총 1954톤의 밀가루를 지원하게 됩니다"라고 밝혔다. 특히 9차 지원 때에는 한국노총을 비롯해 민노총도 금전적 지원을 한 것으로 나타났다. 2011년 12월20일, 민화협은 "북한 김정일 국방위원장의 급서에 깊은 조의를 표한다"며 "김 위원장의 사망으로 큰 슬픔에 빠져 있을 유가족과 북한주민들에게 위로의 마음을 전한다"고 밝혔다.

박왕자 피살 책임을 한국정부에 轉嫁

2008년 8월14일 당시 정세현 상임의장(現 원광대 총장)은 〈통일뉴스〉와의 인터뷰에서 금강산 박왕자 씨 피격살해사건과 관련, "(남쪽이) 금강산 관광을 (박왕자 씨 피살) 이튿날 중단시킨 것은 굉장히 성급한 조치"라며 우리 정부를 더 비판했다. 그는 "핵심은 남측 정부의 6·15/10·4선언에 대한 거부이고, 그것이 북쪽의 對南(대남) 태도를 경직시켜 결국 금강산에서 자기네 기준에서 원칙대로 대응하게 만들어 무고한 박왕자 씨가 희생을 당한 것"이라고 주장했다. 그는 또 "일단 6·15와 10·4선언에 대한 입장을 8·15에 발표하면 물밑 접촉을 통해 자연스럽게 풀릴 수 있다"고도 했다.

김덕룡(前 한나라당 의원) 민화협 前 대표상임의장은 이명박 정부 시절 6·15/10·4선언의 이행과 남북정상회담 개최를 촉구했다. 그는 2010년 7월14일 민화협 주관으로 열린 화해공영포럼에서 "북한 정권이 천안함 폭침과 같은 사태를 일으켰을 때 군사적으로는 물론 단호하게 대처해야 하겠지만 같은 민족을 향한 인도적인 애정과 화해 공영 노력을 포기해서도 안 된다"고 주장했다. 그는 또 "북한은 물론 우리 정부도 한반도 위기를 고조시키고 군사적 충돌을 야기할 수 있는 발언과 조치들을 자제해야 한다"고도 했다(발언출처: 2010년 7월14일字 〈코나스〉 보도).

⑫ 민주당

再창당과 黨名변경 반복해온 '햇볕정책'의 本山이자 從北의 숙주

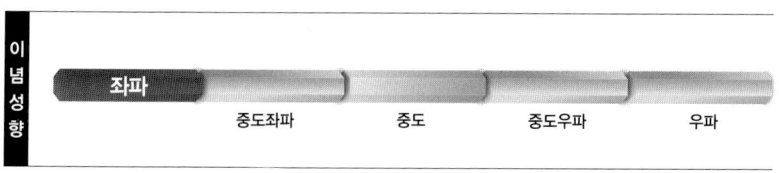

홈페이지: http://www.minjoo.kr/
전화: 1577-7667
설립일: 2011년 12월16일(민주당·시민통합당과 일부 한국노동 인사들의 참여로 출범)
주요인사: 김한길(당대표), 신경민·조경태·양승조·우원식·이용득·박혜자(이상 최고위원), 전병헌(원내대표), 박기춘(사무총장), 장병완(정책위의장)

再창당과 黨名변경을 반복해온 민주당 略史

민주당 홈페이지에 게재된 당의 '발자취'에는 1995년 창당된 새정치국민회의(이하 국민회의)를 가장 먼저 明記(명기)하고 있다. 1992년 14대 대통령 선거에서 패배한 김대중은 정계은퇴를 선언하고 영국으로 출국, 국내 정치와 거리를 두었다. 1995년 6월 실시된 지방선거에서 당시 집권

여당이었던 민주자유당(총재 김영삼 前 대통령)이 사실상 패배하자, 김대중은 이를 정계복귀의 발판으로 삼았다. 같은 해 8월, 김대중은 정계은퇴를 번복하고 새정치국민회의를 창당, 총재에 被選(피선)되었다. 김대중은, 1997년 12월 실시된 15대 대통령 선거에서 김종필이 이끌던 자유민주연합과 共助(공조)해 한나라당 이회창 후보를 누르고 당선되었다. 그로부터 2년 후인 2000년 1월, 在野(재야)세력을 규합해 새천년민주당으로 黨名(당명)을 바꾸고 재창당했다. 새천년민주당은 약 2년 후인 2002년, 16대 대통령 선거를 앞두고 후보 선출을 위한 소위 '국민경선제'를 실시, 노무현을 대통령 후보로 선출했고, 그는 그해 12월 대통령에 당선되었다.

통합민주당 → 민주당 → 민주통합당 → '다시' 민주당

2003년 11월, 親노무현 계열 국회의원 40여 명은 민주당을 탈당, 당을 瓦解(와해)시키고 열린우리당(열우당)을 창당했다. 당시 노무현 대통령은 이를 '창조적 와해'라고 평가하며 이들의 탈당(혹은 분열)을 사실상 방조했다. 2004년 3월12일, 17대 국회의원 선거를 한 달여 남겨두고 노무현은, 선거법에 위반되는 발언을 했다는 이유로 탄핵소추안이 국회에서 통과돼 직무가 정지되었다(注: 同年 5월14일 헌법재판소는 탄핵처분을 기각). 열우당은 탄핵정국 속에서 반사이익을 얻어 그해 4월 실시된 17대 총선에서 한나라당을 누르고 과반 의석을 얻었다. 당시 열우당 국회의원 당선자들 중에는 전대협 출신 등 과거 左傾(좌경)운동권 출신들이 많았다. 2007년 대통령 선거를 앞두고, 노무현의 지지율이 하락하자, 열우당 의원 80명은, 손학규 前 경기도지사를 주축으로 한 한나라당의 일부 탈당파들과 시민사회세력을 규합해 대통합민주신당(민주신당)을 창당했다.

그해 8월20일 열우당과 민주신당은 合黨(합당)을 선언, 열우당은 역사속으로 사라졌다. 민주신당은 17대 대통령 후보로 정동영을 선출했으나, 그는 이명박 한나라당 후보에게 참패했다. 2008년 2월, 민주신당은 소수 야당이던 민주당과 合黨해 통합민주당으로 출범, 민주신당은 창당된 지 불과 6개월 만에 소멸됐다. 통합민주당은 같은 해 7월6일 정세균(現 민주당 국회의원)을 당 대표로 선출하면서 黨名을 다시 민주당으로 바꿨다. 2011년 12월11일, 민주당은 군소야당인 시민통합당, 한국노총 일부 세력 등과 함께 민주통합당을 창당하고 이듬해 1월15일 한명숙을 대표로 선출했다. 민주통합당은 2012년 18대 총선과 19대 대선에서 패했고, 黨名을 다시 민주당으로 바꾼 뒤(2013년 5월4일) 현재에 이르고 있다.

公安사건 연루자들이 작사·작곡한 민통당 黨歌

2011년 출범한 민주통합당(민통당, 現 민주당) 黨歌(당가)의 작사자와 작곡자는 1992년 발생한 대규모 간첩사건인 '남한 조선노동당 중부지역당 사건' 연루자들이었다. 민통당 黨歌 작사자는 이철우 前 열우당 의원으로 그는, 1992년 북한 조선노동당을 남한에서 현지입당한 뒤, 당원 부호인 '대둔산 820호'를 부여받았다. '現地(현지)입당'이란 북한의 조선노동당에 가입하기 위해 북한을 방문하지 않고, 남한 현지 간첩을 통해 입당한 후, 북한 조선노동당이 추인하는 것을 일컫는 말이다. 안기부 수사白書(백서)에 따르면, 이철우는 간첩교육을 받은 황○○가 조선노동당에 현지입당시킨 핵심 인사 12명 중 한 명이라고 기재되어 있었다. '이철우(33세, 시립대 영문 4년제적, 반미청년회 조직원): 대둔산 820호'라고도 적혀 있었다(출처: 2004년 12월9일字 〈동아닷컴〉 보도).

작곡자 윤민석은 촛불집회 주제가인 '헌법 제1조'를 작사·작곡한 인물로 '김일성 대원수는 인류의 태양', '한민전 10대 강령' 등을 만든 좌경 운동권 가요 작곡가다. 그는 1992년 조선노동당 '중부지역당' 산하 단체인 '애국동맹'에 가입, 김일성 찬양노래를 작곡했으며, 이 같은 활동으로 국보법 위반으로 네 차례나 구속됐다.

같은 해 10월6일 안기부 수사결과 발표를 통해 밝혀진 조선노동당 '중부지역당' 사건은 북한 노동당 서열 22위인 이선실(2000년 사망)의 지도 하에 민중당 지휘부를 공략하는 등 한국 공산화를 목표로 지하당 구축에 주력하다가 발각되었던 공안사건이다. 이 黨歌는 2013년 5월, 민통당이 민주당으로 黨名을 바꾸면서 현재는 홈페이지에서 사라진 것으로 나타났다.

민주당 新舊 강령 비교·분석

현재 민주당의 강령(이하 新강령, 2013년 5월4일 제정)과 舊민통당 강령(이하 舊강령, 2011년 12월16일 제정)을 비교하면, 18대 대선 전후 민주당의 노선에 일부 변화가 있었음을 확인할 수 있다. 우선 舊강령 前文에 있었던 "서민·노동자·농어민·중산층을 포함한 99% 국민을 위한 정당"이 "서민과 중산층을 중심으로 하는 국민정당"이란 표현으로 수정되었다. 민주당은 2012년 19대 총선 당시 '1:99'라는 구호를 내세웠다. 자신들이 99%를 대변하는 정당이란 점을 강조한 것이다.

애국우파진영은 이를 일종의 '계급투쟁적 선동 구호'로 규정하고, 민주당의 급격한 좌경화를 비판했다. 舊강령 정책 5항은 "6·15공동선언, 10·4공동선언을 존중하고 계승한다"고만 명시했었다. 주지하다시피

6·15/10·4선언에는 '낮은 단계 연방제'라는 反헌법적 조항이 포함되어 있다. 이 표현은 新강령 정책 9항에서도 그대로였다. 다만 新강령 정책 9항에 "북한주민의 민생·인권에 대해 관심을 갖고 노력한다"는 文句(문구)를 추가했다.

4대입법은 '死大惡法'

現 민주당의 前身(전신)격인 열우당은 2004년 4大입법 통과에 주력했다. 열우당은 그해 10월10일 '국가보안법', '과거사진상규명법', '언론관계법', '사학법'을 국회에 제출해 年內 처리를 추진했다. 국보법의 경우, 법 자체를 폐지하고 형법 87조 2항에 '내란목적단체' 조항을 신설(형법보완)해 기존의 국보법을 代替(대체)하고, '과거사진상규명법'은 '진실과화해위원회'란 기구를 구성, 1945년 광복부터 한국전쟁 前後까지 발생한 민간인 집단 희생사건 등에 대한 진상조사를 추진한다는 내용이었다. '사학법'은 교사와 학부모로 구성된 학교운영위원회가 이사 定數(정수)의 3분의 1이상을 추천해 개방형 이사制(제)를 도입하는 게 골자였다. '언론관계법'은 신문사 시장점유율이 1개사 30%, 3개사 60%를 넘어설 경우 시장지배적 사업자로 규정하는 법안이었다. 보수세력은 이 같은 4대입법 추진에 대해 '반대파에 재갈을 물리려는 횡포', '국가의 근간을 무너뜨리는 행위'라고 맹비난했다. 이중 국보법과 언론관계법에 대한 반대여론이 특히 높았다. 같은 해 10월18일 MBC와 코리아리서치가 실시했던 여론조사 결과에 따르면, 국보법 폐지에 '반대한다'는 응답이 62.2%로, '찬성한다'는 의견(30.4%)의 두 배를 넘는 것으로 나타났다. 同年 10월29일字 〈문화일보〉도 국가보안법 폐지에 따른 형법보완 입법에 찬성

35.9%, 반대 58.6%, 언론관계법은 찬성 38.2%, 반대 52.0%라고 보도했다.

국민행동본부(이하 국본, 본부장 徐貞甲)는 그해 11월9일 '생활인이 침묵하면 우리의 밥그릇과 솥단지가 날아갑니다'라는 제하의 성명에서 "개혁이라고 위장한 국보법 폐지법안, 신문규제법, 私學개악법, 과거사法은 대한민국의 입 속으로 들어갈 독극물입니다. 4大惡法이 통과되면 민족반역자 金正日 정권과 친북좌익 세력이 우리의 삶터 대한민국을 분열, 파괴, 변질시키는 데 유리한 조건이 조성됩니다"라고 밝혔다. 국본은 4大입법을 '死大惡法'으로 명명하고 "'死大惡法'이 통과되면 反헌법 세력의 파괴활동이 합법화되어 살벌한 세상이 도래할 것"이라고 경고했다. 결국 4大입법은 한나라당과 보수세력의 거센 반발로 그해 12월30일 국회 통과가 무산되었다(注: 이중 '과거사진상규명법', '언론관계법', '사학법'은 2005년 국회에서 통과됨).

민주당이 지원한 '광우병 사태'의 배경

좌파세력은 2008년 미국산 쇠고기 수입再開(재개) 협상을 반대하며 '광우병 촛불집회(이하 광우병 사태)'라는 이름으로 시민들을 선동, 불법·폭력 시위를 주도했다. 광우병 사태는 2008년 4월에 합의한 韓美 쇠고기 협상에서 비롯되었다. 同年 4월18일 농림수산식품부(농림부)는 기자간담회를 열고 "지난 4월11일부터 오늘 새벽까지 8일 동안 미국산 쇠고기 수입위생 조건 개선을 위한 한미간 고위급 협의 개최한 자리에서 수입 단계 확대 방안 합의했다"고 발표했다. 농림부는 "30개월 미만 소에서 생산된 뼈를 포함한 것은 물론이고, 2단계로 미국 측이 광우병 위험

통제 국가에 따른 강화된 사료 조치를 공표할 경우 30개월 이상 소도 수입하기로 했다"고 설명했다.

그해 4월29일 MBC PD수첩 '긴급취재, 미국산 쇠고기, 과연 광우병에서 안전한가?'는 미국산 쇠고기가 마치 인간광우병(vCJD)과 관련이 있는 것처럼 사실을 誤導(오도)했다. 이 프로그램에서는 주저앉는 (다우너) 소의 영상을 보여주었는데, 이 영상은 동물 학대를 고발하는 필름이었다. 영어 誤譯(오역)도 있었다. 프로그램은 또 미국인 아레사 빈슨이 인간광우병에 걸려 사망했다고 했지만, 그의 死因(사인)은 인간광우병이 아니었다. 아레사 빈슨의 어머니 로빈 빈슨은 방송에서 "The results had come in from the MRI and it appeared that our daughter could possibly have CJD. He told us that there was no treatment nor was there is a cure. I couldn't believe what I was hearing"라고 말했다. 그는 "CJD 가능성이 있다"고 말했는데, CJD는 인간광우병과는 관계가 없다. MBC는 이 결정적 단어를 자막에서 "vCJD"라고 날조했다. 방송을 본 시민들은 인간광우병에 대한 위험성을 제기하며 정부를 비난하기 시작했고, 민주당을 비롯한 左派언론도 이에 가세했다.

당초 시위는 '촛불문화제'라는 이름으로 2008년 4월 처음 열렸다. 촛불만 들던 시위 방식은 시간이 갈수록 폭력시위로 변질되어 갔다. 일부 시위대들은 전경들에게 염산병을 던지고 쇠구슬을 쏘고, 경찰 기물을 파손했다. 같은 해 6월29일 경찰의 발표한 피해현황에 따르면, 전·의경 372명 부상(30명 중상), 경찰버스 111대 파손, 경찰장비 1512점 손상되었다고 했다. 연행된 시위 참가자 중 구속은 10명, 불구속 입건은 706명, 즉심회부는 56명, 훈방조치는 25명이었다.

광우병 사태와 관련한 민주당 인사들의 言動

광우병 사태가 격화되는 와중에 민주당 의원들은 현장에 나가 시위대를 격려했다. 이들은 날조된 광우병 여론에 편승하며 이명박 정부 비난에 주력했다.

민주당은 2008년 6월29일字 '유모차에 소화기를 난사하는 야만적 폭거를 자행한 경찰은 더 이상 대한민국 경찰이 아니다'는 제하의 논평에서 다음과 같이 주장했다.

〈대한민국은 70, 80년대 국가공권력에 의해 무고한 시민의 목숨을 앗아갔던 살인정권의 시대로 돌아가고 있다. 그렇다고 '안전한 먹거리를 달라'는 국민들의 간절한 소망은 사그러지지 않을 것이다. 아무리 군홧발로 짓밟히고, 곤봉으로 구타당하고, 살수차로 촛심을 탄압한다고 무자비한 공권력에 항복할 대한민국 국민이 아니다. 마지막으로 경고한다. 어청수 청장은 야만적 폭거에 대해 국민들께 사죄하고, 즉각 사퇴하라.〉

민주당은 같은 해 6월30일 '이명박 정권은 군사 쿠데타 정권에서도 하지 않았던 일을 하고 있다'는 대변인 논평에서 "촛불집회는 민심의 귀중한 자산이다. 직접민주주의에 대한 국민의 열망에 대해 과잉 폭력 진압을 한다면 촛불에 기름을 붓는 격이 될 것"이라고 경고했다.

同年 6월26일, 천정배 의원은 "나와 민주당 모두 고생하시는 여러분과 함께 노력할 것", "여러분 힘내시라"고 말했다(발언출처: 2008년 6월26일字 〈오마이뉴스〉 보도). 손학규 당시 민주당 대표 역시 6월27일 "이 정부가 아직도 정신을 못 차리고 공안정국으로 몰아가려는 자세가 그대로 보인다"고 비난했다(발언출처: 2008년 6월27일字 인터넷〈뷰스앤뉴스〉보도). 원혜영 당시 원내대표는 MBC PD수첩의 광우병 관련 보도에 무리한 번역과 많은 문제점이 드러났음에도 "지엽적인 문제"라고 일축했다(발언출처: 2008년 6월28일字〈조선닷컴〉보도).

민주당은 광우병 사태를 아예 당 강령에 삽입하기도 했다. 2011년 12월16일, 민주통합당이 출범하면서 제정된 강령 前文(전문)에는 "2008년 이후 촛불민심이 표출한 시민주권의식 및 정의에 대한 열망을 계승한다"고 明記(명기)되어 있었다. 제1야당이 폭력과 불법으로 점철된 광우병 난동을 계승한다고 공식적으로 선언한 셈이다. 이 文句는 2013년 5월4일 개정된 강령에서는 삭제되었다.

천안함 폭침·연평도 포격 後 민주당의 행보

민주당은, 천안함 폭침이 발생하자 主犯(주범)인 북한정권을 비호하고, 우리 정부를 더 비난하는 입장을 보였다. 일반적으로 민주당은 북한정권에 대해선 원론적인 비판만 하는 반면, 우리 정부를 겨냥해서는 대응방식의 문제점, 軍의 안이한 자세, 음모론 등을 집중 추궁했다. 이런 양상은 2010년 6월29일, '천안함 對北규탄결의안(이하 결의안)' 통과과정에서 잘 드러난다.

당시 민주당 의원 69명은 결의안 채택에 '반대'했다. 결의안이 통과되기 직전 민주당은 '북한의 천안함 공격~'을 '천안함 침몰사건~'으로 바꾸는 등 북한을 '공격 주체'로 명시하지 않고, '정부의 조사가 국민적 의혹을 해소하기 미흡했다'는 내용 등을 포함시킨 '북한의 천안함에 대한

군사도발 의혹에 관한 진상규명 및 한반도 평화수호 촉구 결의안'을 별도로 제출했었다. 이는 찬성 77표, 반대 165표, 기권 1표로 부결됐다. 같은 해 5월20일 국방부 民軍합동조사단이 '천안함 폭침 北 소행'을 최종 발표했음에도 별도의 결의안을 제출한 셈이다. 이로 인해 '제1야당이 國論 분열에 앞장섰다'는 비판을 받았다. 民軍합동조사단의 조사 결과가 발표된 날, 민주당 전현희 원내대변인은 국회 정론관에서 가진 대변인 논평에서 "정부는 시종 비밀주의로 일관함으로써 국민들을 제대로 설득시키지 못하고 있다"며 "국회 차원의 진상조사가 필요하다"고 밝혔다. 전 대변인은 "정부의 발표대로라면 한미합동군사훈련 동안 버젓이 우리 군이 공격당하고 이렇게 끔찍한 변을 당하게 한 안보무능을 책임져야 한다"고 비난했다. 그는 "천안함 사고의 궁극적 책임은 이명박 정부의 안보무능에 있다"며 ▲대통령의 對국민 사과 ▲국방장관 해임 ▲軍지휘부의 軍法(군법)회의 회부 등을 촉구했다.

2010년 11월23일 북한은 연평도에 무차별적으로 포를 亂射(난사), 민간인 2명과 軍 장병 2명의 목숨을 앗아갔다. 연평도 포격은 全국민이 언론을 통해 포격 상황을 목격해 천안함 폭침 때와 달리 음모론이 설득력을 가질 수 없었다. 민주당은 그 대신 이명박 정부의 對北정책을 문제 삼으며, 햇볕정책 계승을 집요하게 요구했다.

同年 11월28일 민주당은 부대변인 명의의 성명을 발표하고 "이명박 정부는 오늘의 위기상황이 초래된 데 대해서 반성하기는커녕 지난 정부의 탓으로 돌리는 어리석음을 계속하고 있다"며 "全세계가 평가한 對北햇볕정책을 바탕으로 평화관리체제를 복원하라"고 촉구했다.

앞서 11월26일 국회에서 열린 민주당 확대간부회의에서도 민주당 수뇌부들은 햇볕정책을 앞세워 이명박 정부를 압박·비난했다.

'야권연대' 공동정책합의문에 담긴 문제점

2012년 3월10일, 당시 민통당 한명숙 대표와 통합진보당(이하 통진당) 이정희 대표는 19대 총선을 앞두고 소위 '야권연대' 결성에 합의했다. 민주당은 수도권 네 곳 등 모두 16곳의 단일 후보를 통진당에 양보하고, 76곳에서는 兩黨(양당) 후보가 경선을 하기로 결정했다. 나머지 지역은 통진당이 민주당에 양보하기로 했다. 兩黨은 또 18대 국회가 비준한 韓美FTA 시행에 반대하고, 제주 강정마을에 건설 중인 해군기지를 전면 재검토한다는 내용의 '공동정책합의문'도 발표했다. 공동정책합의문의 일부 조항들을 분석해보면 다음과 같다.

- ■'6·15공동선언', '10·4선언'의 이행을 담보하는 입법조치 등을 통해 적극적인 남북화해협력을 추진한다: 6·15/10·4 선언에는 '낮은 단계 연방제'라는 反헌법적 내용이 담겨 있다. 이를 '남북화해협력'이란 명목으로 그대로 강행하면 연방제 통일이 이뤄질지 모른다.
- ■'경제민주화'와 '보편적 복지'의 실현을 기본 방향으로 설정하고, 국민이 함께 잘사는 대한민국을 만들기 위해 다음의 과제를 실천한다: 좌파들이 주장하는 '경제민주화'는 자본주의의 원칙을 부정하는 사실상의 '경제 사회주의화'로 볼 수 있다. 전문가들은 財源(재원) 마련이 안된 상태에서 '보편적 복지'를 실행하면 국가財政이 붕괴될지 모른다고 경고한다.
- ■건강보험의 보장성을 확대해 사실상의 무상의료를 실현하고, 부모들이 안심하고 맡길 수 있는 질 높은 무상보육의 전면 실시와 국공립 보육시설의 확충을 추진한다: 무상보육 실시에 따른 財源 소요는 단기

성이 아닌 지속성을 띨 가능성이 크다. 수십 조 원의 돈이 거의 매년 무상복지 財源으로 투입된다면, 이 역시 국가재정을 악화시킬 수 있다.

■일방적으로 강행하고 있는 (제주도 해군기지) 군항 공사에 대해 깊은 우려와 분노를 표한다. 이에 우리는 즉각적인 공사의 중단을 요구한다. 또한, 우리는 19대 국회에서 공사계획을 전면 재검토하고, 필요할 경우 책임규명을 위한 국정조사를 실시한다: 제주해군기지 건설 계획은 노무현 정부 때 이미 立案(입안)된 것이다. 안보를 위해 반드시 필요한 해군기지 건설을 막으려 한다면, 우리 해군의 작전을 방해하려는 의도로 비춰질 수 있다.

■군복무기간을 단축하고, 양심에 따른 병역거부자를 위한 대체복무제를 신설한다: 國軍의 병력수가 북괴군의 1/5밖에 안 되는 상황에서 軍 복무기간을 더 단축하면 戰力이 약화되고, 안보 空洞化(공동화) 현상이 초래될 수 있다.

■호혜평등과 평화지향적인 자주외교를 추진하며 비핵화 및 평화체제 구축을 목표로 남북관계를 획기적으로 개선한다: '평화지향적인 자주외교'는 韓美동맹을 배제한 중국-북한정권-좌파정권의 연대로 보일 수 있다. '남북관계 개선' 역시 北核 해결 없이는 불가능하다. 하지만 이 합의문에는 北核 폐기를 위한 약속은 없고, 대한민국의 原電(원전) 건설 반대만 있다.

■국가 안보문제 전반에 대한 결정에서 시민참여를 보장한다: 합법적 무력집단인 軍에 '시민참여를 보장'한다는 건 좌파세력의 여론도 반영하겠다는 의도로 보인다. 좌파세력이 軍의 안보정책에 개입한다면, 敵과 동맹을 구분하는 彼我(피아) 능력이 상실되어 안보 전체가

흔들릴 수 있다.

■**국가보안법 폐지 등을 포함하여 인권을 탄압하는 반민주악법을 개폐한다:** 국보법은 '반민주악법'이 아닌 국가변란을 꾀하는 간첩과 북한 공작원들을 처벌하기 위해 만들어진 법이다. 국보법은 선량한 시민들의 자유와 인권은 탄압하지 않으며, 이들이 국보법으로 인해 피해를 당하지도 않는다.

이석기 국회 입성에 一助한 '야권연대'

야권연대를 성사시킨 민주당은 국회의원 선거 壓勝(압승)을 크게 자신하는 분위기였다. 하지만 4·11총선에서 새누리당은 152석(지역구·비례대표 합산), 민주당 127석, 통진당 13석을 획득, 사실상 야당이 패배했다. 민주당과 통진당의 야권연대에도 불구하고 과반 의석 획득에 실패한 것이다. 이때 통진당 비례대표로 당선된 인물이 內亂(내란)음모 혐의로 구속된 이석기이다. 이석기 사건이 발생하자, 새누리당을 비롯한 右派진영에서는 '야권연대가 이석기 같은 인물이 국회에 入城(입성)할 수 있도록 길을 터준 것'이라며 '민주당 책임론'을 제기했다.

민주당 내부에서도 自省論(자성론)이 나왔다. 2013년 9월7일 서울시청 앞 광장 천막당사에서 열린 최고위원회의에서 조경태 최고위원은 "이석기 사건에 대한 새누리당의 지적이 있다"며 "(새누리당이) 자꾸 종북 정국으로 쟁점화하려 한다고 대응하지 말고, 결과적으로 의도했든 하지 않았든 민주당도 책임이 있다고 생각한다"고 주장했다. 조 최고위원은 "지도부는 이런 지적을 스펀지처럼 받아들이는 자세가 필요하다"고 지적했다(발언출처: 2013년 9월7일字 〈조선닷컴〉 보도).

"성폭행범들이나 사용할 수법을 동원…"

    18대 대통령 선거를 8일 앞둔 2012년 12월11일 저녁, 민통당 대선 캠프 관계자들은 당 공명선거감시단과 경찰 7명, 선관위 직원 8명과 함께 강남의 한 오피스텔을 급습했다.
    민통당 관계자는 '해당 오피스텔 607호에서 국정원 직원으로 추정되는 사람이 포털사이트와 정치 관련 인터넷 사이트에 문재인 후보를 비방하는 댓글을 무차별적으로 올리고 있단 제보를 받았다'는 요지의 입장을 발표했다. 민주당은 이 오피스텔이 '국정원 아지트'라며, 국정원이 이곳에서 조직적으로 댓글 작성을 해왔다고 주장했다.
    그러나 해당 오피스텔은 국정원 여직원 김 모 씨의 개인 거주지로 확인됐다. 민통당 측 인사들과 동행했던 선관위 관계자도 "침대와 옷장, 빨래 건조대가 있는 등 평범한 가정집 분위기였다"고 전했다(발언출처: 2012년 12월13일자 〈조선닷컴〉 보도).
    당시 민통당 관계자들은 오피스텔을 급습하기 전, 여직원이 살고 있는 오피스텔의 號數(호수)를 알아내고자 고의로 차량 사고를 내 거센 비판을 받았다.
    박근혜 당시 새누리당 후보는 12월14일, 긴급 기자회견을 열고 "성폭행범들이나 사용할 수법을 동원해 여직원의 집을 알아냈고 이것을 SNS를 통해 사방에 뿌리기까지 했다"고 비판했다.
    이밖에도 오피스텔 앞을 점거하던 민통당 당원들은, 〈TV조선〉 기자에게 "야 이놈의 ×야, 어린 놈의 ××가 싸가지 없는 ××가"라며 욕설을 퍼붓고 기자의 얼굴과 정강이 등을 폭행하기도 했다(발언출처: 2012년 12월12일자 〈조선닷컴〉 보도).

대화록을 둘러싼 문재인의 말 바꾸기

2013년 6월24일, 국가정보원이 2007년 노무현-김정일 회담 대화록 발췌본을 전격공개하자 민주당은 이를 '국기문란'으로 규정, 국정원을 비난했다. 같은 해 6월25일 민주당 '국정원 선거 개입 진상조사 특위' 위원장인 신경민 의원은 "국정원의 배후가 청와대인지 새누리당인지 밝혀야 하며 국정원은 해체해야 한다"고 주장했다. 박범계 민주당 법률위원장도 "비밀문서를 일반 문서로 재분류한 것은 남 원장 등의 실정법 위반이며 대화록을 뿌린 것은 더 강력한 犯法(범법) 행위"라고 비난했다. 이들은 대화록에 나온 노무현 前 대통령 발언의 眞僞(진위) 여부는 언급하지 않고 국정원(장)만을 비난한 것이다.

문재인 의원의 말 바꾸기도 비판을 받았다. 문 의원은 同年 6월21일 발표한 성명에서 "10·4 남북정상회담 대화록을 공개할 것을 제의한다"며 정상회담 대화록과 녹음테이프 등의 공개를 제안했다. 그는 6월23일 자신의 트위터에 "정상회담 대화록은 국가기록원에 이관된 것이 정본으로 국정원에 있는 것은 내용이 같아도 부본이나 사본일 뿐"이라고 주장했다. 이는 국가기록원에 대화록을 이관했다는 전제 하에 나올 수 있는 말이었다. 그러나 7월22일, 여야는 국가기록원에 대화록 원본이 없다는 최종 결론을 내렸다. 그러자 그는 7월23일 "국민의 바람대로 NLL 논란, 더는 질질 끌지 말고 끝내자"며 대화록 논란을 종결지을 것을 촉구했다. 文 의원은 "새누리당은 이미 NLL을 충분히 활용했다"고도 했다.

문재인 의원은 그간 'e지원(注: 노무현 정부 당시 청와대 결재시스템)'에 삭제 기능이 없었다고 주장해왔다. 2012년 10월17일, 그는 충북 청주의 충북지식산업진흥원을 방문한 자리에서 e지원에서 대화록이 삭제되어 국가

기록원에 이관되지 않은 것 아니냐'는 의혹에 대해 "참여정부의 문서 결재 시스템, 문서 관리 시스템을 전혀 몰라서 하는 소리다. e지원의 문서가 폐기된다는 것은 있을 수가 없다"고 주장했다.

e지원에 '삭제 매뉴얼' 제공되었다

서울중앙지검 공안2부(김광수 부장검사)는 2013년 11월15일, '남북정상회담 회의록 폐기의혹 관련 고발사건' 수사 결과를 발표했다. 이날 검찰은 'e지원 시스템에 삭제 기능이 추가되어 일부 문서가 파기되었다'는 요지의 발표를 했다.

청와대 업무혁신비서관실은 e지원 개발 업체에 요청해 관련 정보를 삭제할 수 있는 방법이 기재된 '삭제 매뉴얼'을 제공받았다고 했다(출처: 검찰 수사자료 3페이지). 업무혁신비서관실은 e지원 시스템에 대통령 기록물로 남아있던 '2007 남북정상회담 회의록'을 삭제해달라는 요청을 받고, 삭제 매뉴얼에 따라 회의록 파일이 첨부된 문서관리카드 관련정보를 삭제하는 방법으로 이를 파기했다고도 했다(출처: 검찰 수사자료 3페이지).

검찰은 회의록 삭제 등에 관여한 백종천 前 청와대 안보실장과 조명균 前 청와대 안보정책비서관 등 2명을 대통령기록물관리법 위반과 형법상 공용전자기록 등 손상 혐의로 각각 불구속 기소했다. 문재인 의원은 회의록 삭제 또는 유출에 관여한 직접적인 증거가 없는 것으로 판단해 불기소 처분했다.

> **참고**
> '노무현재단' (32페이지)
> '통합진보당' (297페이지)

⑬ 민주사회를위한변호사모임

문재인·이정희·심재환 등…

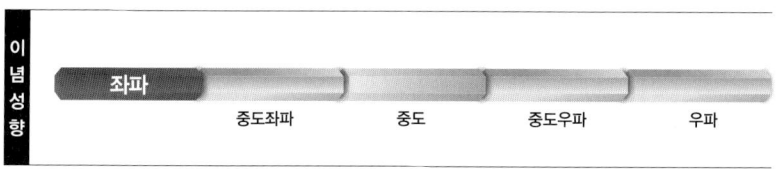

홈페이지: http://minbyun.org
전화: 02-522-7284
설립일: 1988년 5월28일
주요인사: 장주영(회장), 한택근(부회장), 김도형(사무총장), 이재정(사무차장), 문재인(現 민주당 국회의원)·이정희(現 통합진보당 대표)·송호창(現 무소속 국회의원)·심재환(現 변호사) 등이 민변 출신

　민주사회를위한변호사모임(이하 민변)은 左派성향을 가진 법조계 종사자들의 결집체이다.
　이들은 대한민국의 정체성과 정통성을 폄훼하는 활동과 좌파단체 및 좌파인사에 대한 법률지원을 맡아왔다.
　소속 변호사들 중에는 김대중·노무현 정부의 고위직 및 국회의원이 배출되기도 했다.

송두율, 강정구 변호 맡고 한총련 비호

민변은 강정구(前 동국대 교수)와 송두율(前 독일 뮌스터대 교수), 利敵(이적) 단체로 판시된 한총련도 비호해왔다. 2003년 10월22일 '송두율 교수 구속영장은 발부되어서는 아니된다'는 성명에서 "이번 검찰의 (송두율) 구속영장청구는 수사 자체의 목적이 아닌 인신구속을 통하여 송두율 교수로부터 후보위원 부분을 시인하도록 유도했다"고 비난했다.

2005년 10월13일 논평에서는 강정구 동국대 교수의 국보법 위반 혐의와 관련, "이번 사건이 극명하게 보여주는 것처럼 국가보안법은 우리 헌법이 보장하는 학문, 사상의 자유와 표현의 자유를 근본적으로 침해하는 결과를 낳을 수밖에 없기 때문에 우리는 그동안 국가보안법의 폐지를 요구해온 것"이라고 주장했다.

2003년 8월7일에는 한총련의 美軍기지 난입과 관련, "이번 시위를 계기로 한총련 합법화의 기류를 가로막으려 하는 사회 일각의 태도에 대해 심히 우려한다"고 주장했다.

"(천안함) 조사결과 믿는 사람은 전체의 1/3에 불과"

민변은 또 2010년 3월, 북한이 자행한 천안함 폭침에 대해서도 의혹을 제기했다. 2010년 9월17일 참여연대와 함께 "지난 6월 천안함 침몰 장면이 촬영된 열상감지장치(TOD) 원본 등 관련 조사기록에 대한 정보 비공개 처분을 취소하라"며 국방부장관과 감사원장을 상대로 정보공개거부 처분 취소 청구 소송을 서울행정법원에 냈다. 당시 민변의 법률 자문역이었던 이덕우 변호사는 "정부의 조사결과를 믿는 사람은 전체의 1/3에 불과하다"며 "불신을 묻어두는 일이 오히려 국가 안보를 저해하는 것"이라고 주장했다(발언출처: 2010년 9월17일字 인터넷 〈머니투데이〉 보도).

2011년 8월25일, 민변과 국보법폐지국민연대는 공안당국에 적발된 왕재산 사건을 왜곡하는 투의 성명도 발표했다. 이들은 "총선과 대선을 앞두고 이명박 정권과 보수세력이 이 사건을 두고두고 악용할 것임은 주지의 사실"이라며 "벌써 오세훈 서울시장의 무상급식 주민투표 참패를 덮으려고 대대적인 공안여론 조성이 시작되고 있다"고 선동했다.

신변안전보장 여부에 대해선 함구

민변은 2013년 4월30일 서울 광화문 광장에서 '평화실현을 위한 조건 없는 대화를 촉구한다'는 기자회견을 열었다. 이들은 "2월 북한의 3차 핵실험과 3월 이래 한미 키리졸브·독수리 훈련을 계기로 남북, 북미 간 군사적 위협이 갈수록 격화되었고, 최근 남북간 평화와 신뢰의 상징인 개성공단마저 폐쇄되기에 이르렀다"며 남북관계와 개성공단 정상화를 위한 조건없는 대화를 촉구했다.

이어 "정부의 4·29 '개성공단 잔류인원 전원철수 결정'은 북의 과도한 공단 폐쇄결정에도 불구하고 신뢰 프로세스의 어설픈 전주곡일 뿐만 아니라 금강산 관광 중단의 뼈아픈 악몽을 되풀이하는 것"이라며 정부의 對北정책을 비판했다.

이들은 또 "오바마 정부의 북한을 향한 전략적 인내는 전략적 무시정책일 뿐이며, 이명박 정부의 對北정책 또한 철저한 대결과 무시정책이었다"며 韓美 양국을 싸잡아 비판했다.

금강산 관광·개성공단 사업은 남북經協(경협) 명목으로 시작되었다. 금강산 관광은 2008년 관광객 박왕자 씨가 북한군의 총격으로 사망해 중단되었고, 개성공단은 북한에 의해 강제 폐쇄됐다. 북한은 금강산 관광사업을 통해 연간 4000만 달러, 개성공단에서는 연간 1억 달러의 현금을 벌어들인 것으로 추정된다. 전문가들은 이 돈의 대부분이 정권 유지용으로 轉用(전용)됐을 것으로 보고 있다. 특히 核미사일 개발 등 군사력 증강에 쓰였다는 주장이 설득력을 얻고 있다. 개성공단 再開(재개)와 금강산 관광은 '조건없는 대화' 이전에 우리 국민의 '신변안전보장'과 북한의 '재발방지 약속'을 보장받은 뒤에 추진해야 한다. 민변은 금강산 관광과 개성공단이 再開될 때 발생할지 모르는 우리 국민의 신변보장대책 등에 대해선 緘口(함구)했다.

이석기 변호인단에 포함된 민변 변호사들

內亂(내란)음모 혐의로 구속기소된 통합진보당(통진당) 이석기 측의 공동변호인단에도 민변 소속·출신 변호사들이 포진해있다. 공동변호인단 단장은 국가인권위원회 사무총장 출신 김칠준 변호사(민변 부회장 출신)다. 그는 법무법인 다산의 대표 변호사로 곽노현 前 서울시 교육감의 후보자 매수사건, 김상곤 경기도 교육감의 직무유기 사건 등 각종 시국사건을 담당했었다. 이재정 변호사(現 민변 사무차장)도 공동변호인단에 이름을 올렸다. 2012년 민주통합당 비례대표 후보자 추천심사위원이었던 그는, 나꼼수 선거법 위반 사건과 육군 대위의 이명박 前 대통령 모욕 사건 등을 변호했었다.

공동변호인단에는 통합진보당 이정희 의원의 남편인 심재환 변호사

(민변 통일위원장 출신)도 있다. 그는 2003년 MBC PD수첩에 출연해 1987년 북한이 자행한 KAL機 테러사건의 범인 김현희 씨를 "완전 가짜"라고 몰아붙였다. 심재환은 민혁당·일심회·왕재산 사건 등 공안사건에 연루된 활동가들도 변호해왔다.

| 참고 |

'국가보안법폐지국민연대' (25페이지)
'통합진보당' (297페이지)

⑭ 민주언론시민연합

이석기 사건 수사를 '마녀사냥'이라 주장

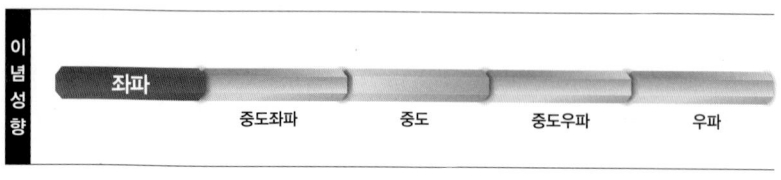

홈페이지: http://www.ccdm.or.kr
전화: 02-392-0181
설립일: 1984년 12월19일 민주언론운동협의회 설립
　　　 2006년 3월24일 민주언론시민연합으로 개칭
주요인사: 신태섭·박석운(現 한국진보연대·한미FTA저지범국민운동본부 상임대표)(이상 공동대표), 박우정(이사장), 김경실·전영일(이상 부이사장), 김서중·김성원·김은규·김현식·박석운 등(이상 이사) 이부영·임채정 등(이상 지도위원), 최민희(現 민주당 국회의원·前 민언련 사무총장)

민주언론시민연합(이하 민언련)은 언론 민주화라는 명분 하에 소위 對(대)국민 언론교육, 언론 모니터링 등을 전개해왔지만, 실제로는 국가보안법 폐지, 利敵(이적)단체로 판시된 한총련을 두둔했다. 특히 천안함 爆沈(폭침)과 연평도 포격 후 북한 책임론에 대한 언급은 찾기 어려웠다.

국가보안법 폐지 주장

민언련은 국가보안법 폐지 등 노무현 정권의 소위 '4大입법('국가보안법', '과거사진상규명법', '언론관계법', '사학법')'에 반대하는 언론보도를 비난하는 성명·논평을 해왔다.

단체는 2004년 9월6일 '폐지반대 논리, 근거없다'는 題下(제하)의 논평을 통해 "국가보안법은 인류을 파괴하고 사상과 양심의 자유를 억압하는 법이며, 민주주의 국가에서 찾아보기 어려운 야만적인 법으로 국제인권단체들로부터 폐지 권고를 받는 망신스러운 법"이라고 주장했다.

이들은 2004년 12월29일 '사실까지 왜곡해서 국가보안법 폐지 가로막으려나'란 논평에서 "국가보안법 등 4대 개혁법안 통과를 가로막으려는 〈조선일보〉의 억지 주장이 날이 갈수록 가관"이라며 국보법 폐지를 거듭 촉구했다.

한총련·송두율 옹호

민언련은 송두율(前 독일 뮌스터대 교수)과 先軍(선군)정치를 옹호해온 한총련 등을 두둔·비호했다. 2003년 8월7일 한총련은 美 8군 종합사격장에 난입, 장갑차를 점거하고 성조기를 불태우는 난동을 벌였다. 그러자 민언련은 同年 8월14일 '한총련 후배들의 투쟁은 정당, 마녀사냥 중단하라'라는 성명을 발표, 한총련의 행태를 두둔했다.

2004년 3월31일 '송두율 교수에 대한 중형선고를 우려한다'에서는 "우리는 이번 재판부의 판결(송두율에게 징역 7년을 선고한 1심 판결)이 메카시즘의 망령을 불러내서라도 기득권을 지키려는 수구세력과 그들의 이해를 대변하는 수구언론들에게 '마녀사냥식 여론 재판'의 빌미를 제공해주었다는 측면에서도 우려를 표명하지 않을 수 없다"고 했다.

北의 미사일 발사도 한국 언론과 미국 탓으로 돌려

민언련은 김정일 정권은 옹호하면서, 미국에 대해서는 반감을 부추기는 활동을 지속해왔다. 북한이 미사일을 발사한 직후인 2006년 7월15일 '일본 극우파 힘 실어주는 조중동은 어느 나라 신문인가'에서 "북한의 미사일 발사는 '부시 정부의 對北 강경정책과 이를 위협으로 느낀 북한의 대응'이라는 큰 틀의 맥락에서 바라보아야 한다", "이들 신문(注: 조선·중앙·동아일보)은 일본의 '선제공격론'을 비판하는 듯이 하다가 결국 그 책임을 노무현 정부에게 떠넘기고 對北(대북)강경론을 펴 일본 우익세력들의 주장에 힘을 실어주었다"며 도발 당사자인 북한 대신 한국 언론과 미국을 비난했다.

민언련은 평택범대위(注: 평택미군기지확장을 반대하는 범국민대책위원회)의 불법·폭력시위를 비호하면서 이를 비판하는 언론에 "입을 다물라"고 막말을 했다. 이들은 2006년 5월18일 '〈조선일보〉가 꿈꾸는 나라는 무엇인가'라는 논평에서 "〈조선일보〉에 거듭 경고한다. 사태를 악화시키지 말고 평택 문제에 입을 다물라. 그것이 한국 사회를 더 이상 '혼란 속으로' 몰아넣지 않는 길"이라고 비판했다.

노무현 정권 때 공직진출 및 지원 받아

민언련 관계자들은 노무현 정권 당시 언론 관련 공직에 많이 진출했다. 2006년 6월14일 확정된 방송위원(차관급)에는 이상희, 최민희(現 민주당 국회의원), 주동황 등 민언련 관계자 3명이 포함됐다. 당시 방송위원회 위원장에 선출된 이상희 서울대 명예교수는 민언련 고문이었고, 부위원장으로 선출된 최민희는 민언련 공동대표, 상임위원으로 선출된 주동황 광운대 교수는 민언련 정책위원 출신이었다.

2006년에는 '신문발전위원회'에도 민언련 관계자들이 참여했다. 민언련 정책위원인 김서중 성공회대 교수는 부위원장을 맡았고, 민언련 이명순 前 이사장이 공동대표였던 '언론개혁시민연대'의 김영호 공동대표는 위원으로 참여했다. 신문발전위원회는 2006년 7월4일 先軍(선군)정치 등 북한체제를 美化해 온 월간지 〈민족21〉과 좌파매체 〈오마이뉴스〉, 〈프레시안〉 등을 '2006년 신문발전기금 우선지원 대상'으로 선정했었다. 민언련은 2005년 방송위원회에 지원을 신청해 1억 5530만 원을 받았다.

천안함 爆沈·연평도 포격 '北 책임론' 거론 회피

민언련은 천안함 爆沈(폭침)·연평도 포격에 대한 북한 책임론은 거론하지 않고, 우리 정부와 언론의 보도를 주로 문제삼았다. 2010년 4월2일 당시 정연우 민언련 대표는 평화방송(PBC) '열린세상, 오늘'과의 인터뷰에서 천안함 폭침과 관련 "아직도 원인이 밝혀지지 않은 상태에서 국민들이 궁금해 하는 것을 여러 가지 가능성을 놓고 이야기하는 것은 이해가 되지만, 의도적으로 한 방향으로 몰아가는 것이 아닌가 하는 의구심이 있다"고 밝혔다. 정 대표는 일부 언론의 '北 소행' 주장에 대해 "이런 건 결국 민족 분열과 갈등을 부추겨서 나중에 우리가 평화통일을 하는 데 굉장히 저해 요인이 될 가능성이 매우 크다고 본다"며 정작 북한 책임론에 대한 언급은 피했다.

민언련은 2013년 9월5일 "이석기 내란음모 사건을 교두보로 마녀사냥이 부활하고 있다"는 제목의 논평을 발표했다. 이들은 "새누리당은 이석기 의원에 대한 공격을 넘어 '종북 숙주론'을 내세워 민주당을 비롯한 야권 전체를 공격하고 나섰다"며 "'종북척결론'을 내세우는 동시에 이곳저곳에 '종북 딱지'를 붙이며 마녀사냥에 시동을 걸겠다는 것"이라고 단정했다. 이어 이석기 사건이 적발된 시기를 문제삼으며 "'국정원 發(발) 내란음모사건'이라는 점에서 의구심이 드는 측면이 있다"고 주장했다.

참고

'민족21' (58페이지)
'언론개혁시민연대' (161페이지)

⑮ 민주주의법학연구회

左派성향 교수들의 단체

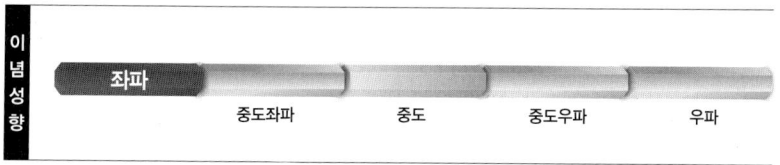

홈페이지: http://www.delsa.or.kr
전화: 02-326-1989
설립일: 1989년 1월5일
주요인사: 송기춘(現 전북대 법학전문대학원 교수)(회장), 이호중(現 서강대 법학전문대학원 교수)(기획위원장), 이계수(現 건국대 법학전문대학원 교수)(학술위원장), 김재완(現 방송대 법학과 교수)(총무위원장)

민주주의법학연구회(이하 연구회)는 左派성향 법학교수들의 단체이다.

《국가보안법 폐지 해설서》 발간

연구회는 2004년 9월8일 '국가보안법의 완전폐지만이 정답이다'라는 성명에서 "민주주의법학연구회는 한나라당이 헌법상의 사상·양심·표현의 자유를 최대한 보장할 수 있는 길인 국가보안법 폐지 대열에 동참하여 자유민주주의체제 안에서 보수야당으로서의 자기정체성을 찾기를 강력하게 촉구한다"고 주장했다(발언출처: 2004년 9월9일字 〈민중의소리〉 보도).

2004년 8월9일 연구회는 민주사회를위한변호사모임(이하 민변)과 공동으로《국가보안법 폐지 해설서》를 발간했다. 이들은 발간 기자회견에서 "국가보안법 폐지는 17대 국회가 반드시 실천해야 할 역사적 과업"이라며 "오점투성이로 점철된 과거 국회와의 단절을 선언하고 과거청산과 새 시대 창조를 위한 역사적 사명을 다할 것인지, 아니면 모순과 질곡의 나날을 끌고갈 것인지는 순전히 17대 국회의 몫"이라고 했다(발언출처: 2004년 8월8일字 〈오마이뉴스〉 보도).

不法 시위 벌이는 해군기지 반대 세력 옹호

2011년 8월31일 연구회는 민변, 평화군사법연구회 등과 공동으로 '반평화적·반민주적·반생태적 제주 해군기지 건설사업을 저지하여 제주와 강정마을의 평화와 인권 그리고 공동체를 지켜내자'는 題下(제하)의 성명을 발표했다. 이들은 "이명박 정부는 제주도민과 강정마을 주민들의 투쟁과 저항을 대화와 타협보다는 폭행, 연행, 구속 등 부당한 공권력의 폭력으로 화답하고 있다", "이명박 대통령은 임기말 권력누수 방지와 국면전환을 꾀하고자 공안정국을 조성하고 있다"고 비난했다.

제주도 서귀포시 강정마을에 건립 예정인 제주해군기지는, 좌파세력이 개입해 不法 시위를 벌여 공사가 지연된 바 있다. 국방부는 노무현 정권 때인 2007년 6월, 강정마을에 해군기지 건립을 확정했었다. 그해 5월에 있었던 여론조사에서도 道民(도민)의 54.3%, 강정마을 주민 56%

가 찬성을 표했다. 국방부는 2010년 8월, 사업부지에 대한 토지 소유권 이전·등기를 완료하고 본격적인 공사에 착수하려 했지만, 2011년 3월부터 좌파세력이 공사반대에 나섰다. 이들은 공사현장에 텐트를 치고 상주하며 공사차량과 장비 진입을 막는 등 물리력을 가해 경찰과 충돌하기도 했었다. 포클레인이 현장에 들어가려고 하면 공사 장비 밑바닥에 들어가 누워버리는 식이었다. 이들의 방해로 2010년부터 2011년 6월까지 월 평균 60억 원의 금전적 피해가 발생한 것으로 나타났다. 당시 불법시위에 참여한 단체로는 '평화와통일을여는사람들(평통사)'과 '개척자들', '생명평화결사'가 주축을 이루고 있다. 여기에 야당 국회의원들과 민노총, 민예총 등도 가세했다(출처: 2011년 7월20일자 〈조선닷컴〉 보도).

'NLL이 유지되어선 안 된다'는 연구회 간부

연구회 편집위원인 정태욱 인하대 교수는 2013년 7월23일자 〈프레시안〉에 '남한은 서해를, 북한은 동해를 양보하자'는 칼럼을 게재했다. 정 교수는 "서해와 동해의 NLL 그리고 북한의 군사경계수역은 모두 우리 정전협정 그리고 국제해양법에 맞지 않는 것이다. 원칙을 얘기하자면, NLL은 그대로 유지되어서는 안된다"며 다음과 같이 주장했다.

〈서해 NLL은 우리 장병들이 '피와 목숨으로 지킨 선'이라고 한다. 그러나 북한 입장에서도 자신들의 수역을 '피와 목숨으로' 지켜왔다고 말할 것이다. 남과 북이 기존의 NLL을 고수하자면 이는 결국 계속하여 장병들 그리고 국민들의 피와 목숨을 요구하는 것에 다름 아닌 것이다. 그것이 과연 애국이라면, 이 얼마나 반인륜적이며,

야만적이며, 어리석은 애국이란 말인가? 정전 60주년 이제 우리는 그 서글프고 무지한 군사주의에서 벗어날 때가 되었다고 생각한다. 그동안 우리는 북한에 대하여 늘 국제적 표준에 맞게 행동하라고 요구하여 왔다. 북핵문제에서도, 탈북자 문제에서도 그렇고, 최근 개성공단의 재가동 문제에 있어서도 우리는 국제적 표준을 요구하고 있다. 그렇다면, 서해 NLL, 아니 한반도 해상 경계의 재설정 문제에서도 국제적 규범에 따라 해결해 봄이 어떤가?〉

NLL이 분쟁지역화 된 것은 北의 무력도발 때문

그는 남북 모두 NLL을 피흘려 死守(사수)했다는 식의 주장을 했다. 북한 영토는 대한민국의 未(미)수복 영토이며 자유통일에 의해 수복해야 할 우리의 영토이다. 북한은 국가가 아닌 대한민국 헌법 상 反국가단체이자 군사적으로는 반란집단이다. 그런 북한이 '피와 목숨으로' NLL을 지켜왔을지 모른다는 정 교수의 주장은 남북한을 동일선상에 두고 논리를 전개했다는 느낌을 준다.

'NLL이 유지되어선 안 된다'는 정 교수의 주장에도 문제가 있다. 1953년 7월27일 休戰(휴전)이 성립된 후 서해上의 섬들을 장악하고 있던 유엔군은 NLL을 그어 서해5島(도)를 제외한 나머지 섬들을 북한에 돌려주었다. 북한은 그로부터 약 20여 년 간 NLL에 대해 아무런 이의 제기를 않고 있었다. 이는 NLL이 국가관행으로 굳어져 국제관습법상으로 문제가 없음을 의미한다. 북한은 1973년부터 NLL에 대한 문제를 줄곧 제기해왔고, 1991년 남북기본합의서 채택 당시, 제2장 11조에서 "남과 북의 불가침 경계선과 구역은 1953년 7월27일字 군사정전에 관한

협정에 규정된 군사분계선과 지금까지 쌍방이 관할하여 온 구역으로 한다"고 합의했다. 남북간의 NLL 문제는 이때 사실상 끝난 것이다[출처: 2007년 겨울號 〈시대정신〉 '서해 북방한계선(NLL)의 올바른 이해와 법적 유효성' 인용]. 이 지역이 분쟁지역화 된 것은 북한의 무력도발 때문이지 미국이나 대한민국 정부 때문이 아니다. 그럼에도 지난 60여 년 간 우리 국군이 목숨처럼 死守해온 NLL을 '남북 공동 포기'라는 명분으로 폐기를 주장한 것은 國益(국익)을 저버리는 행위이다.

참고

'민주사회를위한변호사모임' (91페이지)
'전국민주노동조합총연맹' (229페이지)
'평화와통일을여는사람들' (320페이지)
'한국민족예술인총연합' (343페이지)

⑯ 민주화를위한전국교수협의회

천안함 폭침 '北 소행' 사실상 부정

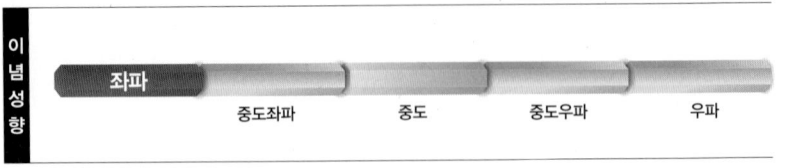

홈페이지: http://www.professornet.org
전화: 02-885-3680
설립일: 1987년 6월26일
주요인사: 백도명(現 서울대 예방의학과 교수)(상임의장), 조희연(現 성공회대 사회학과 교수)·양해림(現 충남대 철학과 교수)·서유석(現 호원대 철학과 교수)·김규종(現 경북대 노어노문학과 교수) 등(이상 공동의장)

민주화를위한전국교수협의회(이하 민교협)는 左派성향 교수들의 협의체이다.

利敵단체로 판시된 범민련남측본부·한총련 美化

민교협은 2002년 5월30일 250개 단체가 발표한 '6·15민족통일대축전에 범민련남측본부와 한총련을 배제하려는 책동을 중지하고 6·15민족통일대축전성사를 보장하라'는 제하의 공동성명에 참여했다. 민교협을 비롯한 이들 단체는 利敵(이적)단체 한총련과 범민련에 대해 "애국애족과 조국통일의 한길에서 한결 같이 걸어온", "조국통일의 이름으로 치하를 해도 모자랄 판", "일신의 안락을 마다하고 오직 조국사랑과 민족사랑에 의거하여 한발 한발 걷고 있는" 운운하며 두 단체를 美化(미화)했다.

2004년 5월31일, 민교협과 전국교수노동조합 등은 '학문 사상의 자유와 국가보안법 폐지'를 위한 기자회견을 열고 국가보안법은 "악법 중의 악법"이라고 비판했다(발언출처: 2004년 6월1일자 〈자주민보〉 보도).

민교협은 2010년 9월20일 발표한 '對北 쌀 지원, 아무 조건 없이 100만 톤을 보내자'란 성명에선 "금수도 먹이를 주는 사람은 해하지 않는 법"이라며 "현 정권이 진정으로 북한의 적화야욕을 꺾고 평화적인 통일이 이루어지기를 원한다면, 아무 조건 없이 100만 톤의 쌀을 지원해야 한다"고 무조건적인 對北 쌀 지원을 촉구했다.

천안함 爆沈 '北 소행' 사실상 부정

민교협은 천안함 폭침과 관련해 유엔에 서한을 발송했던 참여연대를 옹호하기도 했다. 2010년 6월11일 참여연대 평화군축센터는 유엔안전보장이사회 이사국 15개국, 유엔 사무총장실, 유엔한국대표부에 '천안함 침몰에 관한 참여연대 입장(The PSPD's Stance on the Naval Vessel Cheonan Sinking)'을 전달했다. 당시 이 서한은 발송 의도뿐 아니라 초보적인 문법 오류가 너무 많아 국제적 망신을 자초했다는 비판을 받았다.

민교협은 2010년 6월22일 '참여연대에 대한 시대착오적인 마녀사냥을 중단하라'는 성명에서 "'국익'을 내걸고 참여연대에 비난과 공격을 가하고 있는데 이런 행태는 큰 잘못이 아닐 수 없다"고 주장했다. 이들은 "과학적으로 인정할 수 있는 뚜렷한 증거도 없이 북한의 공격이었다고 주장하거나 그 문제를 지적한 시민단체를 북한을 돕는 '이적단체'로 몰아가는 것은 이 나라를 박정희와 전두환의 독재 시대로 퇴보시키는 것이면서 나라의 신뢰도를 국제적으로 추락시키는 것"이라고 했다. 이 성명서는 국방부 民軍합동조사단(이하 합조단)이 '천안함 폭침은 북한 소행'이라는 최종 결과를 발표(2010년 5월19일)한 뒤에 나온 것이다. 즉, 민교협은 세계적인 권위자들도 참여했던 합조단의 객관적 조사결과마저 부정했다고 볼 수 있다.

참고

'학술단체협의회' (328페이지)

⑰ 민주화실천가족운동협의회

소위 '양심수' 옹호하며 국보법 폐지 주장

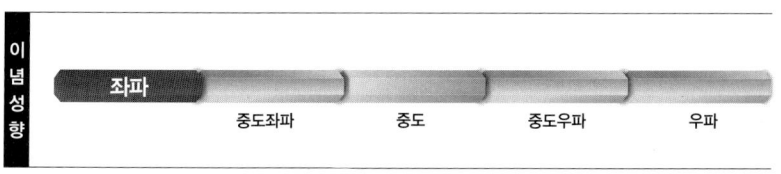

홈페이지: http://www.minkahyup.org
전화: 02-763-2606
설립일: 1985년 12월12일
주요인사: 권오헌(명예회장)

민주화실천가족운동협의회(이하 민가협)는 소위 '비전향장기수', '양심수' 등을 옹호해온 단체이다.

좌익사범 석방·송환에 앞장

비전향장기수는 간첩·빨치산 출신으로서 전향하지 않은 사람들을 말하는데 일반적으로 좌익사범을 의미하며, 양심수는 공안사범을 일컫는다.

민가협은 "1999년 12월 '비전향장기수 송환추진위원회'를 결성, 활동을 벌인 결과 2000년 9월3일 마침내 63명의 비전향장기수가 북녘 고향으로 돌아갈 수 있었다"고 밝혀 좌익사범 석방 및 송환에 앞장서 왔음을 알 수 있다.

민가협은 국보법폐지국민연대는 물론, 인천 자유공원 맥아더 동상 파괴를 企圖(기도)했던 左派단체 '통일연대', 反美폭동을 일으켜 국군까지 폭행했던 '평택범대위', 2008년 불법 촛불집회를 주도한 '광우병대책회의' 등에 참가해왔다.

"우리 민족의 敵은 55년 전이나 지금이나 미국"

민가협 양심수후원회 권오헌은 1979년 남민전 간첩사건에 연루돼 실형을 선고받은 인물로 ▲6·15/10·4선언 이행 ▲反美발언 ▲국보법 폐지 ▲한총련 합법화 ▲북한인권법 반대 등을 주장해왔다. 그는 2005년 5월28일 전북 회문산에서 열린 소위 '남녘 통일애국열사 추모전야제'라는 행사에서 "55년 전 우리 선배들이 피 흘려 싸웠던 전쟁은 아직도 끝나지 않았다. 우리 민족의 적은 55년 전이나 지금이나 미국이다. 산화해 가신 영령들을 추모하고 그 뜻을 계승해 자주 민주 통일을 이루는 계기로 삼자"고 했다(발언출처: 2005년 5월28일字 〈통일뉴스〉 보도).

권오헌은 하루 전 경기도 파주 보광사에 조성된 소위 '통일애국투사묘역 연화공원'이라는 추모공원 준공식에서 "이 묘역이 비록 작고 초라하지만 평생 헌신적으로 통일애국운동을 해온 분들을 모신 만큼 이 묘역이 갖는 의미는 어떤 국립묘지에도 비할 바가 아니다"고 말했다(발언출

처: 2005년 5월27일자 〈통일뉴스〉 보도).

권오헌은 2005년 8월2일 서울 종로에서 열린 '한총련정치수배해제' 촉구 발언에서 "지금까지 정권연장을 위한 전략으로 한총련을 탄압해왔다. 자기 조국을 사랑했다고 해서 탄압받아야 하는가"라며 利敵(이적)단체로 판시된 한총련을 두둔했다(발언출처: 2005년 8월2일자 〈통일뉴스〉 보도).

그는 2001년 7월5일 종로 탑골공원에서 "7·4공동성명의 정신을 이어받아 6·15공동선언을 실천하는 것은 북한을 적으로 규정한 국가보안법을 폐지하고 남한의 정치, 경제, 군사 등에 절대적 영향을 미치고 있는 미국을 몰아내는 것"이라고 주장했다. 2004년 7월30일 美 대사관 앞에선 "우리 민족을 서로 인간 분열시켜서 미국의 지배간섭 아래 두고자 하는 것이기에 북한인권법안은 단지 이북만의 문제가 아니라 우리 민족 전체에 대한 내정간섭"이라고 비난했다(발언출처: 2001년 7월5일자 〈통일뉴스〉 보도).

"국보법 철폐! 양심수 전원 석방!"

민가협은 2012년 8월23일 "국가보안법 철폐! 양심수 전원 석방! 900차 목요집회 결의문"에서 다음과 같이 주장했다.

〈국가보안법은 인간의 가장 기본적인 사상과 양심, 표현의 자유를 침해하고, 같은 민족을 적으로 규정하여 평화와 통일을 가로막는 악법으로 국가의 안보가 아니라 정권의 안보를 위해 악용되어 온 가장 반민주적인 법이다. 양심수는 개인의 이익이 아닌 우리 사회 정의와 민주, 민중을 위해 투쟁하다 구속된 분들로써 양심수의 존재 유무는 우

리 사회의 민주주의를 가늠할 수 있는 척도라 할 수 있다.〉

국가보안법은 제2조 제1항에서 "국가의 안전을 위태롭게 하는 反국가 활동을 규제함으로써 국가의 안전과 국민의 생존 및 자유를 확보하는 데 그 목적이 있다"고 규정하고 있다. 국보법은 대한민국 국민의 '사상과 양심, 표현의 자유를 침해'하는 법이 아니라 체제를 수호하고 從北(종북) 세력을 통제, 건전한 국민들의 자유를 지키는 법이다. 즉, 간첩·북한 공작원을 제외한 보통의 시민들은 국보법으로 인한 권리의 제약을 받지 않는다. 민가협의 조사 집계에 따르면, 2013년 10월15일 기준으로 양심수는 총 52명이다. 이들이 양심수라 주장하는 52명 중에는 왕재산 사건 총책인 김덕용, 서울지역책 이상관, 인천지역책 임순택, 연락책 이재성이 있으며, 利敵단체 범민련 부의장 노수희, 일심회 사건의 주범 장민호, 내란음모 사건의 주범 이석기 등 6명도 포함되어 있다.

김정일 사망하자 弔電 띄워

민가협은 1993년 9월부터 매주 목요일 소위 '양심수 석방과 국가보안법 철폐를 위한 목요집회'를 서울 종로 탑골공원 앞에서 개최해오고 있으며, 이 목요집회는 현재(2013년 10월16일 기준) 952회에 이른다. 특히 2011년 12월22일 탑골공원에서 열린 '869차 목요집회'에서는 김정일 사망에 따른 弔電(조전)을 띄웠다. 이들은 "민주화실천가족운동협의회와 민가협 양심수후원회는 김정일 국방위원장의 갑작스런 서거 소식에 마음 속 깊이 애도하며 영도자를 잃고 슬픔에 잠겨 있을 북녘 동포들에게 위로의 뜻을 전한다"고 밝혔다. 그러면서 "우리민족끼리 자주적 평화통일로의 이정표를 세우셨음에도 그 자주통일 시대를 보시지 못하고 서거하시어 같은 동포로서 안타까운 마음 그지없다"고 전했다.

전여옥 의원 폭행해 전치 8주 부상 입혀

민가협 관계자들은 2009년 2월27일, 전여옥 前 한나라당 의원을 폭행했다. 이정이(당시 민가협 부산대표)를 비롯한 민가협 회원들은, 서울 여의도 국회의사당 경내에서 혼자 걸어오던 田 의원의 멱살과 머리채를 잡으며 집단폭행했다. 田 前 의원은 이로 인해 왼쪽 눈에 전치 8주의 상처를 입었다. 서울남부지법 형사6단독(판사 유환우)은 같은 해 5월29일 이정이와 조순덕(前 민가협 상임대표)에게 각각 징역 10월, 징역 6월에 집행유예 2년을 선고했다. 당시 재판부는 "현장 상황에 대한 증인들의 기억이 모두 다른 상태에서 피해자의 인식을 가장 중요하게 판단해야 한다"며 상해부분은 유죄로, 폭행공모와 폭행혐의는 무죄로 판단했다(발언출처: 2009년 6월1일자 〈민중의소리〉 보도).

| 참고 |

'국가보안법폐지국민연대' (25페이지)

⑱ 민주화운동관련자명예회복및보상심의위원회

反국가단체·利敵단체 연루자 413명을 '민주화 유공자'로 보상

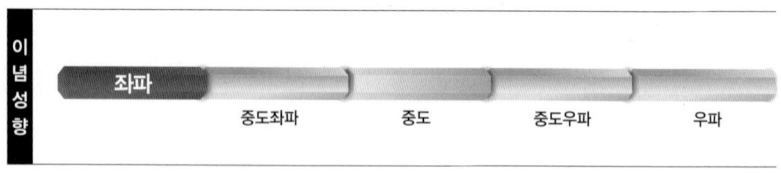

홈페이지: http://www.minjoo.go.kr
전화: 02-2100-4232
설립일: 2000년 8월9일
주요인사: 천기흥(前 대한변호사협회 회장)(위원장), 안기환(前 수원지방법원 안산지원장)·유광석(前 싱가포르대사)·이기종(現 경희대사회교육원장)·이홍종(現 부경대 국제지역학부 교수)·정동익(前 4월혁명회 상임의장)·조남현(前 대한의사협회 정책위원)·조홍석(前 한국헌법학회 회장) 등(이상 위원)

민주화운동관련자명예회복및보상심의위원회(이하 민보상위)는 김대중·노무현 정권 당시 노골적인 친북·反국가행위자들을 民主化(민주화)운동가로 소위 명예회복 및 補償(보상)해 물의를 빚어온 기구이다.

이 기구는 2000년 8월 구성 이래 ▲反국가단체 ▲利敵(이적)단체 ▲김일성주의(소위 주체사상파) 조직원들 ▲공산주의·사회주의 운동가들 ▲

공안사건 연루자들까지 민주화운동가로 인정, 명예회복과 보상을 해주었다.

'민주화유공자' 413명, 反국가단체·利敵단체 연루

민보상위에 의해 민주화유공자로 인정받은 사람들 가운데 '反국가단체 사건'에 연루되었던 사람이 131명이라는 보도가 있었다(출처: 2013년 9월10字 〈동아일보〉 보도). 이들 대부분은 김대중·노무현 정권 시절 명예회복 및 보상을 신청해 승인받았다.

공안당국에 따르면, 민보상위를 통해 2012년까지 모두 9761명이 민주화유공자로 인정받은 것으로 나타났다. 이 가운데 남조선민족해방전선(남민전) 관련자가 47명, 남한사회주의노동자연맹(사노맹) 24명, 제헌의회그룹(CA) 24명, 전국민주학생연맹(전민학련) 18명, 전국민주노동자연맹(전민노련) 10명, 자주통일그룹(자민통) 9명이다. 利敵단체 관련 활동을 하고도 '민주화유공자'가 된 사람은 282명이었다.

이들 단체는 모두 법원에서 정부를 顚覆(전복)시키거나 국가변란을 목적으로 하는 反국가단체 또는 敵을 이롭게 하는 利敵단체 등으로 판정을 받았다.

上記(상기) 〈동아일보〉 보도에 따르면, 남민전 사건 관련자 가운데 25명은 약 10억 원의 보상금을, 4개 利敵단체 및 이적활동 관련자들은 6억 원 이상을 받았다. 특히 重刑(중형)이 선고된 왕재산 사건(2011년 적발), 일심회 사건(2006년 적발) 관련자 가운데 일부가 민주화유공자로 인정받아 정부로부터 각각 8600만 원, 1800만 원의 보상금을 받았던 것으로 나타났다.

법원의 反국가활동 판단에 구체적 반박이 없는 민보상위 의결서

민보상위의 議決書(의결서)는 법원의 판결문을 요약한 뒤, "신청인이 민주화운동관련자 명예회복 및 보상 등에 관한 법률(민보상법) 제2조 등의 규정에 의거 민주화운동을 이유로 유죄판결을 받은 것으로 각 인정함"이라는 형식으로 되어 있다. 대부분 판결문에 나오는 反국가활동에 대한 구체적 반박이 없으며, 있다 해도 "위 사실은 조작됐다"는 간단한 설명만 붙어있다. 한마디로 사법부 판결문에 나오는 사실 관계를 정부 산하 위원회가 반증 없이 번복한 셈이다.

민보상위 홈페이지에 올라 있는 명예회복·보상 사건요지(이하 사건요지)에 따르면, 민보상위는 이명박 정부 이후 4년 여 동안 여전히 친북·反국가행위자들을 민주화운동 관련자로 명예회복 및 보상해온 것으로 확인됐다.

이명박 정부가 민주화운동으로 인정한 사례들 중에는 김일성주의 조직인 구국학생연맹(구학련) 활동, 북한정권의 赤化(적화)노선을 추종해 온 이적단체 조국평화통일범민족연합(범민련)·한총련 활동 및 공산폭력혁명조직 남조선민족해방전선(남민전) 활동까지 포함됐다.

민보상위는 ▲2011년 3월7일 박○○을 "남민전 관련 장기 구속으로 심장관련 질병"을 이유로 명예회복·보상했고 ▲2011년 12월5일 김○○·전○○·김○○·김○·김○○·권○○·곽○○ 등을 '남민전 가입' 등을 이유로 명예회복했다. 남민전은 대법원에 의해 "김일성에 충성서신을 바치도록 작성하고 베트콩식 武裝蜂起(무장봉기)를 기도하는 등 사회주의를 지향하는 反국가단체"로 판시됐던(80도2570) 단체이다.

NLPDR(민족해방민주주의혁명노선) 활동까지 명예회복

정부가 민주화운동가로 명예회복·보상을 해 준 박○○는 2003년 자신이 쓴 책《자주와 평화, 개혁으로 일어서는 땅》에서 "남민전 전사들이 내놓은 정치노선은 NL도 아니요 PD도 아니요 그보다 먼저 한 몸이었던 NLPDR(민족해방민주주의혁명노선) 바로 그것이었다"고 적었다.

사법부는 NLPDR에 대해 "1970년 11월 북한 조선노동당 제5차 대회에서 남조선 혁명전략으로 채택된 것으로, 1단계 美帝(미제)를 축출하고 파쇼정권을 타도한 뒤 북한과 연방제 통일을 해 사적소유 철폐와 본격적인 사회주의 혁명을 진행하는 것"(97노3100·97노3083)이라고 했다. 즉, 민보상위는 북한의 '적화통일전략'인 NLPDR 활동을 민주화운동으로 명예회복은 물론 보상까지 해준 셈이다.

이명박 정부는 민보상위를 통해 범민련·한총련 등 각종 利敵단체 활동들도 민주화운동으로 인정했다. 민보상위는 ▲2010년 11월8일 김○○를 ▲같은 해 12월6일 한충목을 ▲같은 해 12월20일 정○○·김○○·신○○·박○○·권○○을 "범민련 관련 활동" 및 "범민련 남측본부 준비위원회 활동" 등을 이유로 명예회복했다. 2010년 6월14일에는 한총련과 한총련의 서울 조직인 서총련 활동으로 유죄판결을 받은 고○○·김○○를 명예회복했다.

'김일성 찬양구호' 血書 쓴 한총련도

범민련·한총련은 북한정권의 전위대 역할을 해 온 단체다. 법원 판결에 따르면, "한총련은 북한의 주체사상을 한총련 지도사상으로 설정하고, 자유민주주의 체제를 부정하며…(중략) 궁극적으로 북한 공산집단의 주장과 같은 자주·민주·통일투쟁을 달성하자고 선전선동"(2004도3212판결)해왔다. 대법원은 2003도604판결에서 제10기 한총련의 利敵性(이적성)을 근거로 "한총련 소속 학생들이 북한의 김정일 찬양구호인 '수령결사옹위'에서 인용한 '결사옹위'라는 문구를 가로 114cm, 세로 89cm의 흰 천에 혈서를 써 한총련 의장에게 선물한 뒤, 한총련 의장이 이를 소지하고 다니는 등 북한을 추종해 온 점" 등을 근거로 제시했다.

이명박 정부는 민보상위를 통해 주체사상파, 즉 김일성주의 학생조직 전력자들도 명예회복·보상해왔다. 민보상위는 2011년 2월14일 유○○을 "구학련 활동 및 구로구청 부정선거 규탄, 구로공단 갑일전자 위장취업 등" 이유로 명예회복했다. 구학련은 법원에 의해 "민족해방(NL)계열 주체사상파 학생운동권 지하조직"(99노122)으로 판시돼 온 잘 알려진 김일성주의 조직이었다.

국가정상화추진위원회 발표에 따르면, 민보상위는 2002~2009년 전반기까지 보상금 명목으로 376억 원, 생활지원금 581억 원을 지급, 민주화운동으로 인정받은 대상자들에게 957억 원에 달하는 보상을 해준 것으로 나타났다.

수배 중 사망한 경우도 보상

김대중·노무현 정권 당시 민보상위 역시 갖가지 친북·反국가행위를 명예회복·보상했다. 예컨대 민주적 선거를 통해 집권한 노태우 정부는 물론 김영삼 정부에 대해 항거(?)하다 죽거나 다친 경우까지 보상을 해줬다.

민보상위는 "반미자주, 조국통일, 軍자주화를 위해 투신자살한 경우"

는 물론 "김영삼 정권에 대한 소위 항거 중 갑자기 쓰려져 사망한 경우"나 "도피 중 아파트에서 추락사한 경우" 등 도저히 민주화로 볼 수 없는 경우까지 보상해줬다. "위장취업 중 공작물에 의거한 후두골절상으로 사망한 경우"나 "수배 중 서울발 부산행 열차 부근에서 사망한 경우", "학생활동 중 전립선 癌(암)으로 사망한 경우"까지 보상 대상에 포함시켰다. 校內(교내)의 이승만 前 대통령 동상을 철거하다 왼쪽발 뼈가 부러진 윤○○는 2000만 원을 보상받았다.

노무현 정권 당시 민보상위는 2006년 12월4일 간첩 전력자 황○○의 김일성주의 조직 구학연 활동 관련, 민주화운동 관련자로 명예회복하기도 했다. 황○○는 구학련 활동 이후 1992년 '남한 조선노동당 중부지역당 사건'에 다시 연루, 국가보안법 상 간첩 등 혐의로 징역 13년을 선고받은 인물이다.

민보상위는 5·3 부산동의대 사태 관련자 52명도 민주화운동 관련자로 명예회복 해주었다. 5·3 부산동의대 사태는 1989년 5월3일 부산 동의대 좌익 학생들이 도서관을 점거하던 중 진압에 나선 경찰관들을 납치·감금·폭행하다가, 이 중 7명의 경찰관이, 학생들이 지른 불에 타 숨진 사건을 말한다.

RO 會合 참석자도 민주화유공자로 인정받아

2013년 8월 공안당국에 적발된 '이석기 內亂(내란)음모사건'의 진원지였던 RO 조직 회합 참석자 일부도 민보상위로부터 보상금을 받은 것으로 나타났다.

민보상위는 RO모임에 참석했던 것으로 알려진 홍순석 前 통합진보당

(이하 통진당) 경기도당 부위원장(이석기 사건으로 구속), 김홍열 통진당 경기도당 위원장, 김미희 통진당 의원, 윤용배 前 민노총 사무처장 등에게 보상금을 지급했다.

2013년 9월7일字〈조선닷컴〉보도에 따르면, 홍순석은 1986년 경희대 휴학 중에 군사독재를 반대하는 유인물을 배포한 혐의로 기소돼 징역 8개월, 집행유예 1년을 선고받았다고 한다. 그는 2000년 명예회복을 신청했고, 2001년 12월 민보상위로부터 민주화 운동가로 인정받았다. 홍순석은 2006년 지원금을 신청해 약 300여 만 원을 받았다. 이는 30일 이상 구금 시 구금 일수에 최저생계비를 곱한 금액에 해당한다.

김미희 의원도 1986년 건국대 농성사태로 징역 1년 6월에 집행유예 3년을 선고받은 적이 있으나, 그 역시 정부지원금 300여 만 원을 받았다. 金 의원은 이석기 의원과 RO의 총책이라는 의심을 받았으나 본인은 이를 강력히 부인했다.

김홍열은 1987년 선거 유세 방해 혐의 등으로 징역 10개월, 집행유예 3년을 선고받았다. 김홍열 역시 이 같은 점이 민주화 有功(유공)으로 인정돼 2008년, 2000여 만 원을 받았다. 그는 2013년 5월12일, 서울 합정동 소재 마리스타 교육修士會(수사회)에서 열린 RO모임 會合(회합) 당시 사회를 맡았다고 한다. 통진당 당원인 윤용배도 1989년 경찰이 던진 돌에 들고 있던 화염병이 폭발해 화상을 입었다는 이유로 2002년 명예회복과 함께 보상금 5300여 만 원을 지급받았다.

민보상위 좌파성향 人的구성

민보상위의 결정은 단체 위원들의 人的(인적)구성 때문이라는 지적도 있다. 위원 중에는 전국연합(민주주의민족통일전국연합) 및 통일연대, 불교인권위원회 등 左派단체 출신으로 확인된 인원도 있다. 전국연합의 경우, 2001년 9월 충북 괴산군에 위치한 군자산에서 소위 '군자산의 결의'를 다짐했다. 이들은 군자산의 결의에 명시된 "'연방통일조국 건설'과 관련해 ▲북한의 '사회주의혁명 역량'과 미국의 '제국주의 세력'의 대결에서 사회주의혁명역량이 승리하고, 남한 내 '민족민주전선 역량'이 '친미예속세력'과의 대결에서 민족민주전선 역량이 승리한 뒤 ▲남한 내 '민족민주전선 역량'의 反帝(반제)투쟁이, 북한의 '사회주의혁명 역량'이 승리의 기선을 잡은 反帝전선에 가세·결집하는 양상으로 전개될 것"이라고 했다.

정동익 위원(現 민보상위 위원)의 경우, 전국연합 대의원 출신으로 북한의 핵개발과 先軍(선군)노선을 옹호해 온 '4월혁명회' 공동의장이기도 하다. 강민조 위원(現 민보상위 국가기념사업및추모사업지원분과위원)도, 전국연합 대의원 출신으로 국가보안법폐지국민연대 공동대표·민주화운동계승국민연대 상임대표 등을 역임했다. 임상택·김동민 前 위원은 민주언론운동시민연합(민언련)이사와 전북민언련 공동대표를 지냈었다.

> 참고

'민주언론시민연합' (96페이지)
'민주화운동정신계승국민연대' (122페이지)
'불교인권위원회' (137페이지)

⑲ 민주화운동정신계승국민연대

민보상위를 적극 옹호

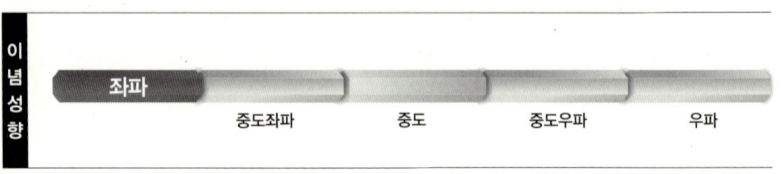

홈페이지: http://www.krdemo.org
전화: 02-3272-6440
설립일: 2000년 4월6일
주요인사: 신미자(이사장), 이병주(집행위원장), 백승평·김준희(이상 이사), 조광철(명예회복국장), 강민조·오종렬(現 한국진보연대 상임고문)(前 상임공동대표)

　민주화운동정신계승국민연대(이하 계승연대)는 설립취지문에서 "우리의 현대사는 외세와 분단, 독재의 억압과 민주세력의 저항의 역사로 점철되었다"며 사실상 대한민국 현대사 전반을 부정하며 소위 민주화 운동가들에 대한 보상 및 명예회복을 요구해왔다. 특히 親北利敵(친북이적) 활동가들을 민주화유공자로 인정하고 보상까지 해준 민주화운동관련자명예회복및보상심의위원회(이하 민보상위)를 옹호했다.

민보상위 폐지에 적극 반대

민보상위는 1970~1990년대의 각종 親北利敵(친북이적) 활동을 '민주화운동'으로 명예회복하고 보상해왔다.

민주화운동으로 명예회복 및 보상을 받은 대상자에는 ▲反국가단체·이적단체·김일성주의 조직에 가담한 것으로 사법부에 의해 판시된 자들 ▲공산주의와 사회주의 혁명을 기도했다고 판시된 조직 연루자들 ▲1986년 구국학생연맹(구학연) 사건과 1992년 남조선노동당 중부지역당(이하 중부지역당) 사건에 연루돼 實刑(실형)을 살았던 황○○ 등이 포함됐다.

민보상위가 과거 反국가단체 및 공안사건 연루자들에게 명예회복은 물론 금전적 보상까지 해주자, 2008년 1월21일 안상수 한나라당(現 새누리당) 의원을 비롯한 130명은 민보상위 폐지법안을 국회에 제출했다.

그러자 계승연대는 2008년 1월28일 서울 삼청동 대통령직인수위원회 앞에서 민보상위 폐지 반대 기자회견을 열었다. 계승연대는 "법률에 의해 시행되고 있는 민주화운동보상심의위는 누구도 함부로 폐지할 수 있는 권한이 없다"고 주장했다.

이들은 또 "민주화운동보상심의위를 기능이 다른 '진실·화해를위한과거사정리위원회'로 통합하는 것은 예산절감이 아니라 오히려 업무의 비효율성을 가중시키게 된다"고 지적했다(발언출처: 2008년 1월28일字 인터넷 〈뉴시스〉 보도).

2009년 4월13일, 서울 광화문 민보상위 사무실 앞에서도 '민주화운동보상심의위원회의 정체성을 더 이상 훼손하지 말라'며 같은 성격의 기자회견을 개최하기도 했다.

'反민주·수구세력들의 행태 철저히 응징할 것'

강민조 상임대표 등 계승연대 관계자들은, 2004년 10월21일 정부종합청사 앞에서 기자회견을 열고 소위 민주화 운동가들에 대한 명예회복보상법 시행령 개정을 촉구했다. 그해 3월, 국회에서 개정·통과된 민주화운동관련자명예회복보상등에관한법률(명예회복보상법) 시행령을 10월 말까지 개정·공포할 것을 정부에 요구한 것이다. 강민조는 1991년 시위 도중 사망한 강경대(명지대 재학)군의 부친으로, 2013년 10월 현재 민보상위 위원으로 재직하고 있다(출처: 민보상위 홈페이지).

그는 "지금 정부는 예전같은 독재정권이 아니지 않느냐. 총리실은 즉각 시행령 개정에 임하라"고 말했다. 정종열 상임대표도 "총리실에 시행령 개정을 요구한 지 오래됐으나 감감무소식"이라며 참여정부를 겨냥해 "참여를 참칭하는 정부가 아닌지 의심스럽다"고 비판했다(발언출처: 2004년 10월21일자 〈통일뉴스〉 보도).

전여옥 의원 폭행으로 부상당하자 '쇼'라고 매도

계승연대는 2009년 4월13일 발표한 성명에서 "국회에서 있었던 사소한 충돌을 빌미로 한 전여옥 폭행 전치 8주 진단이라는 조작극 역시, 그러한 맥락에서 벌어진 '쇼라는 것은 이미 만천하에 밝혀진 사실"이라고 비판했다. 同年 2월27일 민가협(민주화실천가족운동협의회) 소속 회원들은 한나라당 전여옥 의원을 폭행해 전치 8주의 상처를 입혔다. 당시 이정이 前 민가협 부산대표를 비롯한 민가협 회원들은 여의도 국회의사당 경내에서 혼자 걸어오던 田 의원의 멱살과 머리채를 잡으며 집단폭행했다. 田 의원은 이로 인해 왼쪽 눈에 상처를 입었다. 계승연대는, 민가협의 폭행사실은 묵살하고 田 의원의 부상을 '쇼'라고 매도한 것이다.

참고

'민주화실천가족운동협의회' (109페이지)
'민주화운동관련자명예회복및보상심의위원회' (114페이지)
'한국진보연대' (351페이지)

⑳ 민중의힘

核안보정상회의·제주해군기지 건설 반대

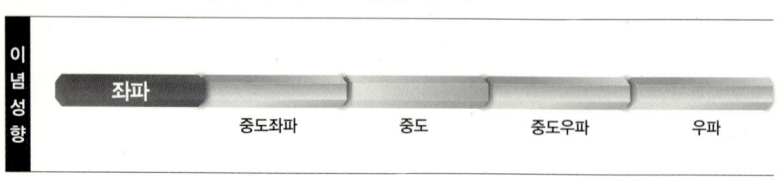

홈페이지: 없음
전화: 없음
설립일: 2011년 4월8일
주요인사: 박석운(現 한국진보연대 공동대표)(대표)

민중의힘은 韓美FTA와 핵안보정상회의 등을 반대하고 이명박 前 대통령의 퇴진을 선동하기 위해 결성된 左派단체들의 연합체다.

이명박 대통령 비하 발언

이들은 2011년 12월3일 서울역 광장에서 대규모 집회를 열고 韓美FTA 비준 무효와 이명박 대통령 퇴진을 촉구했다. 이날 대회사를 맡은 김영훈 당시 민노총 위원장은 "한미 FTA 폐기 투쟁은 멈추지 않을 것"이라며 "이명박 대통령과 한나라당은 정신차려야 한다"고 주장했다. 특히 김 위원장은 이 前 대통령을 '아키히토', '이명박 씨'라고 비하했다(발언출처: 2011년 12월3일자 인터넷 〈뉴스웨이〉 보도).

핵안보정상회의·제주해군기지 건설 반대

민중의힘은 핵안보정상회의 개막 하루를 앞둔 2012년 3월25일, 서울역 광장에서 '韓美FTA 폐기', '핵안보정상회의 반대', '제주해군기지 반대' 등을 주제로 한 'MB 퇴진 민중대회'를 열었다. 이강실 당시 한국진보연대 공동대표는 이날 "제주해군기지는 핵으로 공격하는 전쟁연습을 하는, 핵잠수함 정박을 위한 것"이라며 "제주해군기지 건설을 저지해야 한다"고 말했다. 이강실은 2010년 불법 訪北(방북)해 구속되었던 한상렬(前 한국진보연대 상임고문)의 부인이다. 그는 이어 "MB정부는 북풍을 부르다 역풍을 맞아 지난 6·2지방선거에서 참패했다"며 "전쟁을 불러 정권을 유지하는 시도는 안 된다"고 주장했다.

김영훈 위원장은 핵안보정상회의에 대해 "핵무기 폐기 없는 정상회의는 모순"이라며 "핵 보유국가 이스라엘은 옹호하며 이란 핵 개발을 막을 수 없듯, 제주해군기지 건설하며 동북아 평화를 얻을 수 없다"고 주장했다.

강동균 강정마을 회장은 제주해군기지 건설에 대해 "국책사업은 국민의 행복추구권을 위한 것이어야 된다. 제주도민과 서민들의 의견을 무시한 채 소수의 기득권을 유지하려는 정책"이라고 말했다(발언출처: 2012년 3월25일자 인터넷 〈경향신문〉 보도).

"美軍없는 한반도를 간절하게 염원"

민중의힘은 2013년 5월7일 '한미정상회담에 즈음한 민중의 힘 기자회견문'에서 "한국 민중은 평화를 원한다. 또한 미군없는 한반도를 간절하게 염원한다"며 사실상 주한미군 철수를 주장했다. 이들은 "한미정상회담을 통해 평화체계를 구축해 나서야 한다"며 "군사적 한미동맹 운운하며 대북 적대정책을 노골화 한다면 결과적으로 한반도 위기를 고조시키고 평화를 위협할 것"이라고 선동했다(발언출처: 민노총 홈페이지).

韓美동맹은 이승만 대통령이 6·25휴전 과정에서 맺은 韓美상호방위조약에 근거해 지금까지 한반도의 평화와 한국의 안전·번영에 기여해왔다. 지난 60여 년 간 국가안보의 '안전판 역할'을 해온 주한미군 덕분에 대한민국은 국방에 대한 투자를 최소화할 수 있었다. 국방비를 절감함으로써 경제발전과 복지에 주력했고, 그 결과 지금의 경제발전을 이룩한 것이다.

참고

'전국농민회총연맹' (225페이지)
'전국민주노동조합총연맹' (229페이지)
'한국진보연대' (351페이지)
'한미FTA저지범국민운동본부' (364페이지)

㉑ 반값등록금실현과교육공공성강화국민본부

한국진보연대 인사들도 참여한 左派 연합체

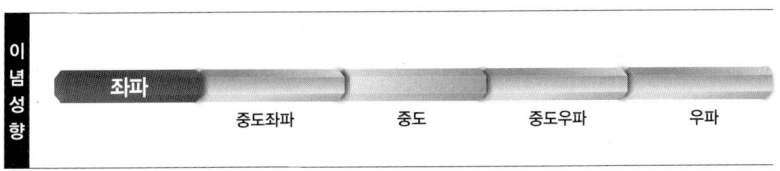

홈페이지: http://cafe.daum.net/downstop
전화: 없음
설립일: 2008년 2월19일(등록금넷), 2011년 8월28일 '반값본부'로 확대·출범
주요인사: 안진걸(現 참여연대 협동사무처장) (공동집행위원장), 김동규(前 한국진보연대 민생국장)(前 조직팀장), 박석운(現 한국진보연대 공동대표)

반값등록금실현과교육공공성강화국민본부(이하 반값본부)는 "반값등록금 관련 법안이 국회에서 처리되고 예산이 확보되도록 정치권과 시민사회가 연계, 여론을 형성한다"는 명분으로 조직된 좌파성향 단체들의 전국적 네트워크다.

이 단체는 원래 '등록금넷'이라는 명칭으로 약 500여 개 단체의 참여로 출범했었다. 2011년 8월28일 등록금넷 등 약 700여 개가 모여 반값본부로 확대·출범했으며 "기존에 등록금넷과 한대련에 참여하는 단위, 단체, 개인을 바탕으로 더 큰 힘과 지혜를 모으기 위해 국민본부를 발족하고 개방적으로 운영할 계획"이라고 밝혔다.

과거 학생운동의 주축이었던 한총련(現 21세기한국대학생연합의 前身)은 당국에 의해 利敵단체로 판시되는 등 2000년대 들어 조직력이 크게 약화되었다. 이에 좌파세력은, 대학생들이 이념문제보다는 현실적 문제에 더 관심을 가진단 점을 착안, 등록금 이슈를 부각시켰다. 결국 非한대련이었던 연세대·동국대·경희대 총학생회 등도 등록금넷이 반값본부로 확대·출범할 때 참여했다.

반값등록금이 문제가 되는 이유는 학력 인플레에 따른 대학진학율 과열 때문이다. 우리나라의 대학진학률은 82.0%(2009년 기준)로, 미국의 대학진학률 68.6%(2008년 기준)과 일본의 대학진학율 47.2%(2005년 기준) 보다 훨씬 높다. 반값등록금으로 인한 정부의 재정 지출의 확대는, 수요자의 대학진학 비용을 낮추어 대학진학률을 상승시키고 결과적으로 학력 인플레를 심화시킬 수 있다(출처: 2011년 6월28일字 한국경제연구원刊 〈반값등록금의 문제점과 시사점〉 인용).

한국진보연대 출신들이 활동

과거 등록금넷의 인적구성을 보면, 한국진보연대 출신 인사 몇몇이 눈에 띈다. 그 중 한 명이 박석운이다. 그는 좌파단체의 연합체인 한국진보연대 공동대표와 한미FTA저지범국민운동본부 대표로 활동하고 있다. 그는 좌파단체가 주도하는 각종 시위때마다 주도적인 역할을 해왔다. 2006년 11월22일 열린 '한미FTA저지 총궐기 대회', 2008년 5~6월 광우병 사태 등이 대표적이다. 특히 광우병 사태가 한창이던 2008년 8월12일, 박석운은 집회 및 시위에 관한 법률위반으로 구속된 적이 있다[注: 2008년 10월10일, 서울중앙지법 형사3단독(판사 엄상필)은 박석운의 보석을 허가].

그는 2008년 2월1일, 자신이 운영위원장으로 있던 한국진보연대 등 28개 단체가 '등록금넷'을 결성을 앞두고 연 기자회견에서 "이제 노동자·농민·서민 대중은 자녀를 학교에 보낼 수 없다. 한 달에 100만 원 받는 비정규노동자들이 어떻게 1년에 1000만 원의 등록금을 낼 수 있겠냐"고 반문했다. 이어 "이번 총선(注: 2008년 18대 총선)에서 모든 단체들이 나서 대학 등록금 해결하지 않는 국회의원을 낙선시킬 것"이라고 경고하기도 했다(발언출처: 2008년 2월1일자 〈민중의소리〉 보도).

박석운은 2011년 6월24일, 서울 청계광장에서 '반값등록금 1000인 원탁회의'에 참석해 대학생들과 토론을 벌였다. 그는 이 자리에서 "무엇이 반값이냐가 중요하다"면서 "등록금 상한제가 확립되어야 한다"고 주장했다.

〈등록금을 효율적으로, 합리적으로 운영하는 대학을 기준으로 표준등록금 상한제를 실시하는 거다. 사회적인 합의를 통해서. 거기서 반값만 내는 거다. 그런데 이것도 많다. 2~3년 내에는 연간 등록금이 최저임금 한 달 치 월급 정도로 인하되어야 한다. 그리고 장기적으로는 무상으로 가야 한다.〉(발언출처: 2011년 6월24일자 〈오마이뉴스〉 보도)

등록금 상한제를 통한 반값등록금은 물론, 더 나아가 無償(무상)이 되어야 한다고 주장한 것이다.

박석운은 2012년 5월25일 서울 광화문 광장에서 열린 "19대 1호 법안, 반값등록금 부탁해요"라는 피켓을 들고 반값등록금 릴레이 시위(283일째)에도 동참했다. 한국진보연대 민생국장 출신인 김동규 前 반값본부 조직국장도 2011년 4월18일, 자신의 결혼식 날 '반값등록금 될 때까지! 미친등록금의 나라, 이제는 바꿉시다'라는 피켓을 들고 하객을 맞이했다(발언출처: 2011년 4월16일字 〈오마이뉴스〉 보도).

"반값등록금 짓밟은 정치 협잡배 보수정권 하야시키자"

북한 역시 반값등록금 이슈에 편승해 對南(대남) 선동에 나서기도 했다. 2013년 6월29일, 북한의 對南 선동기관인 반제민족민주전선(이하 반제민전)이 운영하는 '구국전선' 사이트에 '전 국민에게 격함'이라는 제목의 글이 올라왔다. 반제민전은 이 글에서 "청년 학생들이여! 4·19 봉기의 주역도, 6월 민중항쟁의 선구자도 바로 청년학생들이었다"며 "민주를 짓밟고 반값등록금을 짓밟은 정치 협잡배 보수정권을 하야시키자"고 선동했다. 이어 "MB정권을 전율케 한 광화문 촛불을 반정부 투쟁의 불길로 확산시키자"고도 했다. 반제민전은, 19대 국회의원 선거를 앞둔 2012년 4월3일에 '시국선언'이란 제하의 글에서도 "배움의 꿈, 반값등록금 실현을 위해서라도 새누리당을 반대해 나서자"고 선동했다.

> **참고**
>
> '참여연대' (279페이지)
> '한국대학총학생회연합' (336페이지)
> '한국진보연대' (351페이지)
> '한미FTA저지범국민운동본부' (364페이지)

㉒ 백만송이국민의명령

'남북한 국가연합' 주장한 문성근 주도로 설립

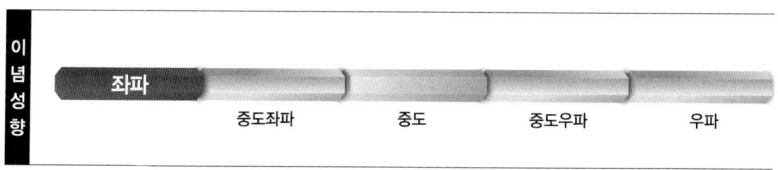

홈페이지: http://www.powertothepeople.kr
전화: 02-3272-2012
설립일: 2010년 8월
주요인사: 문성근(前 대표)

　백만송이국민의명령(이하 국민의명령)은 배우 문성근, 신해철(가수), 여균동(영화감독), 조기숙(이화여대 교수) 등 65명의 제안으로 시작됐다. '유쾌한 100만 민란 운동'을 기치로 내건 이 단체는 약 18만 6600명(2012년 3월20일 기준·현재는 회원수를 공개하지 않음)이 회원으로 가입한 상태다.

　이들은 운영규약 제1장 총칙 제2조(목적)에서 "국민의명령은 유쾌한 시민운동을 통해 대한민국이 99% 서민을 위한 민주진보정부 정치구조로 개혁되는데 이바지함을 그 목적으로 한다"고 밝혔다. 이들이 내세운

'99% 서민을 위한 민주진보정부'는 전형적인 '계급투쟁적 선동 구호'로 볼 수 있다.

김일성 찬양한 윤민석이 주제가 작사·작곡자

국민의 명령 주제가 '하나가 되라'의 작사·작곡자 윤민석은 과거 김일성 찬양 노래를 작곡해 국보법 위반으로 네 차례나 구속됐던 인물이다.

한양대 무역과 84학번 출신의 윤민석은 촛불집회 주제가인 '헌법 제1조'를 작사·작곡했으며 '김일성 대원수는 인류의 태양', '한민전 10大 강령' 등을 만든 운동권 가요 작곡가이다. 그는 1992년 조선노동당 중부지역당 산하 단체인 '애국동맹'에 가입, 김일성 찬양노래를 작곡했으며, 이 같은 反국가적 활동으로 인해 국보법 위반으로 네 차례에 걸쳐 구속됐다. 同年 10월6일 안기부 수사를 통해 밝혀진 조선노동당 중부지역당 사건은, 北 노동당 서열 22위의 간첩 이선실(2000년 사망)이 지휘한 지하당 조직 사건이다.

"이명박 정부의 실정과 폭거는 거론할 필요도 느끼지 않아"

2010년 8월26일 당시 대표였던 문성근은 '100만 민란 프로젝트 제안서'에서 "이명박 정부의 실정과 폭거는 일일이 거론할 필요도 느끼지 않는다"며 "시민의 힘으로 민주, 진보진영을 하나의 정당으로 묶어내자"고 주장했다.

그는 소위 민주·진보진영 통합정당의 비전으로 "서민경제의 위기, 민주주의의 위기, 남북관계의 파탄을 불러온 한나라당 정권을 2012년에 끝장내 다시 민주정부를 세우는 것"을 제시했다. 그는 10만 명이 넘으면 "본격적 활동을 벌여갈 계획"이라며 집행위원회·정책위원회·실무상근 조직을 구성했다.

'남북국가연합' 주장한 문성근

문성근은 2011년 12월26일 서울 양재동 교육문화회관에서 열린 민주통합당(現 민주당) 대표 및 최고위원 선출을 위한 政見(정견)발표에서 "내년 총선 이후 민주통합당 대표단을 꾸려서 방북을 신청하겠다"고 주장했다. 그는 "절단난 남북관계를 회복하고 다음 민주정부 5년 동안 남북간 국가연합까지 성취해내겠다"고 밝혔다. 그의 '남북한국가연합' 주장은 反헌법적이다. 대한민국 헌법은 북한을 反국가단체로 본다. 북한은 헌법 제3조('영토조항')에 의해 대한민국 영토이다. 헌법은 평화적 자유통일(헌법 제4조의 '자유민주적 기본질서에 입각한 평화적 통일' 원칙) 이외의 어떤 방안도 不許(불허)하고 있다. 그는 反국가단체(북한)를 국가로 인정하고 北과 연합해야 한다고 주장을 한 셈이다.

김정일 죽자 트위터에 弔意 표명

문성근은 김정일이 사망하자 앞장서 弔意(조의)를 표했다. 2011년 12월19일, 자신의 트위터에 "김 위원장은 김대중 대통령, 노무현 대통령과 머리를 맞대고 한반도의 평화공존과 상호번영을 위해 6·15선언과 10·4선언을 발표했습니다. 이 정신은 이후에도 존중되어야 합니다"라며 학살자의 죽음을 추모했다.

'양경숙 공천 뒷돈 수수사건' 때 구설수 올라

2012년 8월28일 대검 중수부는, 민주통합당 비례대표 공천 代價(대가)로 32억 원을 수수한 혐의로 양경숙 前 〈라디오21〉 대표를 구속했다. 이후 그가 知人(지인)들에게 보낸 문자메시지가 공개되었다. 이 문자메시지에는 親盧(친노) 인사 등에게 건넨 것으로 추정되는 돈의 액수가 적혀 있었다.

구체적으로 '민란 7억 8천', '4·11총선에 11억 후원', '이해찬 당 대표 네티즌 및 독려에 7억 9천', '한화갑 대표 2억 8천', '해외 교민 2억 3천' 이었다. 같은 해 9월7일字 KBS 뉴스9은 "(문자메시지에 적힌) 민란은 지난 2010년부터 '야권통합'을 주장하며 문성근 씨가 주도해 온 백만송이국민의명령 운동을 지칭합니다"라고 전했다. 복수의 언론은 양경숙이 국민의명령 집행위원 출신이었다고 보도했었다. 이 같은 의혹이 불거졌음에도 국민의명령이 뚜렷한 해명이나 반박을 했다는 기록은 찾을 수 없었다.

> **참고**
>
> '민주당' (75페이지)

㉓ 불교인권위원회

리비아 독재자 카다피에게 '인권상' 수여

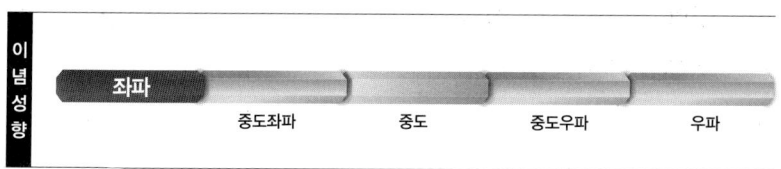

```
홈페이지: www.kboa.or.kr(한국불교종단협의회 홈페이지. 불교인권위 개별 홈페이지는 없음)
전화: 02-732-4885(한국불교종단협의회 전화번호)
설립일: 1990년
주요인사: 진관·지원·한상범(이상 공동대표)
```

불교인권위원회(이하 불교인권위)는 한국불교종단협의회(회장 자승)의 산하 기구이다. ▲비전향 장기수 北送(북송) 운동 ▲국가보안법 폐지 ▲주한미군 철수 등을 주장해왔다.

리비아 독재자 카다피에 인권상 수여

이들은 리비아 독재자 카다피에게 '불교인권상'을 수여했다. 불교인권위는 2003년 11월20일 동국대학교 상록원에서 제9회 불교인권상 수상자로 카다피를 선정해 시상했다. 불교인권위 심사위원들은 "리비아 국가원수 카다피 지도자는 자유, 정의, 평등의 대의를 지원하기 위해 수행해 오신 선구자적 역할을 높이 평가하며, 고귀한 성품에 대한 찬사와 평등하고 정의로운 사회 건설을 주창하는 휴머니즘적인 사상에 대해 전폭적인 신뢰를 보낸다"고 밝혔다(발언출처: 2003년 11월21일字 〈민중의소리〉 보도). 2003년부터 2010년까지 이 단체가 수여한 불교인권상 수상자(단체)는 다음과 같다.

〈▲2003년 제9회 카다피(리비아 독재자), 단병호(前 전국민주노동조합총연맹 위원장) ▲2004년 제10회 정수일(일명 무하마드 깐수·前 단국대 교수·1996년 국보법 위반으로 구속. 2003년 사면·복권), 허원근(1984년 의문사) ▲2005년 제11회 김지태(前 미군기지확장반대팽성대책위원회 위원장) ▲2006년 제12회 한국불교대학생연합회 ▲2007년 제13회 박석운(現 한국진보연대 공동대표·2008년 광우병 난동 주도) ▲2008년 제14회 승려 각현(前 연꽃마을 이사장) ▲2009년 제15회 박원순(前 아름다운재단 이사·現 서울시장), 최상재(前 전국언론노조위원장) ▲2010년 제16회 반올림〉

"왜 우리에겐 카다피 같은 지도자 없나"

공동대표 자격으로 불교인권위를 이끌어 온 승려 진관은 2002년 6월22일字 〈민중의소리〉에 기고한 '민족정신에 대하여'라는 칼럼에서 "미국은 우리 조선 반도를 침략한 나라다. 미국이 저지른 인권 만행에 대하여 말로는 다하지 못할 정도로 많다. 미국은 우리 민족에게 통일을 하려는데 방해를 하고 있다"고 비난했다. 그는 "리비아는 민족에 지도자 키다피 대통령의 영도에 따라 민중이 주인 되는 나라가 되었다. 우리에게 주한 미군은 철수시키려는 강한 민족정신의 소유자 지도자가 있어야 한다"며 美軍철수를 주장하기도 했다.

"김일성 대학, 깃발을 높이 올리고 우렁찬 함성"

진관은 2005년 11~12월까지 인터넷 〈사람일보〉에 자신의 북한 방문기를 담은 詩들을 연재했다. '김일성 종합대학 앞을 지나며'라는 제목의 詩에서 다음과 같이 북한의 김일성 대학을 美化(미화)했다.

〈…평양에 자리 잡은 김일성 대학
깃발을 높이 올리고 우렁찬 함성
천마를 타고 달리는 그러한 기상으로
어떠한 고난도 이겨 낼 수 있는 대학
김일성 대학을 지나며 이렇게 생각한다.〉

'국보법 위반' 전력자 진관

1997년 5월2일 서울지검 공안1부는 승려 진관을 국보법 위반(회합·통신)로 징역 10년, 자격정지 10년을 구형했다. 진관은 1994년 11월부터 1996년까지 수십 차례에 걸쳐 팩스와 우편 등을 통해 범민련 해외대표 강병연(캐나다 거주)에게 국내 불교계와 在野(재야)단체 및 한국통신 노조 동향과 자료를 전달하고, 1995년 9월엔 중국 북경에서 북한인사들을 접촉한 혐의를 받았다. 1997년 9월11일, 서울고등법원 형사3부는 선고공판에서 진관에 대해 징역 3년 6월에 자격정지 3년을 선고했다. 그는 김대중 정부 출범 직후인 1998년 3월13일, 특별사면으로 출감했다.

1999년 8월, 진관은 범민족대회의 통일선봉대장을 맡아 북측과 팩스 교신을 주고 받는 등의 혐의로 구속(국보법 위반)됐다. 같은 해 12월28일 서울지법 형사7단독(판사 유승남)은 진관에 대한 1심 선고공판에서 그에게 징역 1년, 자격정지 1년의 실형을 선고했다. 재판부는 "피고인이 지난해 3월 특별사면으로 풀려난 뒤 3년이 지나지 않은 만큼 累犯(누범)가중에 해당돼 실형을 선고할 수밖에 없다"고 밝혔다(발언출처: 1999년 12월29일字 인터넷 〈영남일보〉 보도).

2000년 6월2일, 서울지법 형사항소7부(재판장 김용균)는 진관에게 국보법 위반(회합·통신) 등의 혐의로 징역 10월에 자격정지 1년을 선고했다. 그러나 재판부는 '평화로운 행사진행을 위해 노력했다'는 점을 들어 감형(2개월), 그해 6월 석방되었다.

이밖에도 진관은 2010년 국가정상화추진위원회(위원장 고영주)가 발표한 '친북·反국가행위자 100명'의 명단에도 이름을 올린 바 있다.

참고

'사회진보연대' (141페이지)
'실천불교전국승가회' (150페이지)
'아름다운재단' (155페이지)
'인권운동사랑방' (203페이지)
'조국통일범민족연합남측본부' (253페이지)
'전국민주노동조합총연맹' (229페이지)
'전국언론노동조합' (237페이지)

㉔ 사회진보연대

국정원 사건 수사 검사가 후원했던 左派단체

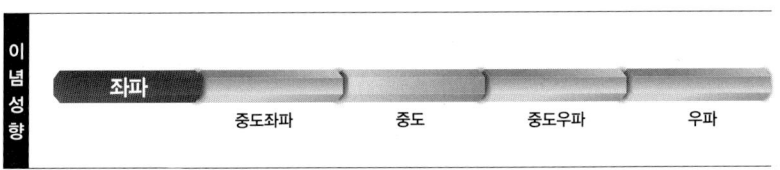

홈페이지: http://www.pssp.org
전화: 02-778-4001~2
조직현황: 1998년 출범
주요인사: 김정래·박준형(이상 공동운영위원장), 정영섭(사무처장)

사회진보연대(이하 연대)는 국가보안법 폐지에 주력하며, 신자유주의 세계화에 반대·反美투쟁 등을 전개해왔다.

'노동해방 쟁취'에 주력

연대는 홈페이지에서 "신자유주의 세계화에 반대하며, 노동조합운동을 비롯한 대중운동의 역량 강화와 노동자 민중의 단결과 연대의 힘에 기초하여 새로운 대안 세계를 건설하기 위해 활동하는 단체"라고 규정하고 있다. 주요의제로 '노동조합운동의 혁신과 재건을 통해 노동자의 계급적 단결을 도모하고, 노동해방을 쟁취하기 위해 활동한다' 등의 계급투쟁 조항을 명시해두고 있다.

호국훈련이 '北에 대한 침략전쟁연습'이라고 주장

연대는 2010년 12월20일 발간한 《연평도 사태와 위기의 한반도》란 소책자에서 연평도 사태 직후 실시된 韓美연합훈련을 비판하기도 했다. 연대는 한미연합훈련이 "절대 대안이 될 수 없을 뿐 한반도를 더욱 위험한 상황으로 몰아갈 것"이라고 단언했다. 이들은 연평도 포격의 직접적 발단이 한미 양국이 진행한 '호국훈련'에 있었다고 주장했다. 이어 "남한 측의 주장대로 11월23일 연평도에서 실시한 훈련이 단순히 주기적으로 실시되는 '연례훈련'이라 하더라도 상대방의 영토 바로 앞 해상에서 자행되는 사격훈련이었다는 점에서 매우 위험천만한 행동임에 틀림없다"고 했다. 이들은 "그 어떤 군사훈련도 폐지되어야 하며, 연평도 사태 이후 조성된 긴장상태에서 벌이는 어떠한 군사훈련도 정당화 될 수 없다"고 주장했다.

"국보법이 헌법을 어떻게 부정하고 있는지…"

연대는 2011년 2월25일 법원이 사회주의노동자연합(이하 사노련·2011년 2월25일부로 해산 선언) 핵심구성원들에게 유죄판결을 내린 것에 반발하며 '사노련 국가보안법 유죄판결을 강력히 규탄한다'는 성명을 발표했다. 성명에서 "법원이 말하는 국가보안법 위반 혐의는 자유민주질서를 부정하고 국가변란을 선전·선동했다는 얼토당토않은 내용"이라며 법원의 판결을 비난했다. 이어 "국가보안법이 결사표현의 자유를 명시적으로 규정하고 있는 헌법을 어떻게 부정하고 있는지를 스스로 폭로할 뿐"이라고 주장했다. 연대는 2010년 4월13일 발표한 '이명박 정권은 사노련, 민중운동 탄압 중단하고, 국가보안법 폐지하라'는 성명에서도 사노련을 비호했다.

2011년 2월24일 서울중앙지법 형사합의27부(김형두 부장판사)는 국가보안법 위반 혐의로 기소된 오세철(연세대 명예교수·前 사회주의노동자연합 위원장)과 단체에 가담한 박 모 씨 등 7명에게 일부 유죄를 선고했다. 오세철 등 4명에게는 징역 1년 6월과 집행유예 3년, 벌금 50만 원 씩을 선고하고, 박 모 씨 등 4명에게는 징역 1년과 집행유예 2년, 벌금 50만 원 씩을 선고했다. 오세철은 2008년 2월23일 '사노련'을 결성, 사회주의노동자당을 구축하려 했던 인물이다. 재판부는 "사노련은 행동 강령과 그 동안 벌여온 활동 등을 고려해 볼 때, 폭력적인 수단을 통해 現 정부를 전복하고 새로운 정부를 수립하려는 목적을 가진 '국가변란 선전·선동 단체'에 해당한다"고 판시했다(발언출처: 2011년 2월24일字 〈프레시안〉 보도).

從北 딱지는 '마녀사냥'

연대는 2013년 9월16일《국정원 내란음모 사태 10문10답》이라는 소책자를 발행했다. 책 내용 중 '너도 종북이냐'에서는 他(타) 左派성향 단체들과 마찬가지로 '종북'을 '마녀사냥'이라는 식으로 비판했다. 이 책은 "종북 딱지 붙이기도 완전히 동일한 구조를 가지고 있다"며 "'종북'이라는 말은 우파들의 색깔론에 무차별적으로 활용되었다"고 주장했다. 이들은 종북의 語源(어원)에 대해 설명한 뒤 "반이성적 종북 딱지붙이기를 멈춰야 한다"고 주장했다.

국보법 7조(찬양·고무) 비난

이 책의 네 번째 단락에 기술된 '분단국가에서 국가보안법은 필요한 것이냐'는 국가보안법 철폐와 관련된 내용이었다. 본문은 "대표적으로 7조의 '찬양·고무' 조항 등은 너무 막연하여 '코에 걸면 코걸이, 귀에 걸면 귀걸이' 식으로 자의적 해석의 폭이 너무 넓다"고 주장했다.

국보법 폐지론자들 대부분이 제7조(찬양·고무)를 문제삼는 이유는, 이 조항이 '아킬레스腱(건)'이기 때문이다. 이들은 7조가 표현의 자유를 억압하는 인권탄압이라고 주장한다. 대한민국은 남북 대치상황이 지속되는 분단국가이자, 停戰(정전)상태를 유지하고 있는 사실상의 전쟁국가이다. 국가 구성원이 敵의 주장에 동조하는 것을 엄벌하기 위해 마련된 '체제수호법'이 바로 국가보안법이며 7조가 그 핵심인 것이다.

사회진보연대 후원한 진재선 검사

국정원 댓글사건 의혹 수사팀의 주임검사였던 진재선은, 원세훈 前 국정원장과 김용판 前 서울경찰청장에 대한 공소장을 작성했던 인물이다. 그는 2006년 2월 검사 임관 후부터 최근까지 사회진보연대에 매월 5만 원의 후원금을 낸 것으로 밝혀져 '국가보안법 폐지에 동조하는 단체를 후원하는 검사가 어떻게 국정원을 수사할 수 있냐'는 우려가 제기됐다.

진재선 검사의 '사회진보연대 후원 논란'은 2013년 6월17일 국회법제

사법위원회에서 김진태 새누리당 의원의 폭로로 알려졌다. 김진태 의원은 "이번 사건의 주임검사인 진 모 검사는 서울대 법대 92학번으로 1996년 PD(민중민주)계열 운동권이었던 서울대 총학생회 부총학생회장이었다"며 "원세훈 전 국정원장의 공소장을 보면 도대체 대한민국 검찰이 작성한 것인지 걱정이었는데 의문이 좀 풀리는 것 같다"고 했다. 金 의원은 "진 검사가 1996년 4월30일 충북대 신문에 기고한 글에 '청년 학생의 투쟁을 축복하는 비가 내린다. 이 자리를 노동자와 청년 학생이 함께하는 자리로 만들자. 김영삼 정부를 타도하자'는 내용이 있다"고 했다. 이어 "2007년 9월 사회진보연대가 사무실 전세금을 마련하기 위한 모금을 할 때 모금에 참여한 명단에 진 검사와 동일한 이름이 있다"며 "사회진보연대는 국가보안법 철폐와 주한미군 철수를 주장하는 단체인데 만약 검사 신분으로 사회진보연대를 후원했다면 문제가 된다. 동일인인지 확인해 달라"고 요구했다(발언출처: 2013년 6월17일字 〈조선닷컴〉 보도).

　同年 8월23일, 서울중앙지검 특별수사팀(팀장 윤석열)은 진재선이 수사팀에서 배제됐다고 밝혔다. 이를 두고 서울중앙지검 이진한 2차장은 "공공형사부 이외의 부서에서 차출된 검사 위주로 공소 유지를 맡겼고, 진 검사를 포함한 공공형사부 검사들은 본연의 업무로 돌아가도록 조치했다"라고 했다(발언출처: 2013년 8월24일字 〈조선닷컴〉 보도).

㉕ 시민사회단체연대회의

左派성향 시민단체의 통일전선체…밀양 송전탑 반대

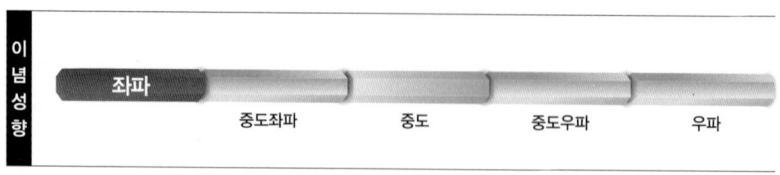

홈페이지: http://www.civilnet.net
전화: 02-734-3924
설립일: 2001년 2월27일
주요인사: 권미혁(現 한국여성단체연합 상임대표)·김인숙(現 한국여성민우회 대표)·남부원(現 한국YMCA전국연맹 사무총장)·정현백(現 참여연대 공동대표)·박경조(現 녹색연합 상임대표) 등(이상 공동대표)

시민사회단체연대회의(이하 연대회의)는 左派성향 시민단체의 통일전선체 내지 연합회의체를 지향하고 있으나 실제 독자적 활동성은 강하지 않다.

"(국보법이) 인권을 침해하고 민족분열 야기"

연대회의는 2004년 12월22일 여의도 국회 앞 좌파단체들의 소위 '국민농성장'에서 국보법 폐지 기자회견을 열고 "인권을 지키고 국가안보를 지킨다는 법이 도리어 인권을 침해하고 민족분열을 야기하며 대한민국 내에서도 분열을 조장해왔다"며 "17대 개혁 국회에서 해가 넘어가기 전에 반드시 국가보안법은 폐지되어야 한다"고 주장했다(발언출처: 2004년 12월22일字 〈통일뉴스〉 보도).

美軍 장갑차 사고를 '살인행위'라고 강변

연대회의는 2002년 7월26일 美 대사관 앞에서 소위 '미선·효순이 사건'과 관련된 공동성명을 발표했다. 이들은 군사훈련 중 발생한 사고를 '살인 행위'라고 강변했다.

> 〈고 신효순, 심미선 양이 죽임을 당한 도로는 지역 주민이 이용하는 도로이며, 도로폭 보다 20cm나 넓은 탱크가 교행할 수 없는 곳이었다. 이런 도로를 이용하면서 훈련 상황에 대해 사전 공지도 없이 안전조치도 취하지 않음으로써, 소녀들을 갓길로 몰아 죽게 한 것이다. 사건 현장의 선명한 장갑차 바퀴자국이 이날의 사고가 사실상 살인 행위라는 의혹을 증폭시키고 있다. 우리는 엄청난 장갑차의 굉음 속에서 어린 소녀들이 공포에 떨며 죽임을 당했던 그날의 진상을 밝히고자 하는 것이다.〉

연대회의는 2013년 3월11일 "북한은 전쟁 위협을 즉각 중단하고 관련국은 즉각 대화에 나서라"는 성명을 발표했다. 이들은 "'정전협정의 백지화'와 '핵 선제타격 권리', 남북 불가침 협정 파기까지 운운하면서 연일 전쟁 위협의 수위를 높이고 있는 북한의 언행을 강력히 반대하고 규탄한다는 점을 분명히 해둔다"며 北을 비난하는 입장을 취하는 듯했다. 그러나 "가장 큰 책임이 북한에게 있더라도, 한미 양국의 '실패한 정책'에도 그 책임이 없다고 할 수 없다"며 "對北 제재가 북한의 행동을 긍정적으로 변화시키는 데 아무런 효과가 없다는 것이 이미 충분히 입증된 상태이다. 그럼에도 불구하고 한미 양국은 제재에만 매달렸다"고 했다.

밀양 송전탑 건설 사실상 반대

시민연대는 2013년 10월8일, 不法 시위로 문제가 되고 있는 밀양 송전탑 건설에 반대하는, '밀양, 거기 사람이 산다'는 제하의 성명을 발표했다. 이들은 "주민들의 가슴을 밟고 건설되는 송전탑의 정당성이 무엇이냐"며 건설에 따른 "정확한 검증"이 필요하다고 주장했다. 이어 "정부가 앵무새처럼 반복하는 여름철 전력 대란도 과도하게 부풀려진 이야기라는 것"이라고 단정했다.

'밀양 송전탑 사태'는 765킬로볼트(kV)의 고압 송전선 및 송전탑의 위치 문제를 두고, 밀양 시민과 한국전력 사이에 벌어지고 있는 일련의 분쟁을 말한다. 주민들은 송전탑에서 나오는 전자파 등의 이유로 건설을 반대, 2012년 9월 하순부터 공사가 중단되었다.

한국전력(이하 한전)은 송전선로 주변에서 암 환자와 가축 피해가 발생했다는 주장에 대해 '전혀 근거 없는 소문'이며, 세계보건기구(WHO)도 전자계 장기 노출 때 암이 進展(진전)된다는 생체 작용은 인정하지 않았다고 반박했다(출처: 2013년 9월21일字 〈연합뉴스〉 보도). 한전은 또 전력난을 되풀이하지 않기 위해선 송전탑 공사를 더 이상 미룰 수 없다는 입장을 보였다.

　주민들의 시위에 통합진보당(이하 통진당)을 비롯한 일부 좌파단체들까지 가세함으로써 상황은 더욱 악화되었다. 이들이 急造(급조)한 '경남공동대책위원회'는 민노총 경남도본부, 통진당 경남도당, 정의당 경남도당, 마창진환경운동연합 회원 등으로 구성돼 있었다(출처: 2013년 10월3일 字 〈조선닷컴〉 보도). 공사가 재개된 직후인 2013년 10월2일, 통진당 관계자 등 좌파 성향의 인사 50여 명은 부북면·단장면 일대에서 시위를 벌이며 경찰 2000여 명과 극심한 몸싸움을 벌였다. 밀양 송전탑 반대 시위는 제주해군기지 반대(2011년), 천성산 터널 건설 반대(2004년), 부안 방폐장 건설 반대(2003년) 등 주요 국책사업을 반대하는 행태와 상통한다. 이들은 국책사업을 환경·건강 등을 명목으로 반대, 종국에는 不法 폭력시위를 벌임으로써 法治(법치)를 파괴했다.

참고

'녹색연합' (39페이지)
'민주당' (75페이지)
'참여연대' (279페이지)
'통합진보당' (297페이지)
'한국여성단체연합' (347페이지)
'환경운동연합' (369페이지)

㉖ 실천불교전국승가회

간첩을 '義士', '통일열사'로 美化한 불교계 내 左派단체

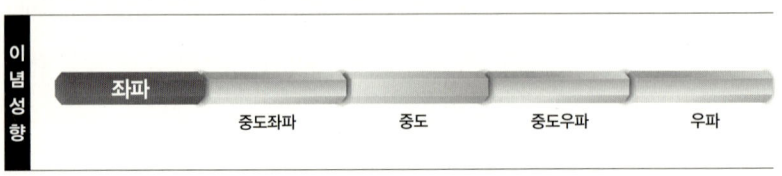

홈페이지: http://www.silchun.org
전화: 02-725-4277
설립일: 1992년 10월1일
주요인사: 지선·청화(이상 상임고문), 효림·성관·법안(이상 명예대표), 퇴휴(상임대표), 법경·재범·정휴(이상 공동대표), 종호(집행위원장), 법선(사무처장)

실천불교전국승가회(이하 실천승가회)는 간첩을 '義士', '통일열사' 등으로 美化한 불교계 내의 좌파성향 승려모임이다.

"종단개혁" 주장하며 조계종 종단에 진출

실천승가회는 1994년 3월23일, 선우도량(당시 대표 도법)과 함께 '범종단

개혁추진위(이하 범종추)'라는 단체를 결성, 1994년 이른바 '조계종 사태'에 참여했던 것으로 전해진다. 불교교단사연구소 소장인 '덕산' 승려의 논문에는 "실천승가회와 선우도량을 주축으로 결성된 범종추와 동조세력들은 1994년 조계종단을 소위 개혁한다는 명분으로 宗權(종권)을 장악했다"고 나온다. "종권을 장악했다"는 평가에 논란이 있을 수 있지만, 조계종의 주요 직책을 지낸 실천승가회 출신 인사들은 상당수였다.

〈▲청화(前 실천승가회 의장·명예회장): 조계종 교육원장 역임 ▲성관(前 실천승가회 의장): 조계종 내 사회복지법인 선재원 이사장 역임 ▲장적(前 실천승가회 부의장): 조계종 기획실장을 역임 ▲퇴휴(前 실천승가회 부의장): 조계종 교육원 교육부장 역임 ▲토진(前 실천승가회 집행위원장): 조계사 부주지 역임(노무현 정권에서 '국방부과거사진상규명위원회 상임위원' 역임) ▲지선(前 실천승가회 의장): 조계종 중앙종회 회원 역임 ▲법안(現 명예대표): 조계종 기획실장 역임('국가인권위원회' 인권위원·'국방부과거사진상규명위원회' 위원·'군의문사진상규명위원회' 자문위원 역임)〉

승려 효림은 실천승가회 의장과 조계종 중앙종회 의원, 〈불교신문〉 사장을 지낸 인물이다. 그는 국보법폐지국민연대를 비롯해 한총련합법화대책위, 송두율구속대책위, 親北단체 통일연대의 공동대표로도 활동했었다. 2002년 대선 전 '민주개혁국민연합'이라는 단체를 만들어 '병풍사기' 主犯(주범) 김대업의 기자회견장에 매번 등장하며 그를 비호했다. 김대업은 당시 이회창 한나라당 후보 아들의 병역의혹을 제기했으나, 이는 이후 사실무근으로 밝혀졌다. 효림은 2010년 국가정상화추진위원회(위원장 고영주)가 발표한 '親北(친북)·反국가행위자 100명' 명단에 이름을 올렸다.

간첩을 義士로 기려

실천승가회는 2005년 5월 경기도 파주시 보광사에 소위 애국통일열사 묘역을 조성했다. 묘역의 입구에는 "불굴의 통일애국투사묘역 연화공원"이라는 이름의 비석을 세우고, 비문엔 남파간첩을 '義士', '애국통일열사'로 부르며 아래와 같은 내용을 담고 있었다.

〈▲"애국통일열사 정순덕 선생. 마지막 빨치산 영원한 여성전사, 하나된 조국 산천의 봄꽃으로 돌아오소서" ▲"애국통일열사 류낙진 선생. 민족자주조국통일의 한길에 평생을 바치신 선생님, 우리민족사에 영원히 빛나리" ▲"애국통일열사 손윤규 선생. 조국통일을 위해 투쟁하시다가 비전향으로 옥중에서 생을 마친 열사 여기에 잠들다" ▲"의사 故 최남규 선생. 해방 후 청진 교원대학 지리학 교수로 교육사업에 헌신하였으며 조국통일을 위해 헌신하시다가 1957년 구속되어 29년의 감옥생활에서 지조를 지켜내신 민중의 벗. '백두옹 여기에 잠들다" ▲"의사 故 금재성 선생. 일제강점 하 민족해방투쟁으로 3년의 소년 옥과 해방 후에는 조국통일을 위해 1957년 투옥되어 30년의 형옥 속에서도 전향을 하지 않고 당신의 지조를 지키며 빛나는 생을 마치다"〉

실천승가회가 '의사', '애국통일열사' 등으로 기린 인물 대부분은 북한정권에 끝까지 충성을 바친 사람들이었다. 예컨대 류낙진은 6·25전쟁 당시 지리산 일대에서 빨치산으로 활동하다 체포돼 사형선고를 받았다. 그는 1957년 가석방된 후 1963년 '혁신정당'사건으로 구속돼 1967년 석방됐고, 1971년 다시 '호남통혁당재건委'사건으로 무기징역을 선고받고 1988년 가석방됐다. 류낙진은 출소 후 1994년 '구국전위' 사건으로 구속돼 8년 형을 선고받고 1999년 광복절 특사로 석방됐다. 1993년 1월 조직된 구국전위는 '조선노동당'의 남한 내 지하조직으로서 창립선언문과 강령 및 규약에서 북한의 주체사상을 조직의 유일한 지도적 지침으로 삼았다.

"부처님의 신력으로 국보법 속히 폐지"

실천승가회는 2002년 대선 직전 소위 '여중생 사망사건 관련 불교대책위원회(이하 불교대책위)'를 구성했다. 불교대책위는 같은 해 12월5일 조계사에서 신도 150여 명과 함께 '미군 참회와 SOFA 개정을 위한 범불교도 108배 정진' 의식을 거행, 反美선동에 나섰다. 이들은 당시 ▲부시 美 대통령의 직접 사과와 관련자 처벌 ▲소파(SOFA)개정 및 소위 미군범죄 근절을 촉구했다. 2004년 12월13일 발표한 '국보법 폐지 108배 정진'이라는 성명에서는 "부처님의 위대하신 신력으로 국가보안법이 하루속히 폐지되도록 해달라"고 했다. 북한의 핵실험 직후인 2006년 10월19일에는 109개 단체와 함께 "북핵문제는 제재와 대결이 아닌 대화를 통해 평화적으로 해결해야 한다"며 금강산 관광과 개성공단 지속을 주장하는 합동회견에 나서기도 했다.

실천승가회는 2007년 정권교체 이후 反정부 투쟁의 선봉에 섰다. 광우병 난동 중이던 2008년 7월4일에는 '국민주권 수호와 권력의 참회를 촉구하는 시국법회' 등 소위 이명박 정부의 종교차별을 규탄하는 불교도 집회를 주도했다. 실천승가회 등이 주도한 시국법회는 同年 8월27일

10만 여 명(경찰추산 6만 명)의 불교도가 참여한 '헌법파괴·종교차별·이명박 정부규탄범불교도대회'로 이어졌다.

남재준·김기춘 퇴진 요구

2013년 8월13일, 실천승가회를 비롯한 불교단체 12곳은 서울 조계사 일주문 앞에서 기자회견을 열고 '국정원 정치공작 대선개입 규탄 불교시국회의(이하 시국회의)' 발족을 선언했다. 시국회의는 "국가정보원의 대통령 선거 불법 개입과 공작 정치, 이를 덮기 위해 이뤄진 국가기밀 문서 공개와 NLL 논란, 이를 둘러싼 소모적 논쟁들은 민주주의와 국기를 뿌리에서부터 뒤흔드는 비법적 행위"라고 규정했다(발언출처: 2013년 8월14일 字 인터넷 〈법보신문〉 보도). 이들은 ▲남재준 국정원장 파면 ▲김기춘 청와대 비서실장 임명 철회 ▲국정원 및 경찰의 개혁 방안 제시 등을 요구하기도 했으며, 서울 광장에 마련된 민주당 천막당사를 방문해 의원들을 격려하기도 했다.

> 참고
>
> '불교인권위원회' (137페이지)

㉗ 아름다운재단

박원순 주도로 설립…反美·左派단체 등에 자금 지원

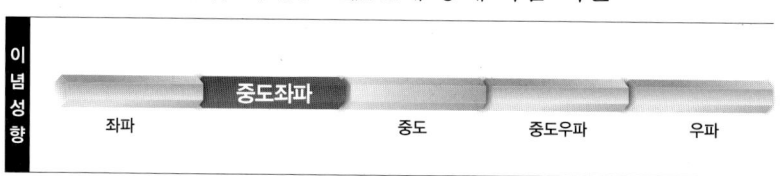

홈페이지: http://www.beautifulfund.org
전화: 02-766-1004
설립일: 2000년 8월
주요인사: 예종석(現 한양대학교 경영대학 교수)(이사장), 강용현·김미경·김홍남·박영숙 등(이상 이사)

아름다운재단(이하 재단)은 "우리 사회에 올바른 기부문화를 확산시키고, 이를 통해 도움이 필요한 소외계층 및 공익 활동을 지원한다"는 목적으로 결식아동·소외아동·독거노인·재해구호 등을 대상으로 기부활동을 해왔다.

박원순 現 서울시장의 주도로 설립된 재단은, 시민단체 지원을 명목으로 左派단체에 돈을 지원했다.

'지원'이라는 고리로 市民권력 형성

재단이 지원한 단체들의 성향을 모두 反美·左派라고 단정할 수는 없다. 그러나 지원받은 단체 중 애국우파단체는 全無(전무)하다. 이들의 활동을 요약하면 反美·左派단체는 물론 중도성향 단체들을 '지원'이라는 고리로 묶어 거대한 市民(시민)권력을 형성했다는 것이다. '개미스폰서'·'변화의 시나리오'·'비움과 채움' 등 재단의 다양한 프로그램을 통해 도움 받은 단체 중엔 2008년 광우병촛불시위를 주도해 온 '광우병국민대책회의' 소속 단체들이 많다.

지원에는 '公益(공익)'이라는 수식어가 붙었다. 재단은 2010년 '변화의 시나리오, 대안적 公益(공익)활동 지원 사업'이라는 프로그램을 통해 ▲전국여성농민회총연합[지원금(이하 생략): 2000만 원] ▲평화박물관(2000만 원) ▲여성환경연대(2000만 원) ▲국제민주연대(2000만 원) ▲참여연대(1980만 원) ▲익산참여연대(1630만 원), ▲환경교육센터(1998만 원) ▲도봉시민회(1885만 원) ▲한국비정규노동센터(1770만 원) 등에 각각 수천만 원을 지원했다. 이들 단체 중 다수가 광우병국민대책회의 소속으로 활동했었다. 이밖에도 재단은 2010년 '공익단체 활동가 교육 및 재충전 지원 사업: 비움과 채움'을 통해 좌파성향의 환경단체인 녹색연합 등 5개 단체에 소속된 활동가들에게 200만~500만 원씩 지원했다. 同年, 재단의 '공익단체 활동가 健康權(건강권) 지원 사업'을 통해 활동가들 건강검진 지원을 받았던 광우병국민대책회의 소속 단체들은 ▲문화연대(본원센터) ▲환경정의 등 총 7개 단체이다. 같은 해 '환경활동가 자녀교육비 지원 사업'을 통해 활동가들의 자녀교육비 지원을 받았던 광우병국민대책회의 소속 단체들은 ▲환경정의 ▲녹색연합 등 9개에 달한다.

利敵단체 소속 활동가들의 건강검진비도 지원

재단이 지원해 온 이른바 시민단체 활동가 중에는 利敵(이적)단체 소속 및 2010년 불법 방북한 한상렬까지 포함돼 있다. 재단 홈페이지에 공개된 '2008년 시민단체 활동가 건강권 지원 사업 선정자 명단'에 따르면, 6·15남북공동선언실천연대(이하 실천연대) 소속 권오창 등 16명과 한국진보연대(利敵단체 아님) 소속 한상렬·한충목 등 22명을 지원한 것으로 나온다. 지원내역은 당뇨병 검사·간염 검사·매독 AIDS검사 등 건강검진이다. 이중 실천연대의 경우, 주한미군 철수·국가보안법 철폐·연방제 실현이라는 북한의 對南(대남)적화노선을 추종해 오다가 2010년 7월 대법원에서 利敵단체로 판시되었다.

재단은 2011년 10월 전북 민주언론시민연합(민언련)의 '지역신문지원조례 제정 현황 및 과제 점검을 위한 토론회 생존과 건강한 발전을 위해 개혁입법 성격의 지원신문지원조례 제정을 위한 토론회'에 240만 원을 지원했다. 민언련은 언론 민주화라는 명분으로 소위 對(대)국민 언론교육, 언론 모니터링 등을 전개해왔지만, 실제로는 '안티조선 운동', '국가보안법 폐지' 등을 주장해왔다.

평택범대위 소속 단체도 각종 지원받아

재단의 지원을 받은 단체 중엔 주한미군 철수를 주장하며 폭동을 벌였던 '평택미군기지확장저지범국민대책위원회(평택범대위)' 참가단체들도 있다.

이들은 ▲2010 '변화의 시나리오' 프로그램을 통해 '평화네트워크'의

'한반도 비핵화와 평화체제를 위한 영문 콘텐츠 사업'에 1550만 원을 지급했고 ▲2008년 5월 '개미스폰서' 프로그램을 통해 '주한미군범죄근절운동본부의 주한미군기지 환경피해 공동보고서 제작과 발표'에 253만 원을 지급했다. 평화네트워크와 주한미군범죄근절운동본부는 모두 평택범대위 참가단체였다.

평택범대위는 2005년 7월10일에 이어 2006년 3월15일, 4월7일, 5월 4~5일 주한미군 철수를 주장하며 폭동을 벌였다. 5월5일에는 쇠파이프·쇠갈고리·몽둥이·죽창 등으로 무장한 폭도들이 軍(군) 야영지에 난입해 현역군인들을 폭행하는 사건까지 벌어졌다. 軍장병 수십 명은 이들의 난입을 막다가 시위대가 휘두른 흉기에 맞아 다쳤고, 눈 부위에 심한 상처를 입은 병사와 팔이 부러진 병사, 뇌진탕 부상환자 등 11명은 긴급 투입된 UH-1H 헬기에 실려 軍 병원으로 후송됐었다.

국보법폐지국민연대 소속 단체에도 지원

재단은 국가보안법폐지국민연대(이하 폐지연대) 소속 단체도 지원했다. 2010년 '공익단체 활동가 건강권 지원 사업'을 통해 지원된 폐지연대 소속 단체는 ▲전북평화와인권연대 ▲문화연대 ▲환경정의 등 총 6개인 것으로 알려졌다. 2010년 이전, 재단이 폐지연대 소속 단체들을 지원한 사업 중 몇 개의 사례를 제시하면 아래와 같다.

〈●2009년 '공익단체를 위한 디자인 나눔 프로그램 지원 단체': ▲경남여성회 ▲성남 여성의 전화 ▲환경정의 ▲인천녹색연합
●2009년 상반기 '공익단체 활동가대회 지원 사업': ▲전국교수노동조

합(대회 이름: 2009 한국사회포럼) ▲환경정의(에너지 기후변화 활동가 캠프) ▲한국여성단체연합(제3회 풀뿌리여성조직가대회)

● 2009년 상반기 '공익단체 기자재 지원 사업': ▲의정부·양주·동두천 환경운동연합(컴퓨터 본체·컴퓨터모니터·디지털카메라 지원) ▲지구촌동포청년연대(노트북·디지털카메라·캠코더 지원)

● 2007년 '변화의 시나리오': ▲참여연대(한국 평화활동가 워크숍) ▲녹색연합(청년환경학교) ▲광주여성민우회(지역공동체 프로젝트) ▲열린사회시민연합[주민활동가(풀뿌리활동가)를 양성하는 사업] ▲수원여성회(풀뿌리여성조직가 대회)〉

참여연대와 끈끈한 관계

재단의 '2013 변화의 시나리오 스폰서' 사업에 선정된 단체(2013년 1~9월)와 사업 내용은 ▲시민사회단체연대회의의 'NGO 단체의 행사 홍보 지원을 위한 사이트 제작 지원' ▲환경정의의 '제12회 환경책큰잔치 새롭게 읽자, 다르게 살자' ▲참여연대 '2013 평화군축박람회' 등이 있다.

이중 참여연대는 재단과 관련이 깊다. 2011년 10·26서울시장 보궐선거 당시 참여연대와 재단의 관계에 대해 의혹이 제기된 적이 있다. 박원순은 2006년 11월14일字 〈주간경향〉과의 인터뷰에서 "변호사 시절엔 '참여연대'를 만들어 시민운동을 할 거란 생각은 전혀 못했고, 참여연대 시절엔 '아름다운재단'은 계획도 없었다"고 밝혔다. 그러나 2011년 10월 17일字 〈동아닷컴〉은 참여연대의 '1999년 사업보고 및 2000년 사업계획서'에 대해 보도했다. 이 매체는 이 계획서에 "2000년 주요 사업계획으로 '아름다운재단 설립'이라고 나와 있다"고 전했다. 매체는 또 "2월에

컨설팅본부와 사무국 인원구성 등 조직구성을 하고 3~4월에 각종 홍보물과 매체활용, 강연·교육을 통한 홍보 등 분위기 조성을 한다는 일정까지 들어 있다"고 했다. 당시 이 계획대로 아름다운재단은 2000년 출범했다. 당시 참여연대 사무처장이던 박원순은 2002년부터 참여연대 상임집행위원장과 아름다운재단 상임이사를 각각 지냈다. 아름다운재단은 설립 이후 지금까지 참여연대의 각종 활동과 사업에 기금을 지원하는 등 두 단체는 서로 긴밀한 관계를 유지하고 있다.

참고

'문화연대' (50페이지)
'민주언론시민연합' (96페이지)
'시민사회단체연대회의' (146페이지)
'6·15남북공동선언실천연대' (185페이지)
'인권실천시민연대' (198페이지)
'참여연대' (279페이지)
'평화네트워크' (313페이지)
'한국여성단체연합' (347페이지)
'한국진보연대' (351페이지)
'환경정의' (376페이지)

㉘ 언론개혁시민연대

한총련 비호·'反共소년' 이승복 부정·천안함 폭침 보도 비방

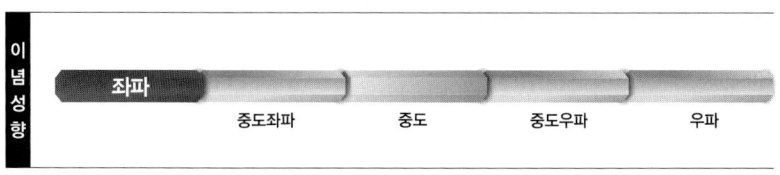

홈페이지: http://www.mediareform.co.kr
전화: 02-737-7077
설립일: 1998년 8월27일
주요인사: 전규찬(現 한국예술종합학교 영상원 방송영상과 교수)(대표), 추혜선(사무총장)

언론개혁시민연대(이하 언개련)는 좌파적 시각에서 방송, 신문 등의 언론보도 내용을 모니터링하고 소위 보수언론을 비난해온 단체이다.

국보법 폐지 주장·한총련 비호

〈조선일보〉, 〈동아일보〉 등 메이저 신문사를 국민이 부정적으로 인식하게 만드는 데 주력했다. 특히 反共(반공)소년 이승복 군의 "나는 공

산당이 싫어요"를 보도한 〈조선일보〉를 비난하며 誤報(오보)전시회를 열기도 했다.

언개련은 2004년 9월1일 서울 중구 태평로 프레스센터에서 '국가보안법 폐지를 촉구하는 언론계 선언'에 대한 기자회견을 열었다. 언개련 김영호 前 공동대표는 2004년 9월1일 "걸핏하면 되살아나는 매카시즘의 망령을 다시 불러오고 있다"며 "국보법은 정치적 반대자를 탄압하기 위해 만들어진 구시대 유물이며 당연히 폐지되어야 한다. 국보법 폐지운동에 언론인들이 앞장서겠다"고 주장했다(발언출처: 2004년 9월1일字 〈오마이뉴스〉 보도).

언개련은 2003년 8월14일 '한총련 학생들의 美 스트라이커 훈련장 진입시위에 대한 우리의 입장' 성명에서 "우리 시민사회단체의 활동가들은 그들의 선배로서 한총련 후배들에게 '그들의 용기와 직접행동'에 박수를 보내는 바이다"라고 주장했다. 이는 같은 달 7일 한총련 소속 12명이 경기도 美 8군 종합사격장 난입에 대한 성명이었다. 美軍 훈련장에 난입해 장갑차를 점거하고 성조기를 불태운 한총련에 대해 "박수를 보낸다"고 성명한 것이다. 언개련은 같은 성명에서 "한총련 학생들이 아니라면 어느 누가 목숨을 잃게 될 가능성마저 있는 그 위험한 상황에서도 한반도의 반전평화를 위해 용기있게 행동할 수 있단 말인가"라며 한총련을 비호했다(발언출처: 2003년 8월14일字 〈통일뉴스〉 보도).

"'북한 관련설'은 조선·중앙·동아 찌라시가…"

단체는 2010년 4월5일 '미디어행동(언개련이 소속되어 있었음)' 명의로 발표한 성명에서 천안함 爆沈(폭침)에 따른 정부대응과 언론보도를 비판했다. 이들은 "정부와 군과 언론은 천안호 사건을 사태로 만들어 놨다. 납득할 수 없는 사후 대처, 은폐와 왜곡, 거짓 해명과 알리바이 짜깁기로 가족들과 시민의 가슴을 갈기갈기 찢어놨다"고 비난했다. 그러면서 "북한 관련설'은 조선·중앙·동아 찌라시와 방송 3사 뉴스를 통해 대대적으로 유포되었다"며 "조선·중앙·동아는 국방장관과 군 관계자의 검증되지 않은 코멘트에 기대 결정적인 증거도 없이 '북 관련설'을 유포해왔다"고 주장했다. 천안함 폭침의 主犯(주범)인 북한정권엔 침묵하고 우리 정부와 軍, 언론을 더 비난한 것이다.

"나는 공산당이 싫어요"가 거짓이라고 억지

언개련은 1998년 8~9월, 서울시청 앞 도로와 부산역 광장에서 1968년 울진·삼척 무장공비침투사건 때 이승복 소년이 무장공비에게 살해당하기 직전 말한 "나는 공산당이 싫어요"가 사실이 아니라며 '誤報(오보)전시회'를 열었다. 이들은 '이승복 기사를 확대해 '반공구호 앞엔 진실도 필요 없나? 나는 거짓보도가 싫어요'라는 제목을 달았다. 제목 밑에는 "기사를 쓴 기자는 현장에 가지 않았고 현장 생존자를 만나지도 않았다. 기사가 아니라 소설이었다"는 설명을 달아 놓았다. 당시 이승복 피살사건을 취재·보도했던 〈조선일보〉는 언개련을 '허위사실 유포혐의'로 법원에 고소했다.

2007년 9월5일, 서울고법 민사13부(재판장 조용구)는 〈조선일보〉가 김주언(前 언개련 사무총장)과 김종배(前 미디어오늘 편집장)을 상대로 낸 소송에서 "김주언은 조선일보에 500만 원을 배상하라"고 판결했다. 재판부는 "오보 전시회의 이승복 사건 설명을 종합하면 일반인들에게 '이승복이 공산당이 싫어요라는 말을 한 적이 없는, 〈조선일보〉가 만들어낸 이야기'라는 (그릇된) 인식을 하게 만들었다"고 했다. 재판부는 "이런 설명은 진실에 反(반)하고 김주언 씨가 진실이라고 믿을 만한 상당한 이유도 없으니 위법하다"고 밝혔다. 2009년 2월12일, 대법원 2부(주심 박시환 대법관)는 〈조선일보〉가 김주언을 상대로 낸 손해배상 청구소송에서 "김 씨는 〈조선일보〉에 500만 원을 배상하라"고 최종 판결했다. 대법원은 "나는 공산당이 싫어요"라는 이승복 군의 마지막 절규가 사실이란 것과 언개련의 주장이 虛僞(허위)임을 확정한 것이다.

참고

'민족문제연구소' (64페이지)
'민주언론시민연합' (96페이지)

㉙ 우리겨레하나되기운동본부

김일성대학 지원하고 국보법 폐지 주장

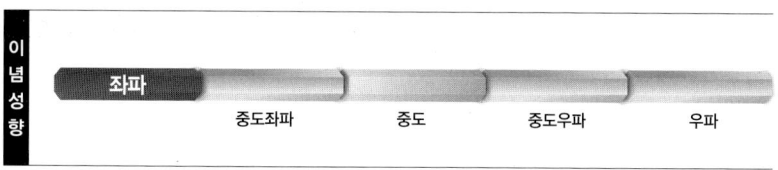

홈페이지: http://www.krhana.org
전화: 02-703-6150
설립일: 2004년 2월11일
주요인사: 이영순(이사장), 성유보·최병모(변호사)·박영일 등(이상 이사), 심재환(변호사)(감사), 김이경(사무총장)

우리겨레하나되기운동본부(이하 겨레하나)는 對北 경제지원을 목적으로 설립된 단체로 강성 좌파성향 인사들이 일부 참여했었다.

겨레하나는 '창립선언문'에서 "한반도에 남아있는 냉전의 잔재는 아직도 우리에게 소모적 갈등과 전쟁위협을 강요하고 있다", "한반도를 냉전대결의 시대로 되돌리려는 내외의 기도가 노골적으로 전개되고 있다"고 밝혀 이들의 이념성향을 엿볼 수 있다.

"국보법 폐지에 국민적 사력 모을 때"

겨레하나는 국보법폐지국민연대의 일원으로서 여론몰이를 해왔다. 2004년 11월9일 '시사교양 Q&A'라는 자료에서 "직장에서, 농촌에서, 거리에서, 학교에서, 동네에서 국보법 폐지를 호소해야 합니다"라며 "지금은 국보법 폐지에 국민적 사력을 모을 때"라고 주장했다. 이들은 "남북이 단결하고 우리 국민들이 단결하면 우리의 힘만으로도 부당한 외세의 간섭을 물리치고 한반도의 평화와 통일을 실현할 수 있다"며 "국보법이 폐지되는 대로 반전평화운동에 총력을 다합시다"라고 했다.

김일성대학에 학생복지후생용품 등 물품지원

겨레하나는 '북녘교육현대화'라는 명분으로 김일성대학을 지원해왔다. 겨레하나는 2005년 10~11월 두 차례에 걸쳐 김일성대학의 기숙사 설비 및 식당 설비 등 학생복지 설비 및 편의시설 자재를 지원했고 그해 연말부터 2006년 초까지 대학 간 교류사업을 모색한 것으로 전해졌다.

당시 최병모 이사장(민변 출신 변호사)은 "90년대 이후 북이 경제적 어려움을 겪으면서 교육사업에 많은 신경을 쓰지 못해 교육현실이 뒤쳐져 있는 상황"이라며 "마침 올해가 김일성종합대학 60주년이고 북측도 스스로 김일성대학의 현대화 사업을 국가적 목표로 삼고 있어 긴밀하게 협조할 생각"이라고 밝혔다(발언출처: 2006년 1월19일자 〈민중의소리〉 보도).

이 단체의 김일성대학 지원은 2004년 7월1일 북한과의 '교육현대화사업 합의서' 채택으로 시작됐다. 2006년 2월17일 서울 성공회 서울교구 강당에서 열린 '겨레하나 2006년 정기총회'에서 배포된 자료집에 따르면, 겨레하나는 김일성대학에 학생복지후생용품 등 약 6억 원 상당의 물품을 지원한 것으로 나타났다. 겨레하나 측은 같은 달 20일 서울 정동 배재빌딩에서 '남북교육교류협력추진위원회(이하 추진위)'를 출범시켰다. 이날 배포된 자료집에는, 추진위가 겨레하나를 통해 같은 해 4월과 9월, 총 40억 원 규모의 교육기자재를 김일성대학 등에 지원할 방침이라고 했다.

"김일성대학 돕는 것은 공산혁명 戰士 키워주는 것"

탈북자 김성민 〈자유북한방송〉 대표(1999년 탈북)는 "김일성종합대학은 북한 내 다른 대학과 달리 소위 '민족간부 양성기지'로 불리는 조선로동당 일꾼 양성기관"이라며 "김일성종합대학을 지원하겠다는 것은 북한주민들을 폭압하고 남한주민들을 협박하는 공산혁명 전사들을 키워주겠다는 것 밖에 안 된다"고 말했다.

對南(대남)공작부서에서 근무했던 최우영(2002년 탈북) 씨는 "김일성종합대학은 IT, BT 등 文理科(문이과)를 떠나 졸업을 하면 행정기술자가 아닌 당 간부로 키워진다"며 "김일성종합대학이 살아나면 조선로동당이 살아나며, 주체혁명이라 일컫는 공산통일도 박차를 가하게 되는 것을 의미한다"고 말했다(발언출처: 2006년 2월25일字 〈미래한국〉 보도).

실제로 2005년 11월2일 〈조선중앙통신〉은 '로작《종합대학을 창설할 데 대하여》60돐 기념 중앙보고회'라는 기사를 보도했다. 이 매체는 김일성대학을 '주체혁명의 핵심 골간을 키워내는 곳'이라고 보도, 탈북자들의 주장을 뒷받침했다.

"5·24조치는 괴물같은 反共 이데올로기의 부활"

김이경 겨레하나 사무총장은 2011년 5월30일자 〈민중의소리〉에 게재한 기고문에서 정부의 5·24조치를 비판했다. 5·24조치는 천안함 폭침 이후 정부가 조치한 對北제재로 남북교류협력과 관련된 인적·물적 교류를 중단한 것을 말한다. ▲북한선박의 우리해역 운항 전면 불허 ▲남북교역 중단 ▲우리 국민의 방북 불허 ▲북한에 대한 신규투자 불허 ▲對北지원 사업의 원칙적 보류 등이 주요 내용이다.

그는 "5·24조치, 북의 사과 없이 모든 교류를 끊는 것이 노리는 바, 그것은 바로 우리 사회의 모든 양심과 지성을 마비시키는 그 괴물 같은 반공이데올로기의 부활이었다"고 주장했다. 그는 또 "서슬 퍼런 MB정부의 기세에 움츠러든 사회 지도층은 한동안 남북관계에 대해 발언하지 못했다"며 "지난 60여 년 이 사회를 떠받들고 있던 반공 이데올로기만이 완장을 높이 두르고 설쳐대기 시작했다"고 비난했다. 그는 북한에 대한 인도적 지원을 주장하면서 정작 천안함 폭침 主犯(주범)인 북한정권에 대한 비판은 하지 않았다.

北이 박왕자 씨 피격사건 사과도 안했는데…

겨레하나는 2013년부터 금강산 관광 再開(재개)를 추진하고 있다. 同年 7월20~21일까지 겨레하나 여행사업단은 '다시 가자 금강산'이라는 프로그램을 마련해 민노총과 함께 DMZ를 탐방했다. 이 자리에는 정동영 前 통일부장관도 참석했다. 같은 해 9월4일부터는 '금강산 관광 재개 촉구 1만 2000인 선언'을 추진하고 있다. 금강산 관광은 2008년 7월11

일 한국인 관광객 박왕자 씨가 북한군의 총격으로 사망함으로써 중단됐다. 북한 당국은 이에 따른 사과는 물론 재발방지, 신변안전보장 약속조차 한 적이 없다.

> **참고**

'민주사회를위한변호사모임' (91페이지)
'우리민족서로돕기운동' (175페이지)
'전국민주노동조합총연맹' (229페이지)
'한국진보연대' (351페이지)

30 우리민족끼리연방제통일추진회의

맥아더 장군 동상 파괴 주도한 利敵단체

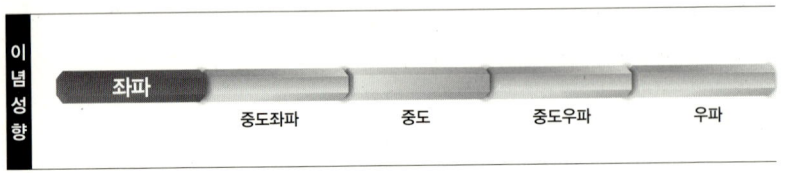

홈페이지: 없음
전화: 없음
설립일: 2004년 6월23일
주요인사: 강희남·김수남(2기 상임의장), 장범수(3기 상임의장)

우리민족끼리연방통일추진회의(이하 연방통추)는 2000년 6·15남북공동선언 이후 조국통일범민족연합(범민련) 남측본부가 북한의 연방제 통일방안에 대해 소극적으로 대처하자 초대 의장인 강희남(2009년 6월6일 자살) 등이 범민련을 탈퇴해 만든 단체다. 연방통추는 연방제 통일 등을 극렬히 주장, 결국 2011년 2월 利敵(이적)단체로 판시되자 현재는 다소 활동이 주춤한 상태다.

연방통추는 인천 자유공원 內 맥아더 동상 파괴 운동을 주도했다.

이 단체의 대표인 강희남은 2005년 5월10일 '양키추방공동대책위(양키추방위)'라는 단체를 만들어 "美 제국주의 침략의 상징 맥아더 동상을 7월17일에 끌어내리겠다"며 자유공원 등 인천 각지를 돌며 천막농성을 벌였다. 그는 맥아더 동상 철거 이유에 대해 "6·25 당시 맥아더가 들어오지 않았다면 우리는 양키의 식민지 지배를 받지 않고 살 수 있었다"고 주장했다(2005년 5월19일자 〈통일뉴스〉 보도).

"살인마 리명박을 내치자"는 유서 남기고 자살한 강희남

강희남은 2009년 6월5일 "지금은 민중 주체의 시대다. 4·19와 6월 민중항쟁을 보라. 민중이 아니면 나라를 바로잡을 주체가 없다. 제2의 6월 민중항쟁으로 살인마 리명박을 내치자"는 유서를 남기고 자살했다. 강희남의 과거 주장들을 정리하면 아래와 같다.

〈▲제국주의 양키들은 자기들이 우리 민족을 일본에서 식민지 노예 신분 그대로 인계받은양 이 땅을 식민지화했던 것이 아닌가? 이러한 이유로 하여 나는 이남에서는 도저히 민족의 정통성을 찾을 수가 없고 이북에서만 민족의 정통성이 있음으로 이북을 나의 조국으로 알고 믿는 바이다…(중략) 자본주의를, 그렇게 못된 짓을 하는 제국주의 양키들이나 이남이 한다면 하루속히 이를 버려야 하겠고, 또 사회주의를 그렇게 훌륭한 민족정통성을 지키는 나의 조국 이북이 한다면 나는 除百事(제백사·注: 많은 일을 다 제쳐놓고)하고 **빨리 사회주의를 하겠다**(발언출처: 2007년 12월17일자 인터넷 〈인터내셔널〉 기고문).

▲김정일 위원장님께 드립니다. 이번 6자회담을 계기로 양키 제국주의자들의 핵 포기 후 평화협정 운운하는 말장난에 속아 넘어가서는 안 됩니다. 핵 포기는 바로 주권 포기와 맞먹는 일입니다. 지금은 핵의 시대이기 때문입니다…(중략) 이제 김 위원장께서는 80%의 승리를 거두었다고 보아집니다(2006년 12월2일字 〈인터내셔널〉 기고문).

▲그것은 김일성 수령의 '영생주의'이며 또 김정일 위원장의 '선군정치' 리념이다. 북조선이 약하고 가난한 나라로 보이지만 그들이 세계 최강 아메리카와 맞대결을 벌이고 있는 것은 정신력에 의한 것이다. 그들이 갖고 있는 몇 안 되는 미사일과 핵은 그들의 정신력의 상징물이다. 핵은 주권이다. 남조선과 달리 북조선은 핵을 갖고 있기 때문에 주권국가로 유지해가는 것이다. 그러므로 김일성 주석의 '영생주의'와 김정일 위원장의 '선군정치' 리념을 높이 사지 않을 수 없다…(중략) 양키들과의 전쟁에서 주권사수를 위해 영웅적 선군정치를 펼 수 없을 것이다. 민생문제는 2선으로 물러날 수밖에 없다

(발언출처: 2004년 8월10일字 〈COREA〉 기고문〉

"고려연방제 실현을 표방"

2011년 2월23일, 서울중앙지법 형사합의27부(부장판사 김형두)는 2005년 1월 맥아더 동상 철거 시위를 벌이고, 美 대사관 인근에서 북한 주장에 동조하는 시위를 벌이는 등의 혐의(이적단체 구성과 국보법상 통신·회합·선전·선동·이적표현물 반포)로 기소된 연방통추 간부 네 명에 대한 선고공판을 열었다. 재판부는 김수남에게 징역 3년·자격정지 3년·집행유예

5년, 윤기하는 징역 2년 6월·자격정지 2년 6월·집행유예 4년, 박찬남은 징역 1년 6월·자격정지 1년 6월·집행유예 3년, 장범수는 징역 2년·자격정지 2년·집행유예 4년을 각각 선고했다.

검찰에 따르면, 2기 상임의장인 김수남이 2003~2010년간 10여 회에 걸쳐 訪中(방중), 조총련 모방 조직인 '재중 조선인총연합회' 의장 양모를 만나 "연방통추를 범민련과 유사한 남·북·해외 3者연대의 새로운 조직체로 발전시킬 방안에 대해 논의한 바 있다"고 적시했다. 검찰은 또 "연방통추의 강령 및 규약은 '연방제통일' 실현을 전면에 내세우고 이를 위해 "남과 북의 사상적 제도적 차이를 인정, 민족대단결 3대 원칙 실천, 외세의 간섭 배격 및 주한미군 철수, 민족공존과 교류를 파괴시키는 모든 제도적 장치 및 물리적 압박을 제거할 것"을 주장하는 등 북한의 '고려민주연방공화국 창립방안'을 대한민국에서 실현할 것을 조직 목적으로 표방하고 있다"고 밝혔다. 이는 연방통추가 북한의 對南(대남) 노선을 추종하고 있음을 보여주는 것이다. 연방통추 강령에는 ▲고려민주연방공화국 창립 실현 ▲7·4/6·15/10·4남북공동선언 이행 ▲평화협정 체결 실현 ▲미군추방 및 국가보안법 폐지 ▲SOFA협정 폐지를 내세우고 있다.

이들은 利敵 표현물을 반포·소지했다는 혐의도 받았다. 박찬남은 자신의 거주지에 '제일 사랑하는 사람'이라는 문건을 소지하고 있었다. 문건에는 "김정일 장군님께서는 수령과 혁명에 충실한 사람을 제일 아름다운 사람으로 보시고 그를 열렬히 사랑하신다"라고 적혀 있었다. 재판부는 "주한미군 철수, 국가보안법 폐지, 연방제 통일 등 조직 강령이 북한의 일관된 주장과 대부분 일치하는 점에 비춰볼 때 연방통추는 이적단체가 맞다"고 판시했다(발언출처: 2005년 5월19일자 〈통일뉴스〉 보도).

김정일 죽자 분향소 설치 企圖

연방통추는 2009년 1월21일 서울 세종문화회관 앞 집회에서 "연방제는 나쁜 것이 아니다. 연방제는 1년 중 6개월은 남쪽에서 대통령을 하고, 나머지 6개월은 북쪽에서 대통령을 하는 것"이라며 反헌법적인 연방제를 공개적으로 주장하기도 했다(발언출처: 2009년 1월22일字 〈조갑제닷컴〉 보도).

2012년 2월, 서울중앙지법 이숙연 영장전담판사는 연방통추 회원인 이 모 씨와 윤 모 씨에 대한 구속영장을 발부했다. 이들은 김정일 사망 직후 서울 도심에 분향소를 설치하려 했으며, 북한을 찬양하는 이적표현물을 만들어 온·오프라인에 지속적으로 배포한 혐의를 받고 있다. 당시 서울지방경찰청 관계자는 "김정일 분향소 건으로 수사선상에 오른 이들 강성 친북활동가들이 이적표현물까지 지속적으로 작성·배포 했다"며 "이들은 영장실질심사 등 과정에서도 소신을 굽히지 않은 것으로 안다"고 설명했다(발언출처: 2011년 2월8일字 인터넷 〈문화일보〉 보도).

> **참고**
>
> '조국통일범민족연합남측본부' (253페이지)

㉛ 우리민족서로돕기운동

북한 IT 人力 양성사업에도 지원

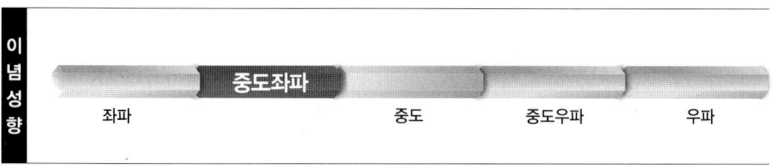

홈페이지: http://ksm.or.kr
전화: 02-734-7070
설립일: 1996년 6월21일
주요인사: 강문규·김성훈·박경조·서영훈(이상 고문), 영담·윤여두·인명진 등(이상 상임대표), 원혜영(現 민주당 국회의원)·천정배(前 민주당 국회의원)·정의화(現 새누리당 국회의원) 등(이상 공동대표), 강영식(사무총장)

  우리민족서로돕기운동(이하 돕기운동)은 소위 인도적 對北지원을 표방하는 단체이다.
  이 단체에는 민주당 소속 전현직 국회의원 뿐 아니라 새누리당 정의화 의원도 공동대표로 참여하고 있다. 이들은 인도적 지원분야 외에도 ▲남북교류 활성화 ▲국내외 지원단체간 네트워크 형성을 위한 캠페인도 추진하고 있다.

北 미사일 발사 후에도 對北지원

돕기운동은 2000년 7월7일 '국민과 정부에 드리는 글'을 통해 "남북교류협력시대에 뒤떨어진 제도를 정비해야 한다"며 "국가보안법, 남북교류협력법, 각종 세법 등 현실과 상충되거나 시대에 뒤떨어진 법조항은 개정 또는 폐지되어야 한다"며 창립 취지와 관련이 없는 국보법 폐지를 주장했다(발언출처: 2000년 7월11일字 인터넷 〈문화일보〉 보도).

2005년 7월21일字 〈연합뉴스〉는 "21일 이 단체에 따르면 1996년 1억 7000만 원 상당의 밀가루를 지원한 이후 10년 째가 되는 올해 6월까지 쌀과 옥수수, 밀가루 등 먹거리를 포함해 내복과 비닐, 보일러 등 모두 3743억 5474만원 상당의 물품을 지원했다"며 이들이 10년 간 약 4000억 원에 달하는 지원을 해왔다고 보도했다.

돕기운동은 북한의 무력도발 이후에도 對北지원에 대한 의지를 굽히지 않았다. 북한의 미사일 발사 직후인 2006년 7월5일, 이용선 우리민족서로돕기운동 사무총장은 "미사일 발사 국면에도 불구하고 최소한의 협력 틀이 흔들리지 않았으면 한다. 민간차원의 계획된 화해협력 사업들은 계속 진행하게 될 것"이라고 말했다(발언출처: 2006년 7월5일字 〈연합뉴스〉 보도).

北 인력에 IT기술 전수

돕기운동 산하 인재양성센터는, 하나비즈닷컴이 2001년부터 진행해 온 인력양성사업을 2007년부터 이어받아 중국 丹東(단동)의 교육원에서 북측 교육생들을 대상으로 IT 교육을 진행했다. 통일부는 인재양성센터가 진행한 '북한 소프트웨어 전문 인력 교육 사업'에 2억 3000만원(2007년 기준)을 지원한 것으로 나타났다. 이명박 정권 출범 직후인 2008년에도 前年(전년) 사업의 연장선으로 돕기운동의 '북한 소프트웨어 전문 인력 교육 사업'에 6400만 원이 지원됐다. 이 '북한 IT인력 양성 사업' 등에 대한 지원된 액수는 확인된 것만 4억 7100만 원에 달한다[출처: 남북협력기금 통계. 돕기운동 측은 "북한 소프트웨어 전문 인력 교육 사업은 정부지원이 중단되면서 2009년 중단됐다"며 "북한 해킹 파동이 영향을 미친 것으로 보인다"고 말했다(발언출처: 2009년 12월18일자 〈조갑제닷컴〉 보도].

2007년 상반기(5회)까지 모두 150여 명의 북측 수강생들이 교육을 받았으며, 이들은 평양미술대학, 평양예술대학, 평양연극영화과 출신으로 현재 삼천리기술회사와 평양정보센터, 조선컴퓨터센터(KCC) 등에서 컴퓨터 그래픽 분야에 종사하고 있는 것으로 나타났다.

김일성大 지원은 '수령 독재정권'의 인재 육성해주는 꼴

2005년 상반기 국가정보원 자료에 따르면, 북한은 2004년 중반부터 중국 단동 강변거리에 위치한 한 호텔에 거점을 마련, 실제로 사이버 테러를 벌여온 것으로 알려졌다. 문제의 사무실은 10여 명의 북한 인력이 상주하며 24시간 운영·유지돼왔다고 한다.

탈북자 박상학(당시 북한민주화운동본부 사무국장) 씨는 일부 민간단체들의 김일성대학 지원을 비판했다. 그는 "다른 대학과 달리 김일성종합대학은 노동당의 後備(후비)간부를 양성하는 곳"이라고 밝혔다 그는 "김일성종합대학은 다른 대학과 달리 교육할 때 주체철학 교육이라든지 김일성·김정일의 위대성 같은 교육을 많이 한다. 다른 대학처럼 그냥 누구든지 갈 수 있는 대학도 아니다"라고 밝혔다. 그는 또 "김일성종합대학은 노동당 간부 양성기지라고 생각하면 된다"고 덧붙였다. 박상학 씨는 "수령 독재정권을 더 강화시키고 그것의 밑받침되는 인재를 만드는 김일성종합대학에 지원한다는 것은 수령 독재정권을 유지해주는 인재들에게 지원하는 것"이라고 지적했다(발언출처: 2006년 2월28일자 〈미국의 소리〉 보도).

참고
'우리겨레하나되기운동본부' (165페이지)

㉜ 6·15공동선언실천남측위원회

정부 不許에도 北측 인사 접촉…김정일 사망 애도

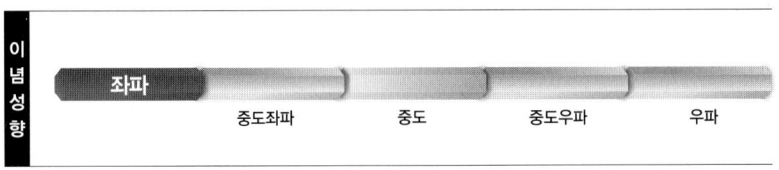

홈페이지: http://www.i615.net
전화: 02-786-5615
설립일: 2005년 1월31일
주요인사: 자승·백낙청(이상 명예대표), 김상근(상임대표), 박원순(現 서울시장)·정욱식(現 평화네트워크 대표)·김용태(前 민예총 이사장) 등(이상 공동대표)

6·15공동선언실천남측위원회(이하 남측위)는 2000년 6월, 1차 평양회담에서 김대중 前 대통령과 김정일이 합의한 6·15선언의 이행을 촉구하기 위해 설립된 단체이다.

남측위는 국가보안법 폐지를 주장하고, 김정일이 사망하자 弔電(조전)을 보냈다. 일부 인사들은 정부의 반대에도 불구하고 不法 방북을 하기도 했다.

"국보법은 세기의 惡法"

남측위는 2007년 10월1일 산하 언론본부 성명을 통해 "국가보안법은 세기의 악법이다. 지구상 유일한 분단국가인 조선민주주의인민공화국(북한)과 대한민국의 화해와 협력, 교류를 저해하는 反통일, 反민족 악법"이라며 "냉전 수구 반통일 세력을 위한 국가보안법은 국제사회에서도 폐지를 촉구하는 惡法(악법)"이라고 했다(발언출처: 2007년 10월1일자 인터넷 〈기자협회보〉보도).

남측위는 2008년 7월11일 북한 군인이 금강산 관광객 박왕자 씨를 피격·살해하자, 8월18일 성명을 발표했다. 이들은 "이명박 정부는 지금이라도 남북화해와 협력의 새 시대를 연 6·15공동선언의 정신과 그 실천강령인 10·4선언의 이행을 확고히 다짐하고, 아울러 금강산 관광을 재개하는 등 경색된 남북관계를 정상화하기 위한 보다 구체적이고도 실질적인 조치를 취해야 할 것"이라고 주장했다(발언출처: 2008년 8월15일자 〈통일뉴스〉보도).

"김정일 국방위원장께서 서거하셨다는 슬픈 소식에…"

남측위는 김정일이 사망하자 정부가 北에 조문단을 파견할 것을 요구했다. 2011년 12월19일 성명에서 "김정일 국방위원장의 급작스런 서거에 대해 깊은 애도의 뜻을 표한다"며 "우리는 정부의 공식적인 조의 표명을 촉구한다"고 밝혔다. 같은 해 12월21일, 남측위 학술본부와 여성본부는 각각 북측위에 弔電을 보냈다. 학술본부는 "자주통일과 평화번영의 6·15통일시대에 김정일 국방위원장께서 서거하셨다는 슬픈 소식에

6·15공동선언실천남측위원회 학술본부는 충격 속에 6·15 공동선언실천 북측위원회 학술분과위원회와 북녘동포에게 심심한 조의를 표한다"고 밝혔다.

이들은 '서거'라는 표현도 사용하며 김정일의 죽음을 애도했지만 천안함 爆沈(폭침)과 연평도 포격을 일으킨 主犯(주범)에 대한 규탄과 비판은 하지 않았다.

통일부 반대에도 訪北 강행

2012년 1월26일, 남측위는 "'6·15공동선언 12주년 민족공동행사' 등을 논의하기 위한 실무접촉을 '6·15공동선언실천북측위원회(이하 북측위)'에 제안했다"고 밝혔다.

북측위는 "남북 간의 민간교류 재개와 올해 민족공동의 행사들에 대한 논의를 위해 빠른 시일 내에 실무접촉을 갖고자 한다"며 "회담장소를 중국 심양으로 하고, 2월 초경 귀측이 편리한 일정에 진행하자"는 답신을 보내왔다(발언출처: 2012년 1월27일字 〈통일뉴스〉 보도).

同年 2월6일, 당시 김천식 통일부 차관은 김상근 남측위 대표를 만나, "6·15남측위의 역할의 중요성을 인식하고 있으나 現 남북관계 상황상 정치적 활동은 자제해달라"고 요청했다(발언출처: 2012년 2월7일字 〈통일뉴스〉 보도). 결국 2월7일 통일부는 남측위의 실무접촉 신청을 거부했다.

그럼에도 남측위 간부 세 명은 2012년 2월9일, 북측위 위원들을 만나기 위해 출국을 강행했다. 이날 출국한 남측위 관계자는 이승환 정책위원장과 정경란 등으로 이들은 북한이 운영하는 중국 심양의 칠보산

호텔에서 만난 것으로 전해졌다.

2월13일 통일부 김형석 대변인은 定例(정례)브리핑에서 "(통일부가) 접촉 신청을 받지 않겠다고 밝혔음에도 (남측위 관계자들은) 북측 관계자들과 접촉을 강행했다. 지위여하를 막론하고 관련법에 따라 처리하겠다"고 밝혔다(발언출처: 2012년 2월13일字 〈뉴데일리〉 보도).

3월6일 통일부는 이들 3명에게 각각 과태료 100만 원을 부과한다는 公文(공문)을 발송했다. 통일부 당국자는 이날 "남북교류협력법에 관한 법률 제28조 2항 및 동법 시행령45조에 따르면 정부 허가없이 북측 인사들과 접촉하면 1인당 100만 원 이하의 과태료를 부과받게 된다"고 밝혔다(발언출처: 2012년 3월6일字 〈동아닷컴〉 보도).

'원탁회의' 멤버로 활동한 김상근

남측위 상임대표인 김상근은 ▲利敵단체 한총련의 합법적 활동보장을 위한 종교인 1000인 선언(2002년 7월18일) ▲국보법 폐지를 촉구하는 각계인사 공동선언(2004년 9월16일) ▲국보법 폐지 기독교 원로 선언 및 기자회견(2004년 10월6일) ▲서울시 무상급식 주민투표 관련 '각계원로, 나쁜 투표 거부운동 지지 선언' 기자회견(2011년 8월3일) 등에 참여했었다. 2012년 19대 총선 전에는 左派원로들의 모임인 이른바 '원탁회의' 멤버로도 활동했다.

김상근은 2010년 7월 정현백(성균관대 교수) 참여연대 공동대표 등과 함께 미국의 워싱턴 D.C.를 방문, '한반도평화포럼'에 참석해 對美(대미) 선전전을 펼치기도 했다.

그는 이 자리에서 "오바마 정부 출범 이후 벌써 1년 반이 흘렀지만, 6자회담은 한 번도 열리지 않았고, 북한과 변변한 대화 한 번도 제대로 이루어지지 못했다"고 실망감을 나타냈다. 이어 "공언했던 북미정상회담은 어디로 갔는가? 그동안 6자회담 재개를 위해 어떤 노력을 했는가? '핵 없는 세계' 정책에서 한반도는 제외된 것인가? 왜 북한만 탓하면서 과거의 실패한 억지정책만 반복하고 있는가"라고 반문하기도 했다(발언출처: 2010년 7월 26일자 〈오마이뉴스〉 보도).

백낙청, "지금 나온 (천안함 관련) 발표가 엉터리 같다"

단체의 명예대표인 백낙청은 《2013년 체제 만들기》란 책의 著者(저자)로, 그 역시 19대 총선 전 '원탁회의' 멤버로 활동했다.

백낙청은 2010년 8월12일 서울 종로 5가 기독교회관에서 열린 '한충목(現 한국진보연대 공동대표) 석방을 위한 후원의 밤 행사'에서 "한충목 대표가 北의 공작원 김지선, 리창덕, 양철식과 접촉했다고 구속됐는데, 전부 제가 아는 이름이고, 저도 접촉을 많이 했다. 공개적으로 자수한다"고 고백했었다.

그는 천안함 폭침과 관련해서도 "지금 나온 (천안함 관련) 발표가 엉터리 같다…(중략) 北의 소행이라는 냄새만 잔뜩 피우다가 선거가 끝나면 적당히 물러설 것이라고 예상했는데, 어찌 보면 우리 정부의 과감성이랄까 저돌성을 내가 과소평가 했다"고 주장했다(발언출처: 2010년 6월10일자 〈프레시안〉 인터뷰).

북한 인권과 관련해서는 "모든 책임이 미국에만 있다고는 안하지만 미국의 경제봉쇄 정책, 또 여차하면 공격할 수 있다는 위협적인 자세야말로 실질적으로 인민들의 생활개선에 큰 지장을 주는 것 아닌가"라며

"인권이라는 말이 너무 정치화돼 있다"고도 했다(발언출처: 2005년 12월22일字 〈경향신문〉 인터뷰).

| 참고 |

'민족문제연구소' (64페이지)
'민족화해협력범국민협의회' (71페이지)
'민주언론시민연합' (96페이지)
'실천불교전국승가회' (150페이지)
'아름다운재단' (155페이지)
'우리겨레하나되기운동본부' (165페이지)
'전국농민회총연맹' (225페이지)
'조국통일범민족연합남측본부' (253페이지)
'참여연대' (279페이지)
'한국민족예술인연합' (343페이지)
'한국여성단체연합' (347페이지)
'한국진보연대' (351페이지)
'환경운동연합' (369페이지)

㉝ 6·15남북공동선언실천연대

北 주장 동조해온 '利敵단체'…노무현 정부 때 보조금도 받아

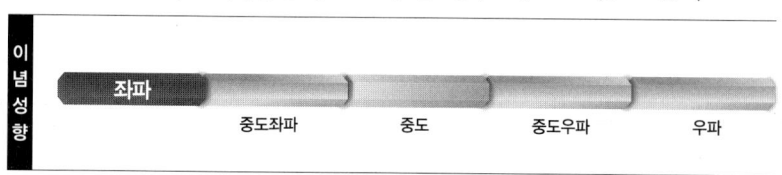

홈페이지: 없음
전화: 없음
설립일: 2000년 10월21일
주요인사: 김승교(변호사, 前 대표)

6·15남북공동선언실천연대(이하 실천연대)는 과거 대법원에 의해 利敵(이적)단체로 판시받은 親北(친북)단체이다.

"자유민주적 기본질서에 해악 끼칠 위험성"

실천연대는 과거 강령에 연방제 통일 조항이 삽입되어 있었으며 간부 네 명은 국가보안법 위반 혐의로 실형을 선고받기도 했다.

법원이 실천연대를 利敵단체로 규정하는 데 결정적 증거가 된 것은 2001년 12월15일에 실천연대 제1차 총회가 제정한 '강령'이다.

강령은 구체적으로 ▲6·15선언을 실천하여 조국의 평화통일을 실현한다(제1조) ▲反美(반미)민족자주운동으로 주한미군을 하루 빨리 철거하고, 미국의 지배양식을 완전히 제거한다(제2조) ▲민족공조로 가까운 장래에 6·15공동선언이 지향하는 연합, 연방제 통일을 달성한다(제3조) ▲민중이 주인 되는 자주적 민주정부 수립에 앞장선다(제4조)고 밝혔다.

2010년 7월23일, 대법원전원합의체(주심 차한성 대법관)는 실천연대를 이적단체로 규정했다. 대법원은 "실천연대는 표면적으로는 정식 사회단체로 등록되었고 비영리민간단체지원법이 정한 형식적·절차적 요건을 구비해 정부의 보조금을 지원받은 적이 있지만 그 실질은 反국가단체로 북한의 활동을 찬양·고무·선전하거나 이에 동조하는 행위를 목적으로 삼았다", "실제 활동 또한 국가의 존립과 안전, 자유민주적 기본질서에 해악을 끼칠 위험성이 있는 이적단체"라고 판결했다(발언출처: 2010년 7월23일자 인터넷 〈매일경제〉 보도).

2011년 2월11일에는 실천연대 간부 4명이 실형을 선고받았다. 이날 대법원 3부(주심 박시환 대법관)는 北 공작원을 만나 지령을 받고 利敵활동을 한 혐의(국가보안법 위반)로 기소된 강진구 조직발전위원장과 최한욱 집행위원장에게 각각 징역 2년 6월에 자격정지 2년 6월, 집행유예 4년 징역 2년에 자격정지 2년, 집행유예 4년을 선고했다. 함께 기소된 문경환 정책위원장, 곽동기 한국민권연구소 상임위원에게 각각 징역 1년 6월에 집행유예 3년, 자격정지 1년 6월을 선고했다(출처: 2011년 2월16일자 〈데일리NK〉 보도).

"우리는 장군님의 戰士"

언론에 보도된 검찰수사 결과를 확인하면, 실천연대의 親北성향을 확인할 수 있다.

〈▲조직원들은 중국, 독일 등에서 북한공작원을 만나 '김영삼과 황장엽 응징 및 탈북자 단체를 짓뭉갤 것' 등의 지령을 받아 활동(출처: 2008년 10월24일字 인터넷 〈서울경제〉 보도).

▲"우리는 장군님의 전사. 美帝(미제)가 제 아무리 날뛴다 하여도 우리의 귓전엔 만세소리 들린다", "'위대한 장군님을 위하여'라는 구호를 심장에 새기고 투쟁할 것이다"는 등 김정일에 대한 충성 노래와 충성 맹세문도 만들었다(출처: 2008년 10월24일字 〈동아닷컴〉 보도).

▲조직원들은 김정일·김일성에 대해 주간 10시간 이상 학습을 목표로 활동하는 한편, 대학 내 주사파들을 대상으로 소위 '整風(정풍)운동'을 시켜왔다. "정풍운동 본질은 김정일을 닮는 것, 즉 장군님 중심으로 사고하고 행동하는 장군님 식생활을 실천하는 것"이라고 이야기한다(출처: 上同).〉

노무현 정권 때 행자부 보조금 받아

실천연대는 노무현 정권 당시 정부 지원을 받기도 했다. 2006년 7월 13일字 〈동아닷컴〉은 실천연대가 행정자치부 '공익사업선정위원회'를 통해 '한반도 평화체제 구축 운동' 명목으로 정부 보조금을 받았다고 보도했다. 이 매체는 ▲실천연대에 3000만 원 ▲평화를만드는여성회에

2000만 원 ▲전국민주화운동유가족협의회에 1000만 원 씩 지급됐다고 전했다.

광우병 사태 개입하고, 北 미사일 발사에 경축 메시지

2008년 5월26일, 실천연대는 한총련 등과 함께 '제2의 6월항쟁으로 이명박 정권의 폭주를 끝장내자'라는 호소문을 발표했다. 이들은 "전국의 反이명박 투쟁대오가 모두 총결집하여 청와대를 포위, 끝장을 볼 때까지 투쟁해야 한다"고 했다(발언출처: 2008년 5월27일字 〈데일리NK〉 보도). 이들은 2008년 미국산 쇠고기 수입반대 촛불집회가 본격화되기 이전부터 광우병 문제를 통해 "2012년 자주적 민주정부를 구성하라…(중략) 이명박 정부를 쓸어버리자"는 계획을 세웠던 것으로 나타났다(출처: 2008년 5월3일 작성된 '자주통일 평화번영 촉진운동기간 사업계획서' 中).

실천연대는 2009년 4월5일 북한의 미사일 발사에 대해 "북한의 인공위성 발사가 민족의 이익에 부합하는 매우 반가운 일로 동포애적 견지에서 진심으로 축하한다"는 경축메시지를 발표했다. 이들은 "미국과 일본은 '제재'와 '대응'소동을 중단해야 하고…(중략) 이명박 정권과 수구세력들의 비이성적인 준동도 중단되어야 한다"고도 했다(발언출처: 2009년 4월6일字 〈자주민보〉 보도).

"북한 사회에 적응하지 못해 도망쳐 온 탈북자들"

2010년 1월22일, 실천연대는 '인권을 빌미로 한 대북음해공작 중단하라'는 논평에서 국가인권위원회(인권위)가 발표한 '북한정치범수용소 실태

조사' 보고서를 비판했다. 이들은 "(보고서는) 주로 자신을 탈북자라 주장하는 이들의 증언을 토대로 작성됐다"고 주장했다. 이어 "북한사회에 적응하지 못해 도망쳐 온 탈북자들의 증언을 어디까지 신뢰할지도 불명확하다"면서 다음과 같이 말했다.

〈일부 탈북자들의 주장 외에는 '정치범수용소'의 존재 증거조차 없는 것이 현실이다…(중략) 자칭 탈북자들의 증언이 얼마나 믿을 수 없는지는 그간 언론에 폭로된 거짓 증언 사례만으로도 충분히 알 수 있다…(중략) 북한과 정치적 이해관계가 아주 민감한 사안을 확실한 근거도 없이 국가기관이 발표하는 것은 의도가 불순한 대북음해 공작일 뿐…(중략) 국가인권위원회가 실태조사 보고서를 발표한 것은 '부흥계획' 등으로 최근 경색된 남북관계를 더욱 악화시킬 것이 불 보듯 명확…(중략) 국민들의 통일 민심을 외면한 채 근거도 불명확한 인권문제를 반북여론으로 활용하고 있는 이명박 정권의 반북공세에 동조하는 반민족적 행동을 즉각 중단해야 할 것〉 (출처: 민노총 홈페이지)

김승교 "국보법은 악법이고 法典서 찢어버려야 할 쓰레기法"

실천연대의 공동대표를 지낸 김승교는 민주노동당(이하 민노당·現 통합진보당) 중앙위원 및 당기위원을 지냈으며 현재는 통합진보당(이하 통진당) 최고위원이다. 그는 2008년 2월3일 서울 반포동 센트럴시티 밀레니엄 홀에서 열린 민노당 임시전당대회에서, '일심회 사건' 연루자들에 대한 제명안에 반대했다. 그는 "국가보안법은 악법이고 법전에서 찢어버려야 할 쓰레기법에 의해서 만들어진 판결문(注: 일심회 관련 판결문)"이라며 "쓰레기법을 가지고 당의 진로, 정치생명을 판단한다"고 비판했다(발언출처: 2008년 2월3일字 〈통일뉴스〉 보도).

참고

'민주사회를위한변호사모임' (91페이지)
'통합진보당' (297페이지)
'평화를만드는여성회' (317페이지)
'한국대학총학생회연합' (336페이지)

㉞ 21세기코리아연구소

수석연구원 황혜로, 김정일 죽자 불법 訪北

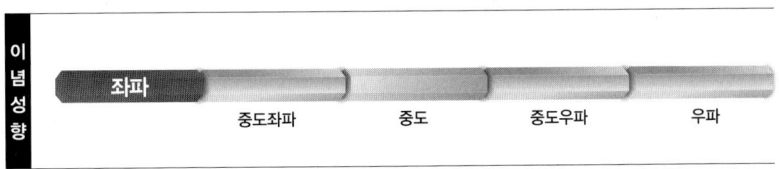

홈페이지: 없음
전화: 없음
설립일: 2003년 7월3일
주요인사: 조덕원(원장)

21세기코리아연구소(이하 연구소)는 1992년 '조선노동당 중부지역당 사건(이하 중부지역당 사건)'에 연루돼 실형을 선고받았던 조덕원이 소장을 맡고 있는 단체이다.

'南코리아'와 '北코리아'

연구소는 대한민국을 'KOREA'가 아닌, 'COREA'로 지칭해왔다. 과거

이 단체의 홈페이지(注: 2013년 현재 폐쇄)에서 대한민국은 '남코리아'로, 북한은 '북코리아'로 불렸다.

2002년 9월7일, 서울 상암월드컵 경기장에서 열린 '남북축구대회'에서 '통일연대'와 '6·15공동선언실천연대(이하 실천연대)' 회원들은 'One Corea'가 새겨진 하늘색 上衣(상의)와 한반도旗(기)로 거리 응원을 펼친 바 있다. 이를 주도한 실천연대는 북한의 지령을 받고 反국가활동을 벌인 혐의로 2010년 대법원에 의해 利敵단체로 판시됐다. '통일연대' 또한 2005년 9월11일, 인천 맥아더 동상 파괴 난동을 벌인 前歷(전력)이 있다.

2002년 12월27일, 북한 〈조선중앙방송〉도 "일본은 식민지였던 조선이 국제무대에서 일본(JAPAN)보다 뒤에 있어야 한다는 고약한 심보 아래 국호의 영문표기 첫 글자 C를 K로 바꿨다"는 근거없는 선동을 했다. 이어 "대한민국과 조선민주주의인민공화국의 영문 표기인 KOREA를 COREA로 정정하는 문제를 다룰 공동토론회를 개최하자"는 제의도 했다. 이는 'Korea 국호 논쟁' 배후에 북한정권이 있음을 傍證(방증)한다.

21세기코리아연구소가 주관하는 '파리국제포럼'

21세기코리아연구소는 '파리국제정책포럼'이라는 외국 사회주의 학자들까지 참여하는 '反자본주의, 親사회주의' 학술대회를 주관하고 있다. 2008년 행사에는 조덕원(파리포럼 조직위원장)을 비롯해 한호석 통일학연구소 소장(그가 운영하는 '통일학 연구소' 홈페이지 사이트는 정부에 의해 접속이 차단돼 있다) 등이 참석했다. 당시 발표된 발제문은 ▲反이명박전선, 민족민주전선인가 반파쇼민주전선인가 ▲現 시기 전선구축에서 제기되는 몇 가지 이론문제들 ▲민주노동당은 공안탄압을 뚫고 진보대연합을 反이명박 反한나라당연대의 중심에 세우자 등이었다(출처: 새세상연구소 홈페이지).

황혜로, 김정일 죽자 弔問 위해 불법 訪北

조덕원은 2010년 국가정상화위원회(위원장 고영주)가 발표한 '친북·反국가행위자 100명'에도 포함된 인물이다. 그는 현재 해외에 거주하는 것으로 알려져 있으며 국내 활동은 거의 없는 것으로 나타났다. 그가 연루되었던 중부지역당 사건은, 이선실의 지휘 하에 공단 및 사무직 근로자들을 포섭, 무장 세력화하고 ▲학원·노동·언론·문화계 조직원 침투 ▲북한지령 수수 및 대북보고 ▲김일성·김정일 찬양 유인물 제작·배포한 혐의로 당국에 적발된 대규모 공안사건이다.

이 단체 수석연구원인 황혜로는 2011년 12월28일 김정일 조문을 위해 불법 訪北(방북)을 강행했다. 당시 북한〈조선중앙통신〉에 따르면, 황혜로는 조의록에 "민족의 화해와 단합, 조국의 통일을 위하여 헌신하신 김정일 국방위원장님의 명복을 삼가 비옵니다"고 썼다고 한다.

황 씨는 1998년 8월부터 연세대 조국통일위원회 산하 연대사업담당을 맡았다. 그는 1999년 한총련 대표로 평양에서 열린 '8·15 범민족통일대축전' 참가를 위해 밀입북했다가 국가보안법 위반 혐의로 2년 6월을 복역하고 2002년 3월 출소했다.

참고
'6·15공동선언실천연대' (185페이지)
'통합진보당' (297페이지)
'한국대학총학생회연합' (336페이지)

㉟ 21세기한국대학생연합

한총련의 後身격인 대학생조직…천안함 폭침 北 소행 부정

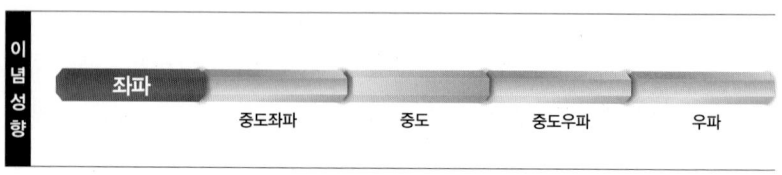

홈페이지: http://www.upschool.net
전화: 없음
설립일: 2005년 4월30일
주요인사: 김나래(現 경희대 기계공학과)(9기 의장)

21세기한국대학생연합(이하 한대련)은 '전국대학생들의 다양한 이해와 요구를 실현하는 거점이 되기 위해서 대학 사회에 새롭게 등장한 학생조직'이라고 명시하고 있다. 한대련에는 '대학교육위원회', '민중연대위원회', '6·15공동선언실천위원회', '대학생인권복지위원회' 등 5개의 특별기구가 있다.

2012년 9월13일字 〈조선닷컴〉 보도에 따르면, 현재 한대련 소속대학은 전국 228개 중 21개에 불과해, 전대협(注: 전국대학생대표자협의회)이 한

총련으로 바뀔 당시 전국 204개 대학 중 186개가 한총련 소속이었던 것과 많은 차이를 보인다고 했다.

한대련의 방향과 목표

한대련은 강령에서 ▲민중의 이해와 요구를 반영하는 민주사회 구현 ▲부당한 차별이 없는 평등사회 구현 ▲6·15공동선언의 이행 등을 명시하고 있다. '2011년 7기 한대련의 방향과 목표'라는 제목의 문건에서는 "등록금과 국공립대 법인화, 재단비리 등 대학교육문제와 청년실업문제 해결에 대학생연합조직으로서 책임과 역할을 다해야 한다"며 과거 이념투쟁에 주력했던 한총련과 달리 '등록금', '실업문제' 등 대학생들의 현실적 문제에도 접근하고 있음을 보여준다.

'천안함 폭침 北 소행' 不信

2010년 5월29일 서울 시청광장 촛불집회에서 당시 김유리 한대련 의장은 "대학생은 이번 선거에 이를 갈고 있다"고 했다. 그는 "대학생들은 천안함 조사발표를 믿지 않고 북풍몰이 세력을 믿지 않는다"며 "6·2지방선거 투표참여로, 한국 역사에 대학생이 앞장섰듯이 넘치는 기세를 만들어 갈 것"이라고 말했다.

한대련 산하 서울대련도 '5월 투쟁 호소문'을 내고 "6월2일 지방선거를 앞두고 이명박 정부는 언론탄압, 천안함 근거 없는 북풍 여론몰이, 공안탄압, 관권선거, 각종 소환장 남발 등을 일삼으며 공세를 펼치고 있다"고 선동했다.

'통진당 중앙위 난동' 개입 의혹

한대련은 2012년 5월12일, 통합진보당(이하 통진당) 중앙위원회 소집 때 벌어진 폭력 난동에도 개입했던 것으로 나타났다.

경기도 고양시 일산 킨텍스에서 열린 통진당 중앙위에서 비당권파인 유시민, 조준호, 심상정 등은 당권파로 추정되는 당원들로부터 주먹질과 발길질, 멱살을 잡히는 등 집단 폭행을 당했다. 통진당은 이날 중앙위를 통해 19대 총선 때 불거졌던 비례대표 경선 不正(부정)사태를 수습하기 위해 혁신비상대책위원회(비대위)를 구성하고 비례대표 일괄 사태 등을 논의하려 했었다. 사회를 맡은 심상정 의원이 '강령 개정안 심의·의결의 건'을 안건으로 올린 뒤 "이 건에 대한 이의가 없으면 만장일치로 안건이 통과됐음을 선언한다"고 말하자 당권파 측 당원들이 단상에 올라 회의 진행을 방해, 아수라장으로 변했다(발언출처: 2012년 5월12일字 인터넷 〈한겨레〉 보도). 이때 젊은 여성당원 중 한 명이 조준호 당시 통진당 진상조사위원장의 머리끄덩이를 잡아당겼고, 유시민 대표에게도 폭력을 가해 그의 안경이 날아가기도 했다.

이후 소위 '이석기 키즈(Kids)'라 불리는 한대련의 경기동부연합 성향 학생들이 이 폭력사태를 주도했다는 의혹이 제기되었다. 연단에 올라가 통진당 비당권파 인사들에게 폭력을 가한 당원들 중 대부분이 이들이라는 것이다. 이들은 이석기와 같은 경기동부연합 성향으로, 고등학교·대학교 때부터 이념교육을 받아왔다고 한다. '이석기 키즈' 중 대부분은 2007년 이후 한대련에 가입, 주요직을 차지했다고 한다.

한 인사는 "경기동부가 오래 전부터 학생 조직을 장악하고자 이념 노선을 학습시키는 지도사업을 벌였다", "경기동부총련에 소속된 한국외대 용인캠퍼스, 경희대 수원캠퍼스, 경원대 등에서 특히 활발했다"고 전했다(발언출처: 2013년 10월호 〈신동아〉 보도).

| 참고 |

'통합진보당' (297페이지)
'한국대학총학생회연합' (336페이지)

㊱ 인권실천시민연대

한총련 비호하고 국보법 폐지 주장

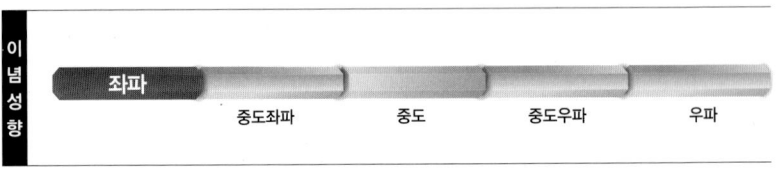

홈페이지: http://www.hrights.or.kr/
전화: 02-749-9004
설립일: 1999년 7월2일
주요인사: 곽노현(前 서울시 교육감)·권보드래·김녕 등(이상 운영위원)

　인권실천시민연대(이하 시민연대)는 홈페이지 '청소년들을 위한 시민연대 소개'에서 "시민연대의 직접적인 창립 계기는 직접 인권현장을 뛰면서, 인권피해자들과 함께 호흡할 수 있는 인권단체가 절실히 필요했기 때문"이라며 설립 취지를 밝히고 있다.
　설립 취지와 달리 이들은 利敵(이적)단체로 판시된 한총련을 비호하고, 제주해군기지 건설 반대 시위를 두둔하기도 했다.
　2003년 5월16일 NCCK(한국기독교교회협의회)인권위 등과 함께 한총련을 비호하는 성명을 발표했다. 이들은 "한총련은 매년 학생들의 민주적인 선거에 의해 선출된 학생회장들의 연합체", "2000년 이후 언제나 비폭력 평화 시위를 고수하고 있다"고 주장했다(발언출처: 2003년 5월16일자 〈통일뉴스〉 보도).

利敵단체 한총련 비호

2003년 4월29일 '16개 인권단체 성명서'에서는 "한총련 수배자 176명을 비롯한 공안·시국 관련 수배자들에 대해서도 전면적인 수배 해제 조치를 취해야 한다"며 ▲국가보안법 폐지 ▲한총련 利敵단체 규정 철회를 촉구했다(발언출처: 2003년 4월29일자 〈통일뉴스〉 보도).

시민연대의 주장과 달리 한총련은 2006년 3월14일 제정한 '14기 한총련 총노선 최종안'에서 "우리의 당면목표는 연방통일조국 건설"이라며 "우리는 연방통일조국 건설의 주력군, 선봉대"라고 결의한 강성 좌파단체였다. 한총련은 2005년 8월7일 경기도 美8군 종합사격장에 난입, 장갑차를 점거하고 성조기를 불태우는 등의 亂動(난동)도 벌였다.

제주해군기지 반대 시위를 '평화운동'이라고 주장

이 단체는 2011년 9월6일 홈페이지에 게재한 '제주 강정마을 구속 활동가들과 함께해 주세요'라는 글에서 제주 해군기지 반대 시위가 '평화운동'이라고 주장했다. 이들은 "지금껏 구금중인 7명의 마을주민, 활동가들이 했다는 불법행위는 심각한 범죄행위는 결코 아니었습니다. 이들은 4년 넘게 정말 놀라운 인내력을 발휘하며 해군기지 반대활동을 비폭력 평화운동으로 진행해왔습니다"라고 주장했다.

제주도 서귀포시 강정마을에 건립 예정인 제주해군기지는, 좌파세력의 개입으로 공사가 지연된 바 있다. 제주해군기지는 노무현 정권 때인 2007년 이미 공사 인허가를 받았다. 이후 2011년 3월부터 일부 좌파세력이 공사 현장에 亂入(난입), 현장에 텐트를 치고 상주하며 공사차량과 장비 진입을 막는 등 물리력을 가해 경찰과 충돌하기도 했었다. 시민연대는 시위대의 이 같은 不法 행위에 대해선 함구하고, 경찰의 진압만을 비판했다.

"흥분한 시위대 안으로 들어간 경찰서장 이해 안돼"

2011년 11월26일, 韓美FTA 반대시위가 서울 광화문 광장에서 열렸다. 박건찬 당시 서울 종로경찰서장은 시위대에게 집단폭행을 당했다. 박 서장은 무대 근처에 있던 민주당 정동영 의원과 민주노동당 이정희 대표 등 야5당 대표와 집회 해산과 관련한 논의를 하려고 사복경찰 5~6명과 함께 집회 참가자 속을 비집고 들어갔다가 봉변을 당했다. 일부 좌파세력은 박 서장이 일부러 시위대 안으로 들어왔다고 억지를 부렸다.

같은 해 11월27일 오창익 당시 시민연대 사무국장은 성명에서 "당시 현장에 있던 국회의원들과 소통할 수 있는 다른 방법이 많이 있는데도, 굳이 경찰서장이 흥분한 시위대 안으로 들어간 것을 이해할 수 없다"고 밝혔다. 그러면서 "비록 우발적이라 할지라도 집회 참가자들이 폭력을 휘두른 것은 있을 수 없는 일"이라고 주장했다(발언출처: 2011년 11월27일字 인터넷 〈한겨레〉 보도).

단체는 2011년 12월, 김정일이 사망하자 조문단 파견을 주장했다. 오창익 사무국장은 "이명박 대통령에게 실용이 조금이라도 남아 있다면 국무총리를 조문단장으로 파견하는 것도 좋겠다"며 "비상경계 같은 뻔한 말만 반복하지 않아야 한다"고 정부 차원의 弔問(조문)을 촉구했다.
(발언출처: 2011년 12월21일字 인터넷 〈국민일보〉 보도).

2억 건넨 게 善意라는 곽노현

2011년 8월28일 곽노현 당시 서울시 교육감(시민연대 운영위원 출신)은 박명기 서울교대 교수에게 2억 원을 건넨 사실이 드러나자 이를 '善意(선의)'라고 주장했다. 박 교수는 2010년 6·2지방선거 직전 곽노현과의 단일화를 명분으로 후보를 사퇴했었다.

곽노현은 이날 서울시 교육청에서 열린 기자회견에서 "박명기 교수와의 후보단일화는 민주진보진영의 중재와 박명기 교수의 결단에 의해 정해진 것이며 대가와 관련한 어떠한 얘기도 없었다"고 주장했다. 그는 2억 원을 건넨 것에 대해 "오직 박명기 교수의 어려운 처지를 외면할 수 없어서 선의의 지원을 했을 뿐"이라고 주장했다.

검찰에 따르면, 곽노현이 박 교수에게 돈을 건넨 건 2011년 2월부터 4월까지였다고 한다. 이 돈은 그의 친구가 박 교수의 동생을 통해 박 교수에게 전달했다고 한다. 선거가 끝난 지 반년 정도가 지난 후 돈을 준 것은 주변의 시선을 피하기 위함이었다는 게 당시 검찰의 판단이었다. 박명기 교수는 곽노현이 교육감에 당선된 직후, 서울교육발전자문위원회 부위원장직을 맡았다.

2012년 9월27일 대법원은 2심에서 징역 1년을 선고한 원심을 확정,

곽노현은 교육감에 당선된 지 2년 3개월 만에 교육감직을 상실했다. 그는 여주교도소에서 복역하다 이듬해 3월 가석방됐다.

| 참고 |

'한국대학총학생회연합' (336페이지)

㊲ 인권운동사랑방

인권을 내세우나 북한인권법 제정엔 반대

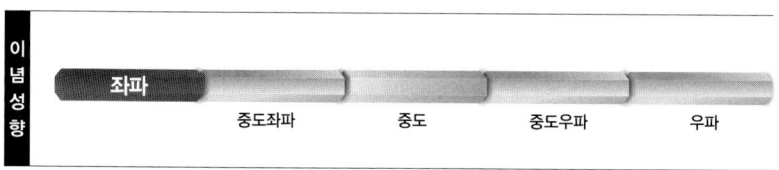

홈페이지: http://www.sarangbang.or.kr
전화: 02-365-5363
설립일: 1993년 3월2일
주요인사: 서준식(前 대표)

 인권운동사랑방(이하 인운방)은 국가보안법 폐지를 주장하고 북한인권법 제정을 반대했던 단체이다.

북한주민들의 인권유린 외면

 '인운방'은 북한인권국제대회가 열리던 2005년 12월8일 서울 안국동 느티나무 카페에서 기자회견을 열었다. 이들은 "'북한인권법'은 이미 여러 차례 지적한 대로 인권을 빌미삼아 정치적 공세를 강화하기 위한 수단"이라며 "북에 대해서도 그 사회가 가지고 있는 인권관에 따라 인권을 증진하도록 국제사회는 독려하고 협력해야 하는 것"이라고 주장했다.

단체는 또 "자본주의 체제는 인권 보장 체계이고, 사회주의 체제는 反인권적 체제라는 것은 사실 미신에 가까운 터무니없는 '신념'일 뿐"이라며 "어느 사회든지 해당 사회의 인민들이 자신들이 살고 있는 사회의 체제를 결정하고 운영할 권리는 세계인권선언이 보장하는 권리"라고 했다.

'사회주의자' 자처한 서준식 前 대표

'인운방' 대표를 지낸 서준식은 1971년 '형제 간첩단 사건'으로 투옥돼 17년을 복역한 적이 있다. 그는 1968년 서울대 법대 재학 중 형 서승과 함께 불법 訪北(방북)했다. 두 사람은 국군 보안사령부에 체포돼 1972년 국보법 위반 혐의로 징역 7년을 선고받았다. 서준식은 1978년 출소한 뒤에도 사상 전향을 거부해 사회안전법에 의한 보호감호 처분이 결정돼 10년을 더 복역했다.(출처: 2008년 8월26일字 〈통일뉴스〉 보도).

1988년 석방된 그는 이듬해 출범한 민주화실천가족운동협의회(민가협) 의장과 민주주의민족민족통일전국연합(한국진보연대 前身) 인권위원장을 역임했다. 특히 1994년 불교인권위가 시상하는 불교인권상을 수상한 적도 있다. 이 단체는 리비아의 독재자 카다피에게도 같은 상을 수여했었다.

그는 2003년 발간된 자신의 著書(저서) 《서준식의 옥중서한》(야간비행刑)에서 스스로를 사회주의자라 칭했다. 서준식은 이 책에서 "나는 자유와 민주주의의 이름으로 사상의 자유가 억압되는 이 한국 사회에서 스스로 사회주의자임을 밝히는 나의 행동 또한 병든 사회의 광기에 맞서는 자유로운 인간의 책임 있는 행동이라고 믿고 싶다"고 記述(기술)했다.

不法 시위 주도한 박래군은 NCCK 인권상 수상

단체의 상임활동가로 활동했던 박래군(現 인권중심사람 소장)은 용산철거민살인진압범국민대책위원회(용산범대위) 공동집행위원장을 지냈다. 용산방화사건은 2009년 1월 전국철거민연합의 불법 농성 도중 경찰이 진입하자 시위대가 불을 질러 5명이 사망한 사건이다.

2011년 1월24일, 서울중앙지법 형사12부(부장판사 이숙연)는 '불법폭력시위'를 주도한 혐의(일반교통방해 등)로 기소된 박래군·이종회 공동집행위원장에게 각각 징역 3년 1월에 집행유예 4년, 징역 2년에 집행유예 4년을 선고했다.

재판부는 "집회시위로 인해 집단적 폭력과 손괴가 명백하다는 것이 예상되었고 이를 알면서도 범대위는 별다른 조치, 노력을 취하지 않았으며 집회 종료 후 진행된 가두시위로 공공의 안녕과 질서에 명백히 손해를 끼쳤다"고 밝혔다. 박래군은 2009년 1월, 용산방화사건 사망자들을 추모하는 집회를 서울역 광장에서 개최했다. 이들은 10차례나 未(미)신고집회를 개최하면서 車路(차로)를 점거하고 경찰관에게 상해를 입히기도 했다. 같은 해 1월21일부터 10월까지 71회에 걸쳐 '용산철거민 살인진압 이명박 규탄 및 희생자 추모대회'를 열었다. 박래군은 경찰 수배를 받다가 2010년 1월, 자진출두했다.

2009년 12월7일, 한국기독교교회협의회(이하 NCCK)는 수배 중이던 그를 인권상 수상자로 결정하기도 했다.

참고

'민주화실천가족운동협의회' (109페이지)
'불교인권위원회' (137페이지)
'전국철거민연합' (241페이지)
'한국기독교교회협의회' (333페이지)

㉞ 인도주의실천의사협의회

'이석기 사건' 본질 외면한 채 발표 시점만 문제 삼아

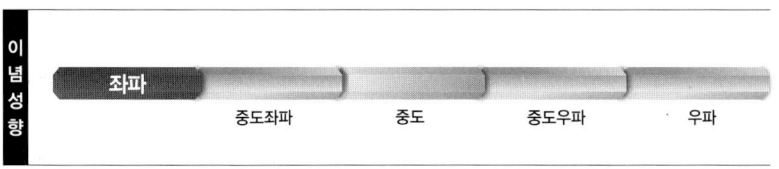

홈페이지: http://www.humanmed.org
전화: 02-766-6024
설립일: 1987년 11월21일
주요인사: 심재식(이사장), 김정범·정영진·주영수 등(이상 공동대표), 정형준(정책국장), 이상윤(편집국장)

인도주의실천의사협의회(이하 인의협)는 左派성향 의대생들이 만든 의료사회운동단체로, '국민건강권'을 표방하면서 ▲노숙자 진료 ▲어린이 의료지원 등 소위 인권사업 등을 벌여왔다.

이 단체는 인의협으로의 활동보다는 의료단체들의 연합체인 건강권실현을위한보건의료단체연합(이하 보건의료단체연합) 명의로 활동하며 여러 성명과 논평을 발표해 왔다.

국보법 폐지 주장

보건의료단체연합은 2004년 12월30일 '생명을 건 단식투쟁 앞에서 국가보안법은 여전히 야합의 대상일 뿐인가'는 성명을 발표했다. 이들은 "우리 보건의료인들은 국가보안법이 즉시 완전히 철폐되어야 한다는 입장을 이미 여러 차례 밝힌 바 있다"고 주장했다.

보건의료단체연합은 2012년 3월12일 '생명과 평화를 위협하는 구럼비 폭파를 당장 중단하고, 제주 해군기지 건설을 철회하라' 성명을 발표했다. 이들은 "이명박 정권과 해군, 朝中東(조중동) 등 보수우익 세력은 해군기지반대운동에 대한 '색깔론' 공세와 '마녀사냥'을 즉각 중단해야 한다"며 제주해군기지 반대 입장을 밝혔다. 이어 "해군당국은 트위터에 게재된 '해적 기지' 발언을 빌미로 '색깔론'을 부추기며 '해군장병과 천안함 사망장병을 모욕했다'는 식의 견강부회를 하면서 마녀사냥을 벌이고 있다"고 비난했다.

'이석기 사건' 본질 외면한 채 발표 시점만 문제 삼아

보건의료단체연합은 2013년 9월4일 '박근혜 정부는 통합진보당 관련 공안탄압을 중단하라'는 성명을 발표했다. 이들은 "국가정보원의 통합진보당 관련 공안몰이는 민주주의와 촛불운동에 대한 공격"이라며 "박근혜 정부가 통합진보당 사태로 공안정국을 조성하고 민주주의적 권리를 무시하는 여러 조치에 대해 반대한다"고 주장했다.

이어 "이번 통합진보당 내란음모사태는 그 자체가 국정원의 댓글 불법 선거개입의 물타기로 기획했던 것이라고 볼 수밖에 없다"며 내란음모사건이 정치공작이란 식의 주장을 했다.

국정원은 2010년부터 3년 간 RO조직원들에 대해 면밀히 증거를 수집해와 혐의를 입증할 충분한 증거를 갖췄다는 판단 하에 공개수사로 전환했다. 이들의 주장대로라면 정치적 이슈가 全無(전무)한 시기에 발표해야 한다는 뜻이다. 하지만 이석기 내란음모사건을 전후로 19대 총선과 18대 대선이 실시됐었고, 남북정상회담 회의록 실종사건 등이 연이어 政局(정국)의 이슈로 부각됐었다. 따라서 이들의 '물타기' 주장은 사건의 본질을 誤導(오도)하는 것이다.

2013년 11월26일 인의협은 '천주교 정의구현사제단과 종교계의 불법선거 및 대통령 사퇴 주장은 정당하다'란 성명에서 천주교정의구현사제단(이하 사제단)을 옹호하는 듯한 주장을 했다.

그해 11월22일, 사제단 소속 박창신 신부는 전북 군산시 수송동 성당에서 열린 시국미사에서 "NLL, 문제 있는 땅에서 한미군사운동을 계속 하면 북한에서 어떻게 하겠어요? 쏴야지"라고 말해 연평도 포격을 자행한 북한정권을 두둔하는 듯한 발언을 했다. 인의협은 "정권비판에 대한 종북몰이를 중단해야 한다"며 정부를 더 비판했다.

㊴ 전국공무원노동조합

反美·親北성향 보이는 法外노조

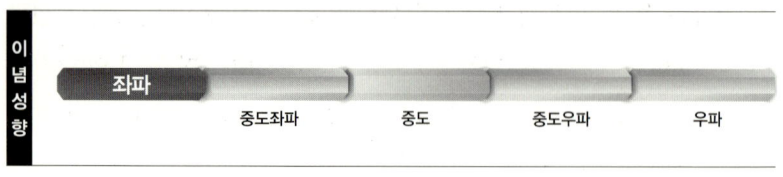

홈페이지: http://www.kgeu.org
전화: 02-2631-1948
설립일: 2002년 3월23일
주요인사: 김중남(위원장), 박은희(부위원장)

전국공무원노동조합(이하 전공노)은 노동조합법을 위반해 현재까지 法外(법외)노조로 분류되고 있다. 조합원 수는 2011년 현재 16만 5500여 명이다(출처: 통계청 'e-나라지표').

柳世桓의 폭로: 전공노의 '주체사상 교육'

국회立法(입법)서기관을 지낸 柳世桓(유세환) 씨[《대한민국 헌법 제3조》(조갑제닷컴 刊)의 著者]는 2004년 11월, 자신이 운영하던 인터넷 홈페이지에 '공무원노조(注: 전공노)가 주체사상을 가르치고 있는 현실에 눈물이 난다'는 글을 게재, 전공노의 주체사상 교육 실태를 폭로했다.

그는 "전공노는 지난(注: 2004년) 9월2일에서 4일까지 충남 아산 도고 글로리 콘도에서 '제1기 공무원 노동자 학교'를 열었다"며 "전공노는 이 학교의 교육자료(이하 자료)에서 민주주의민족통일전국연합(한국진보연대의 前身) 조직위원장 박세길이 발제한 '세상을 바꾸는 철학, 민중이 주인되는 세상을 위해'라는 제목으로 북한의 주체사상을 조합원들에게 교육했다"고 밝혔다. 그는 "(자료) 77페이지에서 現 시기를 '조국통일 대사변기'라고 주장하고 있다"고 했다.

'조국통일 대사변기'라는 말은 2001년 9월 민주주의민족통일전국연합이 '2001년 민족민주전선 일꾼전진대회'에서 '3년의 계획! 10년의 전망! 광범위한 민족민주전선 정당건설로 자주적 민주정부 수립하여 연방통일조국 건설하자'는 제목의 이른바 '9월 테제'의 핵심내용이다.

柳世桓 씨는 얼마 뒤 자신의 홈페이지에 '세상이 달라진 것을 나만 몰랐다'는 글을 게재, 전공노의 행태를 비판했다. 柳 씨는 "전공노는 국민 앞에 사과는커녕 '몰랐다.

그때에 많은 사람들이 잠을 잤다. 강의내용이 친북적인 내용이라면 공무원들이 가만 있었겠느냐'는 등 천연덕스럽게 둘러대고 오히려 기세가 등등한 모습이었다"고 밝혔다.

그는 "대한민국을 지키라고 국민의 세금을 받아 생활하고 있는 사람들이 대한민국을 전복시키기 위해 김일성이 만든 반역논리를 배우다 적발되었는데도 두려워하는 기색은커녕 '못할 짓 했냐'는 당당한 태도였다"고 비판했다.

김정일 사망에 哀悼

전공노는 2005년 11월15일 서울 여의도 국회 앞에서 EU(유럽연합)의 북한인권 결의안 채택 반대 기자회견에 참가했다. 이들은 기자회견문에서 "인권개선을 위한 北의 긍정적인 노력에는 애써 눈을 감고, 정치적인 대북인권공세에 대한 북의 거부 입장을 국제사회와 유엔에 대한 협력거부로 왜곡하고 있다"며 북한이 인권개선 노력을 하고 있다는 식으로 옹호했다(발언출처: 2005년 11월15일字 〈통일뉴스〉 보도).

2011년 12월21일 전공노는 '김정일 국방위원장 서거에 깊은 애도를 표한다'는 논평을 발표했다. 이들은 "우리는 남측의 천육백만 노동자를 대표하여 조선직업총동맹을 비롯한 북측의 노동자와 모든 동포에게 깊은 애도의 뜻을 전한다"고 했다.

"北 대상 전쟁연습 일삼는 것 용납할 수 없어"

전공노는 이라크 派兵(파병)을 반대했다. 이들은 2003년 9월27일 '국제반전공동행동' 결의에 참여했다. 이들은 결의문에서 "지금 이라크 민중은 미군 점령에 맞서 자유와 해방을 위해 싸우고 있다"며 서희·제마부대의 철수를 촉구했다(발언출처: 2003년 9월27일字 〈통일뉴스〉 보도).

전공노는 정부의 을지연습도 반대했다. 2006년 8월18일 성명은 "을지연습은 우리민족끼리의 남북교류와 상호방문 등 자주민족평화통일을 위한 노력들에 커다란 장애가 되고 있다. 북을 대상으로 한반도에서 전쟁연습을 일삼는 것은 결코 용납할 수 없다"고 주장했다(발언출처: 2006년 8월18일字 인터넷 〈국민일보〉 보도).

같은 해 9월22일, 행정자치부와 각 지자체는 전공노 사무실에 대한 폐쇄조치 하는 등 행정대집행을 단행했다. 대검찰청은 대집행 방해자를 공무집행 방해죄로 전원 연행토록 지시, 서울·부산·광주에서만 52명이 경찰에 연행됐다.

"韓美FTA는 제2의 한일합방, 제2의 내선일체"

단체는 2008년 6월13일 '6·15공동선언과 10·4선언의 이행은 민족의 평화와 통일의 길이다'라는 성명을 발표했다. 이들은 성명에서 "예속과 분단을 극복하고 자주와 통일의 시대를 밝힌 6·15공동선언은 우리 민족의 이정표"라며 "이명박 정부는 정권 초기 통일정책에 대한 과오를 인정하고 6·15공동선언과 10·4선언을 이행할 것을 선언하고 약속하여야만 한다"고 주장했다.

단체는 2006년 2월15일 서울 美 대사관 옆 KT사옥 앞에서 열린 'FTA저지범대위 준비위' 출범 기자회견에 참여했다. 이들은 기자회견문에서 "나라를 팔아먹는 것이 그들의 세계화이자 국가발전전략이다…(중략) 한미FTA는 제2의 한일합방, 제2의 내선일체"라고 주장했다.

민노당에 당원 가입·당비 납부하기도

전공노와 전교조 조합원 270명은 민주노동당(이하 민노당·現 통합진보당)에 가입하고 당비까지 납부했다. 현행법상 공무원 또는 교원들은 정당에 가입할 수 없고, 정치적 목적을 가진 금전이나 물질을 특정정당에 기부하는 정치적 행위를 금지하고 있다(注: 공무원법 제65조).

경찰은 2010년 1월25일 兩(양) 단체 조합원 292명이 민노당에 주기적으로 당비를 납부해왔다는 사실을 포착했다. 경찰은 조합원 224명에 대한 출석 요구서를 발부하고, 민노당 투표사이트 조사를 통해 조합원 120명이 당원으로 가입되어 있는 사실을 파악했다. 민노당 서버 관리 업체를 압수수색하는 한편, 당비 납부내역 및 투표 기록 등이 담긴 하드디스크 2개가 반출된 사실도 추가로 확인했다. 같은 해 5월6일 검찰은 전교조·전공노 소속 교사·공무원 273명을 기소했다. 이들은 민노당 당원에 가입하고 CMS 이체방식을 통한 당비 자동납부를 신청, 민노당 계좌에 金錢(금전)을 이체해온 혐의를 받았다.

2011년 1월26일 서울중앙지법 형사합의23부(부장판사 홍승면)는 정치자금법 위반 혐의로 불구속 기소된 정진후 당시 전교조 위원장(現 정의당 국회의원)에게 벌금 30만 원을, 同법원 형사합의22부(부장판사 김우진)는 양성윤 당시 전공노 위원장에게 같은 혐의로 벌금 50만 원을 선고했다. 이들을 제외한 270명의 전교조 교사와 전공노 공무원에게는 각각 벌금 30만~50만 원 또는 선고유예 등의 판결이 내려졌다.

재판부는 "공무원의 신분으로 특정정당에 정치자금을 후원하는 것은 위법하다"며 "이들이 민노당 관계자나 지인으로부터 '소액을 후원하는 것은 문제가 없다'는 말만 듣고 후원했다는 것은 납득하기 힘든 면이 있다"고 선고 사유를 밝혔다. 다만, "정당을 가입한 때로부터 3년이 지나지 않은 피고인들은 당원으로서 권리나 의무를 갖고 있었다는 증거가 부족해 무죄, 나머지 피고인들은 정당을 가입한 때로부터 3년이 지나 처벌할 수 있는 공소시효가 지났기 때문에 면소"라며 정당법 위반 혐의 등은 무죄 또는 免訴(면소) 판결했다(발언출처: 2011년 1월26일자 〈뉴시스〉 보도).

18대 大選 개입 의혹

전공노는 18대 大選(대선)에 개입했다는 의혹을 받았다. 전공노 홈페이지 자유게시판에 문재인 민주당 후보에게 투표하도록 독려하는 글이 게재된 것이다. 이 사실이 알려지자 2013년 10월29일 청년보수단체인 자유청년연합(이하 자청연, 대표 장기정)은 전공노를 공직선거법·국가공무원법 위반으로 검찰에 고발했다.

자청연은 고발 근거로 ▲'국민후보 문재인을 지지합니다' ▲'[투표방침] 기호 2번 문재인 후보에게 표를 몰아주자' ▲'친서민 공약 내세운 문재인 후보를 꼭 당선 시킵시다'라는 글이 자유게시판에 게재된 점을 들었다.

같은 해 11월8일, 서울남부지검 형사6부(부장검사 황현덕)는 경기도 일산에 보관되어 있는 전공노 홈페이지 서버를 1차 압수수색 했다. 14일과 15일에는 서울 서초동의 한 통신업체에 보관되어 있는 서버도 압수수색했다. 2013년 11월28일 현재, 검찰 수사가 계속 진행되고 있으며, 전공노는 '(검찰이) 무리한 수사를 진행하고 있다'며 반발하고 있다.

참고

'우리겨레하나되기운동본부' (165페이지)
'전국교직원노동조합' (216페이지)
'전국민주노동조합총연맹' (229페이지)
'정의당' (247페이지)

④ 전국교직원노동조합

'참교육' 내세우며 좌편향 교육… 조합원 수 감소 추세

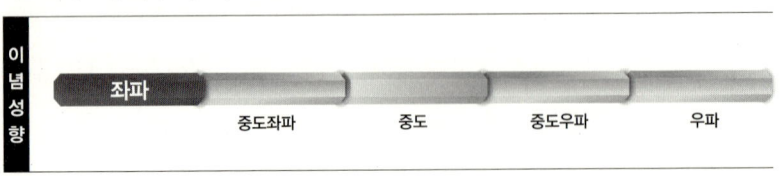

홈페이지: http://www.eduhope.net
전화: 02-2670-9300
설립일: 1989년 5월28일
주요인사: 김정훈(위원장), 이영주(수석부위원장), 천보선(참교육연구소장)

　전국교직원노동조합(이하 전교조)는 국가보안법 철폐·주한미군 철수·연방제 통일론 등 북한의 對南(대남)노선과 유사한 주장을 해왔다. 전교조 강령 중 하나인 '참교육실천강령'을 보면 '우리는 민족의 자주성 확보와 평화통일을 앞당기기 위한 교육을 실천한다'라며 평화통일을 명시했다.

　시민단체인 '반국가교육척결국민연합(국민연합)'은 2008년 전교조를 국가보안법상 利敵(이적)단체로 규정, 이 단체 구성원들을 '이적단체 구성·가입'(제7조 제3항) 등 혐의로 고발한 바 있다. 국민연합은 전교조가 지향

하는 '참교육'의 소위 "민족·민주·인간화 교육"이 1985년 전학련삼민투위사건의 '삼민이념', 즉 "민주·민중·민족교육"과 같은 것이라고 설명했다. 당시 법원은 삼민이념이 북한의 민족해방인민민주주의(NLPDR) 혁명전략에 동조하는 이적이념이라고 판시했다.

"연방제 통일 외 다른 방안 없다"

전교조의 이념적 실체를 엿볼 수 있는 사례들은 다음과 같다.

〈▲**국가보안법 철폐 주장**: 2004년 국보법 철폐 성명을 발표했던 전교조는 同年 11월 이를 지도하기 위한 《중등용 국보법 수업지도안》(이하 지도안)을 만들었다. 학생들이 모둠별로 국보법 토론, 1분짜리 상황극 만들기, '국가보안법 5행시 짓기', '국보법 노래 배우기' 등의 과정을 통해 국보법의 문제점을 부각시켜 가르치도록 하고 있다. 일례로 상황극의 경우 '나도 감옥 갈 뻔했네'라는 주제로 국보법 위반에 해당하는 상황을 연출하도록 되어 있다. 지도안에는 교사가 지도할 활동 방향으로 '나는 그래도 (국보법을) 어길 수밖에 없을 거야'라는 결론이 나오도록 하라는 지침을 담고 있다(출처: 2005년 11월3일字 〈동아닷컴〉 보도).

▲**연방제 통일 주장**: 전교조의 국보법에 대한 인식은 대법원에서 이적단체로 판정돼 있는 범민련, 한총련의 합법화 주장은 물론 소위 반통일적 법과 제도 폐지 주장으로 이어진다. 이들은 "1국 2정부의 연방제 통일 외 다른 방안이 있을 수 없다"고 명시했다(출처: 2010년 1월, 현대사상연구원刊 '전교조가 내건 참교육의 진실').

▲**反美선동**: 전교조는 반미선동에 있어 온갖 날조, 조작, 왜곡을 일

삼아왔다. 2003년 3월 전교조는 《미국의 이라크 침공 반대 반전평화 공동수업 자료집》을 만들었다. 이 자료집은 이스라엘 탱크에 돌을 던지는 팔레스타인 소년의 사진을 게재하면서, 그 사진 옆에 해설된 "AGAINST THE ISRAELI MACHINE" 이라는 설명부분을 삭제하고 "걸프전 때 탱크에 돌을 던지는 아이"라는 제목을 붙여서 마치 미군에 항의하는 사진인 것처럼 조작했다(출처: 2012년 6월19일 '반국가교육척결국민연합의 전교조 고발장' 全文 中).〉

2005년 전교조 소속이었던 전북 임실의 모 중학교 김 모 교사는 학생과 학부모 180명을 이른바 '남녘통일 애국열사 추모제'에 참석시키고 각종 행사에서 利敵(이적)표현물을 전파한 혐의로 2008년 1월 국가보안법 위반 혐의로 구속 기소됐다. 2013년 3월28일 대법원 2부(주심 김용덕 대법관)는 김 모 교사에 무죄를 선고한 원심을 깨고 사건을 전주지법으로 돌려보냈다.

재판부는 판결문에서 "국가의 존립 안정과 자유민주주의의 정통성을 해칠 만한 실질적 해악성이 있다고 보기 어렵고, 이적 목적성이 뚜렷하지 않다"고 본 1·2심의 주요 혐의사실에 대해 "反국가단체(북한) 등의 활동에 대해 적극적으로 호응·가세한다는 의사를 외부에 표시한 경우에 충분히 해당한다"고 밝혔다(출처: 2013년 3월28일字 인터넷 〈한겨레〉 보도).

北 역사서를 일방적으로 인용한 전교조 자료집

전교조 부산지부는, 2005년 10월 사회와 역사 과목을 담당하는 교사 25명을 대상으로 통일학교를 열면서 '북한 사회과학원 역사연구소'가

펴낸 《현대조선력사》의 내용 상당 부분을 그대로 인용했다. 이 교재는 '일제시대', '해방 이후', '90년대 선군정치시대' 등 총 3강으로 구성되어 있었다.

당시 친북반국가행위진상규명위원회(이하 규명위·당시 위원장 제성호 중앙대 교수)는, 총 92쪽 분량의 자료집 가운데 3분의 2에 해당하는 70쪽 가량이 《현대조선력사》에서 발췌한 부분이라고 밝혔다. 북한이 조작한 김일성의 항일무장투쟁을 기정사실화하고, 한국전쟁이 '남한 동포들을 반동통치에서 해방시키기 위한 조국해방전쟁'이라는 북측의 주장들이 그대로 실렸다. 특히 자료집에는 '先軍(선군)정치'에 대해서도 소개하는 등 북한의 역사관을 일방적으로 記述(기술)했다. 이들은 자료집에 《현대조선력사》라는 출처도 적지 않았다.

同 자료집은 ▲"김일성 주도의 최후진공작전으로 광복을 맞았다"고 주장했고 ▲6·25에 대해서도 북한의 남침주장을 생략한 채 남한 동포들을 반동통치에서 해방시키기 위한 투쟁으로 묘사했고 ▲"선군정치는 세계 정치사에서 찾아볼 수 없는 새로운 독창적인 정치방식"으로 격찬하는 등 북한 原文(원문) 또는 친북학자의 주장을 인용했다(출처: 2006년 7월26일字 인터넷 〈문화일보〉 보도).

北의 선전포스터도 그대로 게재

2006년 3월, 전교조 부산지부는 홈페이지에 25장의 사진을 게재했다. 이들은 "학급게시물 중 '통일란' 설치를 권장하는 학교가 많은데 통일란 게시교육에 참고할 만한 사진을 올린다"고 적었다. 이 사진들 중 하나는 북한의 포스터를 그대로 옮겨온 것이었다. 소총을 든 남녀 군인

3명이 결의를 다지는 사진 하단에는 '선군정치의 위대한 승리 만세'라고 적혀 있었다. 전교조는 포스터 하단에 '이북의 정치포스터'라고 소개하며 '선군정치는 군인을 앞세우는 정치라는 뜻'이라고 적었다. 美軍 헌병 완장을 찬 군인과 북한군으로 보이는 인물이 군사분계선 표지판이 세워진 철조망 아래에서 대치하고 있는 6·25전쟁 관련 사진도 있었다. 이들은 사진 아래에 '1945년 외세가 한반도의 허리를 북위 38선으로 잘랐다'고 적었지만, 6·25 남침에 대한 사실은 적혀 있지 않았다.

이 같은 논란에 대해 당시 전교조 서울지부 한 관계자는 "선군정치 포스터를 보고 북한을 살기좋은 사회라 생각하는 학생은 아마 없을 것"이라고 주장했다(출처: 2006년 8월1일자 〈조선닷컴〉 보도).

"쌍꺼풀 수술도 무료"라는 전교조의 북한 美化

전교조 경남지부 통일위원회가 홈페이지에 올려놓은 학생대상 퀴즈 샘플인 '도전!! 통일골든벨'이란 자료는 북한의 무상의료 시스템을 다음과 같이 美化(미화)하고 있었다.

〈쌍꺼풀 수술이 유행하고 있는 것은 사실이지만 본인이 원하면 일반 인민 병원에서 무료로 시술해 준다고 하네요. 사회주의 특성상 북에서는 모든 치료를 돈을 받지 않고 하는 '무상치료'를 시행하고 있다고 합니다…(중략) 북에서는 학교 수업을 마친 후 이곳에 가서 음악, 무용, 수예, 태권도, 물리, 수학, 컴퓨터, 수영 등 각종 소조 활동을 통해 다양한 과외학습을 받는다고 합니다. 물론 악기나 옷 등도 무상으로 지급되고 수업료도 없다고 하는데요…(중략) 남쪽에

서는 각종 사교육비 때문에 부모님이 힘들어 하시는데요, 북에서는 그런 문제는 없겠습니다.〉

북한은 현재 無償(무상)의료·무상교육·무상분배라는 사회주의 기본 골격이 모두 무너진 상태이다. 일반 병원에선 의약품조차 구하기 어렵다. 무상교육이라는 것은 체제선전 구호일 뿐이다. 전교조 퀴즈엔 북한의 진실은 보이지 않는다. 이 자료만 보면, 북한은 쌍꺼풀 수술까지 공짜로 해주고, 학비 면제는 물론 학용품도 공짜로 주고, 사교육비 걱정도 없는 理想的(이상적)인 곳으로 인식된다.

法治 등한시해

2013년 10월24일 전교조는 정부의 法外(법외)노조 통보에 반발해, 서울 세종로 정부종합청사 앞에서 '전교조 설립취소 강행한 박근혜 정권 규탄한다'는 기자회견을 열었다. 이들은 회견문에서 다음과 같이 주장했다.

〈오늘은 교사의 인권을 유린한 날로 우리나라 교과서에 기록될 것이다. 또한, 박근혜 정권은 노동탄압 정권으로 세계 노동운동사에 기록될 것이다. 전교조 법외노조화는 98년 노사정을 통한 사회적 합의에 대한 파기이며, 국제적 약속 위반이자 단결권과 결사의 자유를 부정하는 헌법유린 행위다.〉

이어 박근혜 정부에 대해 "유신정권의 딸이 또 다시 역사 앞에 씻지 못할 패악을 저질렀다"며 "전교조 노조 아님 통보에, 우리는 박근혜 대통령 아님을 통보한다"고 맹비난했다.

2013년 10월24일 방하남 고용노동부(이하 고용부) 장관과 서남수 교육부 장관은 기자회견에서 전교조에 대해 "법을 지키지 않겠다는 단체에 더 이상 법에 의한 보호는 맞지 않는다고 판단해 '노조 아님'을 통보했다"고 밝혔다. 문제가 된 전교조 규약은 '부당 해고된 조합원은 조합원 자격을 유지한다(부칙 5조)'는 것이다. 노동조합법은 '근로자가 아닌 자의 가입을 허용하는 경우'를 '노조결격요건(제2조·제4호)'에 해당한다고 분명히 적시하고 있다. 전교조는 이에 위반되는 규약을 시정하지 않고 있었던 것이다. 정부는 2010년 4월, 문제의 전교조 규약을 개정하라는 公文(공문)을 처음 보냈다. 이들은 이를 거부하고 행정소송을 제기했으나 2012년 대법원은 최종 패소 판결을 내렸다.

2013년 9월23일, 고용부는 세 번째로 규약시정을 통보했고, 노동조합법 시행령 9조·2항에 따라 同年 10월23일까지 이를 이행하지 않을 경우, '노조 아님' 통보를 할 것이라고 밝혔다. 그럼에도 전교조는 조합원 총투표를 통해 시정요구를 거부했고, 10월23일까지 이를 이행하지 않아 결국 法外노조 통보를 받았다(注: 이에 전교조는 法外노조통보효력정지 신청을 법원에 냈고, 2013년 11월13일 서울행정법원은 전교조의 가처분을 인용, 당분간 노조자격을 유지하게 됨).

전교조 조합원 수 急減 배경

고용부가 발표한 '2011년 전국노동조합 조직현황 자료'는 전교조 전체 조합원 수를 6만 3266명으로 집계했다(2011년 12월 말 기준). 2012년 9월26일 당시 교육과학기술부가 새누리당 민병주 의원에게 제출한 '2012

년 시·군·구별 전국교직원노동조합 가입 교사 현황(이하 '교과부 현황 자료')'에 따르면, 전교조 전체 조합원 수는 5만 4749명인 것으로 나타났다 (2012년 4월 기준).

上記(상기) 자료들을 근거로 전교조 조합원 수의 추이를 보면, 2011년 12월~2012년 4월 간 8517명 감소한 것을 알 수 있다. 2012년 2월21일 字〈조선닷컴〉도 '제63차 전교조 전국 대의원대회'에서 입수한 자료를 토대로 "지난해(注: 2011년) 11월 기준 전교조 전체 조합원 수는 2010년 대비 2121명 줄어든 6만 4154명이었다. 1년 만에 3%가 준 것"이라고 지적했다. 이 매체는 조합원 수 감소의 원인을 다음과 같이 분석했다.

〈이런 현상은 좌파·진보 성향 교육감들의 정책에 대한 전교조 교사들의 불만과 피로감이 1차적 원인이라는 분석이 나온다. 예컨대 지난해 6월 경기도 김상곤 교육감이 학생에게 5초간 '엎드려 뻗쳐'를 시킨 교사를 징계한 사건이 발생하자, 전교조 내부에서조차 "경기도 교육감과 정책 연대도 좋지만 전교조가 선생님과 함께하지 못한다면 더 이상 존재 가치가 없는 것 아니냐"는 항의성 글이 올라오기도 했다.〉

일례로 일부 교육감들은 수천만 원에 이르는 館舍(관사) 물품을 구입해 '국민 血稅(혈세)로 호화생활을 한 것 아니냐'는 지적을 받기도 했다. 2012년 9월28일 민병주 의원이 전국 시도교육청으로부터 제출받은 '시도 교육감·부교육감 관사보유 및 물품구입 현황'에 따르면, 전북교육청은 지난 2년 8개월간 총 5319만 4000원 상당의 관사 물품을 사들여 전국에서 가장 많은 물품구매 금액을 지불한 것으로 나타났다. 이어 경남교육청(3256만 8000원), 강원교육청(1957만 1000원), 전남교육청(1732만 6000원), 광주교육청(1374만 원) 순이었다. 이중 경남교육감을 제외한 나머지 교육감들은 모두 전교조 출신이거나 親전교조 성향을 보였다.

김승환 전북교육감은 전북평화와인권연대 공동대표 출신으로 학생인권조례 再추진, 일제고사 폐지 등을 추진해 교과부와 마찰을 빚기도 했었다. 민병희 강원교육감과 장휘국 광주교육감은 각각 전교조 강원지부장, 전교조 광주지부장 출신이다. 장만채 전남교육감은 전교조와 시민단체의 추대로 출마해 당선되었으나, 2012년 4월 뇌물수수 혐의로 구속됐다.

> 참고

'전국공무원노동조합' (210페이지)
'통합진보당' (297페이지)

㊶ 전국농민회총연맹

박근혜 정부를 '도둑'으로 폄훼

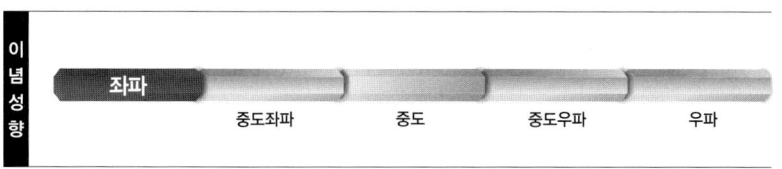

홈페이지: http://www.ijunnong.net
전화: 02-529-6347
설립일: 1990년 4월24일
주요인사: 이광석(의장), 한도숙(前 의장), 서정길(前 부의장), 강기갑(前 부의장·前 민주노동당 국회의원)

전국농민회총연맹(이하 전농)은 左派성향 농민단체이다.

"내가 왜 빨갱이인지 몰랐는데 알고 보니 국보법 때문"

전농은 2004년 11월4일 국회 앞에서 국가보안법 폐지 '1000인 농민선언'을 개최하는 등 국보법 폐지를 주장해왔다.

당시 서정길 전농 부의장은 "국가보안법이라는 사슬을 가지고 정치하는 그자들이 지금도 저 국회 안에서 큰소리를 떵떵치고 있지만 그자들은 우리가 원하는 국회의원은 결코 아니다"라고 했다. 이어 "농민들도 11월13일 1시에 서울역 앞에서 약 3만 명의 '행동대원'을 조직해서 국가보안법을 폐지하고 식량주권을 사수하기 위해 투쟁 할 것"이라고 주장했다.

한도숙(前 의장) 당시 전농 조국통일위원장도 "농민운동을 시작했을 때 나는 빨갱이라는 손가락질을 받았다. 내가 왜 빨갱이인지 몰랐는데 알고 보니 바로 이 국가보안법 때문"이라고 했다(발언출처: 2004년 11월4일 字〈통일뉴스〉 보도).

전농은 연방제 통일도 주장했다. 2006년 2월10일 전농10기 출범식 자료집에는 "'단일연대체'를 통해 자주적 민주정부를 세운 뒤 '남북 연방제'로 통일하자"고 적혀있었다.

"김정일 국방위원장의 급작스런 서거에 깊은 애도를…"

전농은 2010년 7월27일 '한반도 평화를 위협하는 한미군사훈련을 강력히 규탄한다'는 성명에서 천안함 爆沈(폭침) 이후 실시된 韓美군사훈련을 비판했다. 이들은 "천안함 사건 이후 여전히 대다수 국민들은 천안함 조사 결과에 많은 의구심을 가지고 있다"고 했다. 전농은 대한민국 정부와 미국을 비판하면서 정작 천안함 폭침 主犯(주범)인 북한정권에 대한 비판은 하지 않았다.

2010년 11월29일, 연평도 포격 직후 이명박 대통령의 對국민 담화와 관련해 '대결과 반목을 넘어 평화의 시대로 나아가자'는 성명을 발표했다.

　2011년 12월20일 전농은 성명을 통해 "김정일 국방위원장의 급작스런 서거에 깊은 애도를 표한다"고 발표했다. 그러나 김정일이 자행한 武力(무력) 도발에 관한 비판은 없었다.

　전농은 또 한미FTA가 발효된 2012년 3월15일, FTA를 규탄하는 '제2의 을사조약 한미FTA 발효무효! 한미FTA 폐기투쟁은 지금부터다'라는 성명을 발표했다.

　이들은 이어 "(전농은) 이명박 대통령과 새누리당의 한미FTA 발효선언에 맞서 나라를 팔아먹은 사대매국 집단을 완전히 청산하기 위한 투쟁에 나설 것"이라고 비난했다.

"마치 진보와 민주의 심장을 도려내기라도 할 것처럼…"

　전농은 2013년 8월28일 이석기 내란음모사건과 관련해 '박근혜 정권의 유신독재 회귀음모를 규탄한다'는 성명에서 다음과 같이 주장했다.

> 〈이석기 의원과 진보당, 진보민주 인사들을 겨냥한 대대적인 공안몰이가 개시되었다. 이석기 의원과 진보당은 이제 '종북'을 넘어 '내란음모' 세력으로 조작되고 있다. 내란음모, 국가보안법 위반, 도둑이 꺼내든 무기는 일견 무섭고 대단해 보인다. 마치 진보와 민주의 심장을 도려내기라도 할 것처럼 서슬도 있어 보인다.〉

　이석기 통진당 의원에 대한 국회 체포동의안이 가결된 직후인 2013년 9월5일, '진실과 정의가 반드시 승리할 것이다'라는 성명에서도 "궁지에 몰린 국정원이 화려하게 부활하고 국회는 새누리당 천하가 된 듯하다"고 주장했다.

참고
'전국민주노동조합총연맹' (229페이지)
'통합진보당' (297페이지)
'한미FTA저지범국민운동본부' (364페이지)

㊷ 전국민주노동조합총연맹

국보법 폐지·주한미군 철수 주장하는 極左노동단체

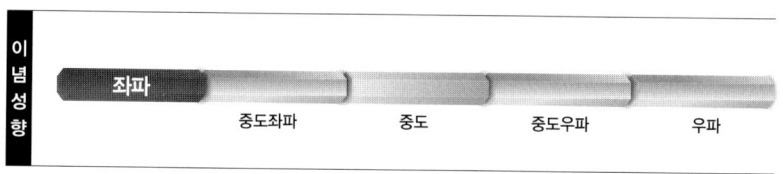

홈페이지: http://www.nodong.org
전화: 02-2670-9100
설립일: 1995년 11월11일
주요인사: 신승철(위원장), 양성윤·주봉희·이상진·김경자(이상 부위원장), 유기수(사무총장)

전국민주노동조합총연맹(이하 민노총)은 '국가보안법 철폐·주한미군 철수·평화체제 실현·연방·연합제 통일'을 주장하면서, 대한민국의 역사적 정통성과 이념적 정체성을 훼손해왔다.

민노총은 '한반도가 미국의 각종 침략전쟁에 전초기지가 된다' 등의 이유로 미군기지 건설을 반대해 왔으며, 한미합동군사훈련 등은 '남북대결을 고조시켜 통일을 방해한다'는 요지로 반대했다. 유엔군사령부에 대해서는 '미국이 북한 점령 과정에서 주도권을 장악하려는 음모'라는 식으로 주장했고, 한미행정협정(SOFA)은 '두 여중생 살인 만행 등에서 보여지듯 명백히 불평등하다'는 이유로 비난했었다. 국가보안법 및 공안기구에 대해서는 '남북 적대관계의 완전한 청산' 등을 내세우며 반대 및 해체를 주장하고 있다.

"아시아 주둔 미군 모두 철수하고 기지 철거하라"

2007년 5월9일 홈페이지에 게재한 소위 '2007 민노총의 요구와 과제(2007과제)'에서도 ▲평택 미군기지 확장 중단 ▲한미합동군사훈련 중단 ▲유엔사령부 즉각 해체 ▲한미행정협정 및 한미상호방위조약 개폐 및 공안기관 해체 등 국가안보 기능의 전면적 해체를 촉구했다.

민노총은 이 과제에서 "한반도에서의 전쟁위기를 고조시키고 있는 상황에서 주한미군의 철수 문제를 다루지 않고 한반도 평화체제 및 평화협정을 논의한다는 것은 실질적 의미가 없는 것"이라고 주장했다. 이들은 "주한미군은 남과 북의 화해와 민관 교류가 활성화되면서 조성되고 있는 남북의 연방연합제 방식의 평화통일을 위해서도 반드시 즉각 철수해야 함"이라고 밝혀 주한미군 철수가 연방·연합제 통일의 전제임을 강조했다.

민노총은 2008년 8월30일 소위 '동아시아평화회의 공동선언문'을 발표했다. 이들은 "美日제국주의자들에 의해 對北 적대시 정책, 독도 영토권 침해가 계속되고 있는 데 대해서도 강력히 규탄한다. 아시아 주둔 미군은 모두 철수하고 기지를 철거하라"고 주장했다. 이들은 또 '주한미군 내보내는 한반도 평화협정 체결 및 모든 전쟁연습 중지'와 함께 "한반도 자주통일을 지지한다. 6·15선언과 10·4선언을 성실히 이행하라"

고 결의했다(발언출처: 2008년 8월31일字 〈통일뉴스〉 보도). 당시 허영구 민노총 부위원장은 같은 날 파주 모 초등학교에서 열린 세미나에서 "제국주의 침탈이 없는 세상, 남의 나라 군대가 없는 세상을 꿈꾸는 우리들이 이 자리에 모여서 아시아의 미군을 철수시키기 위해 결의를 다지는 자리"라고 주장했다(발언출처: 上同).

"노동자 착취와 미제의 살인적 압제 긴밀히 연결"

민노총은 2007년 8월31일~9월1일 대전 동구청소년수련관에서 가진 소위 '통일일꾼 전진대회'에서 "노동자가 앞장서서 연방통일조국 건설하자!"고 결의했다. 이들은 결의문에서 "악질 매판자본의 노동자 착취와 미제의 살인적 압제가 긴밀히 연결되어 있음을 자각한다"고 말했다. 이어 "우리는 한반도 평화와 조국통일의 운명이 우리 노동대오의 어깨에 달려 있음을 깊이 인식하고, 자랑찬 민노총 통일일꾼으로서 미군 없는 한반도 평화와 연방제 통일조국 건설의 책무를 헌신적으로 수행해나갈 것을 굳게 결의한다"고 밝혔다(발언출처: 2007년 9월6일字 인터넷 〈미래한국〉 보도).

'反자본주의·反세계화'

민노총의 이념적 성향은 '反자본주의·反세계화'에 가깝다. 이는 노조 간부 등을 대상으로 하는 각종 교육 자료에 잘 나와 있다.

일례로 민노총은 2005년 '제5기 노동자학교'를 위해 제작한 자료집 가운데 '자본주의 바로알기'에서 자본주의를 ▲상품생산경제로서 황금만능의 사회 ▲자본가 계급이 사회의 주인이 되는 사회 ▲이윤창출경제로서 부익부·빈익빈의 사회 등으로 규정한 뒤, "자본주의는 필연적으로 붕괴될 수밖에 없으며 새로운 경제제도로 대체될 수밖에 없다(출처: 同 자료집 113페이지)"고 주장했다.

2002년 대의원대회에서 통과된 사업계획안에 따르면, ▲'조국통일3대원칙(자주·평화통일·민족대단결)'과 '4대 정치적과제(국보법 철폐·평화협정 체결·주한미군 철수·연방제 통일방식)'의 실현을 위한 투쟁지속 ▲미국과 수구냉전세력의 反통일 움직임 분쇄 및 6·15공동선언 관철 ▲모든 형태의 침략전쟁에 反戰(반전)평화운동 등을 전개할 것이라고 밝혔다(출처: 同 자료집 13페이지).

"2010년 전체 노사분규 중 88%가 민노총 주도"

한국경영자총협회(경총)가 홈페이지에 발표한 '2010년도 노사분규 현황 및 특징 분석'에 따르면, 대부분의 노사분규는 민노총 사업장에서 발생했다고 한다. 이 자료집은 "상급단체별 분규 건수는 민주노총 76건(전체의 88.4%), 한국노총 9건, 미가맹 1건으로 민주노총 소속 노조가 대부분을 차지"했다고 밝혔다. 자료집은 또 민노총 금속노조 사업장에서 분규가 多發(다발)했다며 "총 16개 사업장에서 중앙 및 지부(지회)교섭 과정에서 2중 파업 발생"이라고 전했다.

국정원의 정당한 수사를 '공안몰이'로 매도

2012년 5월 민노총은 《노동자통일교과서-노동자, 통일을 부탁해》라는 책자도 발간했다. 김영훈 당시 민노총 위원장은 발간사에서 "세계 유일의 분단국가라는 오명은 민족의 수치이면서, 동시에 노동자 민중들의 삶을 철저히 파괴하고 있다"고 밝혔다. 이어 "'노동자가 앞장서서 조국을 통일하자'는 구호가 현실이 되려면 분단과 6·25전쟁의 기원, 오늘날 벌어지고 있는 분단현실의 문제와 전쟁위기의 본질을 제대로 알아야 한다"고 주장했다.

민노총은 2013년 8월29일字 성명에서 '국정원 선거개입 규탄 촛불운동을 훼손하려는 공안몰이 규탄한다'고 했다. 이들은 "국정원이 국정원 불법대선개입과 정치공작에 대한 국정조사가 끝난 지금 시점에서 '내란음모'를 앞세워 현직 국회의원을 포함한 진보정당과 인사들에 대한 탄압에 나선 의도는 분명하다"고 단정했다. 이어 "군사독재 시절에나 듣던 죄목(내란음모죄)이 등장한 것은 궁지에 몰린 정권과 국정원의 위기탈출용"이라고 주장했다.

단체는 "유신 독재시대에서나 보았던 '내란음모'를 2013년 오늘날 되살린 것은 위기에 몰린 정권 유지를 위한 공안몰이이자, 국정원 부정선거 진상규명 요구를 잠재우고 국면전환을 꾀하기 위해 역사를 반세기 이전으로 되돌린 폭거"라고 맹비난했다. 이석기 사건의 본질적 문제는 간과하고, 국정원의 정당한 수사를 '공안몰이'로 매도한 것이다.

초대 위원장 권영길 "나는 빨치산의 아들"

민노총 초대 위원장은 15·16·17대 대통령 선거에 출마했던 권영길이다. 그는 2007년 자신이 '빨치산의 아들'이라고 공개적으로 밝혔다. 권영길은 그해 7월7일 광주·전남 연설에서 "다 알듯이 나는 빨치산의 아들이다. 1997년 〈조선일보〉 인터뷰 때, 빨치산의 아들이라고 말하지 못했다. 산사람이었다. 이렇게 말했다. 왜 그랬을까, 누가 이렇게 만들었느냐"고 말했었다. 그는 "목숨 빼앗기는 것을 알면서도, 목숨을 던졌던 통일인사들 덕분에, 지금의 권영길이 있다"며 "그분들은 나의 생명을 지켜주었다. 내가 보답할 것은 오직 하나다. 자주·민주·통일 세상을 만드는 것"이라고 했다. 다음은 권영길의 주요 발언 모음이다.

〈▲"대구·경북은 보수꼴통 도시": "대구·경북은 보수 세력의 총본산이라고 하는데, 대구·경북은 보수꼴통 도시 아니냐…(중략) 1946년 10월 항쟁(注: 대구 폭동을 지칭)만 해도 대구·경북에선 폭동으로 가르치고 있다. 광주나 부산은 민주도시라는 자부심을 갖고 있는데, 대구·경북도 그렇게 가르쳐야 하는 것 아니냐" (발언출처: 2010년 10월 15일자 〈매일신문〉 보도)

▲"박정희 대통령 제거 활동조직 했었다": "실제적으로 쿠데타라고 표현이 될 수도 있는 '박정희 대통령 제거 활동조직'을 했었다. 1960년대 말 민주화에 대한 갈망을 가진 몇몇 기자들을 중심으로 모임을 결성했으며, 나중에 육사를 나온 중령·대령 등 현역 군인들과 연결이 돼 (1972년 10월) 유신이 된 다음에 활동을 본격화했다…(중략) 박정희 전 대통령은 용납할 수 없는 독재자라고 규정된 것이고, 무엇보다 가장 중요한 것은 유신정권의 타도라는 생각을 했다…(중략) 광범위한 민주화를 꾀하기보다는 한사람을 제거하는 게 아주 효과적일 것이란 생각을 했다" (발언출처: 2008년 2월28일자 〈경향신문〉 보도)

▲"불평등한 SOFA를 개정해 미군범죄를 근절하고 주한미군 철수에 관한 협상을 전개하겠다. 미군기지는 온갖 범죄의 소굴이 돼버린 지 오래" (발언출처: 2002년 8월9일자 〈프레시안〉 보도)〉

이수호 前 위원장
"남한 민중은 미국 몰아내야 하는 과제 안고 있어"

2004~2005년도에 민노총 위원장을 지냈던 이수호는 2012년 12월 서울시 교육감 재보궐 선거에 출마했으나 낙선했다. 이수호는 2004년 3월 노무현 대통령 탄핵 이후 광화문 촛불시위 등 대규모시위를 주도한 '탄핵무효부패정치청산을 위한 범국민행동(이하 범국민행동)'의 상임대표를 역임했었다. 당시 범국민행동 상임대표에는 박원순(現 서울시장), 최열(前 환경운동연합 대표), 문규현(1989년 임수경과 불법 訪北), 오종렬(前 전국연합 상임의장) 등 左派(좌파) 성향 인물들이 참여했다.

그가 이끌 당시 민노총은, 국가보안법 폐지 투쟁에 주력했다. 2004년 7월22일부터 민노총은 '국가보안법폐지국민연대'가 주도한 '국가보안법폐지를 위한 전국 보도행진'에 동참했었다. 당시 민노총은 "민족대결과 인권탄압, 국가보안법과 함께 사라져야 합니다"라는 플래카드를 걸고 '1노조, 1거리 걷기운동'을 벌였다. 또 국보법 폐지 해설서를 교육하고 각 연맹산하 국보법 폐지 사업담당자들이 서명운동에 나서기도 했다. '국가보안법 폐지를 위한 조합원 10만 청원운동'도 이뤄졌다.(출처: 2005년 1월4일 字 〈자주민보〉 보도 인용).

이수호는 反헌법적인 6·15선언 이행도 촉구했다. 그는 2005년 8월16일 서울 올림픽파크텔에서 열린 '남북노동자연대모임'에서 북측 노동자분과위 부위원장과 만난 적이 있다. 이 자리에서 이수호는 "지금 남한 민중은 미국과 신자유주의의 공세로 생존권과 기본권을 위협받고 있어 이를 몰아내야 하는 과제를 안고 있다"며 "마음이 지척이면 천리도 지척인 만큼 6·15공준위(공동준비위원회)를 전 민족통일운동기구로 발전시키고 자주통일 과업을 이루자"고 제안했다(발언출처: 2005년 8월16일字 인터넷 〈사람일보〉 보도).

> **참고**
>
> '국가보안법폐지국민연대' (25페이지)
> '민주언론시민연합' (96페이지)
> '전국공무원노동조합' (210페이지)
> '전국교직원노동조합' (216페이지)
> '통합진보당' (297페이지)

㊸ 전국언론노동조합

北의 核실험 책임 美에 전가…천안함 폭침 의혹 제기

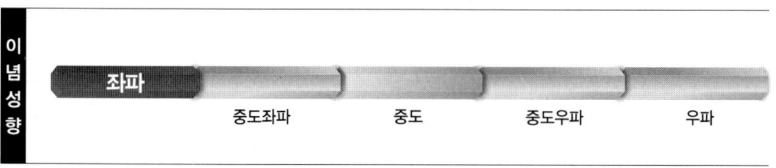

홈페이지: http://media.nodong.org
전화: 02-739-7285~6
조직현황: 2000년 11월24일
주요인사: 강성남(위원장), 이경호(수석부위원장)

전국언론노동조합(이하 언론노조)은 1988년 11월 출범한 '전국언론노동조합연맹(언론노련)'의 後身(후신)이다.

언론노조는 강령에서 "노동자 정치세력화를 기치로 비민주적인 법, 사회제도의 개혁과 인간의 존엄성 보장, 자유·평등 실현의 한길에 힘차게 나선다"고 명시하고 있다. 언론노조는 北의 核실험의 책임을 미국에 轉嫁(전가)하고, 천안함 폭침 조사결과에 의문을 제기하는 서한을 유엔에 보낸 참여연대를 비호하기도 했다.

北의 核실험 책임 美에 전가

언론노조는 2003년 2월24일자 성명을 통해 "일부 수구 언론들이 '북한이 핵을 가졌다'고 단정짓는가 하면 당장 미군이 떠나는 것처럼 과장, 왜곡으로 함으로써 이 문제를 '정권 공격용'으로 악용해왔다"며 북한의 핵개발이 소위 수구언론의 과장·왜곡이라고 비방했다. 이들은 2006년 10월23일, 북한 1차 핵실험 직후 성명에서 "전국언론노동조합의 '입장'은 이번 사태의 가장 큰 책임이 미국에 있다는 것임을 분명히 밝혀둔다. 미국은 美北양자 논의를 통한 북핵 문제 해결을 거부했으며…(중략) 시간 끌기를 하다 지금의 사태를 초래한 장본인"이라며 미국에 책임을 떠넘겼다.

"韓美FTA는 대재앙"

언론노조는 韓美FTA 체결도 반대했다. 언론노조는 2006년 6월21일 '한미FTA 저지 총파업 결의' 기자회견을 열었다. 이들은 "오늘 우리 사회는 한마디로 풍전등화요, 백척간두의 상황"이라며 "한미FTA는 역사적 퇴보의 결정판이자, 돌이킬 수 없는 대재앙"이라고 주장했다(발언출처: 2006년 6월21일자 〈대자보〉 보도).

언론노조 신학림 前 위원장은 2007년 2월12일 '한미FTA저지 집단 단식농성'에 돌입하며 "언론 노동자들이 나서지 않으면 나라를 통째로 내주는, 미국에 완전히 통합되는 망국적 협상을 막을 수 없다. 우리는 선택의 여지없이 모든 수단을 동원해 투쟁할 수밖에 없다"고 선동했다 (발언출처: 2007년 2월12일자 〈민중의소리〉 보도).

'광우병 사태'의 진원지 MBC 비호

언론노조는 2008년 광우병 사태의 진원지인 MBC도 비호했다. 이들은 2008년 7월9일 '촛불아 모여라 PD수첩 지키자'는 촛불집회를 주도했다. 당시 집회에서 최상재 언론노조 위원장은 "그 어떤 더위도 언론의 자유를 외치고 국민 만을 위해 방송하고자 하는 MBC 노동자들의 열기를 가로막지는 못할 것"이라며 광우병 사태를 촉발시킨 MBC가 국민만을 위해 방송한다고 주장했다(발언출처: 2008년 7월9일자 〈폴리뉴스〉 보도).

"북 치고 장구 치니 소가 웃지 않을 도리가 있겠는가"

2010년 6월11일 참여연대는 民軍합동조사단(이하 합조단)의 천안함 爆沈(폭침)의 조사결과에 의문을 제기하는 서한을 유엔안전보장이사회(이하 유엔안보리) 소속 15개 국가에 발송하고, 합조단 해체를 촉구했다. 천안함이 '북한 어뢰에 의해 폭침되었다'는 조사결과는 유엔안보리 이사국은 물론 20~30여 개의 非이사국도 인정하는 사실이었다.

언론노조는, 같은 해 6월15일 발표한 성명에서 "국익을 심대하게 훼손하고 있는 쪽은 참여연대가 아니라 이명박 정부와 수구족벌언론, 그리고 이들과 밥줄을 함께하는 관련단체들"이라고 비난했다. 이어 "당장이라도 유엔이 對北제재를 결의하고 북은 완전히 고립될 것처럼 떠들던 이명박 정부의 당황해 하는 기색이 역력하다"며 "천안함 사건을 어떻게든 6·2 지자체 선거에 이용해 보겠다는 일념으로, 내용과 시점에 대한 국민적인 비판에도 불구하고 졸속적인 조사결과 발표를 감행한 정권의 자업자득일 뿐"이라고 주장했다.

언론노조는 또 "이명박 정권의 대표적 브랜드 '남 탓 돌리기'가 또 다시 펼쳐지고 있다. '다 된 안보리 제재가 참여연대 때문에 무산될지 모른다'고 호들갑 떤다"며 "수구 족벌언론과 관변단체들이 북 치고 장구 치니 소가 웃지 않을 도리가 있겠는가"라고 비아냥거렸다. 북한의 책임론에 대해선 함구하고 이명박 정부와 국방부, 일부 보수언론만을 비난한 것이다.

> **참고**
> '민주언론시민연합' (96페이지)
> '참여연대' (279페이지)

(44) 전국철거민연합회

용산방화사건의 원인 제공…각종 철거 시위에 개입

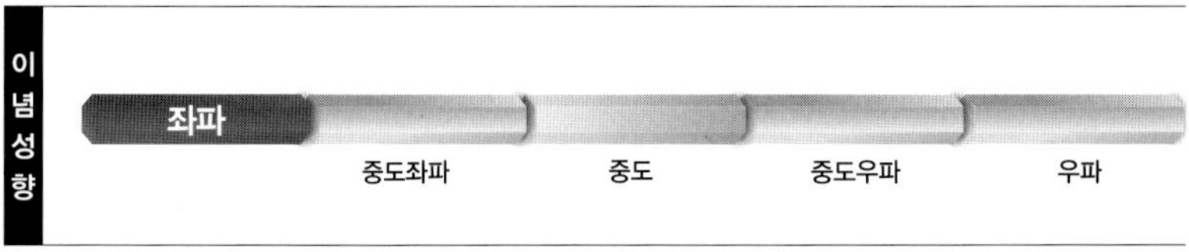

홈페이지: http://pw87.jinbo.net
전화: 02-834-5563
설립일: 1994년 7월
주요인사: 장영희(의장), 남경남(前 의장)

전국철거민연합(이하 전철연)은 과격한 행태로 좌파 내부에서도 비난을 받아 온 단체이며 수많은 불법시위를 주도했다. 대표적인 예가 2009년 용산방화 사태이다. 이들은 철거문제를 주거권이 아닌 계급적 시각에서 접근해왔다.

전철연은 출범선언문에서 "전체 철거민과 도시빈민의 총단결된 힘으로, 全(전) 민중의 생존권을 수호하여 우리 사회의 진정한 민주주의를 수립하기 위해 총력 투쟁할 것을 만천하에 선언한다"고 밝혔다.

'철거투쟁으로 숨진 35명 대부분이 전철연과 직·간접적 연관'

전철연은 ▲1996년 신연숙 씨 골리앗 추락 사망 ▲1997년 민병일 씨 폭행 사망·박순덕씨 골리앗 추락 사망 ▲1999년 수원 권선4지구 사제총 사용 ▲2000년 민주당 화염방사기 난입 ▲2003년 서울 상도동 컨테이너 추락 ▲2004년 고양파출소 화염병 투척 ▲2005년 오산시 세교택지개발지구 사건 등에 개입해 불법·폭력시위 등을 주도했다.

2005년 4월16일 오산시 세교택지개발지구 사건의 경우, 철거용역 이모 씨(26)가 화염병을 맞고 불에 타 숨졌다. 전국철거민연합 간부 성 모 씨(39)는 "내가 화염병을 던졌다"고 자수해 살인 혐의로 같은 해 4월26일 구속됐다. 한국도시연구소가 1998년 펴낸 《철거민이 본 철거》에 따르면, 2006년 현재까지 철거투쟁으로 숨진 35명 대부분이 전철연과 직·간접적으로 연결되어 있다고 한다.

용산방화사건의 직접적 원인 제공

전철연이 대중에 널리 알려진 것은 2009년 1월 용산방화사건 직후다. 용산방화사건은 2009년 1월20일 새벽 서울 용산구 재개발 지역에서 농성자들을 경찰이 진압하는 과정에서 서울경찰청 특공대 소속 김남훈 경장과 양회성 씨 등 농성자 5명, 총 6명이 사망한 사건이다. 이 사건의 직접적 원인은, 사회적 약자의 생존적 차원의 항거가 아닌 철거민 시위현장마다 나타나 不法 과격시위를 주도한 전문 시위꾼들의 테러 때문이었다는 게 定說(정설)이다.

사건의 배경이 된 용산 4구역 재개발 사업은 2006년 재개발 구역으로 지정되어 2008년부터 철거가 시작됐다. 관련된 세입자는 모두 890명이었는데, 이 중 85.7%인 763명의 보상이 완료되었고(약 84억 원 지급), 보상에 반발하는 86세대 상가세입자들은 2007년 용산세입자대책위원회를 조직해 2008년 2월 전철연에 가입했다. 두 달 후인 2008년 4월, 대부분의 세입자들은 여기서 탈퇴하고 26세대만 남아 철거대책위원회를 구성했다.

화염병 100여 개, 벽돌 1000여 개 투척

2009년 1월19일, 전철연 등 소속 농성자들은 용산 남일당 건물을 점거농성 장소로 정하고 세입자 10명과 외부인 22명이 복면을 쓴 후 건물을 점거했다. 그리고 수백 개의 화염병, 염산병 등을 무차별적으로 집어 던져 인근 상가와 차도·인도 등에 放火(방화)했다. 당시 경찰은 18차례 해산을 설득했지만 거부당했고, 결국 경찰 특공대를 진입시켰다. 농성자들은 시너를 통째로 부으며 저항했고 그 과정에서 불이 옮겨 붙으면서 폭발이 일어났다. 이로 인해 농성자 5명과 경찰관 1명이 사망하고, 경찰 20명이 다쳤다. 사망 농성자 5명 중 용산 세입자는 2명뿐이었으며, 현장에서 연행한 화염병 시위 가담자 28명 중 보상금 지급 대상인 세입자는 7명, 나머지 21명은 전철연 회원들인 것으로 나타났다.

전철연은 망루와 새총을 비롯해 화염병 제조·투척, 염산 및 시너 공급 등을 주도하며 1박2일 동안 경찰은 물론 버스·승용차가 지나는 거리에 화염병을 100개 이상 투척했다. 골프공 300여 개, 유리구슬 400여 개, 벽돌 1000여 개를 대형 새총으로 발사했다. 염산병도 40개 이상 던졌고, 시너를 통째로 부었다. 마구잡이로 던진 화염병으로 인근 건물

4곳에서 불이 났다.

2011년 4월28일, 대법원 2부(주심 양창수 대법관)는 용산방화사건 당시 망루 점거 농성을 주도한 혐의(특수공무집행방해치상) 등으로 기소된 남경남 前 전철연 의장에게 징역 5년에 벌금 100만 원을 선고한 원심을 확정했다.

| 참고 |

'한국진보연대' (351페이지)

㊺ 전태일재단

2003년 한총련 비호 성명에 참여

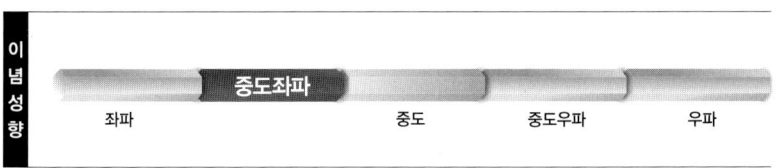

홈페이지: http://www.chuntaeil.org
전화: 02-3672-4138
설립일: 1984년 8월28일(1981년 12월14일 전태일기념관건립위 발족)
주요인사: 조헌정(現 향린교회 목사)(이사장), 이덕우·이숙희·정순암(이상 감사), 박계현(사무총장)

　전태일재단(이하 재단)은 분신자살한 전태일 씨를 기리는 사업을 주로 하는 단체이다. 재단은 "1970년대 이후 노동운동 관련한 자료들을 수집·분류·보관·자료화 사업을 하고 있다"고 밝혔다.
　전태일문학상과 전태일노동상 시상이 단체의 주요 사업이다. 이들은 他(타) 단체와 달리 시국에 대한 관여보다는 재단 본연의 업무에 더 치중하고 있다.

박근혜 후보, 재단 방문 저지당해

　재단은 한총련의 美軍기지 진입난동 직후인 2003년 8월13일, 70여 개 단체와 함께 연 기자회견에서 "(한총련 학생들의 시위는) 일신의 안일을 구하지 않고 오직 나라를 걱정하는 애국심과 평화의 충정이 담긴 정의로운 행동"이라며 "미국의 말 한마디에 쩔쩔매며 자기의 대학생들을 무자비하게 탄압하는 현 정부에 대해 실망과 배신감, 굴욕감을 느낀다"고 밝혔다(발언출처: 2003년 8월13일字 인터넷 〈통일뉴스〉 보도). 이들은 2004년 8월15일 '평화와 통일, 자주의 새 시대로 가는 광복 60년 맞이 시민사회 선언'에 참가해 "구시대 유물인 국가보안법을 폐지할 것"을 주장했다(발언출처: 2004년 8월15일字 인터넷 〈통일뉴스〉 보도).

　2012년 8월28일 박근혜 당시 새누리당 대통령 후보는 서울 종로구 창신동에 위치한 재단 사무실을 방문하려 했지만, 유족들에 반발에 의해 방문이 무산됐다. 유족들은 朴 후보 방문에 앞서 성명을 통해 "너무 일방적인 통행이라서 맞이할 준비가 되어 있지 않다"고 주장했다. 전태열의 동생 전태삼 씨는 "이 나라에서 우선 시급한 것은 국민이 이해할 수 있도록 쌍용자동차 22명의 노동자들의 죽음이 있는 대한문 분향소부터 방문하고 분향하는 것이라 생각되면서 쌍용자동차 해결한 후에 오시는 것이 순서라고 생각되어 진다"고 거부이유를 밝혔다(발언출처: 2012년 8월28일字 인터넷 〈경향신문〉 보도).

㊻ 정의당

민노-통진당과의 분열로 생겨난 左派정당

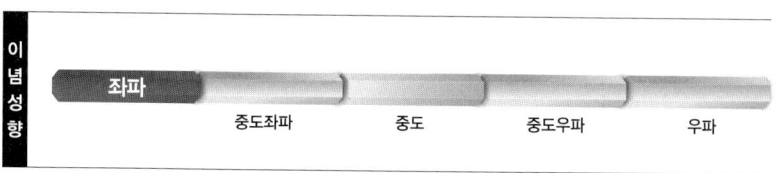

홈페이지: http://www.justice21.org
전화: 02-2038-0103
설립일: 2012년 10월21일
주요인사: 천호선(대표), 심상정(원내대표)·김제남·박원석·서기호·정진후(이상 국회의원), 노회찬(前 공동대표)

　정의당은 통합진보당(이하 통진당)과 차별화된 진보정당임을 내세우지만 강령 상 큰 차이가 없는 左派정당이다.
　정의당은 강령에서 ▲재벌 체제 대개혁을 통해 중소기업 및 영세 자영업자를 보호하고 궁극적으로 재벌 지배 경제체제 해체 ▲6·15/10·4 선언 이행 등 통일을 위한 상호 협력과 비핵화, 평화협정 체결, 상호군축 등 평화를 위한 포괄적 접근 전개, 주한미군 단계적 철수 등을 명시하고 있다.

민노-통진당과의 분열로 急造된 '좌파정당'

2008년 1월12일 민노당 지도부는 17대 대선 당시 저조한 득표율을 얻은 데 책임을 지고 사퇴했다. 심상정을 위원장으로 한 비상대책위원회가 출범했다. 그러나 당 혁신안이 부결되고, NL-PD 갈등으로 인한 '從北(종북) 논란'이 불거지자 심상정·노회찬 등 PD계열 일부는 민노당을 탈당해 진보신당을 창당했다. 2008년 3월16일 창당된 진보신당은 같은 해 4월9일 치러진 18대 총선에서 2.94% 정당득표율을 기록, 단 한 명의 당선자도 배출하지 못해 군소정당으로서의 명맥만을 유지하고 있었다.

2011년 말 汎(범)좌파세력은 19대 총선과 18대 대선에서의 승리를 위해 이른바 '진보대통합'을 추진했다. 同年 8월28일 이정희 당시 민노당 대표와 조승수 당시 진보신당 대표는 소위 '새로운 통합진보정당 건설을 위한 잠정 합의문'을 발표, 합당을 논의했다.

같은 해 9월4일, 진보신당은 당 대회에서 민노당과의 합당 안건을 표결에 부쳤으나 이는 부결되었고, 黨內(당내)에서 합당 반대 기류가 형성되기 시작했다. 결국 조승수 대표를 비롯해 심상정, 노회찬 등이 탈당해 '새진보통합연대'를 결성, 민노당과의 합당에 나섰다.

유시민, 천호선 등 親盧(친노) 계열이 이끌던 국민참여당(이하 국참당)도 '합당 대열'에 합류했다. 2011년 12월5일, 민노당과 새진보통합연대, 국참당은 합동수임기구를 구성했고, 2012년 1월15일 통합진보당이 공식 출범했다.

헌정 사상 초유의 '셀프(self)제명'

통진당은 2012년 4월11일 치러진 19대 총선에서 정당득표 10.5%를 기록해 비례대표 6명과 지역구 7명의 당선자를 배출, 총 13석의 의석을 얻었다. 당시 통진당은 총선 前 이정희 후보가 출마했던 관악乙 不正(부정)경선, 총선 後 비례대표 후보 不正경선 사건에 휘말렸다. 총선 이후 불거진 비례대표 부정경선 의혹은 당권파(舊 민노당 계열)와 비당권파(舊 국민참여당 등 민노당 외 계열) 간의 갈등을 드러냈다. 심상정·노회찬·유시민 등은 비당권파의 주도로 상정한 '이석기·김재연 의원 제명안'까지 부결되자, 새로운 진보정당 창당을 위해 진보정치혁신모임을 결성했다. 同年 9월 들어 이석기·김재연과 노선을 달리하는 의원 및 당직자들의 탈당이 이어져, 당은 사실상 分黨(분당)의 길로 접어 들었다. 통진당은 9월 7일 열린 의원총회에서 김제남·정진후·박원석·서기호 의원에 대한 제명안을 표결에 부쳐 의원 13명 중 찬성 7표, 기권 3표로 통과시켰다. 찬성표를 던진 의원에는 제명 대상인 비례대표 의원 4명도 포함돼있었다. 이는 당시 '헌정 사상 초유의 셀프(self)제명'이라는 비판을 받았다. 비례대표 의원의 경우, 탈당을 하면 자동적으로 의원직이 박탈되지만, 제명이 되면 의원직은 유지할 수 있다. 이들은 제명된 직후 통진당 탈당을 선언했고, 4명의 비례대표 의원 모두 현재 정의당 소속이다.

심상정·노회찬 등이 참여한 진보정치혁신모임은 2012년 9월16일 서울 구로구민회관에서 전국대회를 열고 노회찬과 조준호를 공동대표로 한 새진보정당추진회의를 결성했다. 이들은 同年 10월7일 진보정의당으로 당명을 확정한 후, 10월21일 창당대회를 가졌다. 이듬해 7월21일 열린 '2013 진보정의당 혁신전당대회'에서 당명을 현재의 '정의당'으로 변경하고, 노무현 정권 당시 청와대 대변인을 지낸 천호선을 당 대표로 선출했다.

남북대화록 제출 요구안 표결 '기권1·반대4'

2013년 7월2일, 국회 본회의에서 남북정상회담 대화록 자료제출 요구안이 표결에 부쳐졌다. 정의당 소속 의원 5명 가운데 기권한 서기호 의원을 제외한 나머지 김제남·박원석·심상정·정진후 의원은 요구안에 반대했다. 이날 오전 정의당 의원총회에서, 심상정 원내대표는 "국정원이 불법적으로 공개한 회의록 전문을 통해 이미 대다수 국민은 서해 NLL포기 발언이 아님을 판결해줬다. 더 이상 국가 기밀자료가 정쟁의 수단으로 쓰여서는 안 된다"고 주장했다(발언출처: 2013년 7월2일자 〈연합뉴스〉 보도).

2013년 11월20일 국회 본회의 비교섭단체 대표연설에서 沈 원내대표는 국정운영의 대전환을 촉구하며 "박근혜 정부 1년은 정치참사로 기록될 것"이라고 했다. 그는 "국가기관이 대통령선거에 개입했다. 명백한 사실"이라며 특검 수용을 촉구했다(발언출처: 2013년 11월20일자 〈뉴스1〉 보도).

통진당 해산 반대

2013년 9월9일 정의당 상무위원회의에서, 천호선 대표는 "이석기 의원 구속 이후 새누리당과 법무부가 이 사건을 통합진보당 해산과 같은 엉뚱한 방향으로 이끌어 가고 있다"고 주장했다. 그는 "공연히 제명을 시도하는 것은 국정원 불법대선 개입 사건을 무마하고 정국 주도하겠다는 얄팍한 수에 불과하다. 이제 억지스러운 종북장사를 멈춰야 한다"고 비난했다(발언출처: 2013년 9월9일字 인터넷 〈시민일보〉 보도).

2013년 11월6일, 노회찬 前 의원도 CBS 라디오 '김현정의 뉴스쇼'와의 인터뷰에서 "통합진보당에 대해서도 유감이 상당히 많지만, 정부의 이번 결정은 명백히 잘못된 것"이라고 주장했다. 그는 "비례대표 부정경선이나 최루탄 투척 같은 것이 정당해산 사유가 된다면, 과거 한나라당 불법 정치자금으로 차떼기 사건 났을 때도 정당해산 했어야 한다"며 "그런 식으로 하면 새누리당은 10번 이상 해산당했어야 할 정당"이라고 했다(발언출처: 2013년 11월6일字 〈조선닷컴〉 보도).

'삼성 때리기'

2013년부터 정의당은 삼성그룹 공격에 주력하고 있다. 이들은 '경제민주화'를 명목으로 삼성그룹에 대한 課稅(과세) 확대, 勞組(노조)합법화 등을 집요하게 요구하고 있다. 특히 같은 해 10월17일에는 '삼성불법 국민제보센터'를 발족시키기도 했다.

정의당의 '삼성 때리기'에 대해 야당인 민주당조차도 난색을 표했다. 그해 11월20일 국회 본회의 비교섭단체 연설에서 심상정 원내대표가 삼성에 대한 증세를 공식적으로 요구하자 민주당의 한 당직자는 "특정기업 과세 주장에는 동의하기 어렵다"고 밝혔다(발언출처: 2013년 11월20일 〈머니투데이〉 보도).

전경련의 한 관계자도 "특정기업을 대상으로 한 과세 등은 처분적 법률행위로 바람직하지 않다"고 설명했다. 그는 "삼성이 우리나라에서 가장 투자를 많이 하고, 고용을 많이 하는 기업인데, 징벌적으로 세금을 매기면 그만큼 고용과 투자가 줄어들지 않겠느냐"고도 했다(발언출처: 上同).

개별기업이 경영효율화와 기술혁신 등을 통해 他(타) 기업에 비해 좋은실적을 올린다고 과세대상에 추가하는 건 과세체계를 깨는 것은 물론, 市場(시장)자유주의 원칙의 근간까지 뒤흔들 수 있다는 지적이다.

참고

'통합진보당' (297페이지)

㊼ 조국통일범민족연합남측본부

'불법 방북자' 노수희가 부의장으로 활동했던 利敵단체

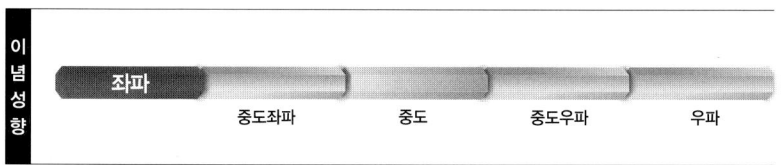

홈페이지: http://www.tongil-i.net
전화: 02-712-8603
설립일: 1995년 2월25일
주요인사: 이종린·나창순(이상 명예의장), 이규재(의장), 김을수·설곡·노수희·윤기진(前 조국통일범민족청년학생연합 남측본부 의장) 등(이상 부의장)

　조국통일범민족연합 남측본부(이하 범민련)는 국보법 철폐·주한미군 철수·연방제 통일 등 북한정권의 對北적화노선을 노골적으로 추종해온 단체이다. 범민련은 1989년 不法 방북했던 문익환 목사 주도로 결성된 범민련 남측본부 결성준비위원회가 그 母胎(모태)다. 범민련 남측본부 초대 의장은 강희남이었다. 범민련은 1997년 5월16일 대법원에서 利敵단체로 판시됐다.

2006년 6·15민족통일대축전(13억 1300만 원 지원)

　노무현 정권은 과거 6·15선언 실천을 위한 남북공동행사에 범민련이 참여하는 것을 허가하는 것은 물론, 재정적 지원까지 했다. 2006년 광주에서 6·15남북공동행사가 열렸다. 행사장 곳곳에는 '미군 몰아내자', '주한미군 철수'라는 현수막이 걸렸다. 당시 정부는 북한정권과 남한의 범민련 등 남북한 좌파세력의 反韓·反美(반한·반미) 행사 등에 13억 1300만 원에 달하는 통일부 남북협력기금을 지원했다(출처: 통일부 홈페이지 '남북협력기금 관련 통계').

　6월14일 광주 조선대 행사장에서 북한 조선직업총동맹 부위원장 최창만은 "외세는 여전히 우리 민족의 운명을 좌지우지하려 하고 있다. 그러나 우리 노동자의 자존심이 이것을 허락하지 않는다"며 "외세와 손잡고 전쟁을 일으키려는 反6·15세력의 위험한 활동을 단호히 분쇄해야 한다"고 선동했다(발언출처: 2006년 6월15일자 〈통일뉴스〉 보도).

　같은 행사에 참석한 6·15북측위 안경호는 6월10일 "앞으로 남조선에서 한나라당이 집권하면 6·15공동선언이 날아가고 북남협력교류가 파탄되게 되며 온 나라가 전쟁화염에 휩싸이게 될 것"이라고 공갈을 치기도 했다(발언출처: 2006년 6월15일자 〈연합뉴스〉 보도).

　남한 범민련 의장 이규재는 이날 새벽 광주에서 북한의 2006년 對南 3대 애국운동 결의대회를 갖고 "反통일세력들의 반동이 거세지고 있다"며 "反통일세력 척결의 지름길도, 보수대연합을 저지하는 길도 '우리민족끼리'에 있다"고 외쳤다(발언출처: 2006년 6월15일자 〈통일뉴스〉 보도). 이날 축하공연장에서는 간첩 출신인 우 모 씨가 A4지 100쪽 분량의 문서를 담은 디스켓 3장을 북한 관계자에게 전달, 현장에서 적발됐다. 우 씨가 전달한 디스켓 속 문서에 '사상적 충성심은 변하지 않았다', '기회가 되면 만나서 해명도 하고 이야기도 하겠다'는 내용이 담긴 것으로 전해졌다(출처: 2006년 6월24일字 〈통일뉴스〉 보도).

2005년 6·15민족통일대축전(6억 5900만 원 지원)

2005년 6·15공동행사는 평양에서 개최됐다. 통일부에 의해 6억 5900만 원의 國庫(국고)가 지원된 이 행사에도 남한 범민련 의장 이규재, 명예의장 이종린, 사무총장 이경원 등 범민련 관계자들이 대거 참여했다. 이들은 행사기간 중 북한의 김일성 生家인 만경대 등을 관람했다.

남북의 참가자들은 ▲우리민족끼리 힘을 합쳐 자주적으로 조국통일의 역사적 위업을 성취할 것 ▲6·15공동선언이 발표된 날을 6·15공동선언발표 기념일(우리민족끼리의 날)로 정할 것 등을 결의했다.

북한 대표단 단장 김기남 조선노동당 비서는 "통일을 달가워하지 않는 세력들의 훼방과 도전이 있다"며 "우리는 책임있는 당국 사이의 공조를 실현해야 한다"고 주장했다(발언출처: 2005년 6월16일字 인터넷 〈위클리서울〉 보도). 정동영 당시 통일부장관은 "평화는 주어지는 게 아니라, 만들어낸 뒤 지켜야만 하는 일이다. 그러기 위해 우린 서로 찬양하고 고무해야 한다"고 호응했다(발언출처: 2005년 6월15일字 인터넷 〈폴리뉴스〉 보도). 유홍준 문화재청장은 남북대표단 간 만찬이 벌어진 6월14일 저녁 평양 만수대 예술극장 연회장에서 간첩을 찬양하는 노래인 '이름 없는 영웅들'이라는 영화 주제곡을 불렀다. 이 영화는 6·25전쟁 중 북한 간첩들이 영국 국적 기자와 美8군 소속 방첩장교 등으로 암약하면서 공산혁명에 크게 이바지했다는 게 줄거리이다.

6월15일 당일 북한 〈노동신문〉은 "'우리민족끼리'의 리념은 또한 전 민족적범위에서 반미, 반외세투쟁의 불길을 세차게 지펴올렸다. 특히 남조선에서의 반미 자주화투쟁이 새로운 질적 변화를 가져왔다"며 크게 고무된 논설을 실었다.

2002년 6·15민족통일대축전(4700만 원 지원)

2002년 6월14~15일 금강산에서 열린 6·15민족통일대축전에는 남한 범민련을 비롯하여 200여 명이 참가했다. 당시 행사에는 4700만 원의 국고가 지원됐다.

범민련 남측본부는 방북 직전인 6월13일 "6·15공동선언을 가로막는 외세와 극우·보수세력의 反통일책동을 분쇄하자. 남측 당국은 통일애국단체에 대한 탄압을 중단하고 범민련·한총련의 합법적 활동을 보장하라"고 주장했다(발언출처: 2002년 6월13일자 〈통일뉴스〉 보도).

북한의 범청학련 북측본부는 "우리 청년학생들은 反통일세력의 온갖 방해책동을 짓부수고 금강산에서 기어이 통일대회를 성사시켜낼 것입니다. 6·15공동선언의 기본정신을 고수하는가 못 하는가, 反통일세력과의 투쟁에서 승리하는가 패하는가 하는 대결로 되고 있습니다"라고 축사했다(발언출처: 2002년 6월16일자 〈통일뉴스〉 보도).

6·15선언은 赤化통일이라는 증거들

적어도 북한정권과 범민련 등 남한의 이적단체 구성원들 주장에 따르면, 6·15선언 실천은 赤化(적화)통일에 가깝다. 이들은 6·15선언 제2항의 연합·연방제 실현은 북한의 '고려연방제' 실현이라고 주장한다. 고려연방제는 1980년 김일성이 만들었다는 한반도 공산화 案(안)이다. 관련 근거를 정리하면 아래와 같다.

〈▲북한은 헌법보다 상위규범인 조선로동당 규약에서 "온 사회의 주체사상화와 공산주의 사회건설"을 최종 목적으로 내세우고 있으며 "민족 내에 있는 공산주의적 요소가 민족사회를 지배할 수 있도록 통일된 세력이 되기까지의 과도적인 정치조직으로 연방제가 필요하다(출처: 북한의《정치사전》)"고 하여 연방제를, 공산화를 위한 과도적 정치조직으로 인식한다.
▲북한은 "미국은 북조선을 외교 승인하고 평화조약도 체결…(중략) 그 후 1년 안에 한국은 자연붕괴하고 1년 안에 북조선과 연방통일을 이룰 것이다(출처: 김명철 著《김정일의 통일전략》)"고 하여 한국의 붕괴를 연방제의 전제조건으로 파악한다. 따라서 북한 주장만 보아도 연방제는 한국 붕괴를 전제로 한 공산 통일이다.〉

6·15/10·4선언 제2항과 연방제 통일을 연계한 주장도 있다. 일부를 인용하면 아래와 같다.

〈▲"6·15선언의 연합·연방제를 통해 '고려연방제'로 통일해야 한다."
(발언출처: 2007년 1월17일자〈로동신문〉外)
▲"6·15선언 2항은 남측이 사실상 북측의 연방제통일방안에 동의한 것을 의미한다." (발언출처: 범민련 남측본부 '6·15선언 해설'外)
▲"이번 10·4정상선언은 북한에서 발표한 고려민주연방공화국 창

설방안의 지향이 담겨져 있다고 볼 수 있겠다…(중략) 10·4정상선언과 북한에서 발표한 '고려민주연방공화국 창설방안'을 비교해보면 내용과 체계, 목표와 원칙, 방향과 과제, 세부 방도 등 거의 비슷함을 발견할 수 있다…(중략) 10·4정상선언은 연합·연방제 통일방안이다." (발언출처: 2007년 10월10일 범청학련 남측본부 '6·15/10·4 기치 높이고 反美, 反한나라당 총공세로 2007 대선 승리하자!!' 성명)〉

"남한은 점령지, 北은 진정한 우리 조국"

범민련 명예의장인 이종린은 2005년 5월27일 경기도 파주 보광사에서 열린 간첩·빨치산 묘역인 소위 '통일애국열사묘역' 조성식에서 "경기도 보광사 이 땅은 美 제국주의가 점령하고 있는 점령지인데, 우리가 동지들을 이곳에 모셔 송구스럽게 생각한다"며 "반드시 진정한 우리 조국 땅에 모실 수 있도록 하겠다"고 말했다(발언출처: 2005년 5월29일字〈오마이뉴스〉보도). 북한은 '진정한 우리 조국 땅'이지만, 남한은 '美帝(미제)가 지배하고 있는 점령지'라는 인식이다. 범민련 남측본부의 주장을 일부 인용하면 아래와 같다.

〈▲선군정치 호응하는 미군철수 투쟁: "北은 미국의 군사적 위협을 선군노선, 강성대국 건설노선으로 분쇄하며 자주정치의 위력을 대내외적으로 과시하고 있다…(중략) 북의 선군역량에만 기대서는 미군을 철수시킬 수 없다. 남측에서 선군정치에 호응하는 미군철수 투쟁이 강력히 전개되어야 외세의 지배와 간섭을 끝장내고 통일을 실현할 수 있는 길이 열리게 된다." (발언출처: 2006년 2월4~5일, 경기도 여

주 '통일일꾼수련회')

▲連共(연공)·連北(연북)으로 연방제 실현: "조국통일범민족연합은 미국을 비롯한 反통일세력의 파쇼폭압과 대북적대정책을 맞받아 남북해외 3자연대, 민족대단결, 연공·연북의 길을 실천으로 헤쳐왔다…(중략) 6·15공동선언이 발표된 5년 동안 세계는 선군·자주의 위력에 경이를 표하고 우리 민족의 전도는 앙양하게 뒤바뀌었다…(중략) '우리민족끼리' 기치 높이 들고 '3대 민족공조'를 빛나게 실현하여 연방통일조국을 실현해 나가자."(발언출처: 2005년 11월20일 성명)

▲惡의 근원 미군 쓸어버리자: "우리민족끼리 힘을 합쳐 미군을 몰아내고 조국을 통일하자…(중략) 미군은 우리 민중이 자주민주통일을 요구하면 여지없이 살육을 벌이었다…(중략) 미국이 北의 선군노선, 全민족의 미군철수 투쟁의 실체를 알 턱이 없다…(중략) 한반도 惡의 근원 미국과 주한미군을 이 땅에서 쓸어버리자."(발언출처: 2005년 9월8일 북한 조선노동당 외곽단체들과의 공동성명)

▲북핵은 민족의 힘: "노무현 정권은 지금 누구의 핵우산 덕을 보고 있는가, 비료를 당장 보내라!…(중략) 전쟁에 미친 미국 부시의 핵방망이가 우리 민족의 뒷통수를 내리치려는 오늘 이북의 핵보유는 민족재앙을 막는 핵억지력으로 된다…(중략) 한마디로 북핵은 민족의 힘이고 민족공조로 미국의 핵전쟁을 막고 민족자주를 실현하자는 요구가 나날이 거세지고 있다."(발언출처: 2005년 4월28일 성명)〉

김정일 죽음을 哀悼

2011년 12월19일 北의 세습 독재자 김정일이 사망하자 "서거하셨다는 비보를 접하고 슬픈 마음을 금할 수 없습니다"라며 독재자에게 애도를 표명했다. 이들은 "오매불망 통일을 갈망하며 품어 온 동포애를 모두 모아 조선로동당 중앙군사위원회 김정은 부위원장을 위시한 조국통일범민족연합 북측본부, 북녘조국의 인민들에게 삼가 위로의 말씀을 드립니다"라고 밝혔다. 이들은 김정일에 대해 "김일성 주석께서 민족자주정신과 민족애로 마련해 주신 조국통일3대헌장을 크게 빛내어주시고 우리민족끼리 기치로 6·15통일시대를 활짝 열어 7000만 겨레의 전도에 크나 큰 업적을 남기셨습니다"라고 평가했다. 그러면서 "그 통일의 희망으로 사는 우리들로서는 이렇게 갑작스럽게 김정일 국방위원장의 서거소식을 접하게 되었으니 참으로 망연자실할 수밖에 없습니다"라고 했다.

김일성·김정일·김정은에게 "만세" 외친 노수희

2012년 3월, 노수희 범민련 부의장은 '김정일 사망 100일 추모행사'에 참석하기 위해 무단 방북해 104일 동안 북한에 머물다 판문점을 통해 귀환해 공안당국에 체포되었다. 同年 8월, 검찰은 노수희 부의장과 노수희의 방북을 기획했던 범민련 사무처장 원 모 씨를 국가보안법상 찬양·고무 등 혐의로 구속기소했다.

2013년 9월26일, 대법원 2부(주심 김용덕 대법관)는 노수희에게 징역 4년과 자격정지 4년을 선고한 원심을 확정했다. 원 모 씨 역시 원심과 같이 징역 3년에 집행유예 4년, 자격정지 3년을 선고했다.

재판부는 "노수희 부의장 스스로는 순수한 동기로 방북했을지 모르지만 방북 이후의 행적을 보면 이를 남북간의 교류 협력 목적의 정당한 행위로 볼 수 없다"며 "범민련 남측본부의 이적단체성, 북한의 반국가단체성은 아직까지 유지되며 국가보안법의 규범력도 여전히 존속한다"고 판단했다(발언출처: 2013년 9월26일字 〈뉴스1〉 보도).

 전북 군산 출생인 노수희는 세운상가에서 노점상을 했던 것으로 알려졌으며, 1980년대 전국노점상연합회 간부를 맡았다. 1993년 민주주의민족통일전국연합(이하 전국연합) 산하 서울연합에서도 활동했었다. 전국연합은 韓美 관계를 단절시켜 북한 정권과 연방제 통일을 하는 것을 최종 목표로 정한 단체였다. 이 단체는 6·15선언 이듬해인 2001년 9월, 충북 괴산군 소재 보람원수련원에서 '군자산의 약속'을 통해 연방제 통일을 다짐했었다(출처: 《종북백과사전》 조갑제닷컴刊). 노수희는 2012년 3월 13일 국회에서 열린 '야권연대 공동선언' 행사장에도 모습을 드러냈다. 이 자리에는 당시 유시민·이정희 통합진보당 공동대표와 백낙청 서울대 명예교수, 한명숙 민주통합당 대표, 김상근 목사, 오종렬 한국진보연대 상임고문 등이 참석했다.

 노수희는 판문점을 넘어 귀국하기 前 조국통일3대헌장기념탑 앞에서 열린 '평양시 환송집회'에 참석해 "파쇼와 반통일의 광란이 기승을 부릴수록 범민련의 의지와 기상을 유감없이 떨치며 민족이 기억하는 통일인사로 여생을 살겠다"며 "위대하신 김일성 주석님 만세! 위대한 김정일 장군님 만세! 경애하는 김정은 최고사령관님 만세"를 외쳤다고 한다(발언출처: 2012년 7월31일字 〈주간조선〉 보도).

> **참고**
>
> '우리민족끼리연방제통일추진회의' (170페이지)
> '조국통일범민족청년학생연합남측본부' (262페이지)
> '한국진보연대' (351페이지)

48 조국통일범민족청년학생연합남측본부

"선군정치는 훌륭한 평화수단"이라는 利敵단체

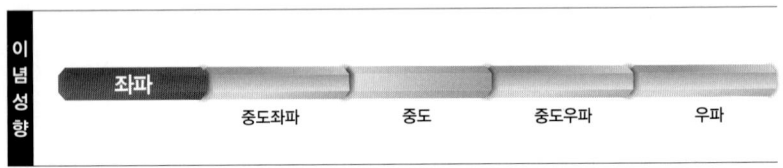

홈페이지: 없음
전화: 없음
설립일: 1992년 8월15일
주요인사: 윤기진(前 민권연대 의장)(前 의장)

　조국통일범민족청년학생연합남측본부(이하 범청학련)는 김정일을 "한국을 미국의 구속에서 해방시켜 7000만 전체를 하나로 재결합하는 민족지도자", "구국의 영웅"등으로 묘사하며, "김정일 장군의 천재적 핵전략으로 북조선은 붕괴되지 않고 한국이 붕괴되며 조선반도는 하나가 될 것"(출처: 2004년 4월1일字 기관지 〈나팔수〉)이라는 주장을 해왔다.

　대법원은 1999년 12월28일 선고한 판결문(99도4027)에서 "범청학련 북측본부가 북한의 對南(대남)혁명부서인 통일전선부의 지시에 따라 북한의 대남통일정책을 수립하는 조평통의 지휘를 받고 있고, 또 범청학련이 북측본부의 주도로 운영되고 있어 남측본부는 북측본부의 지시나 명령에 따라 활동하고 있다"며 利敵(이적)단체로 판시했다. 범청학련은 2010년 홈페이지가 당국에 의해 폐쇄된 이래 표면상 뚜렷한 외부활동은 없는 상태다.

"선군정치는 훌륭한 평화수단"

범청학련의 주장 일부를 인용하면 아래와 같다.

〈▲조선로동당 창건은 민족적 존엄 떨칠 힘: "조선로동당 창건은 북한 민중에게 행복과 긍지를 주고 세계에 자주국가로 강성대국으로 민족적 존엄을 떨칠 수 있는 힘…(중략) 주체사상에 기초해 새 조국, 새 사회를 건설하며 민중들에게 참다운 삶을 마련해주는 혁명의 참모부, 전위대를 가진 획기적인 사변으로 북한에서 평가하고 있다"
(2005년 3월호 범청학련 이론교양지 《청춘》)

▲연방제 통일과 NLPDR: "우리 민족에게 있어서 통일은 외세의 지배와 간섭을 종식시켜 조상전래의 독자적 민족공동체를 재현하는 민족적 성업이다. 이 민족적 성업을 성취하는 데 남과 북, 해외의 모든 통일애국세력들과 온 민족은 연방제 통일을 민족공동의 목표로 합의했다…(중략) 이와 함께 조국통일운동이 남측의 민족해방민주주의혁명과 맞물려 성취될 때 전체 민족단위의 민족해방민주주의혁명을 완수하게 될 것이다." (2005년 3월호 上同)

▲선군정치에 고마워해야: "우리에게는 자주통일에 대한 우리 민중의

억척같은 의지가 있고 승리의 보검 6·15공동선언이 있으며 선군으로 위용 떨치는 북녘의 동포들이 있다…(중략) 우리는 비록 우리가 이남 땅에 살고 있을지라도 이북의 선군정치가 남과 북, 해외 모든 겨레를 수호해 준 사실, 수호할 미래에 대해 마땅히 고마워하고, 이것이 곧 우리 민족 전체의 힘이라는 것을 자각해야 한다." (2004년 2월1일 上同)

▲우리 민족 승리로 이끌 선군과 6·15: "우리는 미국의 치졸한 대북 모략극, 전쟁책동에서도 우리 민족끼리 기치 높이 들고 나갈 힘이 있습니다. 바로 그 힘은 미국의 전쟁책동을 철저히 얽어내고 있는 北의 선군이며 전 민족의 단합의 기치 6·15공동선언입니다. 미국에 맞선 우리 민족의 투쟁을 승리로 이끌어내는 것은 바로 선군과 6·15공동선언입니다." (2003년 7월15일 上同)

▲애국·애족·애민의 선군정치: "선군이 정치의 주력부대인 인민군대는 애국·애족·애민을 생명으로 삼고 있기 때문에 인민군대를 정치의 주력으로 내세운 선군정치방식은 민중 중심의 정치방식으로 될 수 있다. 이에 비해 과거 한국의 군대는 한 사람의 권력 야욕을 위해 수천 명의 광주시민을 학살하는 등 민중을 위한 군대가 되기는커녕 민중과 적대적인 관계에 있는 군대이다." (2003년 4월12일 上同)

▲전쟁의 참화에서 민족을 구할 선군정치: "선군정치방식은 전쟁을 억지하고 평화를 보장하는 정치방식이다. 선군정치방식은 우선 한반도에서 전쟁의 위험을 저지시키는 가장 강력한 억지력을 마련하는 정치방식이다…(중략) 미국은 만약 한반도에 전쟁을 일으키면 주한미군이 단기간에 괴멸될 것이라는 분석을 이미 여러 차례에 걸쳐서 발표하였다. 선군정치는 우리 민족을 전쟁 참화에서 구해내는 훌륭

한 평화수단으로 자리잡았다." (2003년 4월12일 上同)〉

제2차연평해전 직후 北 두둔하는 성명 발표

단체는 2002년 7월2일, 제2차연평해전 직후 발표한 성명에서 "누가 먼저 총을 쐈는가 하는 것보다 더 중요한 것은 이번 사태가 미국에 이용되어서는 안 된다는 것"이라고 주장했다. 이들은 또 "미국에 추종하는 내외 反통일세력들의 對北정책 변경이네 금강산관광 중단이네 하는 反통일적 준동을 반드시 막아야 한다"고 선동했다. 이들은 "북방한계선은 미군이 그어놓은 일방적 계선일 뿐"이라며 "북방한계선의 정당성을 외치며 북의 함정을 퇴거하기 위한 위험한 군사적 행동에 매달린 것은 시대착오적인 발상"이라고 북한을 두둔했다(발언출처: 2002년 7월2일자 〈통일뉴스〉 보도).

광우병 사태에도 개입

범청학련은 광우병 사태 때도 과격한 주장을 펼쳤다. 촛불집회를 선동하면서 "2008 수도권 통일선봉대여, 敵(적)들의 심장부 수도 서울에서 미국반대, 조국통일을 향한 민중들의 거세찬 행군을 위해 승리의 횃불을 치켜들어라!"라고 했다(출처:《범청학련 남측본부 통일선봉대 수도권 특별중대 교양자료집》). 범청학련은 여름방학 기간 중 소위 통일선봉대라는 군대식 단체를 조직, 전국을 돌면서 反美시위를 벌였다. 2006년 8월14일에는 3500여 명의 통일선봉대 대원들이 광화문 美 대사관 진입을 시도했다.

2012년 10월29일 수원지법 형사10단독(부장판사 이상훈)은, 국가보안법 위반 혐의 등으로 기소된 윤기진에 대해 징역 1년 6월에 자격정지 1년 6월을 선고하고 법정구속했다[注: 항소심에서 무죄판결. 2013년 5월30일 수원지법 형사항소6부(부장판사 송인권)는 "피고인의 서신은 대한민국의 정통성을 위협하지 않아 대법원이 요구하는 이적성이 있다고 볼 수 없다"고 밝힘].

그는 2002년부터 제11기 범청학련 남측본부 의장으로 활동하는 등 利敵단체에 가입해 이적표현물을 제작·배포하고, 한총련 의장을 북한에 보내 지령을 받게 한 혐의로 2008년 2월 구속돼 3년을 복역한 뒤 2011년 2월 滿期(만기)출소했다. 그러나 만기출소 하루 전 교도소에서 利敵 표현이 담긴 옥중서신 등을 제3자에게 보내 인터넷에 올리도록 한 혐의로 2011년 2월 다시 기소돼 불구속 상태에서 재판을 받아왔었다.

범청학련 홈페이지 폐쇄

2010년 7월19일, 경찰은 범청학련 홈페이지(http://bchy.jinbo.net)를 차단조치했다. 親北(친북)단체 사이트가 폐쇄된 것은 처음 있는 일이었다. 그동안 경찰청은 북한이 직접 운영하거나 해외 친북단체가 운영하는 사이트의 접속만 차단해왔다. 경찰청은 2009년 12월부터 범청학련 홈페이지를 조사하면서 다수의 친북 게시물을 발견했고 2010년 5월 방송통신위원회(이하 방통위)에 폐쇄 요청을 했다. 방통위는 경찰의 요청 사항을 심의한 후 2010년 7월6일 폐쇄를 결정했다.

경찰에 따르면, 범청학련 홈페이지에서 '수령님은 영원히 인류의 심장 속에'란 게시글 등 4463건의 이적 표현물과 A4용지로 1만 5000여 쪽에 달하는 방대한 利敵문건이 확인됐다고 밝혔다. 이 게시물의 조회수도

총 19만 9553회에 달했다. 게시물 내용 중에는 "김정일 국방위원장의 혁명적 군인 정신과 강계정신은 지금까지도 북에서 고난 극복을 위한 필승의 담보로 중요한 위치를 차지하고 있다(2009년 7월24일 게재)", "선군 바로 알기, 이북 바로 알기의 분야는 이북의 '선군대오'를 진두지휘하는 김정일 국방위원장에 대한 영역이다(2007년 9월7일 게재)"라는 북한 체제 찬양 내용이 포함돼 있었다.

| 참고 |

'국가보안법폐지국민연대' (25페이지)
'조국통일범민족연합남측본부' (253페이지)
'통합진보당' (297페이지)

㊾ 좋은벗들

법륜의 對北지원단체…연평도 포격 때 한국 정부를 비난

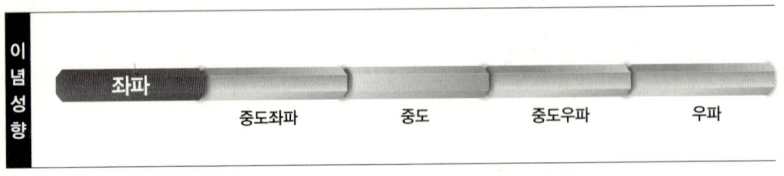

홈페이지: http://www.goodfriends.or.kr
전화: 02-587-8996
설립일: 1996년 12월12일(우리민족서로돕기불교운동본부)
       1999년 5월6일 '좋은벗들'로 변경
주요인사: 법륜(이사장), 김동균·김수암·박순성 등(이상 이사), 정웅정·김우진(이상 감사)

좋은벗들은 표면적으로는 ▲북한동포돕기 ▲북한난민지원 ▲북한인권개선 ▲북한사회연구 등 對北(대북)지원에 주력하는 단체이다. 북한주민에 대한 인도적 지원과 탈북난민의 인권개선을 위한 활동 등 민족의 평화통일을 앞당기는 데 기여하겠다는 목적으로 설립됐다. 실상은 북한정권에 대한 소위 인도적 對北지원 및 국보법 폐지·한총련 합법화 등 좌파적 이슈를 주장하고 있다.

천안함 폭침·연평도 포격 후에도 對北지원 촉구

단체는 2010년 6월10일 논평에서 "남한 정부는 비록 천안함 사건으로 남북관계가 경색 국면에서 벗어나지 못하고 있지만, 인도적 지원은 정치 상황과 관계없이 진행되어야 한다는 입장을 보다 분명히 천명하기 바란다"며 천안함과 관계없이 對北지원을 계속할 것을 촉구했다.

이들은 또 "그동안의 對北 지원은 북한 주민들에게 북한 정부 당국의 대남 협상 결과물로 선전되어 체제 유지의 수단으로 이용된 측면이 없지 않았지만, 역설적으로 북한 주민들의 對南인식을 획기적으로 변화시킨 결과를 가져오기도 했다"고 주장했다.

연평도 포격 후인 2010년 12월22일 발표한 논평에서는 "한국 정부는 對北강경정책이 먹혀 드디어 북한이 무릎을 꿇는 것으로 착각하고 더 강하게 밀어붙이면 된다며 수수방관해 왔다"며 "그러다 북한으로부터 기습적인 군사 공격을 당해 안보 위기를 자초했다는 비판을 받고 있다. 한 마디로, 그간 북한의 의도를 제대로 파악하지 못했다는 소리"라고 밝혔다. 연평도 포격이 북한의 의도를 제대로 파악하지 못한 우리 정부의 책임이라는 요지의 억지를 편 것이다.

'한반도 유일의 합법정부'를 부정한 법륜

이사장인 법륜(본명 최석호)은 2002년 7월19일 '10기 한총련 의장 석방, 한총련 이적규정 철회·합법화를 위한 민주사회단체 지도자 1000인 선언'에 참여, 한총련 합법화를 촉구했었다.

그는 또 2005년 10월15일 '햇볕정책을 넘어 평화로 통일로'라는 제목의 토론회에서 "지금까지는 남북이 각자 자신들만 한반도의 유일한 합법정부라고 주장하며 상대방의 체제를 인정하지 않았다…(중략) 이제 이 땅에 다시는 전쟁이 일어나기를 원치 않는다면 좋으나 싫으나 상대방을 인정해야 한다"면서 헌법상 反국가단체인 북한을 국가로 인정해야 한다고 했다(출처: 평화재단 홈페이지에 수록된 《햇볕정책을 넘어 평화로 통일로》 자료집 中).

그는 평화재단이 2008년 7월10일 주최한 '건국 60주년 통일코리아를 바라보다' 토론회에서 '9도 연방제'를 제안했다. 그는 "남한을 서울과 5도로 나누어 연방 형태를 준비하고 북한을 3도로 나누는 것"이라고 설명했다. 법륜은 "남과 북이 '헤쳐모여'하는 방식으로 현실적이고 미래지향적"이라며 사실상 反헌법적인 연방제 통일을 주장했다(출처: 평화재단 홈페이지에 수록된 《건국 60주년 통일코리아를 바라보다》 자료집 中).

신라 삼국통일 격하…'발해와 고구려에 정통성 있다'

법륜은 신라 삼국통일의 의의를 貶下(폄하)하고 한반도 역사의 정통성이 고구려와 발해에 있다는 주장을 했다. 그는 2009년 10월16일, 서울 서초구 평화재단에서 열린 역사특강 '청년, 역사를 만나다 제1부' 강연에서 "신라는 민족사의 정통의 자격이 없다"고 주장했다. 법륜은 "발해가 없다고 보면 신라가 3국을 통일했다고 볼 수 있으나 발해를 놓고 삼국통일이라고 말할 수는 없다. 고구려의 정통성은 발해로 갔다고 봐야 한다. 신라는 처음에 독립적 연호를 썼지만, 시간이 지나고 중국에 조공을 바치면서 연호를 없앴다"는 시각을 보였다. 그러나 당시 고구려도 중국의 제후국에 朝貢(조공)을 바쳤으며(출처: 《삼국사기》 '광개토대왕'편), 신라는 三國 중 무려 114년간 7개의 독자적인 연호를 썼다. 법륜의 이 같은 '발해·고구려 정통성 주장'에 대해 전문가들은 북한에 정통성을 주고 대한민국의 정통성을 부정하기 위한 의도일지 모른다고 분석하고 있다. 실제로 북한은 자신들의 異端性(이단성)에 정통성을 덧입히고자 역사를 왜곡·조작했는데, 자신들이 '고조선-고구려-발해'를 계승했다고 강변하며 민족주의 사관을 惡用(악용)했다. 법륜의 역사적 시각 역시 이와 비슷하다. 북한정권을 바라보는 그의 시각 또한 우호적이다. 북한정권에 대한 비판도 찾아보기 힘들며 그의 입장에서 북한은 '포용하고 감싸안아야 할 대상'일 뿐이다. 上記(상기) 강연에서 법륜은 북한이 대외적으로 사용하는 '조선민주주의공화국'에 대해 다음과 같이 설명했다.

〈북쪽에 있는 저 북한은 현재 우리하고 먼 것 같지만 북한 국호가 무엇인가? '조선민주주의인민공화국'이다. 그럼 이 조선은 어디서 왔는가? 조선왕국에서 왔다. 왕이 주인인 국가에서 저 사람들은 사회주의 국가를 건설했기 때문에 첫째는 專制(전제)정치가 아니고, 民主(민주)정치다. 그 다음에 왕이 주인이 아니고 民이 주인이다. 그래서 민주주의인민공화국이라고 붙였다.〉

2012년 8월1일, 김미영 세이지코리아 대표(前 한동대 교수)는 〈조갑제닷컴〉에 기고한 칼럼에서 법륜이 과거 자신과의 인터뷰에서 '북한에 정통성이 있다'는 취지의 발언을 한 적이 있다고 폭로하기도 했다.

참고

'평화재단' (326페이지)

50 주한미군철수운동본부

북한에 '독도방어 맡기자'는 反美·親北단체

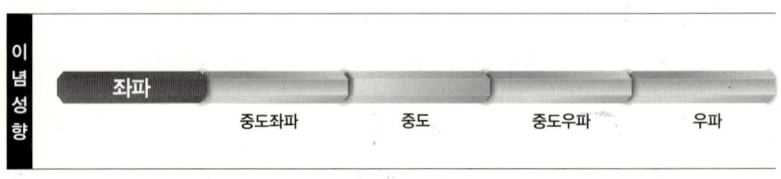

홈페이지: http://www.onecorea.org
전화: 02-6406-6150
설립일: 1999년 11월12일
주요인사: 홍석영·임찬경(前 상임의장)

주한미군철수운동본부(이하 주미철본)는 주한미군 철수를 극렬히 선동해 온 단체이다. 이들은 강령에서 "우리는 주한미군 철수를 통한 민족자주를 쟁취하기 위해 한 치의 물러섬 없이 끝까지 투쟁한다"고 명시하고 있다.

"미국 논리에 말려들지 말고 투쟁 통해 몰아내야"

주미철본은 2002년 11월16일 서울 인사동에서 거리연설회를 열고 주한미군 철수를 선동했다. 당시 홍석영 공동의장은 "1945년 해방군이 아니라 점령군으로 들어온 미군은 지금까지 한국사 속의 수많은 민중들의 죽음 뒤에 존재하고 있다"고 선동했다. 그는 "남북대화를 하더라도 우리는 미국의 허락을 받아야 하고 북과의 전쟁을 강요하는 전쟁무기도 미국에 의해 강매당하고 있다"며 "더 이상 미국의 논리에 말려들지 말고 투쟁을 통해 그들을 몰아내야 한다"고 주장했다(발언출처: 2002년 11월 16일자 〈통일뉴스〉 보도).

주미철본은 자신들의 친북활동에 장애가 되는 국가보안법 폐지를 위해서 전력을 기울였다. 이 단체는 2004년 2월 '국보법 탄압사례 발표 및 국보법 철폐 기자회견'을 열었다(출처: 2004년 2월25일자 〈통일뉴스〉 보도).

"차라리 '공화국'에 독도방어를 맡기자"

주미철본은 2008년 7월14일, '차라리 공화국에 독도 방어를 맡기자'는 제목의 논평에서 이명박 前 대통령에 대한 막말과 비난을 퍼부었다. 이들은 일본의 독도 영유권 주장을 비판한 뒤 "이명박 정권이 만만하게 보인 것도 그 원인 중에 하나"라고 주장했다. 단체는 "이명박 정권이 등신같이 보였을 것이다", "이명박 사기꾼 정권은 더 이상 국가와 국민의 생명을 지킬 능력이 없음이 만천하에 드러났다"며 다음과 같이 주장했다.

〈이제 독도는 더 이상 남한 정권에만 맡겨 놓을 수 없는 문제가 되어버렸다. 이참에 공화국군대에 독도 방어와 관리를 맡기는 것을 진지하게 검토해 봐야 한다. 공화국이라면 이 문제를 원칙적 입장에서 확실하게 매듭지을 수 있을 것이다. 독도문제는 남북이 따로 대응할 문제가 아니므로, 남한이 못하면 공화국 정부라도 나서서 일본 놈들의 영토침탈을 막아야 하지 않겠는가.〉

주미철본이 말하는 '공화국'은 북한이다. 예컨대 이 단체는 '공화국의 통 큰 결단에 미국이 답할 차례(2008년 6월27일)', '공화국의 평화협정 제의를 적극 환영한다(2008년 6월11일)'는 논평에서도 북한을 '조선민주주의인민공화국'으로 명시했다.

"천안함 침몰의 가해자는 美 잠수함"

주미철본은 2010년 4월17일, '천안함 사건의 가해 용의자는 미군'이라는 제목의 논평을 냈다. 이들은 "천안함 침몰의 가해자가 미군 잠수함"이라며 다음과 같이 맹비난했다.

〈▲"외부폭발이라고 먼저 광고를 해 놓고 아무도 접근할 수 없는 해군기지로 옮긴 다음 국방부에서는 미군의 지시에 따라 무슨 조작질을 할지 모를 일이다."
▲"외부 충격의 가해자로 가장 유력하게 떠오르는 용의자는 미군 잠수함이다. 사건 당시 그곳에서는 공화국(注: 북한)을 상대로 미태평양사령부 지휘 하에 대규모 한미연합 함대에 의한 북침 전쟁연습 중이었다."
▲"주한미국대사가 주한미군사령관과 함께 황급히 사고 해역을 방문한 극히 이례적인 일, 그리고 한주호 준위가 천안함 침몰 지점이

아닌 제3의 지점(미군 잠수함 침몰로 추정되는)에서 작업하다 죽었다는 점, 그들이 한 준위 유가족에게 위로금을 전달했다는 점, 그리고 미군 잠수사들이 침몰된 천안함에는 아랑곳하지 않고 제3의 지점에서 무언가를 열심히 수색하고 있었다는 점 등이 이런 혐의를 짙게 하고 있다."

▲"천안함 비극의 근본적인 문제는 공화국의 평화협정 체결 제의를 수없이 묵살하고 정전협정을 계속 유지한 채 끊임없이 북침 전쟁을 일으키려는 미국군에 있다. 거기에 동원된 불쌍한 남한 군대는 스스로 할 수 있는 일이 아무 것도 없는 꼭두각시에 불과하다."

▲"짐승 같은 미제 군대의 손아귀에서 벗어나지 못하는 한 이런 참극은 계속 될 것이며 끝내는 파멸을 면치 못할 것이다."〉

통진당의 총선 공약도 맹비난

단체는 2012년 3월5일, 성명서에서 통합진보당이 내세운 '2015년 북한 핵무기 외국 이전' 공약에 대해 "북에 대한 내정간섭적 공약", "미국과 이명박 정권의 주장을 인정하는 꼴"이라고 비방했다. 주미철본은 2011년 12월20일 성명에서 독재자 김정일 사망에 애도를 표하기도 했다.

> **참고**
> '우리민족끼리연방제통일추진회의' (170페이지)

(51) 참교육위한전국학부모회

한총련 옹호하고, '흥남철수 영웅' 金白一 장군 친일 매도

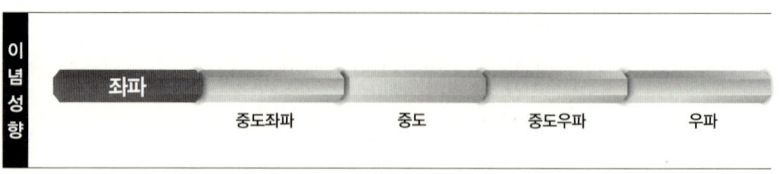

홈페이지: http://www.hakbumo.or.kr
전화: 02-393-8900
설립일: 1989년 9월22일
주요인사: 박범이(회장), 최주영(수석부회장), 이정숙(사무처장)

참교육을위한전국학부모회(이하 학부모회)는 출범 초기부터 左派성향 단체인 전국교직원노동조합(전교조)을 지지해온 단체이다.

한총련 옹호 기자회견 열어

학부모회는 2003년 8월13일, 서울 향린교회에서 민노총 등 70개 단체와 함께 한총련을 옹호하는 기자회견을 열었다. 한총련 소속 학생 12

명은 同年 8월7일 "미군 스트라이커 부대의 국내 훈련에 반대한다"는 명목으로 경기 포천군 美 8군 종합사격장에 기습 진입, 장갑차를 점거하고 성조기를 불태웠다. 이들은 기자회견에서 한총련 학생들의 反美시위를 "일신의 안일을 구하지 않고 오직 나라를 걱정하는 애국심과 평화의 충정이 담긴 정의로운 행동"이라고 美化했다(발언출처: 2003년 8월13일字 〈통일뉴스〉 보도).

"金白一은 명백한 친일파"

2011년 5월27일 흥남철수작전기념사업회와 함북6·25전적기념사업회는 거제포로수용소에서 '흥남철수작전 유공자 추모제'를 열고 金白一(김백일) 장군 동상 제막식을 가졌다. 학부모회는 경제정의실천연합(경실련) 등과 함께 거제시민단체연대협의회를 구성, 同年 5월30일 '포로수용소 유적공원에 친일파 동상이 웬 말이냐'는 성명서를 발표했다.

〈김백일은 일제강점기 때 만주군 중대장으로 활동하면서 항일독립군 진압을 지휘했던 인물로서, 일본군에 충성하여 백선엽, 최남근과 함께 조선인 항일조직 전문 토벌부대인 간도특설대 창설의 주역으로서, 수많은 동족을 학살했고 그 공로로 훈장을 받아 진급까지 했으며, 또한 일제로부터 서훈까지 받았던 행적이 역사적으로 명백히 드러나, 민족문제연구소가 편찬한 '친일인명사전'에도 이미 등재되어 논란의 여지가 없는 명백한 친일파이다.〉

김백일 장군은 6·25남침전쟁 초기, 1군단장으로서 낙동강 戰線(전선)

동쪽을 맡아 인민군을 저지한 인물이다. 1948년 여수·순천 반란사건 당시 14연대의 반란 진압에 나서기도 했다. 특히 1950년 12월 흥남철수 작전 때에는 美 아몬드 장군을 설득해 10만 여 명의 피난민들을 배에 태워 거제로 피난시키는 세계 戰史(전사)에 유래없는 功도 세웠다.

안보교육을 '살인을 가르치는 것'이라고 폄하

2011년 5월31일 전북 진안의 모 초등학교에서 '호국보훈의 달 안보교육' 행사를 열자, 단체는 이를 "명백한 살인을 가르치는 것이라고 판단된다"고 폄하했다.

2013년 10월24일 고용노동부가 전교조를 法外노조로 통보하자 학무보회는 '전교조에 대한 법외노조 통보, 역사의 수레바퀴를 되돌리려는 시대착오적 작태다'란 성명을 발표하기도 했다.

> **참고**
>
> '경제정의실천연합' (20페이지)
> '민족문제연구소' (64페이지)
> '전국교직원노동조합' (216페이지)

(52) 참여연대

'민주주의'와 '인권' 표방하지만 '북한인권'엔 소극적

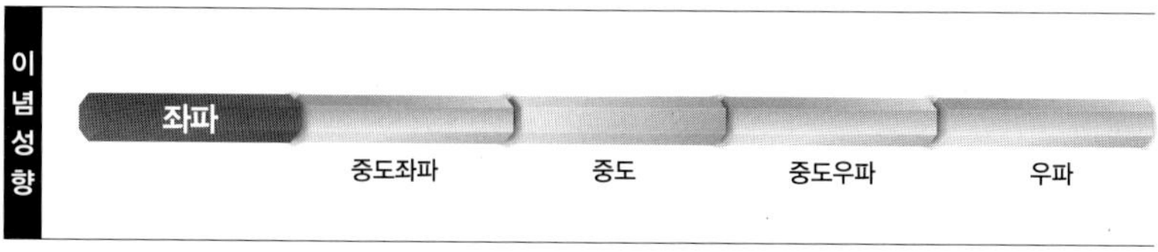

홈페이지: http://www.peoplepower21.org

전화: 02-723-5300

설립일: 1994년 9월10일

주요인사: 김균(現 고려대 경제학과 교수)·이석태(前 민주사회를위한변호사모임 회장)·정현백(現 성균관대 사학과 교수)(이상 공동대표), 이태호(사무처장)

참여연대는 소위 불법적인 국가권력 횡포와 재벌중심 경제운용을 시민의 '참여'로 제어하고 학연·지연과 같은 한국사회의 고질적 문제점을 극복하며, 사익이 아닌 공익을 위해 '연대'하자는 취지로 발족했다.

실제로는 국가보안법 폐지를 주장하고 천안함 爆沈(폭침) 북한소행을 사실상 부정했다. 재벌개혁이라는 미명하에 특정기업을 공격해 '편향적'이라는 비판도 받았다.

참여연대 출신 150명 청와대 등 정부고위직 진출

참여연대 출신 인사 상당수는 左派정권 당시, 정부 고위직 등에 대거 진출한 것으로 나타났다. 柳錫春(류석춘) 연세대 사회학과 교수 등이 2006년 펴낸 《참여연대 보고서》(자유기업원刊)에 따르면, 참여연대 결성 이래 전·현직 임원 531명 중 직업이 확인된 416명의 현황을 보면 150명(36.1%)이 청와대와 정부 고위직, 산하 각종 위원회 등 313개 자리에 진출했다(당시 기준).

참여연대는 '환경', '복지' 등 특정 분야만 다루지 않는 '종합형 NGO'의 형태를 띄고 있다. '시민운동이 정책변화에 미치는 영향'이란 논문(2001·고려대 정책대학원刊·이경훈 著)은 참여연대의 운동방식을 다음과 같이 분석했다.

〈참여연대의 운동방식은 한국 사회 개혁에 대한 의지로 충만한 학자와 지식인, 변호사, 시민운동가들의 조합에 의해 이루어진다. 진보적인 성향의 지식인들이 한국 사회를 분석하고 그에 따라 개혁과제를 설정하면, 시민운동가들이 그 문제를 쟁점화하고, 변호사들은 법적 대응을 모색하며, 개혁의지에 가득 찬 활동 간사들이 실질적인 일을 진행한다. 회원들의 직접 참여보다는 간접 참여(회비 납부)에 의존한다. 참여연대는 변호사·학자·지식인·활동 간사들의 유기적인 결합체다.〉

2013년 11월 현재, 참여연대 집행委 산하에는 ▲민생희망본부 ▲노동사회위원회 ▲사회복지위원회 ▲시민경제위원회 ▲평화군축센터 등 11

개의 활동기구가 있다. 사무처 산하에는 운영기획팀 등 실무를 관장하는 8개의 팀이 있다.

"국보법 폐지 둘러싼 논란, 종지부 찍어야"

참여연대는 2004년 8월24일 '국보법 폐지를 둘러싼 56년간의 논란, 이제는 종지부를 찍자'는 논평에서 "정부와 국회는 인권위의 권고를 즉각 수용해 국보법을 둘러싼 불필요한 논쟁에 종지부를 찍고 즉각 폐지해야 한다"고 했다.

2012년 3월20일 서울 광화문 정부종합청사 앞에서 '제주해군기지건설 저지를 위한 전국대책회의' 기자회견이 열렸다. 이태호 참여연대 사무처장은 기자회견에서 "정부가 청문회를 앞두고도 계속 공사를 강행하는 것은 진실이 드러나는 것이 두렵기 때문이다. 이미 정부가 도민들과 약속한 모든 것이 허위라는 것이 드러났다"며 정부의 공사 강행을 비판했다.(발언출처: 2012년 3월20일字 인터넷 〈참세상〉 보도).

三星을 집중 공격

참여연대 집행위 산하의 시민경제위원회와 평화군축센터 활동이 주목할 만하다. 시민경제위원회는 홈페이지에서 "기업의 지배구조를 투명하게 하기 위해 많은 노력을 기울였다"고 밝히고 있다. 이 조직의 前身(전신)은 1997년 설립되어 장하성(現 고려대 경제대학원 교수) 교수가 이끌었던 '경제민주화위원회'이다. 이후 김상조(現 한성대 경제학과 교수) 교수의 참여연대 산하 '재벌개혁감시단'과 통합해 '참여연대 경제개혁센터'가 출범했다. 경제개혁센터의 이름이 널리 알려진 것은 1999년대 후반 삼성그룹 지배구조를 집중적으로 문제삼으면서부터다. 이들은 '견제받지 않는 권력, 삼성공화국'이란 슬로건을 내걸고 계열사 주주총회에 참석하는 등의 방식으로 삼성그룹의 문제점을 공론화했다. 경제개혁센터는 2006년 참여연대에서 독립, '경제개혁연대'로 출범했다가 '경제개혁연구소'로 改稱(개칭), 현재에 이르고 있다. 2007년 11월 이른바 '삼성 비자금 의혹'이 불거지자 참여연대는, 민주사회를위한변호사모임(민변) 등과 함께 이건희 회장을 특정경제가중처벌법위반으로 검찰에 고발하기도 했다. 그러나 참여연대의 재벌 공격이 '편향적'이라는 지적도 받았다.

〈참여연대는 원칙을 지키기보다는 협상과 딜(deal)을 선호한다. 참여연대는 몇몇 대기업과 협상을 통해 자신들의 요구를 받아들이면 문제삼지 않으나, 타협하지 않을 경우 집중적으로 비판하기도 하였다. 예를 들어 SK텔레콤의 경우, 회사측이 참여연대가 추천한 社外이사를 받아들이자 기업 지배구조에 대해 문제삼지 않았던 반면, 자신들이 추천한 社外이사 선임을 거부한 삼성전자에 대해서는 주주총회에서 모든 안건을 표 대결로 끌고 가 8시간 이상 회의가 계속되기도 했다.〉 〈月刊朝鮮〉 2001년 5월호 '참여연대는 정치적 권력기구로 변질되어 체제변혁을 지향하고 있다' 中)

유엔에 '천안함 爆沈' 의문 제기하는 서한 발송

평화군축센터 역시 논란의 중심에 선 적이 있다. 2010년 6월11일, 참여연대는 국방부 民軍합동조사단(이하 합조단)의 천안함 爆沈(폭침)의 조사결과에 의문을 제기하는 서한을 의장국인 멕시코와 안전보장이사회 소속 15개 국가에 발송했다. 천안함이 '북한 어뢰에 의해 폭침되었다'는 조사결과는 유엔안보이사국은 물론 20~30여 개의 非이사국도 인정하는 사실이었다. 참여연대는 총 8가지 의혹을 제기했다. ▲물기둥 설명 설득력 부족 ▲생존자나 사망자 부상 정도가 어뢰 폭발에 합당한지 설명 부족 ▲절단면 폭발 흔적 판단할 손상 설명 희박 ▲천안함 사건 초기 TOD 영상 존재여부 불투명 등이었다. 이중에는 합조단 조사를 통해 충분히 밝혀진 내용도 있었다.

同年 6월14일 인터넷〈문화일보〉는 참여연대 관계자의 말을 인용해 "유엔안보리에 발송한 보고서는 참여연대에서 외교안보사안을 담당하는 평화군축센터가 중심이 돼 발송을 결정했다"며 "참여연대 관행상 유엔안보리 서한 발송을 전체회의를 통해 따로 결정하지는 않는다"고 밝혔다. 서한 발송을 주도했던 참여연대 한 관계자는 "우리나라 대표 시민단체가 정부 입장을 비판하는 보고서를 유엔에 보내는 것이 무엇이 잘못됐는지 모르겠다"고 주장했다(발언출처: 2010년 6월15일字 인터넷〈문화일보〉보도).

평화군축센터는 이밖에도 ▲한반도 평화체제 체결 촉구하는 캠페인을 개최(2013년 7월27일)하고 ▲천안함 爆沈(폭침)에 따른 對北 제재조치인 5·24조치의 해제 촉구(2012년 5월24일)하고 ▲NLL을 평화생태수역으로의 전환을 담은 보고서(2011년 11월22일)를 발간하기도 했다.

2년 지난 뒤에도 천안함 爆沈에 의문 제기

2012년 3월22일 천안함 2주기에 맞춰 발표한 '새 국회에서 초정파적인 천안함 진상조사위원회를 구성해야 한다'는 성명에서 "천안함 사건의 진상은 아직 밝혀지지 않았다. 천안함 진상규명은 민주주의와 남북 간 신뢰를 회복하기 위한 필수과정"이라고 밝혔다. 이들은 "국회 검증작업에 착수하는 것과 더불어 정부가 북한과 중·러 등 주변국에 관련국들이 신뢰할 수 있는 책임있는 남북한 및 국제 공동조사를 제안하는 것은 하나의 해법"이라고 주장했다. 이들은 천안함 진실규명 방법으로 ▲19대 국회에서 초정파적인 특별위원회를 구성해 천안함 사건을 진상 조사하고 ▲남북과 美中露(미중러)가 참여하는 국제검증委를 구성할 것 등을 제안했다.

북한인권 문제엔 소극적

참여연대는 '참여민주주의와 인권을 위한 연대'라는 표어를 내걸 만큼 '인권'을 강조한다. 그러나 북한인권에 대해서만큼은 예외인 듯하다. 이들은 '인권유린의 대명사'로 알려진 북한의 정치범수용소나 대량 餓死(아사)에 대해선 뚜렷한 입장을 밝힌 적이 없다. 실제로 미얀마 정권에 의해 가택연금된 아웅산 수지의 가택연금이 해제되자 이를 반기는 성명은 발표하는 반면, 유엔의 對北(대북)인권결의안은 반대하는 듯한 입장을 보였다.

참여연대는 2005년 4월15일 유엔인권위원회가 對北(대북)인권결의안 채택에 나서자 평화군축센터 명의로 이를 비판하는 성명을 발표했다. 이들은 "유엔인권위원회가 인권을 정치적 수단으로 삼는 정치화된 접근을 하고 있음을 여실히 보여주었다. 북한인권결의안 채택은 북한 주민들의 인권 개선을 위한 바람직한 방안이 될 수 없다"고 단정했다.

같은 해 2005년 11월15일 유엔총회에 對北인권결의안이 상정됐을 때에도 "北인권 문제가 국내외에서 정치적 쟁점으로 비화하고 있지만 정작 北인권 개선을 위한 진지하고 실효성 있는 방안에 대한 논의는 제대로 이뤄지지 않고 있다"고 지적했다.

그해 11월25일, 당시 박순성 참여연대 평화군축센터 소장은 서울 배재빌딩에서 열린 '북한인권강좌'에서 유엔인권위원회의 결의안 채택과 관련해 "실효성 없는 결의안의 반복적 통과는 자칫 정치적 공세 이상의 의미를 지니기 힘들다"며 "남측 사회에서 '북한인권법'을 제정하려는 움직임은 실질적으로 反인권적"이라고 강변했다(발언출처: 2005년 11월25일자 〈통일뉴스〉 보도).

'참여연대 産婆' 박원순의 활동들

박원순 現 서울시장은 참여연대 설립을 실질적으로 주도했던 인물이다. 2000년 1월12일, 참여연대를 비롯한 환경운동연합, 녹색연합 등은 서울 프레스센터에서 기자회견을 열고 '2000년 총선시민연대(이하 총선연대)' 창립식을 갖고 국회의원 落薦·落選(낙천·낙선) 운동에 나설 것을 천명했다. 이 자리에서 박원순 당시 참여연대 사무처장(1995~2002년)은 "15대 국회에서 활동했거나 활동 중인 320여 명의 전·현직 의원들을 평가해 50~100명 규모의 '공천 반대 인사 리스트'를 공개하겠다. 명단에 오른 인물이 공천되면 총선기간 전국에서 '버스투어' 등 대대적인 낙선운동을 벌이겠다"고 밝혔다.

같은 해 1월24일 총선연대는 공천 부적격자 명단 66명을 발표했는데 대부분이 보수성향 인사들이어서 형평성에 문제가 있다는 지적이 일었다. 이후 낙천·낙선운동은 실정법 위반 논란과 함께 訟事(송사)로 이어졌다. 그는 당시 〈주간한국〉 1월18일자에 보도된 인터뷰 기사에서 '선거법 위반으로 사법처리 될 가능성이 높다'는 질문에 "구속되면 면회오라"며 "참가단체들이 모두 법 위반을 불사하겠다는 전제 하에 참가했다"고 밝혔다. 같은 해 2월16일 검찰은 박원순과 최열 당시 환경재단 대표를 선거법 위반 혐의로 검찰에 소환했다. 그는 '검찰 소환에 응하는 소감'에서 "법이라는 이유만으로 모든 법이 지켜져야 한다면, 시대착오적인 법률이 언제까지나 우리를 속박할 것이다. 惡法(악법)이 법일 수 없다"고 주장했다.

1999년 8월1일 참여연대 홈페이지에 게재된 '극우 헤리지티 재단에서 배운 시민운동 노하우'란 칼럼에서 그는 "지난 번 Ms. 코언이 한국을 방문했을 때도 집요하게 북한인권 문제에 대해 관심을 갖고 운동을 한다면 재정지원을 할 용의가 있음을 이야기하여 좀 이상하게 여긴 적이 있었다"고 밝혔다. 이어 "한국에서 그동안 북한인권 문제를 다루는 단체와 언론은 대체로 극우보수파들이었음을 설명했었다"고 말했다. 2008년 2월4일 〈자유아시아방송〉과의 인터뷰에서는 "북한에 대해서는 워낙 정보가 제한돼 있어서 워낙 폐쇄적인 국가니까 (알 수 없기는) 합니다만, 그럼에도 불구하고 통제된 국가에서는 고문이 있을 가능성이 많죠. 어떤 고문이나 권위주의적인 폭압적 통치는 분명히 저는 있을 거라고 보고요…"라고 주장했다. 法治(법치)와 북한인권을 바라보는 그의 시각을 엿볼 수 있는 대목이다.

'구학연 사건' 연루자 김기식(現 민주당 의원)

2012년 총선 당시 민주통합당(現 민주당) 비례대표로 당선된 김기식 의원도 참여연대 사무처장 출신이다. 그는 1986년 서울대 인류학과 재학 중 구국학생연맹(구학연) 사건에 연루되었던 인물이다. 당시 사법부(사건번호 99노122)는 "서울대 구국학생연맹 등은 민족해방(NL) 계열 주사파 학생운동권 지하조직"이라는 점을 분명히 했다. 경찰청 자료에 따르면, 구학연은 1986년 3월29일 서울대 자연대 건물 22동 404호에서 100여 명의 학생들이 모여 출범했다. 이들은 결성취지문에서 "한반도의 분단과 민중을 억압, 착취하는 원흉으로 미제와 그 괴뢰정권에 대한 불타는 적개심을 가지고…(중략) 미제의 신식민지 파쇼통치의 매판적 반동집단 타도" 등의 내용을 채택한 것으로 나타났다.

'反美청년회' 출신 轉向(전향) 우파인사 姜吉模(강길모) 前〈프리존뉴스〉대표는 2006년 9월20일 프레스센터에서 열린 세미나에서 "학생운동을 정리하며 주사파 핵심 활동가들이 가장 애써 키운 친구가 김기식이다. 참여연대는 주사파 조직이 대한민국을 총체적으로 말아먹기 위해 만든 조직으로 볼 수 있다. 참여연대는 그렇게 만들어졌다"고 증언했다.

'광우병 난동 주동' 박원석(現 정의당 의원)

박원석은 1994년 참여연대 발기인으로 참여, 간사·연대사업국장 등을 지냈다. 동국대 사회학과에 재학 중이던 1990년 8월 화염병을 던지는 등의 과격 시위를 하다가 구속되어 법원으로부터 징역 1년, 집행유예 2년의 실형을 선고 받았다. 박원석은 2008년 광우병 난동사태 당시 광우병 국민대책회의 공동상황실장으로 참여했다. 그는 시위가 격화되던 그해 5월24일 "오늘 우리 시민들이 촛불을 들고 청와대로 간다. 여러분도 이 움직임에 동참해 줄 수 있느냐"고 말했다(발언출처: 2008년 5월24일 인터넷〈한겨레〉보도). 이날은 처음으로 광화문 우체국 앞 차도를 점거해 철야시위를 벌였던 날이다. 그 후 시위 성격이 촛불시위에서 본격적인 투쟁시위로 변질됐다. 그는 광우병투쟁대책회의 상황실장 한용진과 함께 경찰의 수배자 명단에 올랐고, 이들은 조계사에서 농성을 계속하다가 同年 11월6일 강원도 동해시 인근 모텔에서 경찰에 검거됐다(注: 2009년 4월17일 보석으로 석방). 2010년 6·2지방선거 직후엔 곽노현 서울시 교육감 취임준비위원으로 활동했으며, 2011년에는 나쁜투표거부시민운동본부 공동집행위원장, 서울시 친환경무상급식추진운동본부 집행위원장으로 활동했다.

참고

'민주사회를위한변호사모임' (91페이지)
'반값등록금실현과교육공공성강화국민본부' (129페이지)
'아름다운재단' (155페이지)
'인권실천시민연대' (198페이지)
'정의당' (247페이지)
'환경운동연합' (369페이지)

53 천주교정의구현사제단

거의 모든 좌파적 이슈에 앞장서는 천주교 내 임의단체

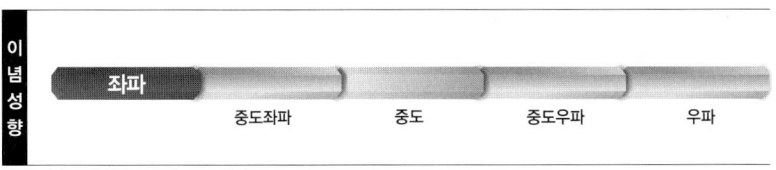

홈페이지: http://blog.daum.net/sajedan21 (인터넷 홈페이지는 현재 구축 중)
전화: 없음
설립일: 1974년 9월26일 설립
주요인사: 함세웅(前 공동대표)·문규현(前 상임대표)·문정현(前 민노총 전북지부 고문)·김인국(前 총무)

    천주교정의구현사제단(이하 사제단)은 1974년 朴正熙(박정희) 前 대통령의 10월維新(유신)에 반대하던 故 池學淳(지학순) 주교를 비롯한 관련자 180여 명이 구속된 것을 계기로 결성됐다. 1976년에는 명동성당에서 3·1운동 기념미사를 執典(집전)하고 개신교와 합동으로 기도회를 개최하면서 유신정권 퇴진을 요구하는 '민주구국선언문'을 발표했다. 1980년에는 '광주사태에 대한 진상'을 발표했고, 1987년에는 '박종철 군 고문

치사사건 조작되었다', '박종철 군 고문치사사건 眞犯(진범) 따로 있다'는 제목의 성명서를 잇달아 발표했다. 이후 사제단은 全斗煥(전두환), 盧泰愚(노태우), 金泳三(김영삼), 金大中(김대중), 盧武鉉(노무현) 등 역대 정권에서 일어난 정치·사회적 주요 사건에 의견을 피력, 현실정치에 관여했다. 1987년 6·29선언으로 직선제 개헌과 함께 우리 사회의 민주화가 달성되었음에도 이들은 국보법 폐지, 주한미군 철수, 연방제 통일 등을 주장해왔다.

교회법으로 인준도 받지 못한 사제단

천주교 교회법(이하 교회법) 제300조는 "단체가 가톨릭(천주교)의 명칭을 사용할 때는 관할권자(이하 주교회의)의 허가를 받아야 한다"고 명시돼 있다. 하지만 사제단은 관할권자의 허가를 받은 사실이 없다. 교회법 294조에 따르면, 사제들의 단체구성은 주교회의의 인준에 의해 성립된다. 사제단은 주교회의의 인준도 받은 적 없는 임의단체일 뿐이다.

사제단은 1989년 6월6일 '민족통일을 향한 우리의 기도와 선언'에서 "민족의 삶과 이익에 배치되고 상대방을 반대하기 위한 조약·군사동맹을 해체"와 "주한미군 단계적으로 철수"를 주장했다(발언출처: 〈통일뉴스-통일역사 자료실〉).

2000년 8월2일 '불평등한 SOFA전면개정과 매향리 폭격장 폐쇄촉구 서명'에서는 "미군이 물러가는 진정한 민족통일의 그날까지 우리는 예수 그리스도의 정의와 평화로 결단한다"고 주장했다. 사제단은 2002년 미선이·효순이 사건을 비롯해 매향리·직도·평택 등 전국 각지에서 벌어진 反美집회에서 '미군철수'를 주장해왔다.

사제단은 2002년 2월18일 '한(조선)반도 평화선언'을 통해 "6·15선언이 한(조선)반도에 평화를 이룰 수 있는 최선의 현실적 방안임을 인정한다"며 "北의 고려연방제와 南의 국가연합제(남북연합제) 통일방안에 대해 깊이 연구하고, 대중적 논의를 통해 한(조선)반도에 필요한 방안을 마련할 것"을 촉구했다(발언출처: 2008년 3월12일字 인터넷 〈미래한국〉 보도).

"김현희 씨가 하필 왜 지금 나옵니까?"

2001년 11월23일, 사제단은 천주교인권위원회와 공동으로 기자회견을 갖고 이른바 '대한항공 858편 사건 관련 7대 의혹'을 제기했다. 이들 주장의 요지는 김정일의 지령을 받은 김현희에 의한 테러가 아닐 수도 있다는 것이었다. 2003년 11월3일 사제단은 'KAL기 테러사건(이하 KAL기 테러)' 再(재)조사를 촉구하는 성명을 발표했다. 신부 115명의 명단도 공개했다.

노무현 정권 때인 2004년 11월2일 발족한 '국가정보원 과거사건 진실규명을 통한 발전위원회(이하 진실위)'는 KAL기 테러에 대한 再조사를 실시, 2007년 10월 결과보고서를 발표했다. 진실위는 보고서에서 "이 사건의 배후에 북한의 對南(대남) 공작조직이 있었으며, 그 조직의 공작원인 김승일과 김현희에 의해 자행된 사건임을 입증할 수 있는 정황과 근거들을 확인하였음(557페이지)"이라고 명시했다. 보고서는 또 "이 사건의 실체가 북한에 의해 자행된 사건이며, 그동안 제기되어 왔던 안기부의 '기획 조작'과 '사전 인지' 의혹 등은 이를 뒷받침할 만한 단서가 전혀 없는 점으로 보아 사실이 아닌 것으로 판단하고 있음(上同)"이라고도 했다. KAL기 테러가 국가기관의 정밀한 검증을 통해 조작이 아니었음이 밝혀진 것이다. 〈월간조선〉 2009년 4월호에는 당시 사제단의 대변인格(격) 인 김인국 신부의 인터뷰 기사가 실렸다. 이 기사에서 그는 KAL기 테러에 대해 다음과 같은 입장을 피력했다.

〈KAL기 사건도 삼성 비자금 사건과 같아요…(중략) 우리 사회에 양심이 어디 있어요. 사제들은 '이거는 상당한 의혹이 있다'고 말했을 뿐이에요. 이런 이야기가 유족들한테서 나왔고요. 자라 보고 놀란 사람들이 많았어요. 이게 자라든지 솥뚜껑인지 모르겠지만, 유가족들을 이해시킬 만큼 진상조사를 해야지요. 흡족하게 이뤄지지 않은 상태에서 결과를 발표했을 때 국민들이 얼마나 승복했느냐를 생각해 보세요. 김현희 씨가 하필 왜 지금 나옵니까? 그것도 음모가 있는 거야. 이승복 이야기하고 같아요. 그게 진실인지 누가 알아요.〉

광우병 사태 개입해 이명박 정부 비난

이들은 2008년 6월30일 서울시청 앞 서울광장에서 미국산 쇠고기 재협상을 요구하는 '국민주권을 선언하고 교만한 대통령의 회개를 촉구하는 비상시국회의 및 미사'를 열었다. 단체는 "국민이 촛불을 들고 일어선 것은 정부가 미국의 압박에 자진 굴복해 문제의 쇠고기와 위험한 부속물 수입을 전면 허용해 버렸기 때문", "그러나 정부는 국민의 뜻을 끝내 짓밟았다"고 비난했다(발언출처: 2008년 6월30일字 인터넷 〈한국경제〉 보도).

사제단은 이날 미사에서 '대통령의 힘과 교만을 탄식함'이라는 강론을 발표했다. 이들은 "차마 눈뜨고 볼 수 없는 참상이 벌어지고 있다. 국민을 상대로 마구 저지르는 오늘의 폭력상과 거짓들을 지켜보며 우리는 분노한다…(중략) 몽둥이와 방패로 시민들을 패고 내려찍으며 무참히 폭력을 행사했다"며 경찰의 공권력 집행을 '폭력'으로 규정했다(발언출처: 2008년 6월30일字 인터넷 〈한겨레〉 보도).

"부엉이 바위는 부활과 승천의 자리"

이 단체의 상임대표를 지낸 문규현 신부는 1989년 임수경 不法 방북에 同行(동행), 국보법 위반으로 징역 5년 형을 선고받았고, 1998년 평양통일대축전에 참가해 김일성 시신이 안치된 금수산 궁전 방명록에 '김 주석의 永生(영생)을 빈다'는 글도 남겼다(출처: 2006년 8월5일字 〈서울신문〉 보도). 그는 2005년 5월 군산 앞바다 直島(직도)사격장 폐쇄를 위해 '군산 직도 폭격장 폐쇄를 위한 전국시민사회단체대책위원회(직도대책위)'를 결성하기도 했었다. 사제단은 2009년 5월28일 노무현 前 대통령이 자살한 이후 서울 명동성당에서 추도미사를 올렸다. 사제단 고문 김병상 신부는 "예수를 처형한 장소에 로마가 경비병을 세웠듯이 노 전 대통령 분향소에 조문 온 시민들을 전경으로 둘러쌌다"며 "수구 기득권 세력의 공포를 보여주고 있다"고 강변했다. 그는 이어 "20억 명의 크리스천들의 기도문에는 예수를 죽인 로마인 정치가가 나온다, 인류 역사가 끝날 때까지 그 이름은 사라지지 않을 것"이라며 "이명박 대통령이 기획수사를 통해 노 전 대통령을 죽였다는 사실 역시 몇 백 년 동안 기억될 것"이라고 주장했다(발언출처: 2009년 5월28일字 〈오마이뉴스〉 보도).

같은 날 사제단은 김해 봉하마을에서 위령미사를 진행했다. 위령미사의 기도를 맡은 김영식 신부는 "노무현 대통령의 죽음을 추모하는 것은 지난 1년간 이명박 정권에서 민주주의가 말살되고 죽었기 때문"이라고 이명박 정부를 비난했다. 김영식은 강론에서 "부엉이 바위는 부활과 승천의 자리"라고 美化(미화)했다(발언출처: 2009년 5월26일字 〈오마이뉴스〉 보도).

'제주해군기지 건설 반대' 기도회 열기도

사제단은 2010년 5월17일, 야4당과 참여연대 등 시민사회 단체 대표들과 국회에서 천안함 爆沈(폭침) 관련 이명박 대통령의 사과 등을 요구하는 기자회견을 열었다. 대표단은 공동성명에서 "명확한 증거의 공개, 국제적 공인이 없는 섣부른 결론은 국민적·국제적 불신과 질타를 피할 수 없을 것"이라며 民軍합동조사단의 결과를 부정하는 음모론을 제기하기도 했다(발언출처: 2010년 5월17일字 〈연합뉴스〉 보도).

사제단은 2011년 10월19일 안동교구 신기성당에서 회의를 열고, 同年 11월7일부터 제주해군기지 반대를 촉구하는 단식기도회를 열기도 했다.

함세웅의 正體

단체의 공동대표를 지낸 함세웅 신부는 국보법폐지국민연대 고문, 송두율석방대책위 상임대표, 한총련 합법화대책위 상임대표, 민주화운동기념사업회 이사장을 역임한 인물이다. 그는 국보법철폐·주한미군철수·연방제 통일을 주장해온 '민주주의민족통일전국연합'(이하 전국연합, 1991년 출범) 지도위원으로도 활동했었다.

함세웅은 한총련 합법적 활동보장을 위한 종교인 1000인 선언(2002년 7월18일)을 비롯해 ▲송두율 교수의 무죄석방을 촉구하는 사회원로·인사선언(2004년 3월11일) ▲송두율 교수 석방을 요구하는 시민사회 1000인

선언(2003년 10월23일) ▲국가보안법 폐지를 촉구하는 각계인사 공동선언(2004년 9월16일) ▲4대강 사업 관련 정진석 추기경 비난 기자회견 및 성명 발표(2010년 12월13일) ▲한진중공업 사태 해결을 촉구하는 희망시국회의 200선언(2011년 7월22일) 등 각종 좌파적·反정부적 활동에 참여하기도 했다.

문정현의 문제 발언들

문규현의 형 문정현도 사제단 소속이다. 그는 反美·국책사업 반대시위에 거의 매번 등장했던 인물이다. 그는 2000년 주한 美 공군 공대지 사격 훈련장인 경기도 화성군 매향리 사격장 폐쇄를 주장하며 '매향리 미군국제폭격장폐쇄 범국민대책위원회'의 상임대표를 지냈었고, 광우병 난동(2008년), 용산방화사태 추모 미사(2009년), 제주해군기지 반대 시위(2011년), 쌍용자동차 파업(2011년)에 직간접적으로 개입했었다.

문정현은 2002년 5월22일 경북대 '제1기 통일아카데미' 강연에서 "나 역시 북한을 방문하였을 당시 만경대에 가서 '김일성 장군님, 조금만 오래 사시지 아쉽습니다'라고 썼다"고 발언하기도 했다. 그의 문제 발언들을 일부 소개하면 다음과 같다.

〈▲"인간白丁(백정) 주한미군": "한국민은 인간백정 주한미군을 반드시 한국 재판대에 세우고 한국민의 이름으로 심판할 것이다." (출처: 2002년 11월21일 동두천 여중생 추모집회에서)

▲"미군, 당장 떠나라": "전동록, 신효순, 심미선의 죽음은 옛날 같으면 '개죽음'이었을 것이고 그렇게 죽고도 말 한마디도 못했을 것

이다. 우리는 더 이상 미군의 주둔을 원치 않는다. 당장 떠나라."
(2002년 7월4일 용산 전쟁기념관 앞 반미집회)

▲"미군부대만 지나면 저주의 마음이 든다": "이제 미군부대만 지나면 저주의 마음이 든다. 사람을 죽여 놓고도 아무렇지 않게 살고 있는 저들이 사람이냐?" (2002년 9월30일 朴 모라는 시민이 미군 트레일러의 교통사고로 사망하자 장례식장에서)》

참고

'전국민주노동조합총연맹' (229페이지)
'참여연대' (279페이지)
'한국대학총학생회연합' (336페이지)

㉔ 통합진보당

'정당해산 심판' 청구된 極左정당…'북한식 사회주의' 추구

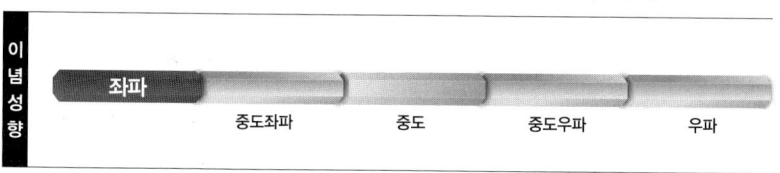

홈페이지: http://www.goupp.org
전화: 02-2139-7777
설립일: 2012년 1월15일
주요인사: 이정희(대표), 오병윤(원내대표), 김승교·민병렬·유선희 등(이상 최고위원), 안동섭(사무총장), 김미희·김선동·김재연·오병윤·이상규·이석기(이상 국회의원)

통합진보당(이하 통진당)은 강령에서 '진보적 민주주의 사회 실현'을 표방하는 등 사실상 대한민국 헌법의 기본원칙인 '자유민주주의'와 '국민주권주의'를 否定(부정)하는 정당이다.

2013년 11월5일, 법무부는 국무회의 의결을 거쳐 '통진당이 민주적 기본질서에 위배된다'며 통진당의 反국가성을 근거로 헌정 사상 최초로 헌법재판소에 '정당해산 심판'을 청구했다.

"'진보적 민주주의'는 북한의 소위 건국이념"

법무부는 이날 배포한 보도자료에서 "통합진보당의 목적은 민주적 기본질서에 위배된다고 판단된다"며 다음과 같이 밝혔다.

〈최고이념인 진보적 민주주의는 과거 김일성이 주장하여 북한의 소위 건국이념이 된 것으로, 우리나라가 미국에 예속된 식민지이고, 소수 특권 계급이 주인 행세를 하는 거꾸로 된 사회라고 하면서 우리 사회의 근본적 변화를 도모하는 이념으로, 궁극적으로 사회주의를 추구하는 이념이고…(중략)〉

법무부는 또 "'민중주권주의'는 진보적 민주주의를 정치·사회적 측면에서 실현하기 위하여 강령에 도입된 것으로, '일하는 사람이 주인된 세상'을 목표로 하여 소위 특권계층의 주권을 박탈하고 '일하는 사람'인 '민중'만이 주권을 가지는 사회를 추구한다는 개념이므로, 모든 국민이 주권을 가진다는 '국민주권주의'에 반하는 것"이라고 했다. 통진당 강령 前文(전문)에는 "노동자·농민·중소상공인 등 일하는 사람들의 요구와 이해관계를 반영", "민중이 정치·경제·사회·문화 등 사회생활 전반의 진정한 주인이 되는"이라고 명시되어 있다.

법무부는 이밖에도 "통합진보당은 민주노동당 시절부터 창당 및 NL계열의 입당 과정, 강령 개정 및 3당 합당 등 과정에 북한 지령을 통해 북한과 연계되어 온 사실이 확인되어, 존치할 경우 북한과 함께 우리나라의 존립을 위태롭게 할 우려가 상당히 높다"고 지적했다. 법무부 보도자료에 담긴 통진당 해산 심판 청구 요지의 全文은 다음과 같다.

〈▲정부는 통합진보당의 목적과 활동이 민주적 기본질서에 위배된다고 판단하여, 금일(11월5일) 2013년도 제47회 국무회의의 심의·의결을 거쳐 헌법재판소에 통합진보당에 대한 정당해산심판을 청구하였습니다.

▲통합진보당의 전신인 민주노동당은 2000년 1월 민노총이 중심이 되어 창당되었으나, 민족해방을 주장하는 NL계열이 입당하여 당권을 장악한 후 종북성향 논란으로 두 차례에 걸친 분당을 거쳐 오늘날에 이르게 된 것으로, 현재는 종북성향의 순수 NL계열로 구성된 상태입니다.

▲통합진보당의 목적은 민주적 기본질서에 위배된다고 판단되는바,

- 최고이념인 진보적 민주주의는 과거 김일성이 주장하여 북한의 소위 건국이념이 된 것으로 우리나라가 미국에 예속된 식민지이고, 소수 특권 계급이 주인 행세를 하는 거꾸로 된 사회라고 하면서 우리 사회의 근본적 변화를 도모하는 이념으로, 궁극적으로 사회주의를 추구하는 이념이고,

- 민중주권주의는 진보적 민주주의를 정치·사회적 측면에서 실현하기 위하여 강령에 도입된 것으로, '일하는 사람이 주인 된 세상'을 목표로 하여 소위 특권계층의 주권을 박탈하고 '일하는 사람'인 '민중'만이 주권을 가지는 사회를 추구한다는 개념이므로, 모든 국민이 주권을 가진다는 '국민주권주의'에 반하는 것입니다.

▲통합진보당의 활동 역시 민주적 기본질서에 위배된다고 판단되는바,

- 북한의 대남혁명론을 추종하는 '강온양면' 전술에 따라 혁명의 결정적 시기가 도래하면 무력에 의한 혁명을 추구하고, 그 전의

준비기 동안에는 대중정당을 통한 반국가활동 등에 의하여 혁명
역량을 강화하는 것을 도모하고 있으며,
- 이석기 등이 관여한 RO 조직의 내란음모·선동 행위와 일심회 간
첩단 사건 등 각종 反국가 활동은 위와 같은 전술에 따라 이루어
진 것으로 우리나라 체제를 파괴하려는 활동이므로 자유민주적
기본질서에 반하고,
- 국회를 '혁명의 교두보', 선거를 '투쟁'으로 인식함에 따라 비례대
표 부정경선 등으로 민주적 선거제도를 부정하고, 국회 본회의장
최루탄 투척, 5·12 중앙위원회 집단폭력 등으로 의회주의 원칙,
정당민주주의에 반하는 활동을 하였습니다.
▲무엇보다 통합진보당은 민주노동당 시절부터 창당 및 NL계열의
입당 과정, 강령 개정 및 3당 합당 등 과정에 북한 지령을 통해 북
한과 연계되어 온 사실이 확인되어, 존치할 경우 북한과 함께 우리
나라의 존립을 위태롭게 할 우려가 상당히 높습니다.
▲이에 통합진보당에 대한 해산심판 및 소속 국회의원들에 대한 의
원직 상실선고를 청구하고,
- 위헌적 활동 계속으로 인한 자유민주적 기본질서 침해를 방지할
급박한 필요성에 따라 정당보조금 수령을 비롯한 각종 정당활동
정지 가처분도 신청하였습니다.〉

민노-통진당 略史

통진당의 역사는 前身격인 민주노동당(이하 민노당)에서부터 시작된다.
민노당은, 민노총을 기반으로 출범했던 국민승리21(대표 권영길)이 1999

년 발전적으로 해체하고, NL(National Liberty·민족해방)과 PD(People Democracy·민중민주)계열, 노동운동세력 등이 한데 규합해 2000년 1월 창당된 정당이다. 민노당 역시 강령에 주한미군철수와 국가보안법 폐지 등을 내세웠고 노동자와 민중 중심의 민주적 사회경제체제 건설을 주창했다.

민노당이 제도 정치권에 본격적으로 발을 들인 것은 2004년 17대 총선 때였다. 2000년에는 원내 진출에 실패했으나 17대 총선에서는 지역구 2석, 비례대표 8석을 획득해 좌파 정당 최초로 원내 진출에 성공했다. 당시 민노당의 지역구 당선자는 권영길, 조승수이며, 비례대표 당선자는 강기갑, 노회찬 등 8명이었다. 2008년 이전까지 黨內 세력은 NL과 PD로 거의 대등하게 兩分(양분)되어 있었다. 이런 분류는 단지 운동권 내부의 노선 차이일 뿐, 북한 문제와 관련해서는 NL-PD 모두 大同小異(대동소이)한 친북적 입장을 견지해왔다.

민노당은 2008년 1월12일, 2007년 대선에서 저조한 득표율을 보인 데 책임을 지고 당 지도부가 사퇴하고, PD계열의 심상정(現정의당 국회의원) 의원을 위원장으로 비상대책위원회를 출범시켰다. 그러나 당 혁신안이 부결되자 심상정은 2월4일 비대위원장직에서 사퇴했다. 이때 NL-PD 갈등이 수면 위로 부상해 '종북 논란'이 불거졌고 PD계열 일부가 민노당을 탈당, 진보신당을 창당했다. 민노당은 18대 총선에서 진보신당과의 분당에도 불구하고 지역구 2석, 전국구 3석을 확보했다. 민노당은 2008년 7월 강기갑을 대표로 선출해 체제를 정비했으며, 2010년 민변 출신의 이정희를 중심으로 4기 지도부를 선출했다.

2011년 8월, 汎(범)좌파세력은 이듬해 치러질 19대 총선과 18대 대선 승리를 위해 이른바 '진보대통합'을 주장하고 나섰다. 同年 8월28일, 이정희 당시 민노당 대표와 조승수 당시 진보신당 대표는 '새로운 통합진보정당 건설을 위한 잠정 합의문'을 발표, 합당을 논의했다. 같은 해 9월 4일, 진보신당은 당 대회에서 민노당과의 합당 안건을 표결에 부쳤으나 재적 대의원 3분의 2를 넘지 못해 부결되었다. 진보신당 내부에서 합당에 대한 부정적 견해가 거세지자 조승수 대표를 비롯해 심상정, 노회찬이 탈당했다. 이들은 '새진보통합연대'를 결성해 민노당과의 합당에 나섰다. 유시민, 천호선 등 親盧(친노) 계열이 主를 이루었던 국민참여당(이하 국참당)도 '합당 대열'에 합류했다. 2011년 12월5일, 민노당과 새진보통합연대, 국참당은 합동수임기구를 구성했으며, 이듬해 1월15일 통합진보당이 공식 출범했다.

19대 총선 前後 불거진 不正경선 파동

통진당은 2012년 19대 총선 前後(전후)로 不正(부정)경선 파동에 휘말렸다. 통진당 不正경선은 크게 두 가지로 나뉘는데, 하나는 이정희 후보가 출마했던 관악乙 不正경선이고, 다른 하나는 비례대표 후보 不正경선이다.

통진당 이정희 후보와 민주통합당(이하 민통당) 김희철 후보는 서울 관악乙 출마 여부를 두고 競選(경선)을 벌였다. 이는 그해 3월10일 타결된 민통당-통진당의 야권연대(75페이지, '민주당' 참조)에 따른 것이었다. 3월 17~18일 실시된 경선은 ARS 여론조사와 임의전화걸기(RDD) 전화면접 방식으로, 이를 절반씩 나눠 진행했다. 그후 한 네티즌이 인터넷 커뮤니티 사이트에 이정희 후보 측 보좌관으로부터 받은 다량의 문자 내용을 공개했다. '지금 ARS 60대로 응답하면 전부 버려짐. 다른 나이대로 답해야 함', '60대와 함께 40~50대도 모두 종료. 이후 그 나이대로 답하면 날아감'이라고 적혀있었다. 나이를 속여 ARS 여론조사에 답하라고 요구한 것이다.

3월20일 이정희 후보는 "제 동료의 불미스러운 일에 대해 이유와 경위를 불문하고 깊이 사과한다"며 "민주통합당 김희철 의원이 문자메시지가 경선결과에 영향을 미쳤다고 판단하면 재경선을 하겠다"고 밝혔지만, 김희철 후보 측은 이를 수용하지 않았다(발언출처: 2012년 3월20일 字〈노컷뉴스〉보도). 야권연대 경선관리위원회는 再경선을 권고했으나 김 후보는 3월22일 민통당을 탈당, 무소속 출마를 선언했고, 이정희가 후보로 선출되었다. 부정경선으로 인한 야권연대의 국민적 불신이 높아지자 左派(좌파)진영 원로들이 나서 이정희 후보 사퇴를 촉구했다. 22일 오전 국회에서 백낙청(現 6·15공동선언실천남측위원회 명예대표), 김상근(現 6·15공동선언실천남측위원회 상임대표) 등이 속한 '원탁회의'는 李 후보의 후보직 사퇴를 촉구했다. 李 후보는 23일 후보직 사퇴를 선언하고, 同黨 이상규에게 후보직을 넘겼다.

계파 갈등 노출시킨 비례대표 不正경선

통진당 비례대표 부정경선 의혹은, 당의 당권파(舊 민노당 계열)와 비당권파(舊 국민참여당 등 민노당 외 계열) 간의 갈등을 노출시킨 사건이다.

2012년 4월18일, 이청호 통진당 부산 금정구 공동지역위원장은 당 홈페이지에 '부정선거를 규탄하며'라는 글을 올렸다. 그는 이 글에서 "윤금순(1번) 후보와 오옥만(9번) 후보가 바뀐 건 현장투표였다"면서 "현장투표 형태가 엉망이었던 것은 누구나 알고 있는 사실"이라고 폭로했다. 그는 통진당 內에서 비당권파로 분류되는 국민참여당系(계)였다. 그는 "제가 알고 있는 정보에 의하면, 통합진보당 비례대표 1번과 2번 당선자는 부정선거와 소스코드 조작이 있었던 것으로 보인다"고 했다. 그의 주장에 따르면, ▲30인 이상의 사업장이나 지역의 요청이 있을 시에 지역위원장도 모르는 현장투표가 있었고 ▲선거 중간에 전산투표를 관리하는 운영업체가 3번이나 소스코드를 열어 봤다고 했다. 그는 "내 정보에 의하면, 이번 비례대표투표의 전산관리를 한 업체가 민주노동당 시절에서부터 계속 전산관리를 해 온 업체라고 한다"며 "선거하면서 전혀 중립성이 보장되지 않는, 10년을 넘게 민주노동당 덕에 밥 벌어 먹고 살고 왔던 업체에 이런 걸 맡길 수 있나"고 비판했다(발언출처: 2012년 4월20일字 〈참세상〉 보도).

"어느 나라에도 100% 완벽한 선거는 없다"(?)

당시 통진당 비례대표 1번은 윤금순(전국여성농민회연합 출신), 2번은 이석기(내란음모사건으로 구속)였다. 이청호 위원장은 온라인 투표 2위였던 노항래 후보가 2번이 아닌 10번에 배치된 것이 '조작된 결과'라며 윤금순 당선자와 이석기 당선자의 사퇴를 촉구하기도 했다.

통진당은 진상조사위원회(이하 조사위·위원장 조준호)를 꾸려 부정경선에 대한 조사에 착수했다. 同年 5월4일 조준호 위원장은 '비례대표 경선에 총체적인 부정이 있었다'고 결론 내렸다. 조사위가 확인한 부정선거 방식은 크게 ▲현장 대리투표 ▲뭉텅이 투표 ▲유령투표 ▲동일 아이피(IP)로 중복투표 ▲소스코드 열람 확인 등이었다

당권파는 조사위의 이 같은 발표에 수긍하지 않았다. 이정희 前 대표

는 이를 "중세의 마녀사냥"이라고 규정, "당과 동지에 대한 무고, 통합진보당의 내부로부터의 몰락, 야권연대와 진보집권의 가능성 소멸, 이것이 지금 이 사태의 본질과 현상"이라고 사실을 誤導(오도)했다(발언출처: 2012년 5월8일字 〈프레시안〉 보도). 이석기 의원은 "세계 어느 나라에도 100% 완벽한 선거는 없다"며 "진보정당은 천상의 정당이 아니다. 진보정당이기 때문에 100%여야 한다는 건 대단히 무서운 논리"라고 사퇴 불가의 뜻을 내비쳤다(발언출처: 2012년 5월12일字 인터넷 〈한겨레〉 보도). 김선동 의원은 논란이 된 '뭉텅이 표(注: 현장 투표 당시 자행된 부정투표 방식)'에 대해 '투표용지 관리가 부실해 절취선이 잘려서 계속 넣다 보면 풀이 다시 살아 붙는 경우가 있다'는 취지의 황당한 논리를 내세웠다(발언출처: 2012년 5월8일字 CBS라디오 '김현정의 뉴스쇼' 녹취록).

조준호 위원장은 5월9일 국회에서 기자회견을 열어 "총체적 관리부실 부정 선거라는 진상조사위원회의 입장에는 추호도 변함이 없다"며 "진상조사와 관련해 조사위는 공정·중립·최선을 다했고, 1차 조사에서 미흡한 점은 2차 조사로 보완해야 할 것"이라며 경선不正이 있었음을 재확인했다. 그는 "손바닥으로 하늘을 가릴 수 없으며 우리의 허물을 있는 그대로 드러내야 한다"며 "나무만 보고 숲을 보지 못하는 우를 범해서는 안 된다"고 당권파 측 주장을 우회적으로 비판했다(발언출처: 2012년 5월9일字 인터넷 〈한겨레〉 보도).

중앙위원회 난투극

5월12일 경기도 고양시 일산 킨텍스에서 열린 통진당 중앙위원회(이하 중앙위)에서 비당권파인 유시민, 조준호, 심상정 공동대표가 당권파로 추정되는 당원들로부터 주먹질과 발길질, 멱살을 잡히는 등 집단 폭행을 당했다. 이날 통진당은 중앙위에서 19대 총선 때 불거졌던 비례대표 경선 不正(부정)사건을 수습하기 위한 혁신비상대책위원회(비대위)를 구성하고 비례대표 일괄 사퇴 등을 논의하려 했었다.

중앙위가 열리는 3층 그랜드볼룸 주변에는 당권파가 붙인 플래카드 50여 개로 도배됐다. 플래카드에는 '당원 가슴에 대못질한 진상조사 보고서를 폐기하라', '당원들의 진정한 대표, 이정희 대표님 힘내세요', '노동자 망신 조준호 대표 당기위 제소'라고 적혀있었다.

심상정 대표의 사회로 중앙위가 開會(개회)되자 당권파 측 당원으로 추정되는 인사들은 '가짜 중앙위원이 있다'는 등의 이유로 회의 의사 진행을 방해했다. 이들은 발언을 신청하며 '옛 국민참여당 몫 중앙위원 중에 갑자기 사람이 바뀌거나 추가된 경우가 있다', '현장에서 중앙위원들의 신분확인을 제대로 하지 않았다' 등의 주장을 반복했다. 심 대표는 의사 진행 방해가 계속되자 오후 4시30분쯤 停會(정회)를 선언했다. 속개된 회의가 또다시 중단되자, 심 대표는 "우리당이 이렇게 하고도 민주주의를 얘기할 자격이 있습니까"라고 호소했지만 먹혀들지 않았다. 오후 6시50분쯤 회의가 속개되자 수 십 명의 당권파 중앙위원과 참관인들이 회의장 앞으로 몰려나가 단상 앞을 점거했다. 심 대표가 회의를 진행하려 하자 한 당권파 측 당원은 "왜 발언 기회를 주지 않느냐. 이게 국회에서 보던 날치기"라고 외쳤다.

심 대표가 첫 번째 안건인 '강령 개정안 심의·의결의 件'을 안건으로 올린 뒤 "이 건에 대한 이의가 없으면 만장일치로 안건이 통과됐음을 선언한다"고 말하자 당권파 측 당원들이 단상에 올라 회의 진행을 방해, 아수라장으로 변했다. 이때 한 젊은 여성당원이 조준호 대표의 머리끄

덩이를 잡아당기는 모습이 카메라에 포착되었고, 유시민 대표의 안경이 날아가기도 했다(발언출처: 2012년 5월12일자 〈조선닷컴〉 보도).

셀프(self)제명

그해 7월26일 통진당 국회에서 의원총회를 열고 '從北(종북)논란'의 핵심으로 거론된 '이석기·김재연 의원 제명안'을 비당권파 주도로 상정했다. 이때 출석의원 12명 중 찬성 6표, 무효 1표, 기권 5명으로 부결됐다. 당시 中立(중립)으로 분류되었던 김제남 의원이 무효표를 던져 두 의원은 가까스로 제명을 면할 수 있었다.

9월 들어 이석기·김재연 의원과 노선을 달리하는 의원 및 당직자들의 탈당이 이어져 당은 分黨(분당)의 길로 접어들었다. 통진당은 9월7일 열린 의원총회에서 김제남, 정진후, 박원석, 서기호 의원에 대한 제명안을 표결에 부쳐 의원 13명 중 찬성 7표, 기권 3표로 통과시켰다. 찬성표를 던진 의원은 제명 대상인 비례대표 의원 4명을 포함해 총 7명이었다.

언론은 이를 '헌정 사상 초유의 셀프(self)제명'이라고 비판했다. 비례대표 의원의 경우, 탈당을 하면 자동적으로 의원직이 박탈되지만, 제명이 되면 의원직은 유지할 수 있다. 이들은 자신의 제명안에 찬성표를 던지는 꼼수를 부린 것이다. 제명된 직후 이들은 통진당을 탈당했다. 9월10일에는 강기갑 前 의원, 11일 권영길·천영세 前 대표가 탈당한 데 이어 13일엔 유시민·심상정·조준호 前 공동대표 및 노회찬 의원이 탈당했다.

2000년 민노당 창당 이래 대표(비대위원장 및 공동대표 포함)를 맡은 사람은 권영길·천영세·김혜경·문성현·강기갑·이정희 등 총 9명이었다. 이중 이정희 前 대표만 당에 잔류하고 8명이 탈당했다.

이석기 내란음모사건

2013년 이석기 통진당 의원이 주도한 내란음모가 당국에 적발되었다. 국정원은 2010년부터 이석기 등에 대한 內査(내사)를 벌여왔는데, 이 중 이석기 주도로 만들어진 지하조직 RO(Revolutionary Organization)의 실체 파악에 주력했다. 內査 도중 RO에 몸담고 있던 조직원 李 모 씨가 RO의 실체를 국정원에 제보했다. 그는 조직의 강령과 목표, 사상학습 자료 등이 담긴 USB를 국정원에 제출했고, 국정원은 그의 진술이 사실과 일치함을 확인했다.

2013년 8월28일, 국정원은 이석기의 집과 국회 의원회관 사무실을 비롯해 10곳을 대상으로 압수수색을 단행했다. 공안당국은 이석기에 대해 충성을 맹세하는 편지 57통, 도청 탐지기, 그의 집 신발장에서 5만 원 권 1000장, 서재 옷장에 있는 등산가방에서 5만 원 권 820장을 압수했다. 국정원은 같은 날 홍순석 통진당 경기도당 부위원장과 이상호 경기진보연대 고문, 한동근 통진당 前 수원시위원장 등 14명을 출국금지 조치했다.

2013년 9월4일 국회는 본회의를 열어 통합진보당 '이석기 의원에 대한 체포동의안'을 재석의원 289명 가운데 찬성 258명, 반대 14명, 기권 11명, 무효 6명 등 압도적인 표차로 통과시켰다. 제헌 국회부터 이날 본회의까지 가결된 현역 의원 체포동의안 총 12건 가운데 내란음모 혐의는 이석기 의원이 사상 처음이었다. 국정원은 체포동의안 통과 직후 拘引(구인)에 나섰고, 의원회관 사무실에 머물던 이석기를 연행했다. 이 과정에서 국정원 직원 및 경찰과 통진당 관계자들 사이에서 몸싸움이 벌어졌다.

공안당국의 수사결과, 이석기 등 RO조직원 130여 명은, 서울 마포구 합정동 마리스타修士會(수사회) 강당 등에서 국가基幹(기간)시설 파괴와 人命殺傷(인명살상) 방안 등을 모의한 것으로 나타났다. 이들은 통신·油類(유류)시설 등의 파괴 방법을 논의했다. 이들은 KT 혜화지사와 분당 인터넷데이터센터(IDC), 경기 평택물류기지에 대한 파괴 방법도 모의했다. KT 혜화지사는 유선전화 및 인터넷 관련 핵심업무를 담당하는 곳이며, 분당 IDC는 KT의 인터넷 서비스와 각종 서버가 보관되어 있는 곳이다. 평택 물류기지는 한국석유공사가 유사시를 대비해 비축해 둔 약 600만 배럴의 석유 및 액화석유가스(LPG) 저장시설이 있는 곳이기도 하다.

　같은 해 9월26일 검찰은 중간수사결과를 발표했다. 검찰은 "이석기 의원은 5월 전쟁이 임박했다는 인식 아래 국가기간시설 타격 등 폭동을 수행하기로 모의해 내란을 선동·음모했다"며 "홍순석 통진당 경기도당 부위원장 등 3명도 비슷한 공소사실로 형법 제90조 내란음모·선동 및 국가보안법 제7조 利敵(이적)동조 등의 혐의로 기소했다"고 밝혔다.

| 참고 |

'민주당' (75페이지)
'전국민주노동조합총연맹' (229페이지)

55 투기자본감시센터

미국식 자본주의와 新자유주의 반대

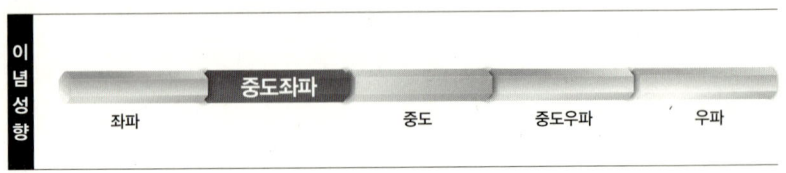

홈페이지: http://www.specwatch.or.kr
전화: 02-722-3229
설립일: 2004년 8월25일
주요인사: 이대순(공동대표)

투기자본감시센터(이하 감시센터)는 정치 관련 이슈보다는 주로 경제 이슈에 집중하며 '미국식 자본주의'를 비판해왔다.

"미군없는 한반도를 적극 준비해가야"

2005년 8월1일, 허영구 당시 공동대표는 광화문 프레스센터에서 사회인사 60여 명과 함께 '제2의 광복' 선언에 참여했다. 이들은 "광복 60

주년이 되는 오늘에도 우리가 완전한 독립을 이야기하지 못하는 데는 불평등하고 종속적인 대미관계 탓이 크다"며 "미군없는 한반도를 적극적으로 준비해가야 한다"고 했다.

감시센터는 자본주의의 문제점을 지적하며 금융위기의 主犯(주범)으로 미국을 지목하기도 했다. 장화식 前 정책위원장은 2008년 9월18일 "우리나라는 미국에서 일어나는 금융위기의 직격탄을 맞고 있다"며 "파산하는 미국식 금융 자본주의를 따라가는 행보를 멈춰야 한다"고 주장했다.

그는 "서브프라임 사태도 결국 상환능력이 없는 사람들에게 주택을 사도록 하고, 이를 첨단 금융기법이라는 이름으로 각종 파생상품으로 부풀려진 결과가 초래한 파국인 것"이라며 "현재 금융위기는 탐욕으로 뭉친 '카지노 자본주의'의 필연적 귀결"이라고 비판했다. 이어 "우리나라는 미국에서 일어나는 금융위기의 직격탄을 맞고 있다. 그 이유는 IMF 외환위기 이후 개혁이라는 이름하에 미국식 금융시스템을 '글로벌 스탠다드'라는 이름으로 정착시켰기 때문"이라고 주장했다(발언출처: 2008년 9월19일字 인터넷 〈참세상〉 보도).

제주해군기지 반대 시위도 참석

2012년 4월1일, 감시센터는 민노총 등과 함께 제주 서귀포시 강정마을 체육공원에서 '제주해군기지 건설 저지! 공공기관 민영화 및 영리병원 저지! 한미FTA 폐기! 제주4·3항쟁 정신계승 전국노동자대회'를 열었다. 이 자리에는 장하식 운영위원장도 참석했다. 대회 후 약 500여 명의 참석자들은 해군기지 건설 현장인 강정포구로 향했다. 이 과정에서 경찰과 물리적 충돌이 빚어져, 일부 참가자들이 경찰에 연행되기도 했다(출처: 2012년 4월1일字 〈민중의소리〉 보도).

| 참고 |

'경제정의실천시민연합' (20페이지)

56 평화네트워크

'천안함 폭침 北 소행' 부정하고, 對北인권결의안 반대

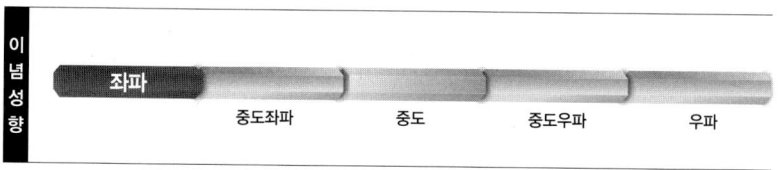

홈페이지: http://www.peacekorea.org
전화: 02-733-3509
설립일: 1999년 9월10일
주요인사: 정욱식(前 평화와통일을여는사람들 대표)(대표), 김종대(現 디펜스21 플러스 편집장) 등(이상 운영위원)

　평화네트워크(이하 네트워크)는 ▲北核(북핵) 문제의 조속하고 평화적인 해결과 한반도 평화체제 구축에 기여 ▲주한미군의 전략적 유연성을 비롯한 韓美동맹 강화 반대 및 대안 모색 ▲한반도 비핵화를 넘어 동북아 非核(비핵)지대 창설 등을 내세우는 단체이다. 대표인 정욱식은 2010년 국가정상화추진위원회(위원장 고영주)가 발표한 '친북·反국가행위자 100명'의 명단에도 포함됐다.

"(서해교전을) '北 무력 도발'로 규정하는 건 성급"

네트워크는 2002년 7월2일, 서해교전(注: 제2차연평해전)과 관련해 '서해 분쟁, 평화적 관리가 절실하다'는 성명을 발표했다. 이들은 성명에서 ▲이번 사태를 '북한의 무력 도발'로 규정하는 것은 성급한 태도이고 ▲이번 사태의 원인을 햇볕정책에서 찾는 냉전세력의 의도를 경계하지 않을 수 없고 ▲남북 및 북미 대화가 이번 사태로 차질을 빚어서는 안되고 ▲남북한 정부는 북방한계선 문제를 평화적으로 풀 수 있는 방안 마련에 착수해야 할 것 등을 촉구했다. 네트워크는 또 "한국전쟁 당시 그어진 북방한계선은 법적인 근거를 갖고 있는 '군사분계선'이 아니라, 남북기본합의서에 나와 있는 것처럼 남과 북이 대화를 풀어야 할 대상"이라며 북방한계선(NLL)을 인정하지 않았다(발언출처: 2002년 7월2일자 〈통일뉴스〉 보도).

네트워크는 2005년 4월14일 유엔 인권위원회의 북한인권결의안에 반대하는 '2005 對北 인권결의안에 대한 평화네트워크 성명'을 발표했다. 이들은 먼저 "북한인권결의안이 공정하고 객관적인 정보에 기반하여 작성되었는지에 대해 의구심을 가질 수 밖에 없다"고 비판했다. 이어 "강제 낙태와 유아 살해 등 아직 구체적인 근거가 밝혀진 바 없는 자극적인 표현을 그대로 포함하고 있다"고 지적했다.

"(천안함 사건은) 결론 예단해놓고 조작했을 가능성"

정욱식은 천안함 爆沈(폭침)에 대해 지속적으로 의문을 제기해왔다. 그는 한 언론과의 인터뷰에서 "이명박 정부와 군 당국의 이러한 태도에는 두 가지 결정적인 문제가 있다. 하나는 결정적 증거 없이 '북한의 소행'으로 단정짓는 것의 문제점"이라며 다음과 같이 주장했다.

〈북한의 소행으로 보기 어렵다는 '정황적 반론'이 가능하다. 침몰 시점인 3월 말은 김정일 국방위원장이 방중을 추진하고 6자회담 재개를 위해 미국과의 양자대화를 저울질하던 때였다. 더구나 사고 해역은 수심이 낮아 수중 작전이 어려울 뿐만 아니라, 사고 시간은 유속도 빠르고 수중에서는 한치 앞도 볼 수 없는 캄캄한 밤이었다.
(발언출처: 2010년 5월17일字 인터넷 〈내일신문〉 보도)〉

정욱식은 2010년 5월20일字 인터넷 〈미디어스〉와의 인터뷰에서는 "(천안함 사건은) 결론을 예단해놓고 조작했을 가능성도 충분히 있다. 외부의 적을 통해서 (내부의) 책임을 덜고자 한다는 의혹이 있을 수 있다"도 주장했다.

"영토조항과 국가보안법 바꾸는 노력 계속 필요"

정욱식은 2013년 5월14일, 〈평화네트워크〉와의 인터뷰에서 이명박·박근혜 정부가 "북한 붕괴와 흡수통일에 대한 미련을 버리지 못하고 있는 것 같다"며 다음과 같이 주장했다.

〈한미동맹 60주년 공동선언을 보면 '비핵화와 민주주의, 자유시장 경제로의 통일'과 같은 부분이 흡수통일을 염두에 둔 표현이라고 볼 수 있다…(중략) 한국의 보수정권은 흡수통일에 대한 미련을 버

리지 못하고 있다.〉

정욱식은 대한민국 헌법이 북한을 국가로 인정하지 않는 것에 대해 "이런 현실과의 괴리를 극복하기 위해서 헌법의 영토조항을 바꿔야 한다거나 국가보안법을 바꿔야 한다는 논의도 있었다. 이런 노력들은 계속 필요하다고 생각한다"고 주장했다.

참고
'평화와통일을여는사람들' (320페이지)

㊼ 평화를만드는여성회

천안함 爆沈 사실상 부정하고, 제주해군기지 건설 반대

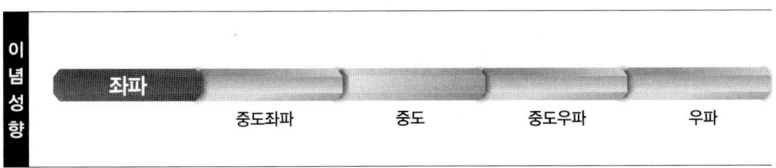

홈페이지: http://www.peacewomen.or.kr
전화: 02-929-4846~7
설립일: 1997년 3월28일
주요인사: 여혜숙(상임대표), 김정수·정경란(이상 공동대표), 김성은(이사장), 권점옥·김선혜·김정수·김지영 등(이상 이사)

평화를만드는여성회(이하 여성회)는 左派성향 여성단체로, 국가보안법 폐지 등을 주장해왔다.

국보법 폐지·美軍훈련장 폐쇄 주장

여성회는 2004년 9월23일 명동성당 입구에서 열린 여성단체 기자회견에 참여해 "우리 여성들은 국가보안법의 조항을 일부 개정하거나 대체 입법을 할 것이 아니라 17대 국회 이번 회기 중에 완전 폐지할 것을 주장한다"고 했다(발언출처: 2004년 9월23일자 〈통일뉴스〉 보도). 여성회를 비롯한 여성단체들은 2002년 7월25일 '미군 장갑차에 의해 살해된 여중생 故 신효순, 심미선을 위한 여성추모제'에 참여했다. 이들은 "불평등한 한미관계와 한미 SOFA에서 비롯되고 있음을 잘 알고 있다"며 "事故(사고)부대의 책임부대 캠프하우스 미군훈련장을 폐쇄하라"고 주장했다(발언출처: 2002년 7월29일자 〈통일뉴스〉 보도).

"천안함 사건에 대한 의사표현 자유 보장되어야"

여성회는 2011년 3월24일, 시민사회단체와 공동으로 '천안함 사건 1주년을 맞아 정부와 국회에 드리는 제언'이라는 기자회견을 열었다. 이들은 기자회견문에서 ▲천안함 사건에 대한 북측의 시인과 사과를 남북 군사회담의 전제조건으로 명시하는 것은 바람직하지 않고 ▲천안함 침몰의 원인에 대해 납득할만한 추가조사와 검증이 필요하고 ▲천안함 사건 관련 1차 자료와 조사결과에 대한 정보를 투명하게 공개해야 하고 ▲천안함 사건에 대한 의사표현의 자유가 보장되어야 한다고 주장했다.

이들은 또 "정부의 천안함 사건 조사결과에 합리적인 의문을 제기했던 시민들과 사회단체에 대한 무리한 수사와 처벌은 중단되어야 하며, 이들이 마치 국론분열을 야기하여 안보를 위태롭게 하는 이적행위를 하고 있는 것처럼 묘사하여 공권력을 동원해 홍보하는 것 역시 자제되어야 한다"고 주장했다.

제주해군기지 건설도 반대

여성회는 2012년 2월1일 '2012년, 제주해군기지 건설 백지화하고 세계평화의섬 제주, 살아숨쉬는 바위 구럼비를 되찾자'는 성명을 발표했다. 이들은 "지금 제주도에는 평화가 없다. 갈등과 분쟁, 미움과 공포를 불러오는 불길한 군사기지 건설의 굉음이 육지경찰의 철통같은 봉쇄 속에 제주도민의 평화로운 삶을 파괴하고 있다"며 사실상 제주해군기지 건설을 반대했다.

| 참고 |

'한국여성단체연합' (347페이지)

58 평화와통일을여는사람들

'주한미군 내보내는 평화협정(안)' 만들고 한총련 비호

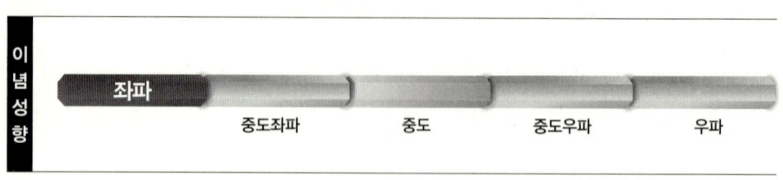

홈페이지: http://www.spark946.org
전화: 02-711-7292
설립일: 1994년 6월4일
주요인사: 강정구·문규현(前 천주교정의구현사제단 상임대표), 배종열(이상 상임대표), 고영대·문홍주·변연식 등(이상 공동대표), 홍근수(前 상임고문·2013년 사망)

평화와통일을여는사람들(이하 평통사)은 국가보안법 폐지·주한미군 철수 등을 주장해온 단체이다.

反美 성향의 자료집 발간

이들은 회칙에서 "항구적인 한(조선)반도의 평화를 실현하고 우리 대

에 민족의 자주, 평화, 통일을 이루며, 통일 과정과 통일 이후에 민족공동체가 복지, 평등, 번영으로 나아가고 인류가 모든 전쟁으로부터 해방되는 세계 평화체제를 이루어내는 데 기여함"을 명시하고 있다. 이들은 월간 소식지 〈평화누리와 통일누리〉를 발행하고 있으며, 《2013 UFG 연습 중단》, 《(Q&A)이제 그만! 한미연합 UFG》, 《전시작전통제권 이제는 환수해야!(Q&A)》, 《주한미군 내보내는 한반도 평화협정(안)》 등의 자료도 발간했었다.

국보법 위반자 옹호

평통사는 2006년 12월15일 '反통일악법 국가보안법 폐지하고, 통일애국인사 강순정 선생을 즉각 석방하라'는 성명에서 "국가보안법은 이런 시대의 흐름에 정면으로 역행하는 反통일적이고 反민주적인 악법으로서 진작에 폐지되었어야 할 냉전 시대의 유물"이라고 주장했다. 동년 12월1일 검찰은 강순정을 국가보안법 위반 혐의(고무·찬양·회합·통신)로 구속했다. 검찰에 따르면, 그는 북한의 지령을 받아 反美단체의 활동 및 여론 동향 등을 전화로 범민련 캐나다 본부 측에 전달한 혐의를 받았다. 강순정은 1994년 김일성 장례식 참석을 위해 판문점을 통해 入北하려 한 혐의로, 1996년에는 국가 기밀을 북한에 넘겨준 혐의로 각각 구속됐었다(출처: 2006년 12월1일字 〈머니투데이〉 보도).

"애국애족의 한길을 걸어온 한총련"

평통사는 2002년 5월30일 범민련남측본부 등 左派성향 단체들과 함께 '6·15 남북공동선언 이행, 6·15민족통일대축전성사, 범민련·한총련 조건없는 참가보장을 위한 각계 시민사회단체 공동성명'을 발표했다. 이들은 "애국애족의 한길에서 조국통일의 한길에서 비가 오나 눈이 오나 한결같이 걸어온 범민련·한총련", "범민련과 한총련을 비롯한 우리 자주통일애국진영의 진군 길은 감히 그 누구도 막을 수 없다"며 이적단체인 범민련 남측본부와 한총련을 美化했다(발언출처: 2002년 5월30일자 〈통일뉴스〉 보도).

이들은 2010년 6월 15일, 미국 뉴욕의 한인 청년단체 '노둣돌'과 함께 프랑스와 영국, 브라질 등 11개국 유엔 대표부에 "(천안함 폭침) 사건의 원인을 과학적이고 객관적으로 밝혀야 한다"는 내용의 서한을 전달했다고 밝혔다(발언출처: 2010년 6월15일자 〈통일뉴스〉 보도).

자위적 사격훈련도 반대

평통사는 북한의 연평도 포격 직후인 2010년 12월20일, 서울 용산구 국방부 앞에서 기자회견을 열고 국군의 연평도 사격훈련 중단을 촉구했다. 평통사는 "한반도가 1953년 정전협정 체결 이래 최대의 전쟁위기를 맞이 있다"며 "군 당국의 연평도 사격훈련 재개 방침은 북한의 제2, 제3의 보복타격을 불러올 뿐"이라고 주장했다(발언출처: 2010년 12월20일자 〈조선닷컴〉 보도).

평통사는 제주해군기지 건설과 한미FTA도 반대 입장을 보였다. 평통사는 2012년 3월13일 서울 종로구 광화문 KT 앞에서 '구럼비 발파 중단! 한미FTA 발표 중단! 독수리연습 중단! 6자회담 재개!' 기자회견을 열고 제주해군기지 반대와 FTA 반대 구호를 외쳤다. 강정구 당시 공동대표(前 동국대 교수)는 同年 3월6일 〈통일뉴스〉에 기고한 글에서 "한미FTA는 한국이 국가로서 주권을 포기한 '을사늑약'과 같은 것"이라고 주장했다.

'주한미군 내보내는 평화협정'

평통사는 교수와 법조인 등의 의견을 모아 '주한미군 내보내는 평화협정(안)'을 만들었다. 이들이 주장하는 소위 '평화협정(안)'에는 ▲정전협정을 평화협정으로의 전환 ▲주한미군 철수 ▲6·15/10·4 선언 이행 ▲핵우산 철회 등 左派단체들이 요구하는 대부분의 주장들이 담겨 있다.

> 〈▲2조 당사국들은 1950년 6월25일 시작되어 1953년 7월27일 정전협정의 체결로 일시 정지된 한국(조선)전쟁이 종료되었음을 확인한다. 정전협정은 이 평화협정 발효와 동시에 폐기된다. ▲4조 대한민국 영역에 주둔하는 모든 외국군대는 이 평화협정이 발효된 때부터 3년 안에 단계적으로 그 인원과 장비를 완전히 철수하며 외국군 기지도 모두 철거한다. ▲7조 한국(조선)전쟁 적대 쌍방 당사자들은 전쟁 과정과 정전 기간에 발생한 인적·물적 피해에 대해서 상호 이해와 화해의 정신에 따라 국내적으로나 국제적으로나 법률적 또는 정치적 문제를 제기하지 않는다…(중략)〉

독재자 김정일 죽자 弔意文 발표

평통사는 2011년 12월22일 '김정일 국방위원장 서거에 대한 평통사

조의문'을 발표했다. 이들은 "김정일 조선민주주의인민공화국 국방위원장의 급작스런 서거에 대하여 조국의 평화와 통일을 원하는 온 겨레와 세계 평화애호 민중과 함께 마음으로부터 우러나오는 애도를 표하며 삼가 고인의 명복을 기원한다"고 했다. 이어 "남쪽의 최고지도자와 함께 6·15/10·4선언을 발표하여 한반도의 평화와 통일의 이정표를 놓은 고인의 업적과 노고는 민족과 역사가 기억할 것"이라고 했다. 반면, 김정일이 저지른 아웅산 테러·KAL기 폭파 등에 대한 언급은 없었다.

좌파적 이슈 가르치는 '통일교육'

평통사는 '통일교육'이라는 명목으로 대학생·청년에게 좌파적 이슈에 대한 강연을 열고 있다. 이들은 2012년 11월20일 서울여성플라자에서 대학생과 청년을 대상으로 소위 '평화 아카데미'를 열었다. 이날의 강사는 노무현 정권 시절 통일부장관을 지낸 이재정이었다. 평통사 홈페이지에 게재된 이재정의 발제문에는 다음과 같은 내용이 수록되어 있다.

〈한반도의 지금 평화는 "거짓평화"이다. 다만 우리는 2000년부터 2008년 초까지 상당한 평화를 누린 바 있었다. 화해와 교류 그리고 햇볕정책은 남북관계를 "냉전시대"를 "평화시대"로 바꾸어 놓았다", "2007년 정상회담에서 노무현 대통령이 역점을 둔 것은 서해에서의 무력충돌을 근본적으로 막을 수 있는 장치를 만드는 일…(중략) NLL이 근본적인 문제였다. 그래서 서해평화협력특별지대는 1970년대 이후 분쟁과 대결로 치달아왔던 서해를 평화와 협력의 바다로 만든다는 것을 목적으로 하였다. 남북이 각각 서로 다른 해상경계선을 주장해 왔지만 그것을 넘어 새로운 개념의 평화바다로 만들기 위한 공동어로구역을 설정하여 평화수역으로 하고 군사적 완충지역으로 한다는 것이 기본 구상이었다.〉

'평화 아카데미'에 초청된 대표적 인사들은 ▲2003년 10월30일 강정구(주제: 미국의 신군사전략과 주한미군 재배치) ▲2003년 11월20일 홍근수(주제: 6자회담과 북핵문제 해결방안) ▲2012년 5월11일 김민웅(現 성공회대 교수)(주제: 강대국에 쫄지 않아. 우리가 만드는 한반도 평화) ▲2012년 11월15일 장하나(現 민주당 국회의원)(주제: 청년 국회의원이 된 강정지킴이) 등이다.

| 참고 |

'인권운동사랑방' (203페이지)
'조국통일범민족연합남측본부' (253페이지)
'참여연대' (279페이지)
'천주교정의구현사제단' (289페이지)
'한국대학총학생회연합' (336페이지)

59 평화재단

'청춘콘서트' 기획한 법륜이 이끄는 단체

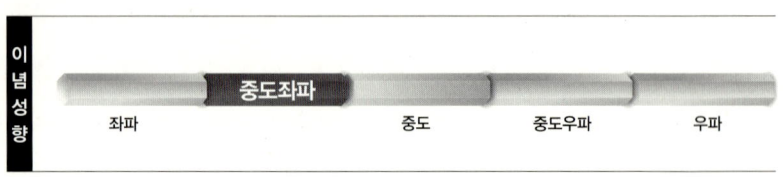

홈페이지: http://www.peacefoundation.or.kr
전화: 02-581-0581
설립일: 2004년 10월25일
주요인사: 법륜(이사장), 서영훈·오현(이상 고문), 백낙청(現 서울대 명예교수)·문규현(前 천주교정의구현사제단 대표)·윤여준 등(이상 지도위원) 김홍신 등(이상 이사)

평화재단은 소위 한반도 평화통일에 대해 연구하는 단체로, 對北지원의 당위성과 한반도 평화를 위한 포럼, 연구활동을 펼치고 있다.

"北의 경제회생 노력 끌어주는 게 전략적 지혜"

평화재단이 발행하는 〈현안진단〉 2013년 10월28일字 '북한이 내민

손을 잡고 한반도 신뢰프로세스를 가동해야'에서는 "북한의 경제회생 노력을 끌어주는 것이 전략적 지혜"라고 주장했다. 이들은 "북한의 핵개발은 국제사회와의 협력을 통해 분명하고 단호하게 해결해 나가야 한다. 그렇다고 북한의 경제회생 몸부림까지 눈감을 이유는 없을 것"이라며 "북한이 변하는 것을 기다리는 전략을 되풀이해서는 안 된다"라고 했다.

평화재단은 소위 '청춘콘서트'를 기획했던 단체이다. 청춘콘서트는 법륜과 윤여준(前 환경부장관), 박경철(의사), 김제동(개그맨) 등이 나와 청중들과 對談(대담)을 나누는 방식으로 진행되었는데, 젊은층과 중년 여성들에게 반향을 일으켰다. 그러나 정치적 편향성이 있다는 지적도 있었다. 초청인사 중 상당수가 親야권 성향이었기 때문이다. 대표적인 인물이 안철수 現 무소속 국회의원이었다. 그는 2011년 4월부터 청춘콘서트에 합류했고, 이듬해 대통령 후보로 나서기도 했다. 그밖에 문재인(前 민주당 대통령 후보·2011년 11월6일), 조국(現 서울대 법학전문대학원 교수·2011년 5월22일), 김여진(배우·2011년 5월22일), 정동영(前 통일부 장관·2011년 11월23일), 박원순(現 서울시장·2011년 12월7일) 등이 청춘콘서트에 참여했었다.

참고

'민주당' (75페이지)
'좋은벗들' (268페이지)
'천주교정의구현사제단' (289페이지)

⑥⓪ 학술단체협의회

左派성향 교수들이 주축

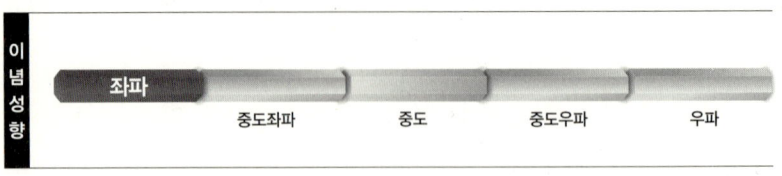

홈페이지: http://www.haksul.org
전화: 02-747-0338
설립일: 1988년 11월5일
주요인사: 김인재(現 인하대 법학전문대학원 교수)(상임대표), 김교빈(호서대 철학과 교수)·박경(現 목원대 경제학과 교수)·박진도(現 충남대 경제학과 교수) 등(이상 공동대표)

학술단체협의회(이하 학단협)는 左派성향 교수들이 주축이 돼 활동하는 단체이나 영향력이나 활동성은 강하지 않다.

"北 연평도 포격 빌미 제공한 정부의 무모성"

학단협은 2011년 2월14일字 성명에서 "정부는 더 이상 전쟁을 부추기지 말고, 전쟁 방지와 평화정착을 위한 길로 나서라"며 정부의 對北 강경책을 비판했다. 이들은 "연평도 포격을 일으킨 북한을 규탄한다"면서도 "우리는 북한이 인정하지 않는 NLL 지역에서 강도 높은 군사훈련을 실시해 북한에게 연평도 포격의 빌미를 제공한 정부의 무모성도 비판하지 않을 수 없다"고 양비론을 펼쳤다. 이들은 2012년 3월9일字 성명에서 "무기가 있는 곳에는 살상과 전쟁이 있다"면서 사실상 제주해군기지 건설에 반대 입장을 보였다.

학단협은 2011년 2월23일, 《이명박 정부 3년 백서: 아집과 독단, 퇴행의 3년》이란 책자를 발간했다.

이 책은 천안함 폭침에 대해 "천안함 침몰사건을 이명박 정부는 북한의 소행이라고 공식 발표했지만, 이 발표를 곧이곧대로 믿는 이들은 우리 사회의 보수층에 불과했다"고 주장했다(10페이지). 연평도 포격에 대해선 "북한체제를 고립시키고 군사적-경제적으로 압박해 북한체제를 조기에 붕괴시키려는 이런 정책은 한반도의 군사적 긴장을 높이고, 북한으로 하여금 연평도 포격과 같은 강경 대남정책을 강구토록 만드는 요인이 되었다"고 분석했다(10페이지). 이밖에도 "북한이 연평도 포격사건과 같은 사건을 다시 일으킴으로써 남한 민중의 투쟁에 찬물을 끼얹지 말 것을 북한에게도 강력하게 촉구해야 할 것"이라고도 적혀있다(12페이지).

참고

'민주화를위한전국교수협의회' (106페이지)

⑥ 한국가톨릭농민회

국보법을 "형제를 敵으로 보는 惡法"으로 규정

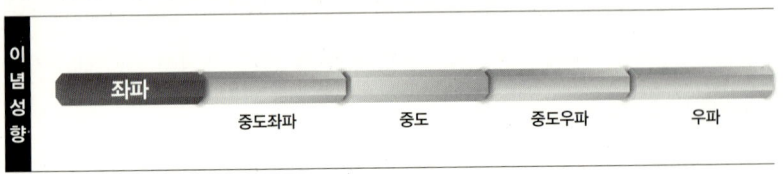

홈페이지: http://www.ccfm.or.kr
전화: 1544-3740
설립일: 1964년 10월3일
주요인사: 정재돈(前 회장), 이상식(現 회장)

한국가톨릭농민회(이하 가농)는 1964년 설립된 농민단체로 국가보안법 폐지 운동, 反FTA 시위에 참여했다.

"보안법은 우리 역사의 질곡과 고통의 근원"

2004년 8월15일, 가농은 민주사회를위한변호사모임 등 80여 개 단체가 발표한 '광복 60년 맞이 시민·사회단체 선언'에 참여했다. 이들은

"북한을 대결과 적대의 대상으로 보는 냉전시대의 관행과 제도를 그대로 두고서는 화해협력도 평화통일도 말할 수 없다"며 "구시대의 유물인 국가보안법을 폐지하라"고 주장했다(발언출처: 2004년 8월15일자 〈통일뉴스〉 보도).

같은 해 9월9일, 가농은 '국가보안법폐지천주교연대' 기자회견에 참석했다. 이날 정재돈 회장은 인사말을 통해 "보안법과 정전협정은 우리 역사의 질곡과 고통의 2대 근원"이라며 "형제를 적으로 보는 反그리스도적 악법, 남북관계를 가로막는 反통일 악법을 즉각 폐지하라"고 촉구했다(발언출처: 2004년 9월9일자 〈통일뉴스〉 보도).

'反FTA' 시위 주도

가농은 2010년 12월8일 서울역 광장에서 전국농민회총연맹(전농) 등과 함께 '2010 전국농민 결의대회'를 열고, 韓美FTA 추진 중단 등을 요구했다. 이날 결의대회에서 이들은 ▲쌀 대란 해결 및 한반도 평화실현 ▲대책 없는 무차별 FTA 추진 폐기 ▲4대강 예산을 농민소득보장 예산으로 전환 ▲농민을 위한 농협으로 개혁 ▲대기업 농축산업 진입 중단 ▲이상기후·태풍피해·구제역 등 대책 마련 등을 촉구했다.

"'韓美FTA'라는 더러운 굿판을 뒤엎어야"

김시영 신부(가농 안동교구)는 2011년 12월1일 홈페이지에 게재한 칼럼에서 韓美FTA와 이명박 대통령을 원색적으로 비난했다. 김 씨는 "대한민국의 이명박 장로와 그 형과 정치인들이 난리들입니다. 침몰하고 있는 월가(wall-街)라는 배에 올라타려고 안달들입니다. 그러니 어떻게 우리가 가만히 있을 수 있겠습니까"라고 물었다. 이어 "예수님께서 예루살렘 성전 상인들의 상을 뒤엎은 것처럼 우리 또한 살기 위해서라도 한미 FTA라는 더러운 굿판을 뒤엎어야 합니다"라고 주장했다(발언출처: 2011년 12월5일字 〈가톨릭신문〉 보도).

참고

'민주사회를위한변호사모임' (91페이지)
'전국농민회총연맹' (225페이지)
'통합진보당' (297페이지)
'한미FTA저지범국민운동본부' (364페이지)

62 한국기독교교회협의회

'천안함 爆沈' 후에도 對北지원 촉구

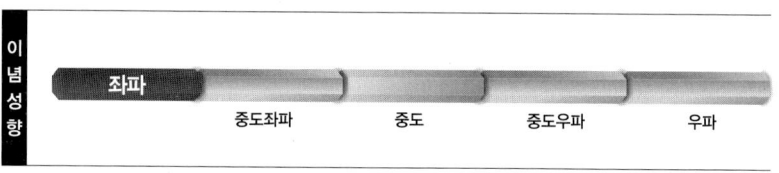

홈페이지: http://www.kncc.or.kr
전화: 02-742-8981
설립일: 1924년 9월24일
주요인사: 박종덕(대표회장), 김영주(총무)

한국기독교교회협의회(이하 NCCK)는 利敵단체인 한총련 옹호, 국가보안법 폐지, 對北 지원을 촉구해온 단체이다.

利敵단체 한총련 옹호

NCCK는 송두율 석방 시도 및 국가보안법 폐지를 위한 여론몰이에도 참여했다. 이 단체는 2004년 3월11일 利敵(이적)단체인 범민련 남측본부 등과 함께 기자회견을 열고 "그동안 수사와 재판과정을 주의깊게 지켜본 우리는 송두율 교수가 무죄 석방되어야 한다고 확신하게 되었다"고 밝혔다.(발언출처: 2004년 3월11일字 〈한겨레〉 보도).

2007년 12월19일 나온 NCCK 인권선언문에는 "한총련은 아직도 이적단체로 규정되어 지도부가 수배자로 내몰리고 있다"며 "反인권·反통일 악법인 국가보안법은 폐지하고, 모든 양심수는 석방되어야 한다"고 적혀있다.

2012년 2월21일, NCCK와 한국교회인권센터는 서울 연지동 기독교회관에서 '국가보안법 폐지 기독교 원로 기자회견'을 열었다. 김성복 목사(당시 NCCK 정의평화위원회 부위원장)와 조화순 목사(당시 감리교여성지도력개발원 이사장) 등을 포함해 '국가보안법폐지국민연대', '왕재산사건대책위원회' 관계자 14명은 "신앙과 양심의 자유를 가로막는 거대한 장애물로 우리는 국가보안법을 지목한다"며 국보법 폐지를 촉구했다(발언출처: 2012년 2월22일字 〈크리스천투데이〉 보도).

천안함 爆沈 후에도 對北지원 촉구

NCCK는 김대중 정권 시절부터 對北(대북)지원에 앞장서왔다. NCCK는 또 2011년 5월17일 보도자료를 통해 '중국 애덕기금회(Amity Foundation)를 통해 오는 18일 오전 중국 단동에서 신의주를 경유해 평양으로 밀가루 172톤을 보낸다'고 밝혔다.

이들은 기자회견문에서 "정부의 대북 인도적 지원과 관련한 입장에 대해 유감스럽지만 실정법을 지키지 못하더라도 강도 만난 이웃을 아무 조건없이 사랑으로 돌보았던 선한 사마리아인의 정신으로 굶주림에 고

통 받고 있는 북한 동포들을 위해 대북 인도적 지원을 하는 것이야 말로 그리스도인의 자세이며, 종교적 양심을 지키는 일"이라고 주장했다.

北 조그련과 공동기도문 발표

북한당국에 의해 움직이는 조선그리스도교연맹(이하 조그련)과 봉수교회는 '외화벌이용' 가짜 종교단체, 가짜 교회에 불과하다는 게 定說(정설)이다. 2001년 12월 성탄절에는 NCCK 김동완 총무와 조그련 중앙위원회 강영섭 위원장 명의로 "북과 남의 그리스도교인들은 어떠한 이유에서든 外勢(외세)가 조선반도의 평화를 위협하는 일이 있어서는 안 될 것이며 조선반도에 대한 무력행위를 하려고 하는 데 대해서는 평화를 사랑하는 세계 그리스도교인들과 함께 단호히 반대할 것"이라는 공동성명을 발표했다(발언출처: 2001년 12월25일字 인터넷 〈한겨레〉 보도).

NCCK는 김정일이 2011년 12월17일 김정일이 사망하자 논평을 발표했다. 이들은 12월19일 발표한 성명에서 "김정일 국방위원장의 사망에 애도를 표하며, 슬픔과 고통 가운데 있는 북녘 주민들에게 하나님의 크신 위로가 함께 하기를 기도한다"며 독재자 김정일의 죽음을 애도했다.

> **참고**
>
> '국가보안법폐지국민연대' (25페이지)
> '조국통일범민족연합남측본부' (253페이지)
> '한국대학총학생회연합' (336페이지)

㉝ 한국대학총학생회연합

대학생 左派조직…美軍철수 주장하며 극렬 反美투쟁

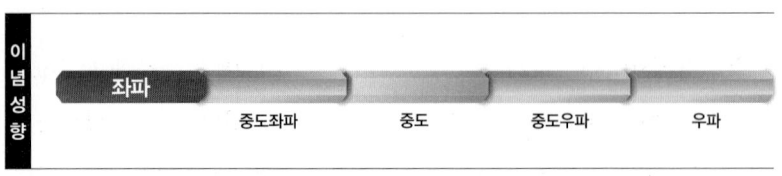

홈페이지: 없음
전화: 없음
설립일: 1993년 4월25일
주요인사: 김재연(現 통합진보당 의원)

　한국대학총학생회연합(이하 한총련)은 대표적인 대학생 左派조직으로, 국가보안법 폐지, 주한미군 철수, 연방제 통일 등을 주장해 1998년 7월 28일 利敵(이적)단체(대법원 98도1395)로 판시됐다. 利敵단체로 판시되었음에도 다수의 좌파단체들은 한총련을 비호하거나 합법화를 주장했다.
　현재 한총련은 조직이 유지는 되고 있으나 利敵단체 판시, 홈페이지 폐쇄 등 사실상 활동이 거의 없으며 한대련(注: 21세기한국대학생연합)이 그 命脈(명맥)을 이어나가고 있다.

결성 배경

한총련은 1993년 4월25일 전주 실내체육관에서 창립식을 가졌다. 당시 전국 180여 개 대학 총학생회장 등 6000여 명의 대학생이 모인 대규모 행사였다. 당시 1기 의장으로 선출된 김재용은 "1995년을 통일 완수의 해로 정해 남북 대학생들의 자주적 교류를 적극 추진하겠다"고 밝혔다(발언출처: 2006년 5월11일字 〈조인스닷컴〉 보도). 한총련은 전국대학생대표자협의회(전대협)의 後身(후신)으로 결성되었다. 결성 당시 〈한겨레신문〉 보도(1993년 4월25일字)에 따르면, "한총련이 내세운 구호는 '생활 학문 투쟁의 공동체'로서 이른바 '자주적 학생회'의 구성"이라며 "과거 전대협이 물리력에 의존한 정치투쟁에 치우침으로써 학생들로부터 소외됐다는 반성에서 나온 자기 변신 노력의 결과"라고 했다.

김일성 찬양 낙서와 유인물 발견

한총련이 利敵단체로 판시된 계기는 1996년 여름 연세대에서 열린 소위 '통일대축전' 행사였다. 한총련 소속 학생들은 같은 해 8월12일부터 20일 연세대 내 종합관과 과학관을 점거해 농성을 벌이며 폭력을 행사했다. 사후 농성 장소에선 김일성을 찬양하는 낙서와 유인물 등이 발견되기도 했다. 한총련은 김일성이 사망한 1994년 7월 〈김일성선전 지침서〉에서 "김일성 주석의 항일무장투쟁, 조국해방전쟁, 사회주의 복구시기, 핵문제를 둘러싸고 벌였던 외교전 등의 위엄스런 업적에 대해 선전사업을 전개해야 할 것"이라고 했다. 특히 김일성이 일으킨 6·25에 대해 "통일을 위한 미국과 한민족의 전쟁이므로 조국해방전쟁"이라고 적었다.

利敵性에 대한 근거

2003년 5월13일, 대법원은 판결문(2003도604)에서 제10기 한총련의 利敵性(이적성)에 대한 근거를 다음과 같이 밝혔다.

〈▲한총련 의장이 소지하고 있던 북한의 대남혁명전위대 '한국민족민주전선'의 문건, 김정일 연설내용 발췌문, 노동신문 사설 등이 간부의 의식화 및 사상 교육자료로 사용되고 투쟁노선의 설정 및 행동지침 마련에 참고된 점.
▲한총련 임원들이 이적단체 조국통일범민족연합 남측본부(범민련), 조국통일범민족청년학생연합 남측본부(범청학련)의 주된 구성원으로서 조선로동당 통일전선부 산하단체인 범청학련 북측본부와 지속적 통신연락을 취하며 활동해온 점.
▲한총련 소속 학생들이 북한의 김정일 찬양구호인 '수령결사옹위'에서 인용한 '결사옹위'라는 문구를 가로 114cm, 세로 89cm의 흰 천에 혈서를 써 한총련 의장에게 선물한 뒤, 한총련 의장이 이를 소지하고 다니는 등 북한을 추종해온 점 등.〉

대법원 제1부는 2004년 8월30일 제10기 한총련 정기 대의원대회 자료집에도 利敵性이 있다고 판시했다.
재판부는 "그 강령 및 규약의 일부 변경에도 불구하고 사상과 투쟁목표에 있어서 종전의 한총련과 근본적인 변화가 있었다고 볼 수 없고, 그 지향하는 노선이 反국가단체인 북한의 통일노선과 그 궤를 같이 함"이라고 판단했다(대법원 2004도3212가).

利敵단체로 판시된 후에도 한총련은, 북한정권의 행태를 옹호했다. 한총련은 북한이 미사일 발사를 강행한 2006년 7월20일 '북한의 미사일 발사는 조국통일을 앞당긴다'는 제목의 성명을 냈다.

한총련은 反美를 앞세운 場外(장외)투쟁에도 적극 나섰다. 2003년 8월7일에는 한총련 소속 12명의 학생들이 '미군 스트라이커 부대의 국내훈련에 반대한다'는 명목으로 경기도 포천군 美軍 영평종합사격훈련장에 기습 진입했다. 이들은 부대 안 50m 지점까지 진입, 성조기를 불태운 뒤 막사 인근에 있던 M-2 브래들리 보병전투 차량 1대에 올라가 '한반도 전쟁 반대', '미군 철수' 등의 구호 등을 외쳤다. 美 2사단 소속 병사 100여 명에 의해 부대 밖으로 쫓겨난 뒤 이날 오후 경찰에 전원 연행됐다.

미군기지 습격 '주한미군 철수' 극렬 투쟁

2003년 7월25일, 한총련 소속 대학생 5명은 서울 을지로5가 주한미군 극동공병단기지에 진입, 기습시위를 벌이다 基地(기지) 내에 게양된 성조기를 내린 뒤 불을 붙이는 등 國旗(국기)를 훼손했다. 同年 9월5일, 서울지법 형사12단독(판사 천대엽)은 주한미군 공병단기지에 침입해 성조기를 게양대에서 내려 불태운 혐의(외국국기모독 등)로 구속기소된 한총련 소속 대학생 류 모 씨에 징역 장기 10월, 단기 6월의 실형을 선고했다. 재판부는 또 류 씨와 함께 미군부대에 들어가 불법시위를 벌인 혐의(건조물 침입 등)로 구속기소된 대학생 서 모 씨 등 4명에 대해서는 각각 징역 8월에 집행유예 2년씩을 선고했다. 재판부는 "외국 군부대에 침입, 국기게양대에 걸린 외국 국기를 끌어내려 태운 행위는 그 국가 국민의 자긍심을 침해할 뿐 아니라 우리 정부의 외교적 활동 및 그 국가와 의 선린관계에 중대한 지장을 초래하는 것이어서 결코 가볍게 볼 수 없다"며 실형선고 이유를 밝혔다(발언출처: 2003년 9월5일자 인터넷 〈경향신문〉 보도).

맥아더 동상 철거 시도

2005년 9월11일에는 통일연대 등이 주최한 맥아더 동상 철거를 주장하는 시위에도 참여했다. 한총련을 비롯한 단체 회원들은 인천 자유공원 內 맥아더 동상을 둘러싸는 '인간띠 잇기' 행사를 가지려 했으나 경찰이 제지에 나섰다. 그러자 이들은 쇠파이프와 2~3m 길이의 대나무를 경찰을 향해 휘두르고 달걀 수십 개를 던졌다. 시위대가 흙까지 뿌리자 경찰은 방패와 곤봉, 소화기를 뿌리며 맞서는 등 물리적 충돌이 빚어지기도 했다(출처: 2005년 9월11일자 〈조선닷컴〉 보도 인용).

北, 한총련을 '애국통일단체'로 격찬

북한정권은 한총련을 '애국통일단체'로 격찬해왔다. 예컨대 2008년 5월17일자 〈노동신문〉은 "이명박 정부가 한총련을 비롯한 애국적인 통일운동단체들에 대한 대대적인 숙청과 탄압책동을 요란하게 벌려놓고 있다"고 비난했다. 2009년 5월5일 범민련 북측본부는 "리명박 패당은 범민련 남측본부와 한총련을 반국가단체로 몰아 악랄하게 탄압했던 과거 파쑈 독재정권들의 전철을 그대로 밟고 있다"고 비난했다. 2012년 7월12일자 北 기관지 〈조선신보〉는 "'한총련'을 비롯한 진보적인 단체들을 북과 련대하여 통일운동을 한다고 하면서 터무니없는 '리적단체'의 루명을 씌워 탄압하고 있다"며 한총련을 옹호했다.

홈페이지 폐쇄

2011년 7월26일에는 한총련 홈페이지까지 폐쇄되었다. 경찰청 보안국은 "'선군 태양 김정일 장군' 등 5417건의 이적 문건이 게시된 한총련 홈페이지를 지난 6월23일 방송통신위원회에 폐쇄 요청한 뒤 방송통신심의위원회의 심의를 거쳐 지난달 26일 폐쇄했다"고 밝혔다. 한총련 홈페이지의 폐쇄는 2010년 7월 '조국통일범민족청년학생연합남측본부' 홈페이지 폐쇄 이후 두 번째였다. 경찰은 "이 홈페이지에 올라온 이적 문건이 누리꾼에게 그대로 전파되면서 북한 체제를 찬양하거나 선전하는 도구로 이용돼 폐쇄하게 됐다"면서 "홈페이지 관리자나 운영자가 명확하지 않아 누가 친북 성향의 글을 올렸는지 조사하기도 어려운 상황"이라고 설명했다.(발언출처: 2011년 8월26일자 인터넷 〈서울신문〉 보도).

'한총련 출신 국회의원' 통진당 김재연 의원

김재연 통합진보당(이하 통진당) 비례대표 의원은 한총련 출신이다. 그는 한국외대 총학생회장(2002년 10기)을 지냈다. 2012년 4월10일자 〈한국대학신문〉과의 인터뷰에서 그는 "학교 안에서 3년 간 수배자 생활을 했다"며 "'한총련 탈퇴서'를 쓰지 않을 경우 국가보안법 위반 혐의로 수배자가 되는 시절이었다. 나는 한총련은 잘못한 것이 없는 단체라고 판단했다. 그 단체를 통해서 사회정의가 실현되는 공간이라 생각했다"고 말했다. 그는 한국외대 총학생회장을 역임하던 2002년, 10기 한총련 의장 선거에 출마하여 낙선했고, 김형주 당시 전남대 총학생회장이 의장으로 선출되었다. 이때 김재연은 한총련 내 계파 중에서 '혁신그룹'으로 분류되었고, 김형주는 '단결그룹'에 가까웠다고 한다. 이후 '혁신그룹'은 한총련을 수권하려는 노력을 계속했지만 번번이 실패했다고 한다. '혁신그룹'은 제도권 정당으로 부상한 민주노동당(민노당) 학생위원회와 결합했다. 그 즈음 한총련이 약화되고 학생운동 주도세력이 '21세기한국대학생연합(이하 한대련)'으로 전환되었다. 한대련은 한총련의 後身격으로 현재 약 20여 개의 대학 총학생회가 가입되어 있는 것으로 알려졌다. 이들 혁신그룹은 2007년 경 한대련에 집중해 집행위원장을 비롯한 주요직을 장악했고, 한대련 가입을 확장시키는 운동에 나섰다. 이후 김재연은 한대련 산하조직 서울지역대학생연합(서대련) 집행간부를, 2011년 7기 한대련 집행위원장을 지냈다.

참고

'우리민족끼리연방제통일추진회의' (170페이지)
'21세기한국대학생연합' (194페이지)
'조국통일범민족청년학생연합남측본부' (253페이지)
'통합진보당' (297페이지)

⑥④ 한국민족예술인총연합

노무현 정권 때 56억 지원 받았으나 이후 公金 횡령 발각

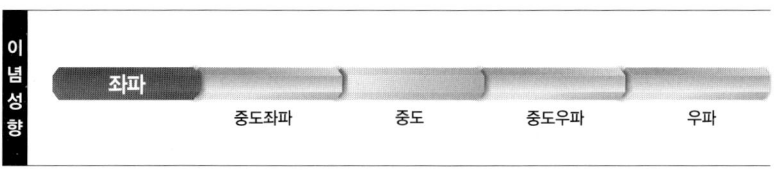

홈페이지: http://kpaf.kr
전화: 02-739-6851
설립일: 1988년 11월26일
주요인사: 정지창(이사장)

한국민족예술인총연합(이하 민예총)은 左派 예술인들의 결집체로, 문학가를 비롯해 건축가, 연극인, 영화인, 무용가 등이 망라돼있다.

"美, 세계평화에 진정한 위협이 되는 장본 국가"

민예총은 2004년 8월24일 논평에서 "국가보안법은 1948년에 제정된 이후 56년간, 끊임없이 개인의 인권과 사상, 양심을 침해하는 대표적

악법"이라며 法 폐지를 주장했다. 이들은 2002년 3월31일 성명에서 "미국은 '惡(악)의 축'을 꾸며낸 '惡의 축'이며, 세계평화에 진정한 위협이 되는 장본 국가임이 분명하다"며 反美의식을 여과없이 드러냈다.

노무현 정권 때 거액 지원 받아

2008년 10월7일, 당시 한나라당 한선교 의원은 '문예진흥기금·방송발전기금, 좌파단체에 76.5억 편향되게 지원'이라는 자료를 본인의 홈페이지에 공개했다. 이 자료에 따르면, 2003~2007년까지의 문화체육관광방송통신위원회 소관 기금 가운데 문예진흥기금, 방송발전기금의 민간단체지원현황을 보면 총 76억 4820만 원이 좌파단체에 지원된 것으로 나타났다. '문예진흥기금'의 경우, 광우병 촛불집회 참가단체인 한국민족예술인총연합(민예총), 한국작가회의(舊 민족문학작가회의)를 비롯해 문화연대, 한국민족음악인협회, 우리만화연대 등에 참여정부 기간 중 총 65억 2751만 원이 지원된 것으로 나타났다. 이중 민예총에 56억 4200만 원이 지원돼 단일 단체 중 최다였고, 한국작가회의(舊 민족문학작가회의)가 3억 601만 원, 문화연대 2억 6850만 원, 한국민족음악인협회 2억 4100만 원, 우리만화연대 6500만 원을 각각 지원 받았다.

韓 의원은 자료에서 "특이한 점은 참여정부 기간 동안 민예총 지원은 늘고 예총(注: 한국문화예술단체총연합회) 지원은 감소했다는 점"이라고 했다. 2003년 민예총 지원액은 6억 7500만원으로 예총 지원액인 7억 3352만원의 92% 수준이었다. 2004년도에는 예총의 102.5%, 2005년 169.2%, 2006년에는 거의 2배인 191.3%에 달했으며, 2007년에는 167.7%였다고 한다. 韓 의원은 "참여정부 기간 좌파진영 연대에 국비가

집중 지원되었음을 여실히 보여준다"고 설명했다.

노무현 정권 때 문화예술계 요직에 진출

노무현 정권 당시 민예총과 직간접적으로 연관된 인사들은 문화예술계 요직에 진출했다. 2003년 2월 민족문학작가회 현기영 이사장은 한국문화예술진흥원장(現 한국문화예술위원회)에 임명됐다. 같은 해 9월에 국립현대미술관장, 국립국악원장에까지 민예총 출신인 김윤수·김철호 씨가 내정되자, 문화예술계는 거세게 반발했다. 그해 9월5일 25개 대학 국악과 교수들의 모임인 '전국대학 국악과 교수포럼(이하 포럼)'은 서울 프레스센터에서 성명을 발표했다. 포럼의 공동대표인 김정수(당시 추계예대 교육대학원장) 교수는 "국악원장 후보 심사과정에서 교체된 심사위원들이 특정 계파·코드 일색이고 거기서 민 후보가 1순위에 올랐다는 소식을 듣고 '불공정 심사' 이의를 제기했음에도 안하무인격으로 무시하고 밀어붙이기로 일관하고 있다"고 비판했다(2003년 9월5일字 〈조선닷컴〉 보도).

같은 날 〈조선닷컴〉은 "노무현 정부 출범 이후 6개월 만에 문화예술 각 분야의 기관·단체장이 거의 모두 진보진영 인사들로 교체돼 가고 있다"며 노무현 정권 시절 문화관광부 장관을 지낸 이창동 씨를 비롯해 문성근, 명계남 씨를 거명했다.

公金 횡령 들통

이명박 정부가 출범하자 민예총 간부들의 公金(공금) 횡령 사실이 드러나 관련자 2명이 實刑(실형)을 선고받았다. 2009년 9월6일, 감사원은 민예총 등을 대상으로 '민간단체보조금지원실태감사'를 벌였다. 감사 결과, 민예총은 각 지회에 배분해야 할 지원금 수억 원을 제때 집행하지 않아 감사원에 의해 검찰에 고발조치 되었다.

 2012년 6월26일, 대법원 3부(주심 박일환 대법관)는 김용태 前 민예총 회장에 대해 업무상 횡령 등의 혐의로 징역 1년에 집행유예 2년을 선고한 원심을 확정했다고 밝혔다. 金 前 회장은 2006~2007년 한국문화예술위원회로부터 받은 문화진흥기금 14억 원 중 3억 원을 인건비 등 부족한 경상경비로 轉用(전용)한 혐의로 기소돼 1·2심에서 징역 2년 6월에 집행유예 2년을 선고 받았었다.

 재판부는 "사업 목적과 용도가 특정된 지원금을 당초 목적과 달리 사용하고, 성과보고서에 사실과 다른 내역을 적어 제출한 이상 불법영득 의사 및 횡령의 고의가 있던 것으로 보인다"고 판단했다(발언출처: 2012년 6월26일字 〈뉴시스〉 보도). 사무기기 구입 대금 등의 공금을 가로챈 혐의(업무상 횡령)로 金 前 회장과 함께 기소된 김 모 前 조직총무팀장도 항소심에서 징역 2년 6월을 선고받은 뒤, 이후 상고를 포기해 刑이 확정됐다.

> **참고**
>
> '문화연대' (50페이지)

65 한국여성단체연합

'채동욱 사건' 보도한 〈조선일보〉 고발

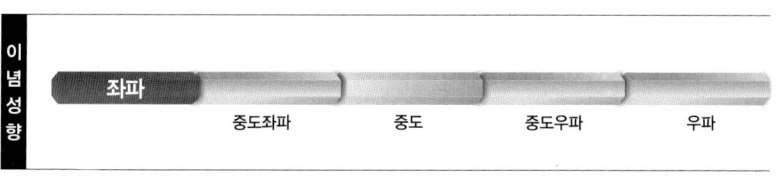

홈페이지: http://www.women21.or.kr
전화: 02-313-1632
설립일: 1987년 2월18일
주요인사: 권미혁(前 한국여성민우회 상임대표)·김경희·김금옥(이상 공동대표)·남윤인순 (前 상임대표, 現 민주당 국회의원)

한국여성단체연합(이하 여성연합)은 소위 여성운동에 앞장서고 있으나, 실제로는 국가보안법 폐지 등을 주장해왔다.

"국가보안법의 완전 폐지를 주장한다"

여성연합은 2004년 9월23일 평화여성회 등 30여 개 여성단체들과

'국가보안법 폐지 여성행동'을 결성, 기자회견을 가졌다. 이날 기자회견은 국가보안법 폐지를 상징하는 졸업식 퍼포먼스와, 성명서 발표를 마친 뒤 우리은행 명동지점까지 행진해 對국민 캠페인을 하는 방식으로 진행했다. 이들은 "우리 여성들은 국가보안법의 일부 개정하거나 대체입법을 할 것이 아니라 완전 폐지를 주장한다"고 했다. 정현백 당시 공동대표(現 참여연대 공동대표)는 "중요한 것은 국가보안법이 남한 사회에서의 인간의 기본권 침해, 비인간화에 끼친 영향 등 현실적 의미를 시민들에게 알리는 것"이라고 주장했다(발언출처: 2004년 9월23일字 〈통일뉴스〉 보도).

남윤인순 상임대표(現 민주당 국회의원)와 정현백·박영미 공동대표는 2007년 10월17일 국가보안법 폐지를 결의하는 각계 원로, 대표 인사 182인이 연 기자회견에도 이름을 올렸다. 남윤인순 대표는 6·15공동선언실천 남측위원회 3기 임원으로 참가했으며, 박영미 대표와 함께 6·15/10·4선언 이행 및 남북관계 개선을 위한 각계 인사 공동선언에도 참여했다.

KBS 이사 재직 시 '광우병대책회의' 참여

여성연합은 2009년 5월1일 서울 여의도 공원에서 열린 '5·1 노동절 대회'에서 민노총 등 좌파단체들과 함께 '反MB연대'를 결성했다. 이날 남윤인순 대표는 "이제는 MB정부의 독재와 독선을 이기기 위해 하나로 연대해야만이 승리할 수 있다는 것을 느끼지 않았나. 사회연대 투쟁을 해 나갈 것을 여성계도 다짐하고 맹세하겠다"고 했다(발언출처: 2009년 5월1일字 〈통일뉴스〉 보도).

2008년 광우병 사태 당시 左派단체들의 연합체인 '광우병대책회의'가

결성되자 여성연합도 이에 참여했다. 당시 남윤인순 대표는 KBS 이사로 재임 중이었다. 그해 7월8일 당시 심재철 한나라당 의원은 보도자료를 통해 "KBS 이사라면 중립성과 공정성이 있어야 하는데 공정성 논란의 한쪽 당사자인 광우병대책회의의 주요 구성원으로 내놓고 활동한다는 것은 사리에 맞지 않는다"며 남윤인순 대표의 KBS 이사직 사퇴를 촉구했다(발언출처: 2008년 7월8일자 〈조인스닷컴〉 보도).

이에 남윤인순 대표는 "KBS 이사회는 독립적 기구인데 정치권에 있는 분이 왈가왈부하는 것은 온당치 못하다. 이사라도 특정 사안에 대해 견해를 가지고 활동하는 것이 문제가 안 된다고 생각한다"고 반박했다(발언출처: 2008년 7월8일자 인터넷 〈문화일보〉 보도).

'채동욱 婚外자녀 의혹' 보도한 〈조선일보〉 고발

2013년 9월26일, 여성연합은 '한부모 가족에 대한 불법적인 정보 유출, 이대로 지켜볼 수 없다'는 성명을 발표, 〈조선일보〉 기자 등을 가족관계의 등록 등에 관한 법률, 초중등교육법, 개인정보보호법 위반으로 검찰에 고발했다. 검찰 고발은 〈조선일보〉가 채동욱 당시 검찰총장의 '婚外(혼외)자녀 의혹'을 보도한 데 따른 것이었다. 이 보도가 불법적인 개인정보 유출이자 초중등 교육법 위반이라는 게 여성연합의 주장이었다.

〈조선일보〉 김윤덕 여론독자부 차장은 2013년 10월8일자 칼럼에서 故 최진실 씨 남편 故 조성민 씨의 경우와 비교하며 여성연합의 고발에 대해 다음과 같이 논평했다.

〈조성민 친권박탈운동을 주도한 곳이 국내 최대 여성운동단체인

'한국여성단체연합'이다…(중략) 흥미로운 건, 조성민과 채동욱 사건에 대한 한국여성단체연합의 명분이 똑같이 '한부모 가정의 행복권 추구(인권 보호)'라는 사실이다. 둘 다 남성의 외도에 관한 것인데, 한 남자에게는 '친권 박탈'이라는 극단적이고도 보수적인 잣대를, 다른 한 남자에겐 '사생활 보호'라는 매우 리버럴한 태도를 취하고 있다. 이 단체 상임대표는 '외도는 (고발과는) 별개 사안이고, 사실로 드러나면 마땅히 비판받아야 한다'고 했지만, 27일 법무부가 "(감찰 결과) 채 총장이 부적절한 처신을 한 것으로 확인했다"고 발표했는데도 이들이 검찰총장의 부적절한 처신을 비판했다는 얘기는 들려오지 않는다.〉

참고

'민주당' (75페이지)
'참여연대' (279페이지)

66 한국진보연대

전국연합 이은 국내 左派단체들의 회의체

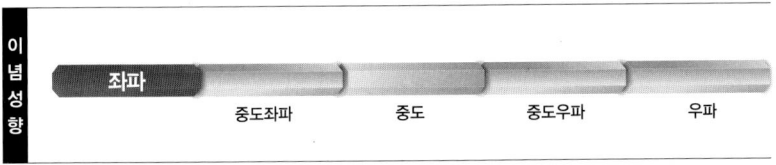

홈페이지: http://www.jinbocorea.org
전화: 02-2631-5027~8
설립일: 2007년 9월16일
주요인사: 오종렬(총회의장), 박석운(現 한미FTA저지범국민운동본부 대표)·한충목(이상 공동대표), 이강실(상임대표), 윤용배(前 조직위원장)

한국진보연대(이하 진보연대)는 左派단체의 회의체이다. 좌파는 진보연대를 '單一(단일)전선체'라고도 부르는데, 이는 진보연대 노선이 참가단체 및 참관단체의 방향성을 결정하기 때문이다.

진보연대의 前身(전신)은 '민주주의민족통일전국연합(이하 전국연합)'으로, 2008년 2월, 소위 '발전적 解消(해소, 注: 해체)'됐다. 2008년 2월23일字 〈통일뉴스〉는 전국연합의 해체 소식을 다음과 같이 전했다.

〈이날 해산 결의는 내적으로는 '전국연합은 단일전선체 본조직이 결성되면, 임시대의원대회를 열어 전국연합 해산을 결의한다'는 지난 15기 대의원대회(2006년 3월11일) 결의에 따른 것이며, 외적으로는 지난해 9월16일 '진보진영의 단일전선체'를 지향하는 한국진보연대가 출범한 조건을 고려한 것이다〉

전국연합은 1991년 출범 이래 '남북연방제'를 비롯해 국보법 철폐·주한미군 철수, 6·15공동선언 2항의 실현인 '낮은단계연방제' 구현, 자주적 민주정부 수립 후 1민족1국가2제도2체제의 '연방통일조국건설'을 지향했었다. 이들은 NL(민족해방) 계열로 분류되었다.

'군자산의 약속'

이들은 2001년 9월22~23일 충북 보람원수련원에서 이른바 '민족민주전선일꾼전진대회'를 가졌다. 전국연합은 여기서 소위 '9월 테제'(군자산의 약속)를 채택했다. '9월 테제'는 6·15선언에 명시된 '낮은단계연방제'에 대해 구체적으로 밝혔다. '낮은단계연방제'가 ▲평화협정 체결을 통한 주한미군 철수 ▲국보법 철폐로 남북 連帶(연대)·聯合(연합) 합법화 ▲남북 諸(제) 정당사회단체연석회의를 통한 민족통일기구 구성에 기초가 될 것이라고 설명했다.

NL 계열 다수 민노당 입당

'9월 테제' 이후 이들은 기존의 운동권 노선을 탈피하고 점차 정당정치에 참여하는 방향으로 선회한다. '9월 테제'는 "한편에서는 우리나라 현실에 맞지 않는 낡은 이론에만 교조적으로 매달려 운동진영 내부에 분파만 조성하고 소모적인 논쟁만 일으키는 경우도 있었다"고 밝히고 있다. 이후 전국연합의 NL 계열 중 다수가 PD(People Democracy·민중민주) 계열이 창당한 민주노동당(이하 민노당)에 입당했다. 그중 경기동부연합은 대학생 당원을 대거 조직하면서 민노당 내의 다수세력으로 부상했다. 경기동부연합은 2012년 통합진보당 不正경선 파동 당시 통진당 당권파의 핵심 조직으로 알려졌는데, 이 경기동부연합이 바로 전국연합의 지역조직이었다(출처: 전국연합 10기 대의원 자료).

RO와 진보연대

2013년 9월 내란음모사건에 연루되어 구속된 이석기 통합진보당(이하 통진당) 의원의 '체포동의서'에는 경기동부연합의 이름을 비롯해 한국진보연대의 이름도 등장한다.

> 〈RO는 조직결성 이후 '전국연합' 내 경기동부연합의 중추세력을 형성하였고, 2008년 2월 경 '전국연합'을 대체하는 '한국진보연대'가 결성되자 자연스럽게 '경기진보연대'로 그 세력을 이전하여 핵심부를 장악하는 등 주체사상으로 무장시킨 조직원들을 경기지역 내 청년, 학생, 여성, 노동 관련 사회단체에 꾸준히 침투시켰다. (출처: '국회의원 이석기 체포동의안 요청서', 17~18페이지)〉

1999년 민족민주혁명당(민혁당) 사건에 연루되어 구속된 이석기는 경기동부연합 관련 인사들과 관계가 있다. 2010년 12월 설립된 '나눔환경'의 대표 한용진은, 이석기의 한국외대 후배이자 경기동부연합 상임의장 출신이었다. 한용진은 이석기와 함께 1999년 민혁당 사건에 연루돼 구속된 적이 있다. 2010년 6·2지방선거 당시 김미희 민노당 후보(現 통진당 국회의원)와 정책연합을 통해 이재명 現 시장이 당선되자 성남시는 청소 代行(대행)업체로 나눔환경을 선정했다.

일부에서는 '통진당에 대한 代價(대가) 차원에서 준 특혜 아니냐'는 의혹이 일었다. 성남시는 경기동부연합의 지역 근거지이기도 했다. 이석기 내란음모사건의 진원지로 꼽힌 RO(Revolutionary Organization) 모임에는 경기진보연대 고문 이상호(구속)가 있었다. 경기진보연대는 수원을 중심으로 활동했는데 '체포동의서'의 내용처럼 경기동부연합이 경기진보연대로 세력을 이전해 두 조직은 밀접한 관계가 있다. 이석기는 2012년 4월20일 자신의 트위터에 "한국진보연대를 방문했습니다. 진보연대 동지들은 제 마음속의 동지들입니다"라고 쓴 적도 있다. 즉, 한국진보연대, 경기진보연대, 경기동부연합은 이석기를 중심으로 연결고리를 갖는 셈이다.

利敵단체가 포함된 한국진보연대

2013년 10월 현재 진보연대에는 통진당을 비롯해 전국농민회총연맹(전농), 한국청년단체협의회(한청), 21세기한국대학생연합(한대련), 한국대학총학생회연합(한총련), 조국통일범민족연합남측본부(범민련), 6·15남북공동선언실천연대(실천연대), 민족문제연구소(민문연) 등 거의 모든 좌파단체들이 소속되어 있다. 참관단체로는 전국민주노동조합총연맹(민노총),

조국통일범민족청년학생연합남측본부(범청학련 남측본부) 등이 있다. 이중 한총련과 범민련, 실천연대, 범청학련 남측본부 등은 법원에 의해 利敵단체로 판시된 단체들이다. 진보연대는 강령에서 주한 미군철수·국가보안법 폐지·6·15선언 이행 등을 밝히고 있는데 그 일부는 다음과 같다.

〈▲한미상호방위조약과 주둔군지위협정(SOFA) 폐지, 유엔사의 해체와 작전통제권의 신속하고도 전면적인 환수, 침략적인 합동군사훈련의 폐지 등 불평등한 한미동맹을 청산하고 주한미군을 완전 철수 ▲일제의 식민지 지배에 따른 사죄와 배상, 미군에 의한 양민학살과 사죄배상 등 국제관계에서 잘못된 과거를 청산 ▲국가정보원, 보안수사대, 기무사 등 억압적 국가기구와 국가보안법, 보안관찰법 등 반민주악법, 제도를 완전 철폐한다 ▲범민련, 한총련 등 진보적 단체들에 대한 이적규정을 철회하고 그 활동을 보장하며, 모든 양심수를 석방하고 수배해제를 위해 투쟁한다 ▲정전협정을 폐기하고 평화협정을 체결하며, 유엔사의 해체와 외국군의 철수, 대대적인 군축을 통해 한반도의 공고한 평화체제 실현을 위해 투쟁한다 ▲6·15공동선언을 이행하여 외세의 간섭과 개입을 배격하고, 상대방의 제도와 체제를 존중하고 인정하는 기초위에서 통일을 실현해 나간다 ▲'반인권 국가범죄 등 공소시효 배제에 관한 특례법' 제정, 국가권력에 의해 자행된 인권유린과 의문사에 대한 진상규명 및 책임자 처벌, 친일파 및 반민주, 반민족적 부정축재자 재산몰수 등 올바른 과거청산을 통해 사회정의를 실현한다 ▲민족민주열사 및 관련자들의 명예회복 및 보상, 예우를 국가가 보장하고 그 정신을 계승하기 위한 제반대책을 마련한다 ▲양심적 병역거부를 보장하고

궁극적으로는 징병제를 폐지하고 모병제로 전환하며 예비군제를 폐지한다.〉

진보연대는 단체 규약에서 ▲미국을 비롯한 제국주의 침략전쟁에 반대하고 한반도와 세계평화를 실현하기 위한 제반사업 ▲우리민족끼리 기치 아래 6·15공동선언을 이행하여 나라의 자주적 평화통일을 실현하기 위한 제반사업 등을 전개한다고 명시하고 있다.

"맥아더는 분단과 학살의 원흉, 전쟁 미치광이"

진보연대의 실체는 이 단체가 스스로 계승했다고 주장하는 '전국연합', '통일연대', '민중연대' 등 3개 단체를 살펴보면 좀 더 명확해진다. 진보연대 출범식 보도자료는 "진보연대의 위원장단은 오종렬 전국연합 상임의장, 정광훈 민중연대 상임대표, 한상렬 통일연대 상임대표 3인과 민노당·전농·전빈련·전국여성연합 대표 등 7인으로 구성돼 있다"고 밝혔다. 이들은 "민통련을 시작으로 전민련, 전국연합, 통일연대·민중연대로 이어져 온 '단일연합체'의 역사를 계승한다"며, '한반도 평화'와 '민중생존권 쟁취'를 기치로 내걸었다(발언출처: 2007년 9월28일字 인터넷〈시사뉴스〉보도).

통일연대·민중연대 역시 '국보법 폐지', '주한미군 철수', '한미동맹 파기', '6·15선언 실천'을 주장하며 전국연합과 동일노선을 걸어왔다. 통일연대와 민중연대는 전국연합과 함께 反美운동을 벌여왔는데, 2005년 9월11일 인천 맥아더 동상 파괴폭동 당시에는 '맥아더는 학살의 원흉, 전쟁 미치광이'라며 美軍철수 성명을 발표했다.

전국연합·통일연대·민중연대 등 3개 단체는 사회적 이슈가 생길 때마다 소위 '범대위'라는 기구를 구성, 反美운동을 격화시켰다. ▲매향리미군국제폭격장폐쇄범국민대책위(2001년) ▲미군장갑차故신효순·심미선살인사건범국민대책위(2002년) ▲탄핵무효부패정치청산을위한범국민행동(2004년) ▲빈곤을확대하는APEC반대·부시반대국민행동, 농업의근본적회생과故전용철농민살해규탄범국대책위, 평택미군기지확장저지범국민대책위(2005년) ▲한미FTA저지범국민운동본부(2006년) 등 그동안 만들어진 모든 범대위의 핵심에는 이 3개 단체가 있었다.

집회 주관단체는 'FTA범국본', '평택범대위', '전용철범대위', '反부시국민행동', '여중생범대위' 등 다양했지만, 주동자의 거의 대부분은 전국연합·통일연대·민중연대 소속이었다. 특히 오종렬 진보연대 1기 공동대표의 경우, 거의 모든 범대위의 공동대표를 맡았다.

'광우병국민대책회의' 주도

2008년 5월6일, 진보연대는 참여연대 등 1000여 개의 단체와 함께 서울 프레스센터 19층에서 '광우병 위험 미국 쇠고기 전면 수입에 저항하는 범국민 긴급대책회의(이하 대책회의)'를 결성했다. 대책회의 대표급으로 활동을 벌였던 강기갑, 천영세, 오종렬, 이석행, 한상렬 등은 모두 진보연대와 직간접적 관련이 있는 인물들이다. 오종렬·한상렬은 진보연대 공동대표였고, 강기갑·천영세 의원은 진보연대 참가단체인 민노당 소속이고, 이석행 역시 진보연대 참관단체 민노총 대표였다. 5월6일 출범식 사회를 맡았던 박석운은 진보연대 상임운영위원장·한미FTA범국본 집행위원장(現 진보연대 공동대표)이었다. 당시 기자회견장 맨 앞자리에는 강기갑, 천영세, 오종렬, 이석행, 한상렬이 배석했다.

실무진도 마찬가지였다. 5월15일 광우병대책회의가 작성한 내부 회의 문건에 따르면, 상황실 상근자 12명 중 운영위원장, 사무처장, 대변인 등 6명이 모두 진보연대 간부였다. 나머지는 참여연대가 4명, 다함께 1명, 나눔문화 1명 등으로 구성돼 있었다. 당시 진보연대는 광우병의 위험성을 부각하고, 촛불집회 참가를 독려하는 온·오프라인 상의 선전을 벌였다. 진보연대가 2008년 5월4일 만든 '광우병 투쟁지침1'에는 다음과 같이 記述(기술)되어 있다.

〈▲가능한 전국의 모든 광역, 시군에서 촛불행사를 조직합시다. 서울지역 6일부터 매일 저녁 7시 청계광장. 광역, 시군별로 저녁 촛불행사를 진행해 주십시오 ▲지역별로 비상시국회의를 조직하고 통일된 국민행동지침을 알려나갑시다. 서울지역 5월6일 3시 비상시국회의 진행예정. 지역별로 비상시국회의에 준하는 광범위한 시민사회단체와 공동행동을 준비해 주십시오.〉

이어 "거대한 촛불의 바다에서는 이렇게 외칩니다. '너나먹어 미친소' '미친소를 청와대로' 구호소리가 끊이지 않고…", "더 많은 사람이 모여들고, 더 많은 사람들이 자신의 분노를 표현할 수 있게 우리 한국진보연대의 모든 단체와 회원들이 두 팔 걷어 붙이고 나섭시다"라고 기록돼 있다.

대부분 상습 시위 前歷

진보연대 간부들은 소위 '상습 시위꾼'들이다. 오종렬, 한상렬 1기 공동대표는 2008년 광우병 사태를 주도한 혐의로 구속된 바 있다. 오종렬은 2008년 11월 구속 이후 2009년 1월 보석으로 석방됐고, 한상렬은 2008년 8월 구속 후 11월 보석으로 석방되었으나 2010년 6월 불법 방북한 혐의로 다시 구속, 3년 간 복역하고 2013년 8월 만기 출소했다.

박석운도 2009년 4월16일 탤런트 故 장자연 씨의 죽음에 〈조선일보〉의 고위 간부가 연루돼 있다며 신문사 앞에서 시위를 벌이다 명예훼손 혐의로 형사고발 당한 바 있다. 박 씨는 2008년 9월 불법 촛불시위 주동 혐의로 구속된 뒤 같은 해 10월 보석으로 석방되었다.

참고

'민족문제연구소' (64페이지)
'6·15남북공동선언실천연대' (185페이지)
'21세기한국대학생연합' (194페이지)
'전국농민회총연맹' (225페이지)
'전국민주노동조합총연맹' (229페이지)
'조국통일범민족연합남측본부' (253페이지)
'조국통일범민족청년학생연합남측본부' (262페이지)
'참여연대' (279페이지)
'통합진보당' (297페이지)
'한국대학총학생회연합' (336페이지)
'한국청년단체협의회' (360페이지)
'한미FTA저지범국민운동본부' (364페이지)

⑥⑦ 한국청년단체협의회(現 한국청년연대)

利敵단체 판시 후에도 反정부 투쟁 계속

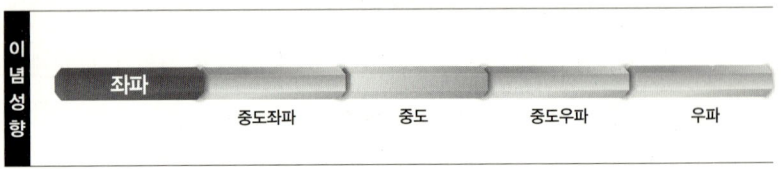

홈페이지: http://www.2030net.org
전화: 02-834-5778
설립일: 2001년 2월11일
주요인사: 윤희숙(대표), 박희진(前 대표)

한국청년연대(이하 연대)는 과거 한국청년단체협의회(이하 한청)가 利敵(이적)단체로 판시되자 지금의 명칭으로 이름을 바꾼 것이다(출처: 2013년 9월4일字 〈동아닷컴〉 보도).

利敵단체 범민련 산하 단체

과거 한청은 利敵단체인 '조국통일범민족연합남측본부(범민련)' 산하

단체였다. 범민련에는 역시 利敵단체로 판시된 '조국통일범민족청년학생연합남측본부(범청학련 남측본부)'와 '한국대학총학생회연합(한총련)'이 속해 있었다. 한청은 창립선언문에서 "전국연합과 범민련을 중심으로 우리는 민족의 자주와 민주를 실현하는 정권을 창출하고 마침내 연방통일조국을 건설하는 데 앞장서 나갈 것"이라며 사실상 연방제 통일을 주장했다. 이밖에도 ▲국가보안법 폐지 ▲주한미군 철수 등도 주장했다.

利敵단체로 판시

2009년 1월30일, 대법원 2부(주심 박일환 대법관)는 국가보안법 위반 등 혐의로 기소된 한청의 전상봉 의장에 대해 징역 3년에 자격정지 3년, 집행유예 4년을 선고한 원심을 확정했다고 밝혔다. 정대일 前 사무처장과 이승호 前 한청 조국통일위원장에 대해서는 징역 1년 6월에 자격정지 1년, 집행유예 3년을 각각 선고했다.

대법원은 "북한을 국가보안법상 반국가단체라고 판단한 것은 정당하다"며 범민련 남측본부와 한청에 대해서도 "북한의 혁명노선과 궤를 같이하며 국가의 존립·안전과 자유민주적 기본질서에 해악을 끼칠 위험성이 있는 利敵단체"라고 판단했다. 재판부는 또 "범민련 북측 인사와의 회합 행위를 국가보안법상 회합죄로 인정한 조치는 정당하고 이들의 표현물 역시 이적표현물에 해당한다"고 밝혔다(발언출처: 2009년 2월2일字 〈연합뉴스〉 보도).

한청이 利敵단체로 판시되자 지역지부들은 이를 규탄했다. 同年 2월2일, 광주전남청년단체협의회는 "이명박 정부는 집권한 지 1년 만에 국가보안법의 칼날을 청년들의 심장에 꽂았다"며 정부를 비난했다(발언출처:

2009년 2월3일字 인터넷 〈광주IN〉 보도).

北 핵실험엔 침묵하고, 미국엔 가혹한 비판

한청은 북한 핵실험 직후인 2006년 10월, 북한정권을 비호했다. 한청은 2006년 10월16일 비상시국농성에 돌입했는데, 당시 농성 참가자들은 기자회견문에서 "유엔 안보리가 노골적인 對北압박의 내용을 담은 제재 결의안을 채택한 것은 미국의 일방주의에 대한 노골적 지지일 뿐 아니라 사태의 평화적 해결을 완전히 외면하고 긴장을 한층 더 고조시키는 위험천만한 결정"이라고 주장했다(발언출처: 2006년 10월16일字 〈통일뉴스〉 보도).

한청은 같은 해 11월4일 他 좌파단체들과 함께 '민족자주 반전평화 실현을 위한 남북 청년학생공동 집회 및 행진'을 열고 "분위기는 북과 미국이 대화를 할 수밖에 없는 상황까지 왔다. 대화와 제재는 양립할 수 없다"며 북한정권에 대한 제재반대를 주장했다(발언출처: 2006년 11월4일字 〈통일뉴스〉 보도).

한청 조직 해체

한청은 2009년 3월22일 대의원대회를 열고 '조직 해산의 건'을 상정해 통과시켰다. 同年 5월17일 '한국청년단체연합 준비위원회'를 발족시켰다. 박희진, 윤희숙 前 한청 부의장과 조종완 6·15청년학생연대 청년위원장이 공동준비위원장을 맡았다. 이들은 "향후 공안탄압 중단, 6·15공동선언 실천, MB악법 저지 활동을 중점적으로 펼쳐나갈 것"이라고 밝혔다(발언출처: 2009년 5월17일字 〈통일뉴스〉 보도).

박근혜 정부 들어서도 反정부 투쟁 지속

한청에서 이름을 바꾼 연대는 2013년 박근혜 정부 출범 후에도 反정부 투쟁을 지속하고 있다. 구체적으로 ▲소위 '국정원 시국회의 촛불집회(7월24일, 10월19일)' ▲소위 '평화협정 체결을 위한 평화대행진(7월27일)' ▲소위 '민주수호·반전평화 한국청년대회(5월17일)' 등을 열었다. 이밖에도 북한 핵실험 직후인 3월6일에는 '한반도 긴장고조, 한미합동군사훈련 즉각 중단하라'는 성명을 발표, ▲對北제재 중단 및 평화협정 체결 ▲6·15/10·4선언 이행을 주장했다.

| 참고 |

'조국통일범민족연합남측본부' (253페이지)
'조국통일범민족청년학생연합남측본부' (262페이지)
'한국대학총학생회연합' (336페이지)

68 한미FTA저지범국민운동본부

左派단체의 연합체로 反FTA 투쟁

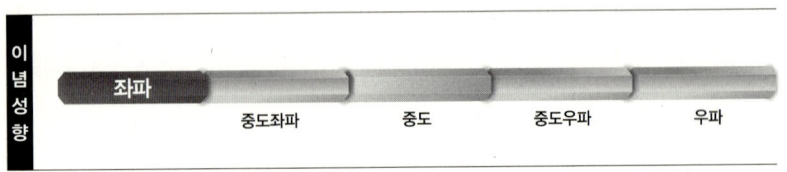

홈페이지: http://www.nofta.or.kr
전화: 070-7168-9302
설립일: 2006년 3월28일
주요인사: 박석운(現 한국진보연대 공동대표)(공동대표), 주제준(정책위원), 민경우(前 정책기획팀장)

한미FTA저지범국민운동본부(이하 범국본)는 韓美FTA 저지를 목적으로 결성된 左派단체의 연합체로, 2012년 3월 韓美FTA가 공식 발효된 후에는 뚜렷한 활동이 없는 상태이다.

결성 당시, 전국연합·통일연대·민중연대 등 강성 左派단체들이 참여했었으며, 이들 단체는 국가보안법 철폐, 주한미군 철수, 6·15선언 이행 등을 주장해왔다.

전국연합+통일연대+민중연대=범국본

범국본은, 지휘부는 물론 다수 실무진이 전국연합(한국진보연대의 前身) 구성원들이었다. 전국연합은 국가보안법 철폐·주한미군 철수·연방제 통일을 주장하는 등 북한의 對南(대남)노선에 동조해온 단체이다.

우선 전국연합 대의원인 오종렬(당시 전국연합 상임의장), 정광훈(당시 민중연대 상임대표), 문경식(당시 전농 상임의장)이 범국본 상임대표를 맡았다. 역시 전국연합 대의원 출신인 한충목(당시 통일연대 집행위원장), 박세길(당시 전국연합 집행위원), 김지현(당시 민중연대 자주평화위원장), 안지중(당시 전국연합 사무처장), 주제준(당시 민중연대 사무처장), 김재윤(당시 전국연합 사무국장), 김동규(당시 민중연대 정책국장), 전기환(당시 전농 사무처장), 최재관(당시 전농 정책위의장)은 범국본에서 각각 집행위원장, 교육특위위원장, 조직투쟁팀장, 조직투쟁팀원, 공동상황실장, 공동상황실장, 소식지 편집팀장, 정책기획팀장, 농축수산대책위집행위원장, 정책기획팀장을 맡았다. 전국연합 대의원은 아니지만 전국연합과 동일한 노선을 지향하는 '통일연대'와 '민중연대'의 간부인 박석운(現 한국진보연대 공동대표·당시 민중연대 집행위원장), 정보선(당시 통일연대 문예위원장) 등은 각각 집행위원장, 문예팀장을 맡았다.

통일연대와 민중연대는 '국가보안법 철폐', '주한미군 철수', '한미동맹 파기', '6·15선언 실현'을 주장해온 단체로 2005년 9월11일 '미군 강점 60년을 철거하자'며 인천 맥아더 동상 철거를 주동했다. 인적구성에서 볼 수 있듯 범국본은 전국연합, 통일연대, 민중연대가 그대로 옮겨온 단체라고 볼 수 있다. 'OO위원장' 등 전국연합, 통일연대, 민중연대의 직책이나 지역도 대부분 범국본에서 유사하게 사용했다. '대전충남

통일연대 집행위원장'이 '범국본 대전충남본부 집행위원장'을 맡는 식이 었다.

"變亂 일으키지 않으면 안 된다"

2006년 11월16일, 범국본은 서울 종로5가 기독교회관에서 대표자 회의를 열고 "11월22일부터 한미FTA협상의 즉각 중단을 요구하며 전국 각지에서 범국민 총궐기대회를 갖고자 한다"고 했다. 박석운 당시 집행위원장은 "전국 광역단위에서 많게는 4만~5만, 적게는 1만~2만이 12개 지역에서 범국민 총궐기를 진행하는 방식이며 도청이나 시청을 실질적으로 압박할 것"이라고 설명했다(발언출처: 2006년 11월16일자 〈통일뉴스〉 보도).

이들은 대표자 회의를 마치고 對정부 요구안을 발표했다. 구체적으로 ▲한미FTA협상을 즉각 중단하고 ▲광우병 위험이 있는 미국산 쇠고기 수입을 즉각 중단하고 ▲축소된 스크린쿼터를 원상회복하고 ▲정부는 사회공공성을 약화시키는 시장화·개방화를 중단하고 ▲노동기본권을 보장하라는 것 등이었다. 11월22일, 이들이 주도한 反FTA집회에는 각 광역단위 및 道別(도별)로 총 7만 4000여 명(경찰 추산)이 참가했다. 이들은 각 지역의 도청·시청에 난입해 放火(방화)하기도 했다.

범국본은 2007년 4월13일 서울 명동 은행회관에서 '한미FTA타결무효화전국사회단체대표자회의'를 개최했다. 이들은 "5월 중순경 협정문 공개시점 및 9월 정기국회 개원 시기에 중규모의 투쟁을, 협정문 서명 시점인 6월말 1주일간 및 11월 중하순경 총궐기 수준의 투쟁을 벌일 것"이라고 밝혔다. 정광훈(前 한국진보연대 대표·2010년 사망) 당시 범국본 공동대표는 "500년만의 기회", "한미FTA 개선투쟁이 아니라 세상을 엎는 작업"이라며 "變亂(변란)을 일으키지 않으면 안 된다"고 주장했다(발언출처: 2007년 4월13일字 〈통일뉴스〉 보도).

민경우가 실무기획 담당

민경우 통일연대 前 사무처장은 범국본에서 실무기획을 담당하는 정책기획팀장을 맡았다. 그는 〈통일뉴스〉 2007년 3월28일字에 게재한 '비상한 국면에 접어 든 한미FTA'란 글에서 "한미FTA는 3월 투쟁을 계기로 점차 진보와 보수를 가르는 계선으로 등장하고 있다"고 지적했다. 그는 "이는 민주노동당과 진보민중진영이 한미FTA를 고리로 대선 국면을 주도할 수 있는 유리한 여건이 형성되었음을 의미한다"고 주장했다. 그는 2007년 치러질 대선의 주요 화두로 ▲평화통일 ▲교육·주거 등 생활의제 ▲韓美FTA를 꼽았다.

민경우는 2011년 10월 출간된 《대한민국은 안철수에게 무엇을 바라는가》의 저자로, 과거 利敵(이적)단체 범민련 남측본부 사무처장 시절 국가보안법 위반 혐의로 두 차례나 實刑을 선고받았던 인물이다.

그는 1997년 3월부터 범민련 남측본부의 사무처장으로 있으면서, 그해 6월 국보법 위반 혐의로 구속되어 3년 6개월 刑을 선고받았다. 그러다 김대중 정권 때인 1999년 8월 광복절 특사로 출소했다. 민경우는 이후 다시금 범민련 남측본부의 사무처장으로 복귀했다가 통일연대 사무처장으로 자리를 옮겼다. 2003년 12월, 국보법 위반 혐의로 再구속되어 2005년 5월 징역3년 6개월에 자격정지 3년의 重刑(중형)을 선고받았다. 그러나 노무현 정권 때인 2005년 8월 광복절 특사로 석방됐다. '刑 집행 면제 특별 사면 및 복권'을 받은 것이다. 그는 현재도 활발한 著述(저술) 활동을 펼치고 있다.

> 참고

'전국농민회총연맹' (225페이지)
'조국통일범민족연합남측본부' (253페이지)
'한국진보연대' (351페이지)

69 환경운동연합

환경운동 앞세워 反美운동·國策사업 반대

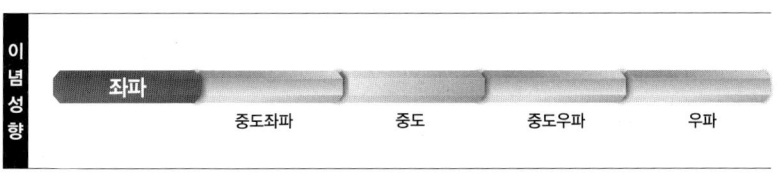

홈페이지: http://www.kfem.or.kr
전화: 02-735-7000
설립일: 1982년 한국공해문제연구소 설립
　　　　1993년 4월2일 환경운동연합으로 명칭 변경
주요인사: 이시재(現 가톨릭대 명예교수)·장재연(現 아주대 의과대학 예방의학교실 교수)·지영선(前 한겨레신문 기자)(이상 공동대표), 최열(前 대표)

환경운동연합(이하 환경연합)은 소위 환경운동을 명목으로 설립되었지만, 反美운동과 軍기지 건설·國策(국책)사업을 반대했다.

反美운동에 참여

환경연합은 평택범대위·여중생범대위 등에 소속돼 反美운동에 참여해왔다. 소위 '불평등한 SOFA 전면개정'을 지속적으로 촉구하는 한편, 1995년 3월 '우리 땅 되찾기 시민대책위원회'에서 2002년 5월 '우리 땅 미군기지 되찾기 운동연합'에 이르기까지, '미군기지 신설 백지화와 조건 없는 기지반환'을 주장해왔다.

환경연합 등 42개 단체가 소속된 'NMD(미국국가미사일방어망)·TMD(전쟁구역미사일방어망) 저지와 평화실현 공동대책위'는 2001년 5월10일 아미티지 미국 국무부 副(부)장관이 訪韓하자, 'MD 강행 규탄 항의행동'을 명목으로 아미티지 副장관이 방문하는 곳마다 쫓아다니며 소위 '그림자 시위'를 벌였다. 당시 공동대책위 소속 시위대는 방한 중인 아미티지 副장관의 차량에 계란을 던지기도 했다(출처: 2001년 5월10일자 〈동아닷컴〉 보도).

환경연합은 2002년 2월20일 민노총 등과 함께 서울 종로구 종로4가 종묘공원에서 '부시 방한 반대 범국민대회'를 열고 ▲미국의 무기 강매 중단 ▲대북 적대정책 철회 ▲한미주둔군지위협정(SOFA) 개정 및 미군기지 반환 등을 요구했다(출처: 2002년 2월20일자 〈동아닷컴〉 보도).

軍기지 건설·國策사업 반대

이들은 國軍(국군)기지 건설을 반대했다. 환경연합이 반대한 국군기지 건설·이전은 ▲이천·여주 환경연합의 여주 공군사격장 폐쇄(2001년) ▲성남 환경연합의 육군도하부대와 국군정보사령부 이전반대(2003년) ▲강원도 인제군 종합훈련장 건설계획 백지화 주장(2004년) ▲제주 화순항 해군기지 재추진 계획 철회(2005년) 등이다.

환경연합은 환경파괴를 이유로 각종 국책사업을 반대했다. 이들의 대표적인 예는 새만금사업 반대였다. 이들의 반대 활동으로 1999년 5월부터 2년 간, 2003년 7월부터 6개월 간 사업이 중단됐고, 이 과정에서 2005년 12월까지 1096억 원 이상의 직접적 피해를 본 것으로 집계됐다. 이밖에도 2000~2003년 경인운하 백지화, 2003년~2006년 천성산 터널 백지화 운동을 했었다. 이들의 반대운동으로 국책사업은 계속 중단됐고, 사회적 피해도 컸다. 환경연합의 연도별 국책사업 반대행동은 다음과 같다.

〈▲2000~2006년 새만금 백지화 ▲2000~2005년 경인운하 백지화 ▲2002~2006년 천성산 터널 백지화 ▲2000년 동강댐 건설 착수 계획, 충남 해안도로 공사 중지 ▲2001년 고양 개명골프장 반대 ▲2002년 화성시 화옹호 간척지 공사 중단, 안면도 관광리조트 전면 중단 ▲2003년 김포·파주 신도시 계획 백지화 ▲2004년 제2자유로 건설 중단, 대구 쓰레기 매립장 확장 반대 ▲2005년 서남해안 관광레저도시 반대, 부산 씨사이드(Sea-Side, 해양복합관광지) 백지화, 낙동강 하구 명지대교 건설 중단, 청주시의 청주국도중단, 대구시가 '앞산' 관통 터널반대, 호남고속철도·기업도시·방사성폐기물처분장 건설계획 백지화, 포항시 방폐장 유치 주민투표 반대, 경남 남해안 발전 특별법 저지, 한국서부발전(주) 조력발전소 사업 백지화(출처: 자유기업원 홈페이지 인용)〉.

총선시민연대 결성해 낙천·낙선운동 주도

2000년 1월, 16대 총선을 앞두고, 환경연합은 녹색연합, 참여연대 등

시민단체들과 연합해 '2000년 총선시민연대'를 구성, 낙천·낙선운동을 펼치기로 결의했다. 이들은 기자회견 자료에서 "'낡고 부패한 정치에 대한 시민사회의 심판'의 의미를 2000년 총선 최대의 정치적 화두로 정착시키는 한편, 사회적 논쟁으로 불러일으켜야 한다"고 했다. 자료집에 수록된 공천不적격자 기준에는 ▲군사쿠데타나 反인권적 공안사건에 직접적으로 관여한 前歷(전력) ▲개혁정책이나 법안에 대한 의원들의 태도 ▲反정치행정개혁, 反경제개혁 등의 사례 등이 포함되어 있어, 정치적 편향성 논란이 제기되었다.

총선시민연대가 벌인 낙선운동은 선거법 위반 판결을 받기도 했다. 2001년 1월26일 대법원 1부(주심 백재윤 대법관)은 4·13총선 당시 낙선운동을 벌인 혐의로 울산참여연대 대표 이수원과 김태근에게 벌금 300만원을 선고한 원심을 확정했다. 재판부는 "낙선운동은 당국의 선거 관리 및 지도 역량을 정면으로 무력화시키는 명백한 위법 행위이고 선거법 자체의 위헌성 여부에 관한 논란도 인정할 수 없다"고 밝혔다(발언출처: 2001년 1월26일字 〈연합뉴스〉 보도).

한명숙 등 다수의 정부 고위인사 배출

환경연합은 1993년 출범 이후 수많은 정부 고위인사를 배출했다. 환경연합 관련 활동가 중 국무총리 1명(한명숙), 장관 5명(김성훈 농림, 손숙 환경, 이상수 노동, 이치범 환경, 이재용 환경, 유인촌 문화), 서울시장(오세훈), 정당대표 2명(이부영, 장을병) 등이 배출되었다. 한나라당(現 새누리당) 소속 인사들 중 이 단체에서 활동한 사람도 있다. 2004년 6월9일 출범한 33명의 17대 국회 환경연합의 국정정책위원 중 한나라당 소속은 안상수,

정병국, 한선교, 고진화, 안명옥, 안홍준 의원 등이 있었다. 이중 안명옥 의원은 환경연합 중앙집행위원을 지내기도 했다.

최열 "反민주적 행위 한 사람 찾아내야 할 것"

환경연합은 참여연대 등 35개 단체와 공동으로 2004년 9월14일 안국동 느티나무 카페에서 기자회견을 갖고 '국가보안법 폐지를 촉구하는 공동선언'을 발표했다.

同年 9월9일 보수애국 원로들은 '자유와 민주주의 수호를 위한 9·9 시국선언'을 발표했다. 이들은 "현 정부(注: 노무현 정권)는 경제와 안보 등의 국정현안은 뒤로 미뤄 놓은 채 행정수도이전, 국가보안법 폐지, 친일파 청산 등의 일방적 추진으로 국론을 분열시키고 있다"고 비판했다. 이에 최열 당시 환경연합 공동대표는 "이 사람들은 과거 우리를 괴롭혔던 사람들이며, 우린 이들 중 단 10명이라도 반민주적 행위를 한 사람을 찾아내 밝혀야 할 것"이라고 비난했다(발언출처: 2004년 9월14일자 〈통일뉴스〉 보도).

환경연합, 참여연대 등 시민단체 활동가 50여 명은 같은 해 12월29일 국회 앞에서도 국가보안법 연내 폐지를 촉구하는 단식농성을 했다(출처: 2004년 12월29일자 〈오마이뉴스〉 보도).

최열과 환경연합 간부들의 알선수재 및 횡령

2008년 서울중앙지검 특수3부는 환경연합을 전격 압수수색했다. 당시 검찰은 환경연합이 단체의 자금을 횡령한 혐의를 포착하고 이에 대한 수사를 벌였다. 최열 前 환경연합 대표도 수사 선상에 올랐는데, 그는 2007년 경기도 남양주 산업단지 조성사업과 관련해 인허가 청탁과 함께 1억 3000만 원을 받은 혐의였다.

검찰은 2009년 4월, 그를 업무상 횡령·특가법상 알선수재 등의 혐의로 불구속 기소했다. 대기업 사외이사 재직 때 기부받은 돈을 개인용도로 사용하는 등 5억여 원을 횡령하고 산업단지 조성사업과 관련해 청탁 명목으로 1억 3000만 원을 받은 혐의가 적용됐다.

1심은 횡령 부분을 유죄로 판결, 징역 8월에 집행유예 2년을 선고했으나 알선수재 부분은 무죄로 판단했다. 반대로 2심은 알선수재 부분은 유죄, 횡령은 무죄로 판단해 징역 1년을 선고했다.

2013년 2월16일, 대법원 2부(주심 신영철 대법관)는 최 前 대표의 상고를 기각하고 징역 1년을 선고한 원심을 확정했다. 재판부는 "최 대표가 개발업체 대표의 청탁을 받고 1억 3000만원을 받았고, 실제로 경기도 지사와 실무자 등에게 부탁한 사실이 인정된다"고 판단했다. 판결 직후 그는 "이명박 정부가 4대강 사업을 추진하면서 나를 장애물로 생각했고 결국 검찰 수사를 받게 됐다. 진실은 역사가 밝힐 것"이라고 주장했다(발언출처: 2013년 2월16일자 〈조인스닷컴〉 보도). 그는 대법원 판결 직후 남부구치소에 구속수감 됐다.

同年, 대법원 2부(주심 김용덕 대법관)는 정부와 지자체 등으로부터 받은 사업비와 보조금을 직원 급여와 개인적 용도로 사용한 혐의(업무상 횡령 등)로 기소된 환경연합 前 간부 박 모 씨에 대해서도 징역 1년 4월에 집행유예 3년을 선고한 원심을 확정했다고 밝혔다. 같은 혐의로 기소된 이 단체 전직 간부 김 모 씨도 징역 1년에 집행유예 3년을 선고한 원심이 확정됐다. 박 씨는 2004~2008년 환경연합 습지센터 간사로, 김 씨는 2005~2007년 환경연합 습지센터 국장으로 각각 근무했었다.

이들은 한국마사회와 행정자치부, 순청시청 등으로부터 받은 사업비와 보조금 5500만 원을 개인계좌에 보관하다가 이를 환경연합 회계계좌로 이체해 직원급여 등에 사용한 것으로 나타났다.

최열은 강원대 농화학과 재학 중이던 1971년, 강제 징집됐던 대학생들의 모임인 '71동지회'를 결성, 維新(유신)철폐 운동을 벌였다. 1975년 긴급조치 9호 위반, 1979년 YWCA 위장결혼식 사건 등에도 연루됐었다.

참고

'녹색연합' (39페이지)
'민주당' (75페이지)
'참여연대' (279페이지)
'환경정의' (376페이지)

70 환경정의

'국보법 폐지 촉구 공동성명'에 참여

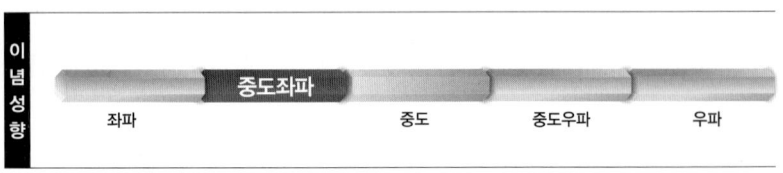

홈페이지: http://eco.or.kr
전화: 02-743-4747
설립일: 1992년 11월14일
주요인사: 강철규(現 우석대 총장)(이사장), 김일중(現 동국대 국제통상학과 교수)·이은희(現 서울여대 환경생명과학부 교수)·조명래(現 단국대 사회과학대학 교수)·진화(이상 공동대표)

환경정의는 경제정의실천시민연합(경실련) 산하기구인 '환경개발센터'로 출범했고, 김대중 정권 출범 직후인 1998년에는 단체명을 '환경정의시민연대'로 변경, 2004년 '환경정의'로 다시 이름을 바꿨다. 1999년 경실련으로부터 독립한 뒤 주로 용인개발, 팔당상수원 개발, 京仁(경인)운하 개발사업 반대 등의 활동을 전개해왔다. 김일중 공동대표는 6·15공동선언실천 남측위원회 3기 임원 명단에 이름을 올린 바 있다.

아름다운재단으로부터 후원금 받아

환경정의는 참여연대 등 36개의 단체와 함께 2004년 9월14일 서울 안국동 느티나무 카페에서 열린 '시민단체 국가보안법 폐지촉구 공동성명'에 참여했었다.

환경정의는 아름다운재단(이하 재단)으로부터 公益(공익)명목의 후원금을 받은 것으로 나타났다. 재단은 좌파성향 단체에 후원금 명목으로 많은 돈을 지원해왔다. 재단의 환경정의에 대한 구체적 지원내용은 다음과 같다.

〈▲2010년 '공익단체 활동가 건강권 지원사업'을 통해 활동가들의 건강검진 지원 ▲2010년 '공익단체 활동가 자녀교육비 지원사업'을 통해 활동가들의 자녀교육비 지원 ▲2009년 '공익단체를 위한 디자인 나눔 프로그램 지원 단체' ▲2009년 상반기 '공익단체 활동가대회 지원 사업'(출처: 아름다운재단 홈페이지)〉

> 참고
>
> '아름다운재단' (155페이지)
> '참여연대' (279페이지)
> '환경운동연합' (369페이지)

右派 단체

① 교과서포럼

代案교과서 발간해 좌편향 교육 제동

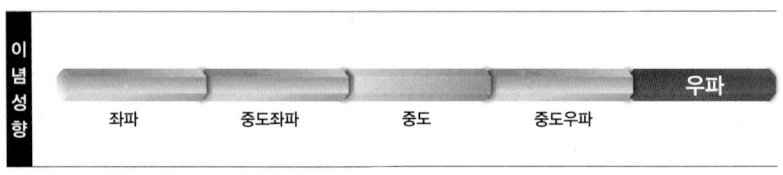

홈페이지: http://textforum.net
전화: 없음
설립일: 2005년 1월25일
주요인사: 박효종(現 서울대 윤리교육과 교수)·이영훈(現 서울대 경제학과 교수)·차상철(現 충남대 사학과 교수)(이상 공동대표), 전상인(現 서울대 환경대학원 교수)(운영위원장), 김광동(現 나라정책연구원장)·김영호(現 성신여대 정치외교학과 교수) 등(이상 운영위원), 유영익(現 국사편찬위원장)(고문)

교과서포럼은 대한민국 근·현대사에 대해 自虐的(자학적) 사관으로 일관해 온 기존 교과서들의 문제점을 지적하고 그 대안을 제시하기 위한 단체이다. 창립선언문은 "우리의 미래세대는 교과서와 참고서를 통하여 대한민국이 잘못 태어났고, 성장에 장애를 겪고 있는 국가라고 배우고 있다"며 "어떤 기준을 적용해도 '미션 임파서블'을 이루어낸 대한민국의 역사는 올바로 다시 써야 한다"고 밝혔다.

2013년 11월 현재 박효종(서울대·정치학), 차상철(충남대·서양사), 이영훈(서울대·경제학) 교수가 공동대표로 있으며, 운영위원으로 강규형(명지대·서양사), 김광동(나라정책연구원·정치학), 김영호(성신여대·정치학), 전상인(한림대·사회학), 정성화(명지대·서양사), 함인희(이화여대·사회학), 김종석(홍익대·경제학) 교수 등이 포진해 있다.

《代案(대안)교과서 한국 근·현대사》 편찬

교과서포럼은 2008년 3월23일 《代案(대안)교과서 한국 근·현대사》(기파랑 刊) 최종본을 출간했다. 대안교과서는 2008년 말까지 2만 부 가량 판매된 것으로 전해진다.

이 책은 ▲한국 현대사에서 대한민국의 정통성 ▲한국사의 주체를 '한민족'이 아닌 '한국인'으로 설정했다는 관점에서 기존 역사교과서와 차별적이다. 이영훈 서울대 경제학부 교수, 김일영 성균관대 정외과 교수, 김영호 성신여대 정외과 교수, 김광동 나라정책연구원장, 전상인 서울대 환경대학원 교수, 박효종 서울대 윤리교육과 교수 등 12명의 교과서포럼 소속 인사들이 집필했다.

2008년 12월1일 교과서포럼은 새로운 대안교과서 《한국 현대사》(기파랑 刊)를 출간하기도 했다.

유영익 위원장의 '햇볕정책' 비판

2013년 9월23일 박근혜 대통령은 이 단체의 고문인 柳永益(유영익) 한림대 석좌교수를 국사편찬위원장에 임명했다. 學界(학계)에서 李承晩(이승만) 전문가로 평가받고 있는 유영익 교수는 한림대 부총장과 국사편찬위원 등을 역임했다.

柳 교수는, 2004년 11월12~13일 연세대 국제대학원 현대한국학연구소(소장 한성신) 주관으로 열린 학술회의 '이승만 대통령의 역사적 재평가'에서 '이승만 대통령의 업적: 거시적 재평가'라는 논문을 발표했었다. 그는 이 논문에서 "유엔(UN)의 권위를 빌려 美蘇(미소) 양국의 신탁통치를 반대하고 남한 단독으로 자율적 민주정부를 수립함으로써 남한을 동아시아 유일의 미국식 대통령제 국가로 만들었다"고 밝혀 이승만을 높이 평가했다.

柳 교수는 또 "교육가로서의 이승만은 의무교육 제도를 도입하고 각급 학교를 대거 신설했다. 이로써 1945년에 비해 1950년에는 초등학생 2.6배, 중학생 10배, 고등학생 3.1배, 대학생 12배가 증가해 戰後(전후) 한국 경제 성장의 원동력이 된 '교육 기적'의 기초를 놓았다"고 했다.

柳 교수는 소위 '햇볕정책'이라 불리는 左派(좌파)정권의 '對北 포용정책'에 비판적인 입장을 보였다. 2013년 10월15일 국회 교육문화체육관광위원회가 교육부를 상대로 벌인 국정감사에서 햇볕정책을 가리켜 '親北(친북)정책'이라고 비판했다.

② 국가정상화추진위원회

《親北·反國家행위 人名사전》 발간 추진

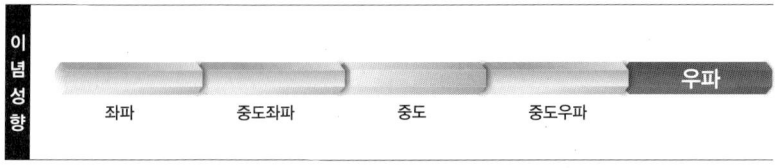

홈페이지: http://www.crnn.org
전화: 없음
설립일: 2008년 6월3일
주요인사: 고영주(現 변호사·前 서울 남부지검장)(위원장), 안응모(前 내무부 장관)·이동복(前 국회의원)·정기승(前 대법관) 등(이상 고문), 김길자(現 경인여대 명예총장)·김언환(前 국가안전기획부 수사단장)·양동안(現 한국학중앙연구원 명예교수) 등(이상 자문위원), 김광동(現 나라정책연구원장)·류석춘(現 연세대 사회학과 교수)·이춘근(現 한국해양전략연구소 연구위원) 등(이상 집행위원)

　　국가정상화추진위원회(이하 국정위)는 李明博(이명박) 정부 출범 직후 설립되어 정·관계, 사회·문화계에 殘存(잔존)하는 反국가세력을 퇴출시키고 국가정체성을 바로 잡기 위한 목적으로 결성된 단체이다.
　　국정위에는 안응모 前 내무부장관, 이동복 前 국회의원, 정기승 前

대법관, 최대권 서울대 명예교수 등이 고문으로 있으며, 김길자 경인여대 명예총장, 김언환 前 국가안전기획부 수사단장, 양동안 한국학중앙연구원 명예교수, 이주영 건국대 명예교수 등이 자문위원으로 참여하고 있다. 집행위원으로는 김광동 나라정책연구원장, 류석춘 연세대 교수, 이춘근 한국해양전략연구소 선임연구위원, 함귀용 변호사(前 서울동부지검 부장검사) 등이 있다.

《親北·反국가행위 人名사전》 편찬 추진

국정위의 가장 괄목할 만한 활동은 《親北(친북)·反국가행위 人名사전》 편찬 추진이다. 국정위 산하에는 지도위원(국정위 고문, 자문단)과 감수위원(관련 전문가 10여 명), 집필위원(전·현직 대학교수, 연구원 등)으로 구성된 '친북인명사전 사전편찬위원회'(이하 편찬위)가 있다. 편찬위는 2007년 2월 발족, 그해 3월부터 8월까지 친북·反국가 행위 대상자 5000여 명을 선정했고, 2008년 6월 1차 대상 100여 명을 선정했다.

2010년 3월12일 국정위는 서울 중구 프레지던트 호텔에서 기자회견을 열고 《親北(친북)·反국가행위 人名사전》에 수록될 1차 명단을 발표했다. 국정위는 '친북·反국가 행위 대상자'의 개념을 '대한민국의 헌법정신인 자유 시장경제 원리와 자유민주주의 이념 및 국가정통성을 부정하고 북한당국 노선이나 맑스·레닌 노선을 정당화하며 이에 입각한 행위(헌법정신 부정행위, 국보법 위반행위, 反국가활동 등)를 지향, 선동한 인사'라고 규정했다. 국정위 홈페이지에 게재되어 있는 명단에 따르면, 在野(재야)권 36명(재야운동권, 노동계), 학계 17명(전·현직 교수), 종교계 10명, 문화예술·언론계 13명, 법조계 3명, 의료계 2명, 정치권·관계 14명, 해외 5명이다.

前身인 규명위, 민보상위 反국가적 활동 비판

국정위의 前身은 '친북반국가행위진상규명위원회(이하 규명위)'로, 2006년 5월25일 노무현 정권이 주도했던 과거사 진상규명에 대응하려는 목적으로 출범했다. 제성호 교수(중앙대 법대)가 위원장을 맡았던 이 단체는, 발족 취지문에서 "정부 소속의 위원회가 이른바 과거사 진상 규명을 좌파적 시각에서 진행하면서 역사적 사실을 왜곡 해석하거나 사법적 결정을 공공연히 뒤집고 있다"고 밝혔다.

규명위는 2006년 9월20일 국무총리 산하 '민주화운동관련자명예회복및보상심의위원회(이하 민보상위)'가 남조선민족해방전선(이하 남민전) 사건 관련자들을 민주화운동 관련자로 명예회복하자, '남민전 사건 진상규명결과' 보고서를 발표했다. 이 보고서에서 "남민전은 친북공산폭력혁명조직이었으며 북한의 對南전략에 따라 공산혁명을 기도한 조직"이라는 구체적 증거를 밝힌 뒤 노무현 정권의 역사왜곡을 규탄했다.

규명위는 2007년 11월2일 국내 좌익단체들의 통일방안이 북한의 연방제와 같다는 분석도 내놓았다. 당시 명단에 오른 단체들은 전국민주노동조합총연맹(민노총), 한국대학총학생회연합(한총련·現 한대련의 前身), 남북공동선언실현과한반도평화를위한통일연대(통일연대), 조국통일범민족연합(범민련) 남측본부, 6·15남북공동선언실천연대(실천연대), 평화와통일을여는사람들(평통사), 한국청년단체협의회(한청) 등이다.

③ 국민행동본부

'통진당 해산운동' 주도한 행동적 애국단체의 중심

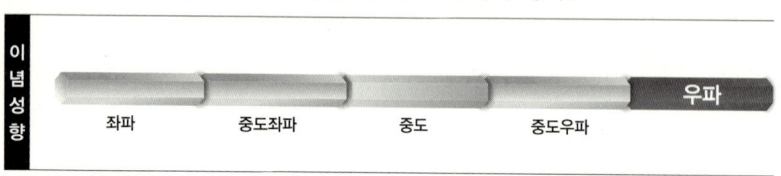

홈페이지: http://www.nac.or.kr
전화: 02-527-4515~6
설립일: 2001년 1월
주요인사: 서정갑(예 육군 대령)(본부장), 김중광(예 공군 대령)(공군회장), 최인식·고영주·홍형 등(이상 이사)

    사단법인 국민행동본부(이하 국본)는 지난 10여 년 간 右派(우파)의 對좌파 투쟁 선봉에 서 온 단체이다. 국본은 2000년 설립 이래 시청 앞, 서울역, 광화문 등지에서 수많은 집회를 주도하며 소위 '아스팔트 우파'의 陣地(진지) 역할을 해왔다.
    50~70대 노장층이 주축이 된 아스팔트 우파들은 자유민주주의 수호를 위해 궐기한 자발적 義兵(의병)들이었다.

대통령 노무현을 內亂·외환죄로 고발

노무현 정권 5년 간 국본은 盧 정권을 '친북정권', '반역정권'으로 규정, 줄곧 노무현 퇴진을 외쳤다. 2008년 2월22일, 국본은 퇴임을 3일을 앞둔 노무현 대통령을 형법상 내란·외환죄로 고발했다. 국본은 고발장에서 "피고발인은 취임 이래 대한민국 건국의 정통성과 정당성을 부정하는 언동을 거듭하는 한편 직권을 남용하거나 직무를 유기하여 북한정권의 대남적화노선에 동조하는 정책들을 일관되게 추진함으로써 국가를 위기에 빠뜨렸다"고 적시했다. 이어 북한이 형법상 내란집단이고 국가보안법상 反국가단체이며 간첩죄 적용 시 準(준)적국임을 전제할 때, 피고발인(노 대통령)의 집권 이후 일관된 언동 및 정책들은 외환죄 중 一般利敵罪(일반이적죄) 및 與敵罪(여적죄)에 해당한다고 밝혔다.

MBC의 광우병 선동 규탄

2008년 여름, 광우병 촛불난동이 발생했을 때에도 국본은 해결사 역할을 했다. MBC, KBS 등의 날조·선동방송으로 촛불집회가 불법·폭력난동으로 변질되자, 국본은 규탄성명을 비롯해 신문광고, 場外(장외)집회를 벌였다. 같은 해 5월14일 서울 중구 프레스센터에서 '광우병 선동센터 KBS·MBC 규탄대회'를 시작으로, KBS에 대한 감사원 감사청구 서명운동과 MBC 방송허가 취소운동도 전개했다. 국본은 "KBS, MBC는 언론기관이 아니라 언론으로 위장한 선동기관"이라며 "광우병보다 더 위험한 선동전문가들을 KBS, MBC에서 몰아내야 세상이 달라진다"고 역설했다.

수많은 집회 개최해 좌파정권 再등장 저지

국본의 場外(장외)집회는 좌파세력에 의해 국가가 위기에 처할 때마다 보수우파 여론을 결집시키는 데 크게 기여했다. ▲서울시청 앞 국가보안법 死守(사수)국민대회(2004년 10월4일) ▲맥아더 동상 지키기 기자회견(2005년 7월15일) ▲對노무현 최후통첩 100만 국민 궐기대회(2006년 9월8일) ▲노무현 비자금(13억 돈상자 사건) 수사촉구 기자회견(2012년 1월26일) ▲대한민국의 생명선 NLL 포기 음모 규탄 서울 국민 궐기대회(2012년 10월30일) ▲NLL 포기 음모 규탄 부산 궐기대회(2012년 12월5일) 등이 대표적이다. 특히 2004년 '국가보안법 사수집회'는 국보법 폐지를 저지하는 데 기여했다는 평가를 받았고, 2012년 서울과 부산에서 열린 'NLL 포기 음모 규탄대회' 역시 좌파정권 再등장을 막는 데 一助(일조)했다.

네 차례나 '통합진보당 해산 청원서' 제출

국본은 2004년과 2011년, 2012년, 2013년 네 차례나 통합진보당(이하 통진당, 舊 민노당 포함) 해산 청원을 법무부에 제출, 이들의 친북·反국가성도 고발했다. 통진당은 前身(전신)인 민노당 시절부터 反대한민국 정당이라는 비판을 받아왔다.

2012년 5월30일 국가정상화추진위원회(위원장 고영주)와 함께 법무부에 제출한 '통합진보당 해산 청원서'는, "'일하는 사람이 주인이 되는 세상'이란 결국 노동자가 주인이 된다는 공산주의 이념의 선전이론이고, '민중이 진정한 주인이 되는 민주주의'와 '민중주권'이란 역시 공산주의의 변종인 민중민주주의 이념의 선전이론이며, '진보적 민주주의'란 김일성의 공산독재체제 즉 '인민민주주주의'를 美化하여 사용한 용어일 뿐"이라고 지적했다. 이밖에도 통진당은 당 강령에 주한미군 철수(44조)를 명문화하고, 연방제 통일방안이 포함되어 있는 6·15/10·4선언 이행(46조)을 촉구하고 있다(2012년 5월12일 개정된 강령 기준).

법무부의 통진당 해산심판 청구 이끌어

2013년 8월, 이석기 통진당 의원이 주도한 內亂(내란)음모사건이 당국에 적발되자 국본의 통진당 해산 청원운동은 더욱 힘을 받았다. 2013년 9월10일, 국본은 경기도 과천 제2정부청사에서 기자회견을 열었다. 이날 국본은 통합진보당 해산 촉구운동 서명에 동참한 10만 9628명의 名簿(명부)를 법무부에 제출했다.

그동안 법무부는 국본의 네 차례 해산 청원에도 묵묵부답이었다. 그러나 이석기 내란음모사건의 발생으로 통진당의 친북·反국가성은 또다시 논란이 일었다. 결국 법무부는 2013년 11월5일 헌법재판소에 '통합진보당 정당해산 심판'을 청구했다. 10여 년에 걸친 국본의 끈질긴 투쟁이 값진 성과를 이루는 순간이었다.

④ 국제외교안보포럼

'목요포럼' 강연 630회 넘어

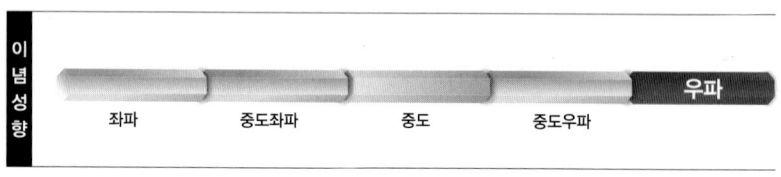

홈페이지: http://www.idsfkorea.org
전화: 02-430-7531
설립일: 2000년 9월21일
주요인사: 김현욱(前 평화통일자문회의 수석부의장)(이사장), 유완숙(이사), 채현(사무총장)

국제외교안보포럼(이하 포럼)은 4選 국회의원 출신인 김현욱 前 민주평화통일자문회의 수석부의장이 이끄는 단체로, 북한인권 문제에 관심을 갖고 '세계 북한 인권 자유주간 행사'를 펼쳐오고 있다.

각계 전문가들을 초빙해 매주 목요일 아침 '목요포럼'이라는 週例(주례) 강연도 갖고 있다. 포럼은 2008년 10월20일 외교통상부(現 외교부)로부터 사단법인으로 정식 승인을 받아 활발한 활동을 하고 있다.

각계 전문가들의 의견 청취하고자 설립

포럼은 설립취지에서 "2000년 김대중 대통령 시절 對北정책과 북한의 핵문제, 그리고 對美(대미) 외교 정책 등 외교 안보 정책의 큰 틀들이 한반도 미래의 외교 안보와 자유민주주의를 수호하는 심각한 도전이 된다고 생각하는 뜻 맞는 사람들이 모여 북한 핵문제를 집중적으로 연구하고 韓美동맹 관계가 손상되지 않도록 지켜나가는 데 관한 문제를 서로 나누고, 전문가들의 의견을 듣고 토론하고 해결점을 모색하기 위해 설립했다"고 밝히고 있다.

포럼은 2007년, 전국을 돌며 安保강연회를 개최하는 등 좌파정권 종식에 큰 기여를 했다. 특히 충청권을 중심으로 한 중부지역의 外延(외연) 확대를 위해 대전, 수원, 천안, 온양 등지에서 지역 내 유관 기관장과 유지 등 여론 주도층을 대상으로 집중적인 강연회를 개최했었다.

북한인권 문제에 관심

포럼은 북한인권 문제에 큰 관심을 보이고 있다. 2009년과 2010년에는 각각 美 워싱턴과 서울에서 '세계 북한 인권 자유주간 행사'를 개최했다. 2009년 행사에는 美 의회 상하원 지도자를 비롯해 전직 외교관, 정·관계 인사들이 초청돼 성황을 이뤘다. 김현욱 이사장은 행사 직후 인터넷 〈코나스〉와의 인터뷰(2009년 5월18일字)에서 "탈북자들의 증언 등 기자회견, 유대인 학살을 추모하는 박물관 앞에서 북한의 정치범 수용소 폐쇄 촉구 및 자유와 인권을 위한 시위, 정치범 수용소 실상을 담은 영화 상영 등이 일정별로 짜임새 있게 진행되었다"고 자평했다.

2010년 행사에는 북한인권 문제에 큰 관심을 쏟고 있는 수잔 솔티(美 디펜스포럼 대표) 씨가 김현욱 이사장과 함께 공동 대회장을 맡기도 했다. 수잔 솔티 씨는 '목요포럼'에서 북한인권의 실태와 그 해결방안에 대해 강연했다.

10년 이상 계속되는 목요포럼

이 단체는, 매주 목요일 오전 7시 30분 각계의 전문가를 초빙해 강연을 듣는 조찬포럼(이하 목요포럼)을 기본 활동으로 하고 있다. 포럼은 700여 명의 회원과 매주 정기적으로 참석하는 70~80명의 회원을 확보하고 있다.

'목요포럼'은 벌써 632회(2013년 11월14일 기준)나 열렸다. 비정기적으로 열리는 조찬모임은 매우 많으나, 목요포럼처럼 定例化(정례화)되고 오랜 시간 지속되고 있는 모임은 찾기 어렵다. 우파 성향 전문가들 중 이 목요포럼에 초대받아 강연하지 않은 사람이 거의 없을 정도이다. 帝王學(제왕학) 분야의 최고 권위자인 김유혁(前 금강대 총장) 박사의 동양적 리더십 강론도 인기다.

⑤ 뉴포커스

탈북詩人이 운영하는 인터넷 신문…北이 협박 가하기도

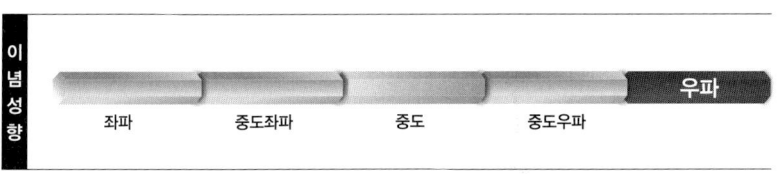

홈페이지: http://www.newfocus.co.kr
전화: 02-545-3125
설립일: 2011년 12월28일
주요인사: 장진성(대표)

뉴포커스는 국내 최초 탈북자 인터넷 신문을 표방하며 창간했다. 이 매체는 ▲북한뉴스 ▲탈북사회 뉴스 ▲탈북자 국내외 지원 뉴스 등을 중점적으로 다루고 있다.

기존의 북한 보도 방식 탈피

뉴포커스의 특징은 기존 언론이 북한을 바라보는 시각에서 탈피해

탈북자의 관점에서 사안을 분석·보도하는 데 있다. ▲장성택 관련 〈노동신문〉 보도 ▲국방위원회 87부 분석 등이 대표적이다.

2012년 1월22일字 뉴포커스는 '장성택 드디어 권력 1인자로 등장'이란 기사에서, 〈노동신문〉에 보도된 김정은 수행자 명단에 장성택의 이름과 직함이 가장 먼저 등장했다고 전했다. 뉴포커스는 이를 근거로 "이번 공개는 장성택을 사실상 북한 권력의 제1인자로 인정하고, 또 은밀히 과시한 것이나 마찬가지"라고 분석했다.

同年 9월24字 '북한의 새로운 권력, 국방위원회 87부'라는 기사는 "김정은 정권이 들어서면서 국방위원회(이하 국방위) 기능이 대폭 강화되었다"며 국방위 87부의 신설로 당의 권력이 국방위로 이동했다고 전했다.

英, 〈가디언〉紙와 기사제휴 체결

뉴포커스는 창간한 지 불과 2년 여 만인 2013년 3월1일, 영국 〈가디언(Guardian)〉紙와 기사제휴를 체결했다. 〈가디언〉은 가디언 미디어 그룹이 소유한 매체로, 자매지로 〈옵저버(The Observer)〉와 〈가디언 위클리(Guardian Weekly)〉등이 있다.

뉴포커스는 "세계적으로도 유명한 '가디언'과 기사제휴 계약을 맺은 것은 크게 세 가지 의미가 있다"고 했다. ▲뉴포커스 기사 신뢰도에 대한 세계 언론의 평가와 관심 ▲뉴포커스 기사를 통해 서방세계에 진실이 전파될 수 있는 길이 열렸다는 점 ▲〈가디언〉이 진보 성향 매체라는 점을 들었다. 뉴포커스는 〈가디언〉 외에도 中東의 유력紙를 비롯한 24개 세계 언론사들과 파트너십 계약을 맺었다.

北, 뉴포커스에 협박 가하기도

뉴포커스가 북한정권 내부의 실체를 폭로하자 북한은 뉴포커스에 협박을 가하기도 했다. 2013년 6월19일, 北 인민보안부(우리의 경찰청에 해당)는 뉴포커스 보도를 거론하며 "'존엄'과 '체제'를 중상모독하는 탈북자들을 물리적으로 없애버리기 위한 실제적인 조치를 단행하기로 결심했다"고 밝혔다. 당시 美〈워싱턴포스트(WP)〉紙는 김정은이 2013년 초, 아돌프 히틀러의 著書(저서)를 간부들에게 선물했다는 뉴포커스 기사를 인용해 보도했다. 인민보안부는 "우리에 대한 모략선전과 비난에 집요하게 매달리고 있는 미국과 남조선의 현 당국자들, 악질적인 보수언론 매체들도 무자비한 정의의 세례를 받게 될 것"이라고 위협했다.

《내 딸을 백원에 팝니다》의 著者

뉴포커스 대표 장진성 씨는 2008년 〈조갑제닷컴〉이 발간한 詩集(시집) 《내 딸을 백원에 팝니다》의 著者(저자)이기도 하다. 장 대표는 조선노동당 통일전선사업부에서 근무하다 2004년 귀순했으며, 남한에서는 국가안보전략연구소 연구위원을 지냈다.

⑥ 대한민국고엽제전우회

통진당 해산 서명 등 애국활동에 적극 참여

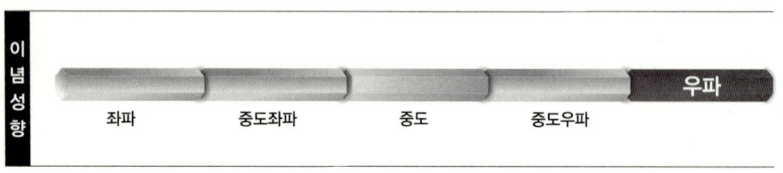

홈페이지: http://kaova.or.kr
전화: 02-794-9800
설립일: 1991년 7월24일
주요인사: 이형규(총회장), 강인호(회장), 박근규(상임부회장), 김성욱(사무총장), 이삼문(감사)

대한민국고엽제전우회(이하 전우회)는 대규모 애국집회가 열릴 때마다 빠짐없이 참석하는 단체 중 하나이다.

수많은 애국집회 주도·참석

이 단체는 고엽제 관련자의 權益(권익)을 도모하고 애국심을 고취시키기 위해 설립되었다. 1992년 전우회의 요청으로 이듬해 3월 정부가 '고엽제 환자 지원에 관한 법률'을 제정했다. 전우회는 현재 17개 시도지부 및 38개 지회를 갖춘 조직으로 성장했다.

그동안 전우회가 주도하고 참석한 애국집회는 셀 수 없을 정도다. 2011년 초에만 해도 ▲곽노현 교육감 규탄대회(1월13일) ▲부실무상급식 반대 규탄대회(1월20일) ▲복지포퓰리즘 추방 국민운동본부 창립대회(1월21일) ▲정치중립위반 전교조 교사 징계촉구대회(2월16일) 등을 개최했다.

주진오 교수의 발언 규탄

이 단체는 左편향 역사학자에 대한 규탄시위 및 법적대응도 벌였다. 2013년 9월24일, 전우회 회원 200여 명은 서울 종로구 홍지동 상명대를 항의 방문했다. 한 방송 토론회에서 '베트남에서 양민학살이 있었다'는 취지의 발언을 한 이 학교 주진오 교수(역사콘텐츠학과)를 규탄하기 위해서였다. 이들은 주 교수의 발언을 비판하며 "우리가 학살자란 말이냐", "주진오 물러가라"고 외쳤다. 박근규 부회장은 "좌편향적인 교수를 퇴출하기 위해 매일 상명대에서 집회를 열겠다"고 밝혔다. 같은 해 10월22일, 전우회 충북지부는 주 교수를 명예훼손 등의 혐의로 청주지검에 고발하기도 했다.

통합진보당 해산 촉구 서명에 앞장

同年 10월24일, 전우회는 자유총연맹, 대한민국재향군인회와 함께 서울 프레스센터에서 기자회견을 열었다. 전우회는 이들 단체와 함께 통합진보당 해산을 촉구하는 125만 여 명의 서명을 받았다고 밝혔다.

이들은 "1차 서명운동을 통해 125만 명의 서명을 받았고 향후 추가 서명을 받아 헌법재판소에 전달할 것"이라고 했다. 이들은 이석기 내란음모사건과 관련해 "이 의원의 구속과 재판만으로 이 사건을 마무리해서는 안 된다"며 강력한 처벌을 촉구했다.

左派세력과 史草실종에 대한 철저한 수사 촉구

2013년 11월2일, 전우회는 대한민국재향경우회(이하 경우회)와 함께 서울 보신각 앞에서 '反국가종북세력 대척결 국민대회'를 개최했다. 이들은 ▲국정원 사수 ▲국민참여재판 철폐 ▲대선 기간 중 판·검사, 전국 공무원노조 등의 댓글과 트위터에 대한 전면조사를 촉구했다. 같은 해 9월13일에는 서울 국가인권위원회 청사 앞에서 대한민국어버이연합·경우회 등과 함께 같은 제목의 場外(장외)집회를 개최, 내란음모 혐의로 구속된 이석기를 규탄했다. 이날 집회에는 약 5000여 명의 인원이 참석했다. 同年 7월27일에는 경우회 회원들과 함께 'NLL회의록 실종 수사촉구 국민대회'를 열고 '史草(사초)실종'에 대한 당국의 철저한 수사를 촉구하기도 했다.

> **참고**
>
> '대한민국재향경우회' (402페이지)
> '대한민국재향군인회' (405페이지)
> '한국자유총연맹' (488페이지)

⑦ 대한민국어버이연합

아스팔트에서 싸우는 老人들

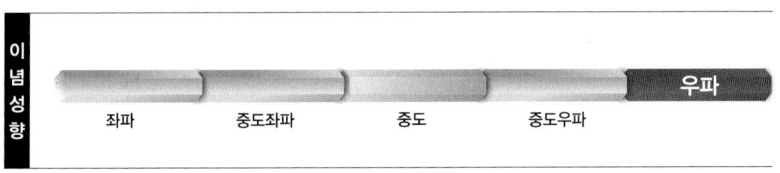

홈페이지: http://www.vivakorea2012.com
전화: 02-741-6915
설립일: 2006년 5월8일
주요인사: 심인섭(회장), 추선희(사무총장)

　대한민국어버이연합(이하 연합)의 가장 두드러지는 활동은 場外(장외)집회이다.

"민주당은 해체하라"

　2013년 8월8일, 민주당이 소위 '국정원 개혁'을 주장하며 場外시위를 벌이던 서울광장에서 '민주당 장외투쟁 규탄 기자회견'을 열었다. 이날

연합 회원 100여 명은 '鬼胎(귀태) 막말정치 민주당 OUT', '종북세력 야합 민주당 퇴출' 등이 쓰인 피켓을 들고 "김한길·문재인이 시청 앞에 불법천막을 놓고 여기서 당직자 회의를 하고 議總(의총)을 열고 기자회견을 하고 있다"며 "불법 천막을 철거하라. 민주당은 해체하라"고 목소리를 높였다(발언출처: 2013년 8월9일字 인터넷 〈폴리뉴스〉 보도).

同年 9월25일, 연합 회원 100여 명은 서울 서초동 중앙지방검찰청 앞에서 '史草(사초)실종 규탄' 기자회견을 가졌다.

'범민련 후원의 밤' 행사 규탄

이들은 利敵(이적)단체로 판시된 조국통일범민족연합남측본부(이하 범민련 남측본부)의 후원의 밤 행사도 규탄했다. 같은 해 10월18일, 연합 회원 60여 명은 서울 남영역 앞 숍 카페에서 열릴 예정이었던 범민련 행사를 저지했다. 연합 회원들은 "김정일이가 좋으면 北에 가 살지 왜 이곳에서 있느냐"며 비판했다.

2013년 10월22일, 수원시 원천동 수원지방법원 앞에서 內亂(내란)음모사건으로 구속된 통합진보당(통진당) 이석기 의원의 처벌을 요구하는 기자회견과 '종북세력 척결' 규탄집회를 열었다. 10월14일, 이석기 의원에 대한 첫 공판준비기일(注: 향후 재판을 위해 공소사실 쟁점 정리와 증거신청 등을 논의하는 자리)이 열렸을 때에도 수원지방법원 앞에서 대한민국고엽제전우회 회원 등과 함께 '국가안보를 뒤흔드는 반국가 내란음모 총책 이석기를 중형으로 처벌하라'는 등의 플래카드를 내걸고 "이석기 제명, 이석기 처단" 등을 외쳤다.

연합은 場外집회 뿐 아니라 홈페이지를 통해 각종 성명도 꾸준히 발표하고 있다. 2013년 연합이 발표한 주요 성명은 ▲현대사 왜곡하여 우리 아이들에게 親北·反美 이념 주입시키는 전교조 즉각 해체하라(9월23일) ▲종북의 宿主 민주당 즉각 해체하라(9월10일) ▲죽창과 쇠파이프로 취재기자 폭행한 '폭력버스' 민노총 강력 규탄한다(7월23일) ▲촛불 난동 5주년 對국민 사기극 규탄한다(5월21일) 등이 그것이다.

참고
'대한민국고엽제전우회' (396페이지)

⑧ 대한민국재향경우회

從北척결 운동에 집중하는 퇴직 경찰관 조직

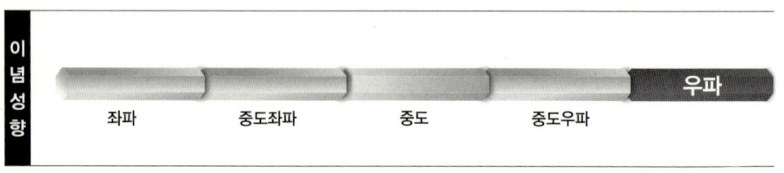

홈페이지: http://www.ex-police.or.kr
전화: 02-2234-1881
설립일: 1960년 9월
주요인사: 구재태(회장), 강영규·현성일·이용상 등(이상 부회장), 김을로·신재철·고승규 등(이상 이사), 김영철·이문우(감사)

대한민국재향경우회(이하 경우회)는 퇴직 경찰관들 모임으로, 자유민주 수호를 위한 애국투쟁에 주력하고 있다.

통진당 해산 청원 운동

경우회는 2013년 11월 현재 '통합진보당(통진당) 해산 청원 100만 명

서명운동'을 펼치고 있다. 통진당 해산 청원 서명운동에는 경우회를 비롯해 국민행동본부(본부장 서정갑), 대한민국재향군인회(회장 박세환), 애국단체총협의회(상임의장 이상훈), 대한민국고엽제전우회(총회장 이형규) 등도 함께하고 있다.

盧-金 대화록 실종 규탄

2013년 6월24일 국가정보원이 노무현-김정일 회담 대화록 발췌본을 공개했다. 경우회는 6월25일, 3개 중앙 일간지에 '노-김 대화록 공개 대환영, 國紀(국기)문란 즉각 중단하라'는 제하의 광고를 게재했다.

좌파세력이 대화록을 공개한 국정원을 비난하며 해체 선동에 나서자 이를 규탄하기도 했다. 7월27일, 경우회와 대한민국고엽제전우회는 '제3차 反국가 종북세력 대척결 국민대회'를 열었다. 이들은 ▲사상 초유의 史草(사초)게이트에 대한 즉각 수사 및 관련자 엄단 ▲국가안보·헌법을 수호하는 국정원 해체 반대 및 종북세력 척결 등을 강력히 촉구했다. 구재태 회장은 이날 대회사에서 "노-김 대화록 실종사건을 즉각 수사하고 관련자를 처단해야 한다. 국정원의 기능은 오히려 강화되어야 한다"고 역설했다.

'反국가 종북세력 대척결 국민대회' 주관

경우회는 同年 7월부터 '반국가 종북세력 대척결 국민대회'를 주관·개최해오고 있다. 2013년 11월2일 현재 13차례 열렸다.

2013년 9월13일 서울 인권위원회 앞에서 열린 '제8차 反국가 종북세력 대척결 국민대회'에서 구재태 회장은 ▲국정원을 반신불수로 만들려는 일체의 음모 중단할 것 ▲국정원의 간첩색출활동과 反국가세력 대처 활동 복원 및 역량 강화 등을 거듭 촉구했다. 11월2일 서울 보신각에서 열린 '제13차 반국가 종북세력 대척결 국민대회'에는 趙甲濟 조갑제닷컴 대표, 徐貞甲 국민행동본부 본부장 등도 참석했다.

참고

'국민행동본부' (386페이지)
'대한민국고엽제전우회' (396페이지)
'대한민국재향군인회' (405페이지)

⑨ 대한민국재향군인회

국보법 폐지 반대·연합사 해체 반대 운동 주도

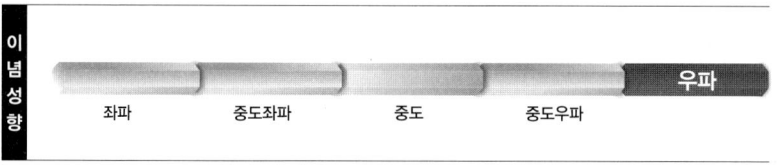

홈페이지: http://www.korva.or.kr
전화: 02-417-0641~5
설립일: 1952년 2월1일
주요인사: 박세환(前 육군대장)(회장), 이재관(前 육군대장)(육군부회장), 이지두(前 해군 중장)(해군부회장), 주창성(前 공군중장)(공군부회장), 이상무(前 해병중장)(해병대부회장), 신상태(특임부회장)

　대한민국재향군인회(이하 향군)는 퇴역 군인들의 조직으로 부산에서 창립되었다. 1961년 5월8일 세계향군연맹(WVF)에 가입했고, 1963년 7월19일에는 대한민국재향군인회법(법률 제1367호)이 공포되어 본격적인 활동에 들어갔다. 향군은 현재 인터넷 매체인 〈코나스〉도 운영하고 있다.

국보법 폐지 반대 투쟁

노무현 정권이 국가보안법 폐지, 한미연합사 해체, 한총련 합법화, 공안사범 민주화 유공자 인정 등 안보질서 해체를 企圖(기도)하자, 향군은 정권과 대립각을 세웠다. 2003년 3월1일 서울시청 앞에서 열린 反核反金(반핵반김)국민대회는 한국 애국운동의 기폭제였다. 재향군인회도 적극 참여했다. 당시 회장은 이상훈 前 국방부장관이었다.

노무현 정권이 국가보안법 폐지에 박차를 가하던 2004년 하반기에도 향군은 對(대)정부 투쟁을 했다. 이상훈 당시 회장은 2004년 9월6일 노무현 대통령이 한 방송 인터뷰에서 국보법을 폐지해야 한다고 말한 것과 관련해 성명을 냈다. 그는 "북한이 적화통일 노선을 포기했다는 명백한 징후가 없는 한 국보법 폐지는 敵前(적전) 무장 해제와 같다"며 "국보법은 국가 보위와 국민의 생존권을 위해 필히 존속돼야 한다"고 주장했다.

'전작권 단독행사 논의 중단 서명운동' 주도

2006년 韓美연합사를 해체시키고 전시작전통제권을 단독 행사하려는 정부 방침에 향군은 거세게 반발했다. 향군과 한국기독교총연합회(한기총) 등 200여 개 안보·시민·종교 단체는 2006년 9월2일 서울시청 앞 광장에서 전시작전통제권(전작권) 단독행사 추진 중단과 私學法(사학법) 재개정을 촉구하기 위해 '대한민국을 위한 비상구국기도회 및 국민대회'를 개최했다. 박세직 당시 회장은 대회사에서 "주권도 중요하고 민족의 자존심도 중요하지만 전쟁을 막지 못해 국토가 초토화되고 공산화가 된다면 주권과 민족의 자존심을 어디서 찾을 수 있겠느냐"며 "전작권 단독행사 논의는 즉각 유보돼야 한다"고 강조했다. 향군은 2006년 9월12일 뉴라이트전국연합, 한국기독교총연합회, 성우회 등과 연대해 '전작권 단독행사 논의 중단 촉구 500만 명 서명운동'을 진행하며 이를 차기 대선과 연계하겠다는 입장을 밝히기도 했다.

통합진보당 해산에도 적극적

2013년 9월30일 개최한 '韓美동맹 강화·從北(종북)세력 척결 국민대회'에서 박세환 現 회장은 "한미연합사는 북한의 도발을 억제시키고, 한반도 평화를 보장하는 최고의 안보장치"라며 "이번 한미 연례 안보협의회의에서 전작권 전환과 한미연합사 해체 再연기가 반드시 합의될 수 있도록 최선을 다해 주기 바란다"고 했다. 그는 또 "제2, 제3의 이석기를 철저히 색출할 수 있도록 국가정보원의 對共(대공) 기능을 강화하고 이적단체를 강제 해산할 수 있도록 국가보안법을 반드시 개정해야 한다"고 주장했다. 향군은 2013년 11월6일 '통진당 해산결정 청구에 대한 헌재의 신속한 결정을 촉구하는 성명'도 발표했다.

> **참고**
>
> '성우회' (430페이지)
> '한국기독교총연합회' (475페이지)

⑩ 대한민국지키기불교도총연합

불교계의 대표적인 右派성향 단체

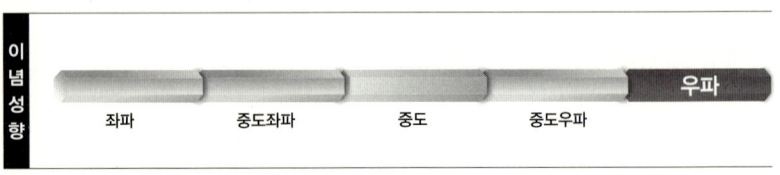

홈페이지: http://www.nabuco.org
전화: 02-2265-0570
설립일: 2006년 10월30일
주요인사: 박희도(前 육군참모총장)(상임의장), 정진태(부회장), 이석복(사무총장)

대한민국지키기불교도총연합(이하 대불총)은 불교계에서 헌법적 가치를 수호하는 데 전력을 기울여온 단체이다. 대불총은 "대한민국 정통성과 자유민주주의 체제를 부정하는 국내 좌익세력에 맞서기 위해 출범했다"고 밝히고 있다.

대불총은 북한의 1차 핵실험 직후인 2006년 10월30일 창립되었다. 이들은 창립선언문에서 "김대중 정권부터 본격적으로 정부와 사회 각 계층에 침투하기 시작한 反대한민국 세력은 드디어 노무현 정권에 와서 대한민국 안보의 핵심인 韓美연합사를 해체함으로써 한반도의 공산화 통일에 발판을 마련하려 하고 있다"고 비판했다.

일부 승려들의 시국선언에 제동

불교계 일부가 이명박 정부 출범 이후 소위 시국법회와 시국선언에 나서자, 대불총은 전국적 집회와 성명 발표 등을 통해 鎭火(진화)에 나섰다.

대불총은 2009년 6월17일 '2009년 6월15일 조계종 승려의 시국선언문에 대한 대불총의 입장'이라는 성명을 발표, 이들의 시국선언을 비판했다. 조계종 승려들은 노무현 前 대통령이 자살하자, 그를 추모하고 이명박 정부를 비난하는 내용의 시국선언을 발표했었다. "이번 시국선언에 참여한 조계종 승려들은 金力(금력)과 權力(권력)을 장악하고 있는 실천승가회, 불교환경연대, 불교인권위원회, 선우도량 등 대표적인 親北(친북)좌익 승려들이란 것은 이미 잘 알려진 사실"이라고 밝혔다.

대불총은 "이들은 이미 세속화, 부패화, 친북 이념화 및 정치세력화를 거쳐 이제 스스로 부처님의 가르침을 허무는 데까지 다다른 것"이라고 개탄했다. 대불총은 또 盧 前 대통령의 자살을 두둔·美化(미화)한 불교계의 행태를 계율에 빗대 비판하기도 했다. 2013년 2월13일, 북한이 3차 핵실험을 강행하자 대불총은 '북핵반대'라는 제하의 성명을 발표하기도 했다.

⑪ 라이트코리아

左派인사들에 대한 고소·고발 주도

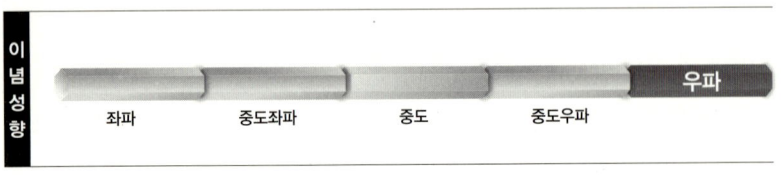

홈페이지: http://www.rightnews.kr (라이트뉴스)
http://cafe.daum.net/RIGHTKOREA (라이트코리아)
전화: 02-719-5668
설립일: 2006년 4월
주요인사: 봉태홍(대표)

라이트코리아는 ▲대한민국 建國史(건국사) 바로세우기 ▲친북좌익척결 ▲자유민주주의와 대한민국 정통성 사수 등 3大 애국운동을 목표로 奉泰弘(봉태홍) 씨가 설립했다. 라이트코리아는 대표적인 아스팔트 右派단체로, 左派정권 당시 친북좌익세력의 반역 활동을 현장에서 저지해왔다. 봉태홍 대표는 愛國(애국)집회의 연사, 사회자 또는 집회 주최자로 이름을 알렸다.

좌파인사들에 대한 고소·고발 주도

라이트코리아는 좌파인사들에 대한 고소·고발을 주도했다. 광우병 사태가 본격화되던 2008년 5월에는 한국진보연대와 6·15남북공동선언실천연대 등 촛불집회 주도단체들을 허위사실유포 및 反국가단체 구성 등 혐의로 경찰에 고발했다. 2009년 4월엔 가수 신해철을 국가보안법 위반으로 고발했다. 2010년 1월에는 참여연대에 대해 허위사실 유포 및 국가보안법 위반으로 고발했으며, 2010년 7월에는 한상렬 목사와 그가 대표로 있는 단체 한국진보연대를 국가보안법 및 남북교류협력에 관한 법률·형법 등의 위반으로 고발했다.

2010년 10월에는 박지원 민주당 의원을 국가보안법 위반으로, 2011년 1월28일에는 배우 문성근을 내란선동 및 국가보안법·선거법 위반 혐의로 고발했다. 같은 해 4월에는 천안함 民軍합동조사단 민간조사위원으로 참여해 '붉은 멍게' 발언을 한 〈서프라이즈〉 대표 신상철을 국가보안법 위반 혐의로 고발하기도 했다.

통진당 인사들에 대한 고소·고발도 벌여

라이트코리아는 2012년 5월2일 통합진보당(이하 통진당) 비례대표 경선 不正(부정) 의혹과 관련, 통진당 인사들을 검찰에 고발했다.

2013년 3월12일 애국단체들이 이정희 통진당 대표 등을 대검찰청에 고발할 때에도 라이트코리아는 그 중심에 있었다. 당시 애국단체들은 이정희 등을 국가보안법 제7조(注: 찬양·고무)와 형법98조(注: 간첩죄)위반 혐의로 고발했다. 봉태홍 대표는 "한미군사훈련 중단을 외치면서 북핵

폐기를 외치지 않는 자들은 다 종북세력이자 김정은 키즈(kids)들"이라고 비판했다.

라이트코리아를 비롯한 애국단체들은 2013년 9월4일, 서울시청 앞 광장에서 기자회견을 열고, 民生(민생)을 뒤로한 채 천막농성을 벌이고 있는 민주당을 향해 ▲과거 촛불시위, 대선 등 통합진보당과 연대한 행위에 대해 사과할 것 ▲당 상징색만 바꿀 것이 아니라 통합진보당과 확실하게 결별하고 이석기 체포동의안 표결에 참여할 것 ▲거리정치를 그만두고 국회로 돌아가서 民生을 살필 것 등을 주문했다.

奉 대표가 '사회운동가'로서의 첫 발을 내디딘 건 1998년이다. 실향민 2세대인 奉 대표에게 공산당은 유년시절부터 타협할 수 없는 '惡(악)의 존재'였다. 그의 큰아버지를 비롯한 친족들은 공산당에 학살당했다.

⑫ 미디어워치

'연구진실성검증센터' 통해 좌파 진영 활동가들의 논문 檢證

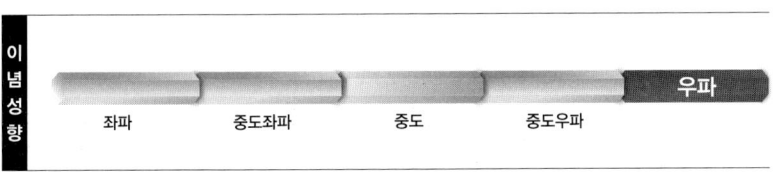

홈페이지: http://www.mediawatch.kr
전화: 02-720-8828
설립일: 2009년 3월15일
주요인사: 변희재(대표이사)

미디어워치는 보수성향 인터넷 언론사로 주로 좌파세력에 대한 감시와 비판 기능을 수행하고 있다.

'연구진실성검증센터' 운영

미디어워치의 괄목할 만한 활동은 소위 좌파 활동가들에 대한 논문 검증이다. 미디어워치는 산하에 '연구진실성검증센터'를 설치, 논문 표절에 관한 제보를 받고 있다. 그동안 조국 서울대 교수를 비롯해 ▲박영선(現 민주당 국회의원) ▲임수경(現 민주당 국회의원) ▲손석희(前 성신여대 교수) ▲김미화(방송인) ▲이재명(現 성남시장) 등의 논문 표절 의혹을 지속적으로 제기해왔다.

소위 진보인사들의 논문 檢證

미디어워치에 따르면, 조국 교수의 경우, 2008년 6월 한국형사정책회의 학술지인 '형사정책'에 발표한 국문논문 '사형 폐지 소론'의 영문초록을 두 달 전 'Asian Journal of Comparative Law'에 발표한 영문논문 'Death Penalty in Korea: From Unofficial Moratorium to Abolition' 본문에서 인용표시("")조차 없이 그대로 사용했다고 한다. 임수경 의원의 경우, 1997년 서강대 언론대학원에 문학석사학위 논문인 '국가보안법 사건의 언론 보도와 인격권 보호에 관한 연구'가 2차 문헌을 표절하면서 출처는 1차 문헌으로 제시하고, 베껴온 2차 문헌 문장에 큰따옴표까지 추가한 의혹이 있다고 했다. 이 같은 논문 분석·검증 보도는 큰 파장을 일으켰다. 특히 박영선 의원의 논문은, 심사 학교였던 서강대측으로부터 "선행연구를 언급하는 부분에 포괄적 출처·재인용 표시 미비 등 엄격한 의미에서의 일부 표절과 그 외 연구윤리 규정 위반으로 볼 수 있는 부분이 있다"는 회신까지 받았다(注: 결론부분 등의 독자성은 인정함).

'독자보고대회' 통해 여론 수렴

미디어워치는 '독자보고대회'를 통해 여론을 수렴하고, 보수이념을 보급하는 데에도 힘쓰고 있다. 2013년 11월6일 열린 '독자보고대회'는 상대적으로 야당 지지세가 강한 호남 지역(전남 순천)에서 열렸다. 이날 미디어워치의 변희재 대표는 '호남정치 이대로 죽는가'라는 제목의 강연에서 親盧(친노)세력이 다수인 민주당이 '사초폐기' 'NLL 포기' 등으로 反국가세력으로 전락하고 있는 상황에 대해 설명했다. 변 대표는 "대한민국의 발전을 위해서는 건전한 야당이 필요하며 이를 위해서는 지역주민들의 역할이 매우 중요하다"고 강조했다.

| 참고 |

'한국자유연합' (485페이지)

⑬ 미래한국

故 金尙哲 前 서울시장이 창간한 시사 격주간지

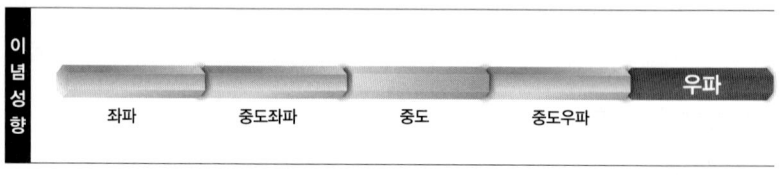

홈페이지: http://www.futurekorea.co.kr
전화: 02-3446-4111
설립일: 2002년 6월15일
주요인사: 이홍순(회장), 이정훈·김세호(부회장), 김범수(사장), 유영익·이종윤·이필곤·황의각(편집고문)

미래한국은 보수 성향의 시사 격주간지이며, 서울시장을 역임했던 故 김상철 변호사가 창간한 매체이다.

미래한국은 ▲현안문제를 분석·정리하고 미래비전을 제시 ▲자유·보수주의 가치와 기독교적 세계관에 기반한 보도 ▲국제협력을 중시하고 자유민주통일과 선진강국 추구 등을 표방하고 있다. 기독교적 인간관에 입각해 북한인권 문제에도 적극 나서고 있다.

중앙 언론이 다루지 않는 민감한 이슈 다뤄

미래한국은 '커버스토리'를 통해 한 가지 이슈를 선정, 그에 대한 심도 있는 분석을 한다. 2013년 10월31일字에서는 韓日관계라는 다소 민감한 주제를 다뤘다. 韓日관계를 감정적으로 보지 말고, 미래지향적으로 보자는 취지에서 기획된 것이다. 여기서 다뤄진 기사들은 중앙 언론에선 다루기 힘든 내용이었다. '韓日갈등, 우리가 먼저 털고 가자', '韓美日 군사동맹은 꿈인가', '韓日관계 이대로 둘 것인가'가 그것이다.

각계 전문가로 구성된 편집위원들

미래한국의 또 다른 특징은 각계 전문가로 구성된 편집위원들의 칼럼들이다. 이중 이강호 편집위원과 황성준 편집위원의 글은 독자들의 인기를 끈다. 이들은 左派(좌파)세력의 허구성을 사실에 근거해 반박함은 물론, 과거 운동권 내부의 秘話(비화)와 실태도 고발하고 있다. 李·黃 편집위원은 국제정세, 세계사에 관한 해박한 지식을 紙面(지면)을 통해 선보이고 있다.

'미래한국 Live'와 '미래한국 2PM'

미래한국에는 눈길을 끄는 코너가 있다. 바로 '미래한국 Live'와 '미래한국 2PM'이다. 그날그날의 이슈를 한 문장으로 論評(논평)하는 미래한국 Live는, 촌철살인이란 말이 떠오를 정도로 문제의 핵심을 정확히 꿰뚫는다. 미래한국 2PM은 인터넷 포털사이트 검색 순위 상위에 오른 검색어를 가지고 쓴 한 꼭지짜리 기사를 말한다. 보통 '대한민국은 ㅇㅇㅇ를 검색했다'는 제목으로 기사가 나가는데, 하나의 검색어를 가지고 이야기를 재미있게 풀어내 독자들의 반응이 좋다고 한다.

설립자 故 金尙哲 前 서울시장

설립자인 故 김상철(前 서울시장) 회장은 1947년 평안북도 태천 출생으로 서울대 법대를 수석 졸업했다. 1980년대에는 인권변호사로 활동했으며, 1987년 6월 사태 때에는 민주헌법쟁취 국민운동본부 상임집행위원으로 활약했다.

1993년 김영삼 정부 출범과 함께 46세의 젊은 나이로 서울시장에 임명되어 여론의 주목을 받았다. 이후 韓美우호협회 회장, 건국대통령 이승만 박사 기념사업회 이사, 밝고 힘찬 나라운동본부 집행위원 등을 맡아 韓美우호 강화와 대한민국 正體性(정체성) 확립에 헌신했다. 1990년대 중반 북한 동포들의 대량아사 사태를 목격한 뒤, 1999년 4월 '북한난민보호' 유엔청원운동본부장을 맡아 2년 반 만에 국내외에서 1180만 명의 서명을 받아 냈다. 이후 탈북자 지원 및 구출 운동을 벌였다. 2002년 6월 愛國 정론지 〈미래한국신문〉(現 격주간 《미래한국》)을 창간했다.

특히 2003년 3월1일 서울시청 광장에 10만 명이 넘는 애국시민들이 참석한 反核反金(반핵반김) 국민대회 집행위원장으로 활동, 애국운동을 선도했다.

⑭ 바른사회시민회의

자유민주·시장경제 수호 논리 개발

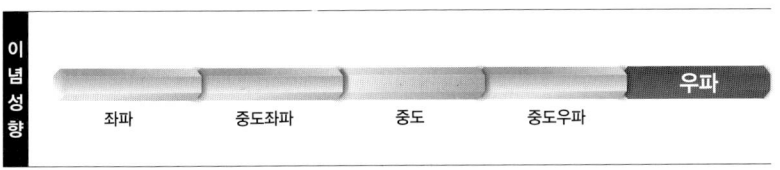

홈페이지: http://www.cubs-korea.org
전화: 02-741-7660~2
설립일: 2002년 3월12일
주요인사: 김종석(現 홍익대 명예교수)·유호열(現 고려대 북한학과 교수)·조동근(現 명지대 경제학과 교수)(이상 공동대표), 김민호(現 성균관대 법학전문대학원 교수)(사무총장), 강영훈(前 국무총리)·봉두완(前 국회의원)·김광명(現 한양대 명예교수)·사공일(前 재무부 장관) 등(이상 고문), 안재욱(現 경희대 국제통상학부 교수)·채규만(現 성신여대 심리학과 교수) 등(이상 감사), 신종익(사무처장)

바른사회시민회의(이하 바른사회)는 자유민주주의와 자유시장경제 체제가 실현된 사회를 이룩하고자 뜻을 같이하는 각계 각층의 시민과 단체들이 모인 비영리 순수 민간기구이다.

단체는 선언문에서 "세계 역사 어디를 보더라도 살기 좋은 나라는 결코 저절로 형성·유지된 것이 아니었다. 그것은 자유주의 이념과 민주질서를 지키려는 노력이 치열한 곳에서만 가능했다"고 밝히고 있다.

광우병 사태 저지에 노력한 학생들에게 施賞

바른사회는 2008년 11월10일 서울 명동 은행회관 2층 국제회의실에서 '2008년도 바른사회 후원의 밤' 행사를 열었다. 이날 '바른사회를 지키는 아름다운 사람' 시상식도 함께 열려 우수 의정활동 부문과 사회봉사 부문에 대한 시상식을 진행했다. 바른사회는 사회봉사 부문 수상자로 MBC PD수첩의 광우병 관련 왜곡보도를 폭로한 대학원생 정지민씨와 불법 촛불집회에 반대하는 1인 시위에 나섰던 대학생 이세진 씨를 선정했다.

박원순 시장의 부적절한 市政 운영 비판

2013년 9월5일과 9월16일 발표한 논평에서는 박원순 서울시장의 부적절한 市政(시정) 운영에 대해 비판했다. 바른사회는 9월5일字 논평에서 서울시가 전국민주노동조합총연맹(이하 민노총)에 지원한 15억 원의 지원 근거가 무엇인지를 따졌다. 바른사회는 "서울시가 민주노총 서울지역본부에 올해 예산 15억 원을 지원했다. 지원금 내역은 저소득노동자 자녀 장학사업 10억, 교육복지사업 3억, 노동정책연구사업 2억 원으로 돼 있다"며 "서울시의 민노총 지원은 내년 지방선거를 앞두고 '잘 봐달라'는 선심으로 밖에 볼 수 없다"고 지적했다. 이들은 "민노총 지원금 15억 원이 시장 당선에 도움 받은 대가로 건네는 돈일 수 있다는 예측도 가능하다"고 밝혔다.

국회 특별법이나 지자체의회 條例(조례)로도 특정단체 지원이 가능한데, 이런 적법한 절차를 두고 시장 職權(직권)으로 민노총에 예산을 배정한 것을 납득하기 어렵다는 것이다. 바른사회는 2012년 북한인권단체 등 보수성향 시민단체들이 '정치적'이라는 이유로 서울시 非영리민간단체지원 대상에서 배제된 점을 지적하며, "북한인권단체가 정치적이라면, 대놓고 선거운동을 한 민노총은 정치적이지 않은가"라고 반문하기도 했다.

"박 시장, 正義의 화신인 양 스스로를 치켜세워"

同年 9월6일字 논평에서는 서울시 보육재정이 赤字(적자)임에도 무상보육비 명목으로 2000억 원의 지방채를 발행하겠다는 박원순 시장을 비판했다. 단체는 朴 시장의 "빚내서라도 무상보육을 책임지겠다"는 발언을 언급하며, "마치 '正義(정의)의 화신'인 양 스스로 치켜세웠다. 수차례 정부와 기 싸움을 벌여 갈등을 증폭시킨 뒤 무상보육을 볼모로 정치플레이를 하는 기막힌 상황"이라고 꼬집었다.

단체는 "박 시장의 속셈은 '영유아보육법 개정안' 통과"라고 규정하며 "이 법안은 무상보육 국고보조율을 20%나 늘리는 것이 골자다. 국고보조사업의 분담 조정은 '보조금관리법시행령'을 통해 행정부가 결정하는데, 이 법안은 보육사업만 예외로 함으로써 기본원칙을 깬다"고 지적했다. 즉, 정부-지자체 재정분담 사업을 시행할 때 나쁜 先例(선례)로 작용, 지자체가 주민여론을 핑계로 국고보조금을 많이 타내려 할 수 있다는 것이다.

다양한 場外활동도

바른사회는 場外(장외)에서도 활발한 활동을 벌이고 있다. 지속적인 기자회견·정책토론회 개최와 의정모니터단 활동이 그것이다. 그간 다뤄진 정책토론회 주제는 ▲합법을 가장한 利敵단체, 어떻게 처리할 것인가?(2013년 9월9일) ▲무상바람에 휩쓸린 무상보육, 바람직한 대안은 무엇인가?(2012년 5월30일) ▲국회의사당 내 최루탄 테러 사태를 통해 본 국회폭력의 실태와 개선방안(2011년 11월24일) 등이었다.

행사 및 가두활동으로는 경제민주화의 졸속입법 반대 1인 시위(2012년 11월14~16일) ▲통합진보당 해산과 국고보조금 환수 촉구 거리서명(2012년 5월18일) ▲곽노현 교육감의 즉각 사퇴와 검찰의 철저한 수사 촉구 기자회견(2011년 8월29일) 등이 있다.

의정모니터단 활동('바른의정모니터단')은 2008년 9월부터 시행되고 있으며, 2012년 19대 국회가 開院(개원)되자 매달 이달의 법안, 이달의 의원, 이달의 발언을 선정해 홈페이지를 통해 공개하고 있다.

⑮ 反국가교육척결국민연합

對전교조 투쟁의 선봉단체

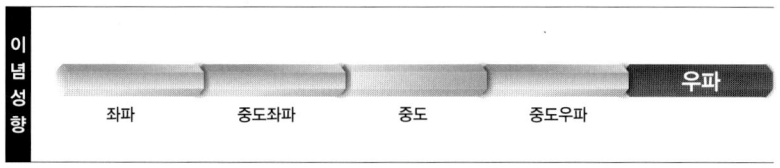

홈페이지: http://www.noanti.org
전화 : 없음
조직현황: 2008년 10월9일
주요인사: 고영주(現 변호사)·김진성(前 서울시의회 의원)·김진홍(前 뉴라이트전국연합 상임의장)·김홍도(現 금란교회 원로목사)·조갑제(現 조갑제닷컴 대표)(이상 상임지도위원), 이계성(올바른교육시민연합 공동대표)·김종일(뉴라이트학부모연합 상임대표) 등(이상 공동대표), 이상진(前 서울시 교육위원)(상임대표), 강길모(前 프리존뉴스 편집장), 조영환(現 올인코리아 대표) 등(이하 상임집행위원)

反국가교육척결국민연합(이하 국민연합)은 2008년 10월9일 전교조 해산을 목표로 출범했다. 국민연합에는 국민행동본부, 뉴라이트전국연합 등 대한민국의 대표적인 보수단체들이 대거 참여했다. 이들은 기자회견문을 통해 "전교조(注: 전국교직원노동조합)는 학생들의 人性(인성)과 지식을 배양하기보다는 혁명투사를 기르는 좌익교육에만 관심을 가져왔다"고 밝혔다.

'국보법 위반' 혐의로 전교조 고발

같은 달 15일 국민연합은 전교조가 反국가활동을 독려하고 국가변란을 선동하는 利敵(이적)단체로서 국가보안법을 위반했다며 정진화 위원장과 정진후 副위원장(現 정의당 국회의원) 등 지도부 8명을 서울중앙지검에 고발한 바 있다. 국민연합은 전교조가 좌경이적이념으로 판명된 '민주', '민중', '민족'이란 三民(삼민)이념을 '민족', '민주', '인간화 교육'으로 말만 바꿔 지향해야 할 최고 가치규범으로 계승·실천해 가고 있다고 지적했다.

고교 교장 출신인 이계성 국민연합 공동대표는 보수단체 집회 등에 거의 매번 참석하며 전교조의 反국가성과 親北성향을 알려왔다.

2013년 국민연합의 주요활동은 ▲〈코나스〉에 '이적단체 전교조 척결이 국민통합이다'라는 칼럼 게재(3월5일) ▲경기도 교육청 앞에서 열린 '김상곤 경기도교육감 사퇴촉구 및 교육중지 촉구 집회 및 저지운동' 캠페인(6월4일) ▲〈코나스〉에 '반역교과서가 된 국어 국사 교과서 국정으로 전환하라'는 칼럼 게재(6월13일) ▲서울 광화문 광장 앞에서 열린 '전교조의 국정원 대선 개입 사건에 대한 시국선언 규탄'이라는 제하의 전교조 규탄 기자회견(7월9일) 등으로 對전교조 투쟁이 주를 이뤘다.

국민연합 홈페이지는 '학교별 반국가교육 피해자 사례 및 해당 전교조 교사 명단'을 접수받고 있다. 일선 학교에서 벌어지고 있는 전교조 교사들의 좌편향 교육을 예방하는 데 一助(일조)하고 있다.

"전교조의 法外 노조화 강력 촉구"

이계성 공동대표는 2013년 9월24일字 〈조갑제닷컴〉과의 인터뷰에서 "非합법노조가 14년 동안이나 합법노조 노릇을 한 전교조가 정부를 상대로 강력한 투쟁을 하겠다는 것은 스스로 불법 단체임을 자행하는 것이며, 철면피 같은 행동"이라고 비판했다.

同年 9월23일, 고용노동부(이하 고용부)는 노동조합법 시행령 9조·2항에 따라 같은 해 10월23일까지 이를 이행하지 않을 경우, '노조 아님' 통보를 할 것이라고 밝혔다. 문제가 된 전교조 규약은 '부당 해고된 조합원은 조합원 자격을 유지한다(부칙 5조)'는 것이다. 노동조합법은 '근로자가 아닌 자의 가입을 허용하는 경우'를 '노조결격요건(제2조·제4호)'에 해당한다고 분명히 적시하고 있다. 전교조는 이에 위반되는 규약을 시정하지 않고 있었던 것이다. 결국 전교조는 조합원 총투표를 통해 고용부의 시정요구를 거부했고, 10월23일까지 이를 이행하지 않아 결국 法外 노조 통보를 받았다(注: 이에 전교조는 法外노조통보효력정지 신청을 법원에 냈고, 2013년 11월13일 서울행정법원은 전교조의 가처분을 인용, 당분간 노조자격을 유지하게 됨).

> 참고
>
> '국가정상화추진위원회' (383페이지)
> '국민행동본부' (386페이지)
> '올인코리아' (441페이지)

⑯ 북한민주화위원회

故 黃長燁 선생이 설립… 북한인권 문제 부각시켜

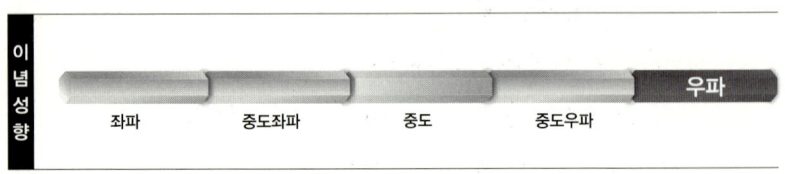

홈페이지: http://www.cdnk.co.kr
전화: 02-543-7152~3
설립일: 2007년 4월10일
주요인사: 홍순경(위원장)

북한민주화위원회(이하 위원회)는 국내 20여 개 탈북자 단체의 연합체이다. 위원회는 '북한 민주화를 실현시키는 데 필요한 탈북자들의 역량 강화'에 주력하고 있다.

故 黃長燁 선생 주도로 설립

위원회는 2007년 4월10일 한국프레스센터에서 창립대회를 열고 故

黃長燁(황장엽) 前 북한 노동당 비서를 위원장으로 선출했다. 이날 黃 위원장은 "김정일 독재집단은 수백만 동포를 굶겨 죽인 최악의 민족반역집단"이라며 "그럼에도 일부 사람들이 햇볕정책의 간판을 내걸고 김정일 독재집단과 공조를 주장하고 있다"고 말했다. 그는 "북한이 핵무장한 독재의 옷으로 갈아입었다. 단결과 투쟁만이 우리 탈북자의 앞길을 가리키는 깃발"이라고 호소했다.

위원회는 ▲탈북자를 대표할 수 있는 정치·사회조직 구성 ▲북한의 실상 알리기 운동 전개 ▲북한 인권 개선과 종교의 자유를 위한 국제연대 강화 ▲탈북 엘리트를 중심으로 한 북한전략센터 설립 등을 결의했다.

북한인권 향상과 북한정권 규탄에 全力

위원회는 2007년부터 ▲在中(재중) 탈북자 강제북송 항의 집회(6월20일) ▲제62차 유엔총회 북한인권결의안 찬성표결 촉구 공동서명(11월5일) 등 북한인권 운동에 주도적으로 나섰다.

2012~2013년에는 ▲탈북단체들과 공동으로 천안함 2주기 추모행사(2012년 3월26일) ▲북한의 핵실험 반대 탈북단체 기자회견(2013년 2월18일) ▲통진당 해체촉구 탈북단체 연합 기자회견(2013년 9월25일) 등을 개최했다.

이밖에도 '북한인권정책세미나', '남북청소년 북한인권대화한마당', '통일안보강사 연수교육' 등의 프로그램을 통해, 북한인권법 제정과 북한주민들의 인권유린 실태를 알리는 데 앞장서고 있다.

⑰ 북한민주화포럼

對北문제 전반에 대해 보수적 시각 피력

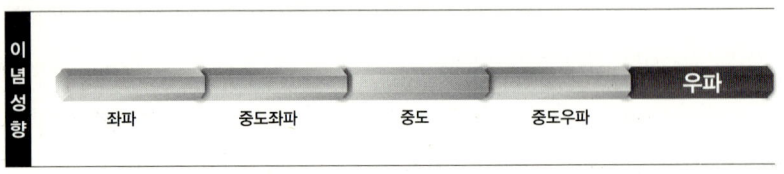

홈페이지: http://www.dblee2000.pe.kr
전화: 없음
설립일: 2004년 3월6일
주요인사: 이동복(前 국회의원)(대표), 이동호(북한민주화포럼 간사)

북한민주화포럼(이하 포럼)은 '북한 동포들을 김일성 가계의 우상화에 기반을 둔 수령독재체제로부터 해방시킨다'는 인도적 목적과 함께 '헌법에 입각한 자유민주주의 통일'을 목적으로 하는 단체이다.

李東馥 대표의 활약

李東馥(이동복) 대표는 右派진영의 대표적 이론가로, '말'과 '글'을 통해 왕성한 활동을 하고 있으며, 시청 앞이나 서울역 등에서 열리는 애국집회 단골 演士(연사)로 참여하고 있다. 李 대표는 국내 최고 對北문제 전문가답게, 김대중·노무현 정권의 햇볕정책을 강력 비판해왔다. 특히 6·15/10·4선언의 違憲性(위헌성)을 집중적으로 문제 제기했다.

2008년 10월1일 10·4선언 1주년 노무현 특별 강연회에 대해 李 대표는 "노무현 씨의 발언은 청와대의 주인이었던 5년간 그는 결코 '대한민국 대통령'이 아니라 독재자 김정일이 이끄는 북한정권의 충실한 '하수인' 내지 '대변인'이었다는 것을 그 스스로 공언하는 것이었다"고 비판했다.

"'NLL 포기'가 아니면 무엇인가"

2013년 6월24일, 국정원이 노무현-김정일 대화록 발췌본을 공개하자 李 대표는, 同年 10월10일 〈조갑제닷컴〉에 '2007 남북정상회담 대화록 문제에 대한 법률적 검토'란 칼럼을 게재했다. 그는 "공개된 '국가정보원 本(본)' 대화록을 읽어 보면, 김정일이 3~4회에 걸쳐서 '새로운 해상군사분계선을 결정하는 것은 실무협의를 통하여 결정하기로 하고 우선은 남의 NLL과 북이 선포한 '해상군사분계선' 사이의 수역을 '공동어로수역'으로 만들어서 이곳으로부터 남북의 해군 함정이 모두 철수하자'는 방안을 제시했다"고 전제했다. 이어 "노무현 씨는 '나는 위원장님과 인식을 함께 한다', 'NLL은 바꿔야 한다', '내가 핵심적으로 가장 큰 목표로 삼았던 문제를 위원장님께서 지금 승인해 주신 것'이라고 맞장구를 쳤다는 사실을 삼척동자라도 확인할 수 있다. 이것이 'NLL 포기'가 아니면 다른 무엇이라는 것인가"라고 비판했다.

⑱ 星友會(성우회)

예비역 將星모임

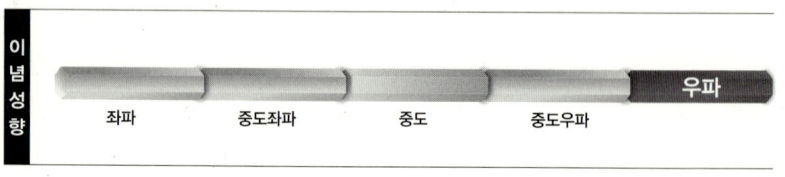

홈페이지: http://www.starflag.or.kr
전화: 02-417-5415
설립일: 1989년 12월15일
주요인사: 고명승(前 육군대장)(회장), 유재열(前 육군대장)·장정길(前 해군대장)·박성국(前 공군중장)·이갑진(前 해병중장)(이상 부회장)

星友會(성우회)는 예비역 將星(장성)들의 조직이다. 성우회는 국가보위와 조국의 평화통일에 관련된 문제 연구 분석과 자유민주주의 체제수호를 설립 목적으로 하는 단체이다.

성우회 산하기관으로 성우안보전략연구원(이하 연구원)과 국제전략교류협회(이하 교류협회)를 두고 있다. 연구원은 2007년 우수전문잡지로 선정된 월간지 〈자유〉를 발간하고 있다. 교류협회는 동북아 주변국 예비역 장성들이 운영하는 기관과 상호교류를 통해 정부를 측면 지원하고 있다.

韓美연합사 해체 반대 운동에 앞장

2004년 7월 의문사진상규명위원회(위원장 한상범)가 남파간첩·빨치산 출신자 3명의 죽음을 '민주화운동'으로 규정해 논란이 일자, 성우회는 같은 달 6일 의문사위를 항의 방문했다. 이날 면담에는 오자복 당시 회장을 비롯해 이상훈 재향군인회장, 故 채명신 대한해외참전전우회 명예회장 등 7명이 참석했다.

성우회는 2006년 9월12일 재향군인회, 이북도민중앙연합회 등과 함께 '전시작전통제권 환수논의 중단 범국민 서명운동 본부' 결성과 500만 명 서명운동 돌입을 선언했다.

성우회는 韓美(한미)연합사 해체 반대운동에 주력했다. 성우회는 2008년 3월19일 227개 안보단체로 구성된 '북한 핵폐기·한미연합사 해체반대 1000만 명 서명 추진본부' 대표들과 함께 이상희 당시 국방장관에게 서한을 전달했다. 이들은 서한에서 "한미연합사는 북한의 핵이 폐기되고 우리 군이 현대화·정보화될 때까지 상당기간 존속돼야 한다"고 밝혔다. 성우회가 주도·참여한 대표적인 활동은 다음과 같다.

〈▲연평도 포격도발 규탄대회(2010년 11월30일) ▲종북세력 척결 국민대회(2011년 3월1일) ▲해양주권 수호 결의대회(2012년 3월15일) ▲천안함 폭침 전사자 추모·북괴 규탄 국민대회(2012년 3월16일) ▲한미동맹 60주년과 한반도 미래 세미나(2013년 6월20일) ▲KIDA(한국국방연구원)와 공동으로 북한 3차 핵실험 이후 동북아 안보환경 변화와 북핵 관련 韓中·韓日 협력방안 세미나(2013년 4월18일) ▲한국 역사교육의 문제점과 개선방향(2013년 8월8일)〉

참고

'대한민국재향군인회' (405페이지)

⑲ 時代精神(시대정신)

'뉴라이트'를 중심으로 설립… 계간지 발간

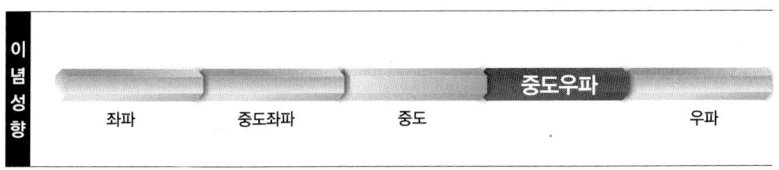

홈페이지: http://www.sdjs.or.kr
전화: 02-711-4851~2
설립일: 1998년 창간, 2006년 5월26일 再창간
주요인사: 이재교(변호사)(대표), 유성식(前 청와대 시민사회비서관)(상임이사), 김세중(前 연세대 국제관계학과 교수)·김종석(現 홍익대 경영대학장) 등(이상 이사), 강규형(現 명지대 교수)·한기홍(북한민주화 네트워크 대표) 등(이상 편집위원), (안병직·발행인)

時代精神(시대정신)은 左派에서 右派로 전향한 '뉴라이트' 인사들이 설립한 사단법인이자 季刊誌(계간지)이다.

시대정신은 '자유주의 개혁 10대 방향'에서 ▲국가주도형 방식에서 시장주도형 방식(작은정부·큰시장)으로 전환 ▲法治주의를 기반으로 하는 다원주의·관용정치 문화 실현 ▲북한 대량살상무기 문제의 근원적 해결 ▲韓美동맹 발전·주변국과 우호강화 등을 명시하고 있다.

토론회 개최·계간지 발간

계간 〈시대정신〉은 2003년과 2005년 두 차례 休刊(휴간)된 뒤 2006년 5월26일 再창간되었다. 시대정신은 "계간 〈시대정신〉을 재창간하고자 하는 것은, 무한한 발전 가능성을 지닌 뉴라이트 사상을 한국의 사정에 맞게 구체화시켜보려는 것"이라고 밝혔다.

시대정신은 ▲4·11 총선의 정치·사회적 함의와 보수진영의 과제(2012년 5월2일) ▲천안함 폭침 3주기 긴급좌담회 국가안보위기와 정부·민간 공동 협력방안(2013년 3월22일) ▲최근 한반도 정세의 특징(同年 4월30일) 등 정치·안보 분야와 관련된 토론회도 개최했다.

시대정신은 2013년 8월30일 '통합진보당 의원 이석기 그룹의 국가내란음모 혐의를 엄정하고 철저히 수사하라'는 성명을 발표했다. 이들은 이석기 사건이 "자유민주주의 체제를 전복하려는 내란음모는 정파에 관계없이 모든 국민이 결코 용납할 수 없는 중대한 범죄"라고 밝혔다. 시대정신은 同年 10월8일 북한민주화네트워크 등과 함께 '이석기 사건의 교훈과 한국사회의 과제'라는 세미나를 진행했다. 이날 이재교 대표는 "종북세력은 척결할 것이 아니라 枯死(고사)시켜야 한다"고 강조했다.

⑳ 시민과함께하는변호사들

광우병 사태 피해자 위한 소송 대리

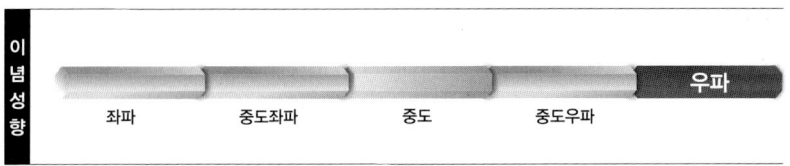

홈페이지: http://www.sibyun.co.kr
전화: 02-3481-7703
설립일: 2005년 1월25일
주요인사: 이헌·정주교(이상 공동대표)

시민과함께하는변호사들(이하 시변)은 창립선언문에서 "자유민주주의와 시장경제질서에 토대를 둔 공동체의 시민적 가치가 헌법의 정신에 입각한 법치원리에 따라 실현되어야 한다"고 밝히고 있다.

광우병 사태 때 손해배상소송 代理(대리)

2008년 광우병 사태는 시변의 전국적 데뷔 공간이기도 했다. 광화문

일대 상인들과 과격촛불시위 반대 시민연대(노노데모) 회원들이 촛불시위를 주도한 광우병국민대책회의(국민대책회의)와 MBC PD수첩을 상대로 제기한 손해배상소송을 代理(대리)했다.

노노데모 소송은 소송인團(단)만 2455명에 달하는 등 시민적 관심이 집중됐다. 노노데모 소송은 2009년 2월17일 1심에서 기각판결을 받았다. 재판부는 "PD수첩이 다소 과장되고 선정적일 수 있으나…(중략) 내용에 부정확한 부분이 있고 다수의 시청자가 정신적 고통을 겪었다 하더라도 책임을 물을 수는 없다"는 판결이었다.

이헌 변호사는 "법원이 진실하고 공정한 보도와 허위와 불공정한 보도 그것을 구분하지 않았다"면서 "방송의 허위 불공정 보도조차 책임을 아예 면제해야 한다는 그런 논리와 다름없는 것 아니겠냐"고 반박했다.

법원의 경징계 처분 비판

법원은 촛불난동 주동자들에 대해 상대적으로 가벼운 처분만 내렸다. 경찰을 폭행하고, 경찰버스를 파괴한 이들에게 實刑(실형)판결 없이 집행유예나 벌금형 처분만 내린 것이다. 시변은 이에 대해 "법치주의의 최전방인 사법부가 흔들리고 있다"고 지적했다.

이들은 2009년 3월12일字 성명에서 "헌법과 법률에 의하여 법관의 양심에 따라 재판하여야 할 법관들이 일부세력이 주도하는 포퓰리즘에 위협당하고 있다"며 "공정한 재판을 위해 법리를 검토하고 숙고하여야 할 법관들이 일부 압력단체의 논평, 기자회견 등에 휘둘리고 눈치를 보아야 하는 지경에 이르렀다"고 비판했다.

서울市로부터 해촉된 이헌 변호사

시변의 공동대표인 이헌 변호사는 15년간 법률고문을 지낸 서울시로부터 2013년 3월, 일방적으로 해촉됐다. 해촉 당시 서울시는 ▲설문조사 결과 미흡 ▲소송실적 저조 ▲세빛둥둥섬 관련 법률 특보 수행(注: 실제는 법률대리인)을 근거로 제시했다. 이중 가장 논란이 되는 '세빛둥둥섬 법률 특보'에 대해 李 대표는, "세빛둥둥섬 고발 사건과 관련해 오세훈 前 서울시장의 법률대리를 맡은 것은 맞다. 대한변호사협회가 오 前 시장 및 서울시 前·現職 공무원을 검찰에 수사요청한 것이 이 사건의 실체다. 오 前 시장의 법률대리인을 맡았어도 이 사건은 市와는 관계가 없다"고 밝혔다(발언출처: 2013년 4월27일 〈데일리안〉 보도).

㉑ 아산정책연구원

安保 분야 연구·토론·출판 활발

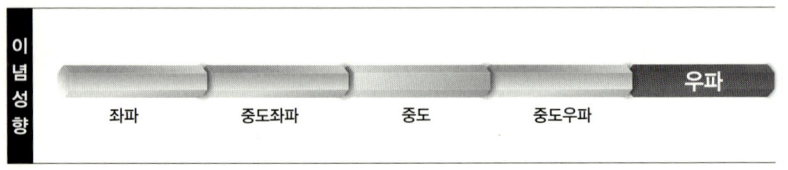

홈페이지: http://www.asaninst.org/
전화: 02-730-5842
설립일: 2008년 2월11일
주요인사: 정몽준(명예이사장), 이인호(이사장), 함재봉(원장)

아산정책연구원(이하 연구원)은 한반도, 동아시아, 지구촌 현안에 대한 정책을 제시하고, 올바른 사회담론을 주도하는 독립 연구단체이다.

아산정책연구원은 설립목적으로 '통일·외교·안보 등의 분야에 역량을 집중하여 우리가 직면한 대내외 도전에 대한 해법을 모색함으로써, 한반도의 평화와 통일 및 번영을 위한 여건 조성에 노력함'을 내세웠다.

연구원은 《생산적 복지와 경제 성장》, 《출구가 없다: 북한과 핵무기,

국제 안보》등의 단행본과, 《2013년판 일본 후쿠시마 원전오염水 누출과 국제사회 및 우리의 대응》와 같은 이슈 브리프 등을 발행하고 있다.

'아산명사초청 강연' 통해 각계 전문가 의견 청취

연구원은 ▲세계가 직면한 문제를 논의하는 싱크탱크 모임인 '아산플래넘' ▲해외정책 전문가들을 초청하여 의견을 듣고 청중과 토론하는 '아산도시락시리즈' ▲핵·원자력정책 전문가들이 모여 핵정책 현안을 논의하는 '아산핵포럼' ▲저명한 학자와 정책 입법자들을 초청하여 토론하는 '아산명사초청강연'을 지속적으로 열고 있다.

연구원은 산하에 '글로벌거버넌스(global governance) 연구센터', '국제법 및 분쟁 해결센터', '외교정책센터' 등 총 9개의 연구센터를 두고 있다. 9개의 연구센터 중 주요 센터의 구체적 활동은 다음과 같다.

〈▲글로벌거버넌스 연구센터: 국가간 발생하는 갈등, 새로운 권력의 부상, 증가하는 非정부기구들의 영향력 등 글로벌거버넌스 체제하의 근본적인 변화에 대한 연구를 수행

▲국제법 및 분쟁해결연구센터: 국제법의 원칙과 법규를 글로벌거버넌스 레짐(regime)의 측면에서 연구하는 것을 목표로, 국제분쟁 관리 및 해결·국제재판소 분쟁사례에 대한 포괄적 분석을 통해 새로운 외교정책 대안 제시

▲외교정책센터: 국가 외교정책의 중·장기적 비전과 전략 제시, 동북아 다자협력, 韓·美·日 안보협력, 인권민주주의 외교, 한·일 역사화해 등의 연구하는 활동〉

'아산서원' 통해 인재양성 주력

연구원은 아산나눔재단과 공동으로 인재양성 기관인 '아산서원'을 설립했다. 아산서원은 조선시대 지도자 양성 기관이었던 '서원'과 영국 옥스퍼드 대학의 지도자 양성과정 'PPE(philosophy, politics & economy)'를 접목시킨 교육을 통해, 동서고금의 文明(문명)을 體化(체화)해 개인과 국가, 국제 사회를 아우르는 지도자를 양성하는 것을 목적으로 두고 있다. 아산서원은 미국 워싱턴 D.C. 소재의 싱크탱크 및 비영리단체에서 실무를 익힐 수 있는 'Asan Washington Fellowship Program', 중국에 대한 이해를 높이고 양국간의 폭넓은 교류·네트워크를 형성하는 'Asan Beijing Fellowship Program', 졸업생들을 위한 'Alumni Program'을 운영하고 있다. 아산서원은 2012년 8월27일 제1기 입학을 시작으로, 현재 제5기 인원을 모집 중이다. 교육 프로그램은 10개월 간 진행된다.

연구원은 자위적 核(핵)무장, 이석기 사건 등 安保와 정치이슈에 대한 각종 여론조사도 수행해왔다. 2013년 2월, 3차 핵실험 직후 18세 이상 1000명을 대상으로 실시한 여론조사에서 "북한의 핵개발에 맞서 한국도 핵무기를 개발해야 하느냐"는 질문에 66.5%가 찬성하는 것으로 나타났다. 同年 9월8~10일 전국 성인남녀 1000명을 대상으로 이석기 의원의 내란음모사건과 관련한 여론조사에서는 69.7%가 李 의원의 의원직을 박탈해야 한다고 답했다.

㉒ 올인코리아

행동력 강한 인터넷 매체

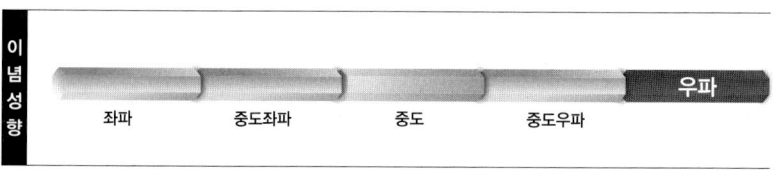

홈페이지: http://allinkorea.net
전화: 없음
설립일: 2006년 8월23일
주요인사: 조영환(대표)

올인코리아는 "한국의 국가정체성과 국민생존권에 손해가 되는 세력, 정책, 활동에 단호하게 맞서서 국가와 국민에 유익한 매체"를 추구하는 인터넷 매체이다.

독특한 '조영환式' 칼럼

趙榮煥(조영환) 올인코리아 대표는 중앙 언론에 보도된 헤드라인을 정리·분석해 칼럼을 써 홈페이지에 게재한다. 칼럼 대부분은 좌파들의 행태를 비판하는 내용이다. 그의 글은 타깃을 정확히 선정해 핵심을 찌르는 直球(직구)라는 評(평)을 듣는다.

예컨대, 2013년 11월2일자 '왜 언론은 찌질한 망국노들을 띄우나'란 칼럼에서 그는, 해당 정치인들의 實名(실명)과 이들을 부각시켜주는 언론의 행태를 조목조목 지적·비판했다.

'부산저축은행 사건'의 본질, 가장 정확히 진단

올인코리아는 右派(우파) 인사들의 시국진단을 비롯해 보수성향 시민들의 논평을 자주 게재한다. 조영환 대표는 이들의 발언과 주장을 정리해 보도함으로써 여론 확산에 一助(일조)하고 있다.

올인코리아가 다뤘던 주제들은 다양하다. '채동욱 검찰총장 婚外자녀 의혹', '국정원 사건', 'NLL 대화록 문제', '자위적 核무장' 등이 대표적이다. 특히 2011년 5~6월에는 부산저축은행 사건을 집중 보도했었다. 이때 조영환 대표는 이 사건의 본질을 '광주일고 출신 금융마피아 부산서민 착취사건'이라고 진단하기도 했다.

場外 시위 자주 열어

조영환 대표는 올인코리아 대표인 동시에 場外(장외)집회를 주도하는 운동가이기도 하다. 趙 대표는 종북좌익척결단, 나라사랑실천연합, 바른태권도연합 등과 함께 좌파세력 규탄 기자회견을 꾸준히 개최하고 있다. 이들은 2010년 말부터 2011년 초까지 '박지원 민주당 의원 퇴출 촉구 기자회견'을 총 25회나 열었다. 2011년 7월에는 좌파세력이 주도했던 소위 '쌍용자동차 희망버스'를 규탄하기도 했었다. 2011년 12월에는 사법부 左傾(좌경)판사들의 행태를 규탄하는 기자회견도 가졌다. 2013년에는 기자회견과 1인 시위로 '이석기 내란음모사건', '윤석열 검사 抗命(항명)파동', '통합진보당의 反국가성' 등을 집중적으로 비판했다.

㉓ 6·25전쟁납북인사가족협의회

전쟁 납북자 문제 해결 위해 결성

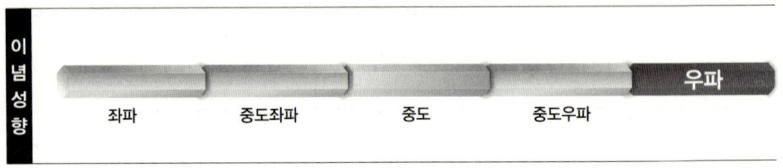

홈페이지: http://www.kwafu.org
전화: 02-967-0625
설립일: 1951년 8월 결성. 2000년 11월30일 재결성.
주요인사: 이미일(이사장)

6·25전쟁납북인사가족협의회(이하 가족회)는 6·25남침전쟁 당시 강제 납북된 인사들의 가족들이 결성한 단체다.

6·25전쟁 납북자들에 대한 生死확인 목적으로 결성

가족회의 前身은 1951년 8월, 6·25전쟁 중 결성되었던 '6·25사변피랍치인사가족회'이다. 이 단체는 수년 간 정부와 국민의 관심을 받으며 납북자 송환을 위해 활동했었지만 1950년대 중반, 生業(생업) 전념 등의 이유로 활동을 중단했다.

가족회는 전쟁납북자의 존재를 알리고자 2000년 11월30일, 지금의 명칭으로 再결성했다. 가족회는 ▲전쟁납북사건 관련 증거자료 수집 ▲6·25전쟁 납북인사 인권피해 실태 조명 세미나 개최 ▲백만인 서명운동 ▲6·25전쟁 납북자 관련 특별법 제정촉구 등의 활동을 전개하고 있다. 특히 홈페이지에 총 11만 2626명의 납북인사 명단을 데이터베이스化해 납북자들의 이름을 검색할 수 있다.

유럽국가들과 함께 납북 피해 해결 방안 모색

단체는 國外(국외) 활동에도 노력을 기울였다. 2011년 12월 美 下院(하원)에서 'H.Res 376(6·25전쟁 실종자 송환 결의안)'이 만장일치로 채택되었고, 이 결의안을 토대로 2012년부터는 국제적십자사와 유엔, 국제사법재판소가 있는 유럽지역의 국가들을 방문, 전쟁범죄인 납북 피해의 실상을 알리고 해결방안 등을 모색하고 있다.

가족회는 2013년 7월2일 '전시납북자는 없다'는 북한정권의 허위주장에 대한 반박성명서를 발표했다. 이들은 "북한정권은 우리민족끼리 잘해보자는 말만 앞세우지 말고 거짓된 평화 협정을 운운하지 말라"며 ▲戰時(전시)납북 범죄사실을 정직하게 시인하고 ▲전시납북자와 그 피해가족에게 사과 ▲전시납북자 생사확인·유해송환 등의 문제에 나설 것을 촉구했다.

이미일 이사장은 홈페이지에 "6·25전쟁은 아직도 계속되고 있다"며 "전쟁납북자들의 귀환이 이뤄지는 그때 비로소 저희들의 전쟁도 끝이

나고 한반도에 진정한 평화가 오리라 생각한다"며 적극적인 지지를 당부했다.

父親 납북된 이미일 이사장

이미일 이사장의 父親 이성환 씨는 평안북도 박천군 출생으로 일본 와세다 대학을 다니다 학업을 중단한 뒤 京城(경성, 지금의 서울)으로 돌아왔고, 해방 후엔 美 군정 통역관을 지냈다. 6·25남침전쟁이 발발하자 미처 피난길에 오르지 못한 이성환 씨는 1950년 9월4일 납북됐다. 6·25전쟁 후 이미일 이사장의 母親은 생계를 위해 의대로 편입, 산부인과를 개원했고, 李 이사장은 父親을 포함한 납북자 송환을 위한 시민운동에 投身(투신)했다. 이미일 이사장의 끈질긴 노력 덕분에 2010년 3월, 국회에서 '6·25전쟁납북피해자보상법'이 통과되었다. 이 법률에 依據(의거), 국무총리 직속 '6·25전쟁납북피해자진상규명과명예회복위원회'가 설치되었고, 2013년 현재도 활동 중에 있다.

㉔ 이북도민회중앙연합회

左派정권의 햇볕정책·對北지원 비판

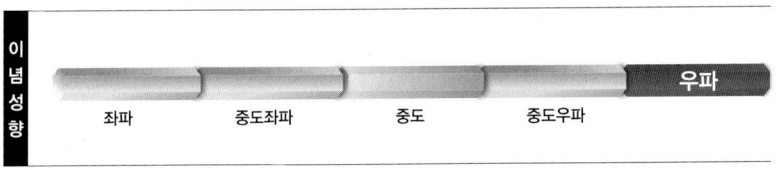

홈페이지: http://www.ebuk7do.co.kr
전화: 02-391-3207
설립일: 1970년 8월8일
주요인사: 홍성윤(회장), 안무혁(前 안기부장)(황해도민회장), 박지환(평남도민회장), 박성덕(평북중앙도민회장), 홍성윤(함남도민회장), 안철호(함북도민회장), 최종대(미수복경기도민회장), 장성규(미수복강원도민회장)

이북도민회중앙연합회(이하 도민회)는 이북 각 道民會(도민회)의 연합협의기구로서, 대표의장은 각 도민회장이 1년 임기 윤번제로 會務(회무)를 수행한다. 도민회의 주요사업과 목표는 ▲이북 각 분야에 걸친 정보의 수집 및 분석 ▲이북도민의 자유민주주의 수호와 통일을 위한 다각적인 연구·조사 ▲실향 이북도민의 실태조사와 생활향상 및 권익증진 사업 등이다.

김대중·노무현 親北행태에 비판적 입장

도민회는 실향민들이 주축이 된 만큼 左派정권 시절에도 김대중·노무현 정권의 親北的(친북적) 행태에 비판적 입장을 취했다. 김대중 前 대통령이 對北(대북)송금 의혹에 대해 해명 기자회견을 가졌던 2003년 2월14일, 백광우 당시 사무총장은 "대통령 담화는 핵심을 다 벗어난 발표이며 궁극적으로는 진상을 다시 파헤쳐야 한다"고 주장했다. 도민회는 同年 6월에 서울시청 앞 광장에서 열린 보수세력 주도의 '6·25 국민대회'에도 참가했다.

25 21세기분당포럼

'從北세력', '통일' 등 汎국가적 주제로 강연 개최

| 이념성향 | 좌파 | 중도좌파 | 중도 | **중도우파** | 우파 |

홈페이지: http://www.pdforum.or.kr/
전화: 031-704-2741
설립일: 1999년 5월14일
주요인사: 이영해(한양대 산업경영공학과 교수)(이사장), 강요열·김광윤·이상연(공동대표)

21세기분당포럼(이하 포럼)은 사회 전반에 관련된 주제들에 대해 名士(명사)들을 초청해 토론하고 정책 대안을 제시하는 단체이다.

'종북세력 대책' 등 汎국가적인 주제 다뤄

포럼이 다루는 주제들은 '종북세력', '창조경제', '통일' 등 汎(범)국가적 차원의 주제들이 많다. 2013년 강연에서 다뤄진 주요 주제들과 초빙강

사들은 ▲종북세력의 현황과 대책(趙甲濟 조갑제닷컴 대표, 2013년 10월11일) ▲창조경제를 위한 정책 방향과 과제(崔文基 미래창조과학부 장관, 2013년 9월7일) ▲국민대통합 방안과 글로벌 리더십(金炯旿 前 국회의장, 2013년 6월7일) ▲류우익의 통일준비론(柳佑益 前 통일부 장관, 2013년 5월18일) ▲한국경제의 전망과 대책(朴宰完 前 기획재정부 장관, 2013년 1월19일) 등이었다.

특히 포럼은 '종북세력의 현황과 대책' 강연회 소개자료에서 從北(종북)세력을 '평화·민주주의·진보로 위장하여 사회혼란을 조장하는 집단'으로 규정했다. 이어 "(종북세력은) 우리 사회의 가장 암적 존재이자, 우리 민족이 지향하는 '남북평화통일'에도 가장 걸림돌이 되는 자유민주주의의 적"이라고 비판했다. 포럼의 이념적 성향을 엿볼 수 있는 대목이다.

포럼은 非정치적인 강사들을 초빙하기도 한다. 2012년 12월7일에는 《무궁화 꽃이 피었습니다》의 著者(저자)로 잘 알려진 소설가 김진명 씨를 초청해 '지도자의 리더십과 나라의 미래'라는 주제로 강연을 열었다. 2010년 9월24일 강연은, 채욱 대외경제정책연구원(KIEP) 원장의 '세계경제 환경의 변화와 우리의 대응'이라는 제목으로 개최되었다.

'對北 원칙론자' 이영해 교수

포럼의 대표인 이영해 교수는 安保(안보)를 중요시하는 對北(대북) 원칙론자로 잘 알려져 있다. 李 교수는 연평도 포격이 일어난 직후인 2010년 12월8일字 인터넷 〈코나스〉에 '통일대비 강력한 안보 필요하다'는 칼럼을 기고했다. 그는 "적이 무력도발을 해와도 즉시 대응을 하지 못하고 우왕좌왕 하고, 중차대한 국가안보 앞에서 상투적 변명과 거짓으로 일관하는 군 지휘부는 군인이라기보다 정치를 하기에 바쁘고, 장교들은 좋은 보직과 진급에 더 관심이 많고, 사병들은 국방부 시계만 돌아가면 된다는 것이 우리 군대의 자화상"이라고 지적했다. 李 교수는 "안보는 산소에 비유된다"면서 "산소가 없어지면 생명이 죽듯이 안보가 날아가면 나라가 망한다. 안보를 경시하게 만든 사회적 현상에 대한 깊은 성찰과 반성이 있어야 한다. 행동없는 안보의 외침은 공허할 뿐"이라고 강조했다.

26 자유경제원

자유시장경제와 자유민주주의 강조하는 연구기관

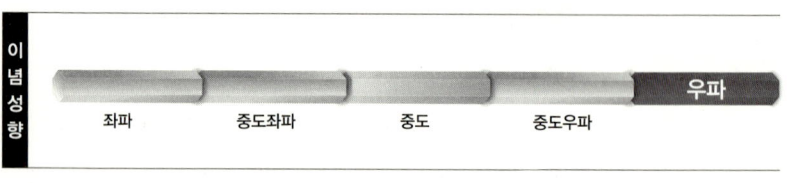

홈페이지: http://www.cfe.org
전화: 02-3774-5000
설립일: 1996년 10월1일 자유기업센터 설립
　　　 2000년 2월21일 자유기업원 분리독립 및 改名
　　　 2012년 8월 자유경제원으로 명칭 변경
주요인사: 전원책(원장), 정구현(現 카이스트 경영대학원 교수)(이사장), 최승노(사무총장)

자유경제원(이하 경제원)은 대한민국 시장경제의 번영을 위해 설립된 시장경제 전문연구기관이다. 이들은 설립목적으로 "자유시장경제의 창달을 위한 경제교육사업, 정책홍보사업, 그리고 기업 및 기업이미지 개선사업을 지속적으로 전개할 것"을 명시하고 있다.

전원책 원장은 대한민국이 한반도의 유일한 合法(합법)정부이며 국민 모두가 자유민주주의와 市場경제주의의 헌법정신을 수호해야 한다는 점과 국가안보의 중요성을 강조하며 '자유민주적 기본질서 아래서의 평화통일'로 나아갈 것을 제시하고 있다.

대학 강좌 개설해 시장경제·정치경제 교육

경제원은 ▲여론형성 사업 ▲모니터 사업 ▲네트워크 사업 ▲교육 사업 ▲연구출판 사업 ▲뉴미디어 사업 등을 진행하고 있다. 이들은 월간지 〈2032〉를 발행하고 있으며, 《민주노동당·통합진보당 연구》, 《탈북자 관련단체의 문제점과 바람직한 역할 모색》, 《대중을 위한 경제학》, 《자발적 복지와 복지국가의 함정》등을 발간했다. 산하기관으로는 자유기업센터가 있다.

경제원은 시장경제강좌·정치경제강좌를 진행해 대학생들의 교육에 나서고 있다. 2003년 2학기부터 시작한 시장경제강좌는 시장경제의 필요성을 교육하고 있다. 2011년 2학기에 시작한 정치경제강좌는 국가정체성을 확립하고 올바른 역사관 등을 함양하는 데 주안점을 두고 있다.

㉗ 자유민주민족회의

'보수의 元老' 李哲承 선생이 이끌다

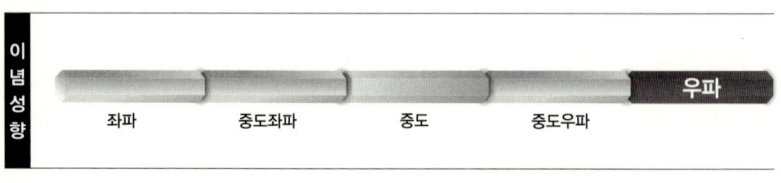

홈페이지: 없음
전화: 없음
설립일: 1994년 7월16일
주요인사: 이철승(상임의장)

　자유민주민족회의(이하 민족회의)는 李哲承(이철승) 前 신민당 국회의원이 대표로 있는 정통 右派단체다.

자유민주주의 수호와 평화통일 이루고자 설립

　민족회의는 李哲承 前 의원, 吳制道(오제도) 변호사 등 각계 원로 400여 명은 1994년 7월16일 오전 10시 서울 프레스센터 20층 대회의실에서 자유민주민족회의 결성대회를 열었다. 이들은 '자유민주주의 사회를 파괴하는 북한동조세력을 단호히 배격해 나갈 것'을 결의했다.

김정일 국제사법재판소 提訴 위한 서명운동

민족회의는 2000년 6월6일부터, 산하 단체들과 함께 학살자 김정일을 국제사법재판소(ICJ)에 提訴(제소)하자는 전국적인 서명운동을 전개했다. 당시는 김대중-김정일 제1차 평양회담을 앞두고 있어 남북 화해 무드가 만연했던 시기였다.

민족회의는 "김정일은 1974년부터 對南(대남) 공작 부서를 직접 진두지휘, 총 3700여 명의 무고한 양민을 납치했고 이 가운데 450여 명을 강제 억류하고 있다"고 밝혔다. 이들은 "이 같은 범죄 행위들이 김정일의 포악성과 無도덕성, 反인륜적 파렴치성을 적나라하게 표출시켜주고 있는 명백한 증거"라고 강조했다.

서해교전 규탄 시위

2002년 7월16일, 민족회의의 회원 500여 명은 서울 명동에서 '북한의 무력도발규탄과 탈북난민정착지원 궐기대회'를 열었다. 이들은 "정부는 한국전쟁 이후 최대의 참사인 서해교전의 원인이 된 햇볕정책을 즉각 철회하라"고 외쳤다. 이어 "중국은 탈북 난민에 대한 체포와 북송을 강행하고 탈북 난민을 돕는 봉사자를 구금하는 등 反인권적 처사를 강행하고 있다. 탈북 난민을 보호하고 강제 북송을 즉각 중지하라"고 촉구하기도 했다.

㉘ 자유민주연구학회

安保위해세력 對抗전략 연구하는 학술모임

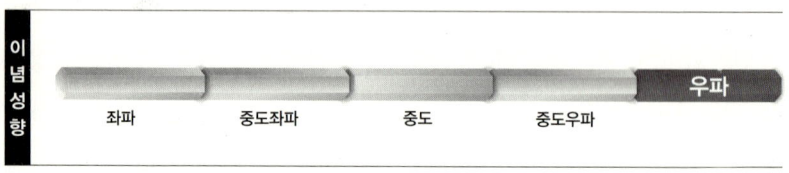

홈페이지: 없음
전화: 없음
설립일: 2005년 10월20일
주요인사: 조영기(現 고려대 북한학과 교수)(회장), 함귀용(변호사)(前 회장), 유동열(치안정책연구소 선임연구관)

자유민주연구학회(이하 연구학회)는 '북한 및 국내 헌정질서 부정 및 파괴세력으로부터 대한민국의 자유민주체제를 수호하고 이를 발전시키기 위한 제반전략을 연구·전파한다'는 목적으로 출범했다. 최근까지 국가안보 危害(위해)와 관련된 각종 세미나를 지속적으로 개최해왔다.

연구학회는 주요사업으로 ▲자유민주주의 및 자유시장 수호, 발전전략 및 관련대책 연구 ▲북한 등 안보위해세력 對抗(대항)전략 연구 및

戰線(전선)구축 활동 ▲국가안보위해 선전·선동문건 분석 및 대응논리 개발 ▲친북좌파 문화침투 차단책 마련 등을 설정하고 있다.

소위 '북한 전문학자'들의 좌편향성 고발

연구학회는 공영방송의 좌편향성에 대해 비판했다. 2008년 12월5일 연구학회가 주최한 토론회에서 김광동 나라정책연구원장은 KBS 1·2, SBS, MBC 등 방송 4사의 주요 뉴스 시간대 북한 관련 논평을 분석한 결과를 발표했다. 金 원장은 총 363회의 TV 논평 가운데 43%에 달하는 155회를 양무진(북한대학원대학교), 김용현(동국대 북한학과), 김근식(경남대 정치외교학과) 교수가 도맡아왔다고 밝혔다.

金 원장은 양무진·김용현·김근식 3인 외에도 조명철(대외경제정책연구원), 조성렬(국가안보정책연구소), 양문수(북한대학원대학교), 고유환(동국대 북한학과) 교수 등을 포함한 상위 논평자 7명이 전체 논평의 60%인 209회를 차지하고 있다고 덧붙였다.

金 원장은 "상위 7인의 논평에는 북한체제가 공산주의, 전체주의, 스탈린체제이며 지구상에서 가장 인권과 자유, 민주주의를 억압하는 국가라는 국제기구와 학계의 보편적 평가나 인식을 전혀 반영하지 않고 있었다"고 비판했다.

安保 관련 각종 세미나 개최

연구학회는 2013년 9월10일 '이석기 내란음모사건의 실체와 대책'을 주제로 세미나를 개최한 것을 비롯해 ▲천안함 폭침 3주기 과제와 북핵

위기의 대응(2013년 3월18일) ▲북한의 사이버 남침, 이대로 방치할 것인가(2013년 8월12일) ▲국정원 개혁, 어떻게 할 것인가(2013년 10월22일) 등의 세미나도 개최했다.

㉙ 자유북한방송

北에 진실 전하는 對北 방송국

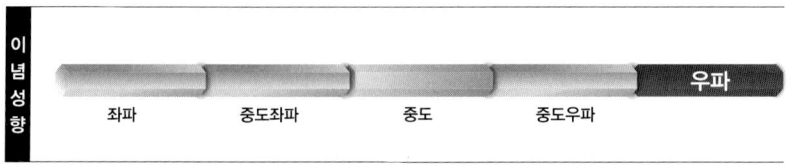

홈페이지: http://www.fnkradio.com
전화: 070-8803-0977
설립일: 2003년 10월
주요인사: 김성민(대표)

자유북한방송(FNK)은 탈북자들이 운영하는 對北(대북) 라디오방송국이다. 이 방송국은 '북한정권이 두려워한다'는 수식어가 붙어 있다. 폐쇄와 거짓으로 독재를 유지하는 북한정권엔 탈북자들이 직접 전하는 眞實(진실)이 파괴적이기 때문이다.

이들은 "1990년대에 북한정권은 300만이 넘는 아사자가 발생했음에도 600만 톤의 옥수수를 살 수 있는 8억 9000만 달러를 들여 김일성의 시신을 치장하는 데 쏟아 부었다. 김일성·김정일 父子(부자)의 대를 이은 독재와 우상화 속에 북한의 인민은 21세기의 가장 처참한 노예로 살고 있다"고 밝혔다.

탈북자 17%가 자유북한방송 청취 경험

자유북한방송은 2004년 4월20일 인터넷으로 첫 방송을 시작하고, 2005년 12월8일에는 단파방송을 시작했다. 이들은 북한 주민이 자유북한방송을 많이 청취하는 게 곧 북한 민주화를 앞당기는 일이라고 확신한다. 과거 동유럽 공산권에 자유의 바람을 불어넣은 것도 라디오 방송이었다. 탈북자들이 풍선을 통해 보내는 '대북전단'에도 자유북한방송 주파수가 적힌 쪽지가 실려 있다.

2006년 6월 한국기독교총연합회가 탈북자 200명을 대상으로 설문조사를 실시했는데, 탈북자 중 17%가 자유북한방송을 들었다고 대답했다. 자유북한방송은 2008년 '국경 없는 기자회'가 시상하는 미디어상을 수상하기도 했다.

북한의 공갈·협박

자유북한방송에 대한 북한의 공갈·협박도 일상적이다. 2004년 4월24일 북한의 對南(대남)공작 전위대 한국민족민주전선은 2004년 4월24일 논평에서 "나라와 민족을 배반한 반역자들이 미국과 우익보수세력의 배후조종과 후원 하에 그 무슨 인터넷 라디오방송이라는 것을 시작하였다"며 "통일을 반대하는 모든 세력들을 민족과 역사의 이름으로 철저히 매장해 버릴 것"이라고 협박했다.

美日은 자유북한방송 후원회 조직

자유북한방송에서 일하는 탈북자 중에는 김성민 대표를 비롯해 인민군 對南방송원, 對南선전원, 정치장교 출신들이 있다. 김성민 대표는 1962년 북한 자강도 희천시 출생이다. 김형직사범大 작가양성반을 거쳐 자주포군단 예술선전대 작가로 활동했다. 정치장교인 金 씨는 1996년 처음으로 북한을 탈출했다. 중국 延吉(연길)에서 지내던 金 씨는 1997년 2월 大連(대련)항에서 베트남行 선박을 타려다 검거됐다. 중국 도문에서 7일 동안 조사를 받고 함경북도 온성으로 끌려가 다시 7일간 조사를 받았다. 金 씨는 온성에서 평양으로 호송되던 중 기차에서 뛰어내려 다시 탈북에 성공했다.

김성민 대표는 북한인권과 관련, 미국과 일본을 수시로 오가는 국제적 인물이다. 2006년 4월에는 탈북자 강철환 씨와 함께 백악관을 방문, 부시 대통령을 만나기도 했다. 미국과 일본에는 자유북한방송 후원회까지 조직돼 있지만, 정작 한국정부의 관심은 상대적으로 크지 않다.

> 참고

'자유북한운동연합' (462페이지)
'한국기독교총연합회' (475페이지)

㉚ 자유북한운동연합

'對北전단 보내기 운동' 전개하는 탈북자단체

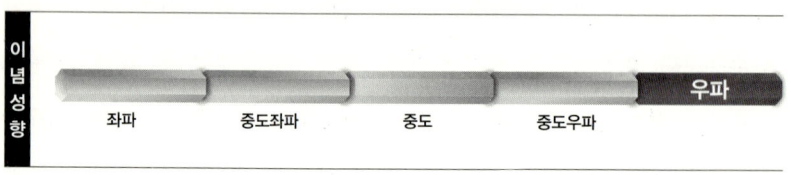

홈페이지: http://ffnk.net
전화: 02-508-3563
설립일: 2008년 1월
주요인사: 박상학(대표)

자유북한운동연합(이하 자북연)은 단체 소개에서 '김정일 先軍(선군) 독재정권을 타도하고 북한인민을 해방하여 자유민주주의체제에 의한 한반도의 통일을 목표로 투쟁하는 탈북자들을 핵심으로 한 자발적 조직체'라고 밝히고 있다.

이들은 설립목적으로 ▲절대 惡 김정일 선군독재정권 타도 ▲북한인민의 자유·해방을 위해 투쟁 ▲대한민국에서 親김정일 좌익세력 척결을 밝히고 있다.

對北전단 보내기 운동 추진

자북연은 對北전단 보내기 운동을 해왔다. 對北전단에는 탈북자들이 보고 느낀 자유민주주의와 남한의 실상, 북한에서는 상상도 못하는 김정일에 대한 비판이 실려있다.

자북연은 2013년에만 ▲김정일 생일(2월16일) ▲탈북청소년 강제송환 규탄(6월4일) ▲광복절 기념(8월14일) ▲이산가족 상봉 촉구(10월4일) ▲미군포로 송환을 촉구(10월26일)하는 전단을 날렸다.

'하벨인권상' 수상한 박상학 대표

박상학 자북연 대표는 右派단체들과 함께 左派단체의 불법행위 고소·고발 등에 동참해왔다. 그는 2009년 4월17일 '북한 로켓 발사 경축' 발언으로 구설수에 오른 가수 신해철을 국가보안법 위반 혐의로 서울중앙지검에 고발하기도 했었다.

박상학 대표는 2013년 5월15일 미국 인권재단(HRF)이 시상하는 '하벨인권상'을 수상했다. 하벨인권상은 민주화·인권신장을 위해 활동한 인사들에게 수여하는 상이다. 박 대표는 이날 〈미국의소리(VOA)〉와의 인터뷰에서 "(김정은이) 국민의 기대, 국제사회의 기대와는 너무나 동떨어지게 공포 정치, 핵을 가지고 대한민국을 폭격하겠다느니, 이런 反인륜적인 악행이 어디 있는가. 할아버지-아버지보다 더 잔인한, 도저히 용서할 수 없다. 그래서 독재자와는 양립할 수 없다. 이제 레짐 체인지(regime change, 정권교체)를 해야 한다"고 밝혔다.

③ 자유수호국민운동

前 국회부의장 張坰淳 상임의장이 지도

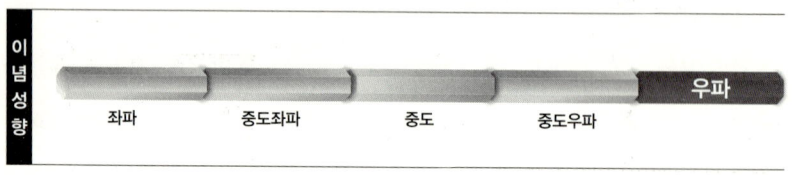

홈페이지: http://www.jayusuho.com
전화: 02-757-3149
설립일: 2002년 4월26일
주요인사: 장경순(상임의장)

자유수호국민운동(이하 국민운동)은 左派정권의 對北(대북)정책과 외교안보 노선에 반대하는 입장을 일관되게 표명해왔다.

자유민주주의와 시장경제 유지 발전 표방

국민운동은 단체의 목적으로 "대한민국의 자유민주주의와 시장경제 체제의 유지 발전을 위해 범국민적 愛國운동을 실천하고, 국민의 안보의식 提高(제고)와 국가 선진화 및 민주화에 기여함"을 명시하고 있다. 이들은 ▲국가보안법 폐지 반대 ▲주한미군 철수 반대 ▲한미연합사 해체 반대 ▲연방제 통일 저지 등의 활동을 전개하고 있다.

국회부의장 출신인 張坰淳(장경순) 상임의장은 아흔이 넘은 고령에도 불구하고 左派정권 시절 각종 對좌파 투쟁의 一線(일선)에 서 왔다. 張 상임의장은 2007년 5월 발간한 《나는 아직도 멈출 수 없다》는 회고록에서 "2002년 미국에 머물던 당시 김대중의 집권으로 나라가 左傾化(좌경화)가 됐다는 소식을 듣고 즉각 귀국했고 곧바로 이대용 장군과 김성은, 정내혁 前 국방부장관 등과 '7인 호국위원회'를 결성해 '자유수호국민운동' 발기인회를 구성했다"고 회고했다.

'자유동맹 10·24 국민대회' 개최

2005년 10월4일, 국민운동은 유엔창설 60주년 기념 '자유동맹 10·24 국민대회'를 서울시청 앞 광장에서 개최했다. 이날 대회에는 7000여 명의 시민들이 참석했다. 강영훈 前 국무총리를 비롯해 김성은 前 국방부장관, 김홍도 금란교회 담임목사, 서정갑 국민행동본부장 등이 연사로 나섰다. 대회장을 맡은 장경순 의장은 "김대중·노무현, 2代에 걸친 容共(용공)정권 하에 친북·반미세력 준동으로 나라의 운명이 일대 위기"라고 지적했다. 張 의장은 "친북·반미 정책을 펴고있는 盧 정권의 정체성을 묻지 않을 수 없다"며 비판했다. 국민운동은 이날 6·25남침전쟁 당시 유엔군 參戰(참전)에 대한 보답으로 미국을 비롯해 콜럼비아·캐나다·이탈리아·터키·영국 대사관 외교관들에게 감사패를 전달하기도 했다.

㉜ 자유청년연합

통진당·전공노·전교조와 싸우는 청년 투사들

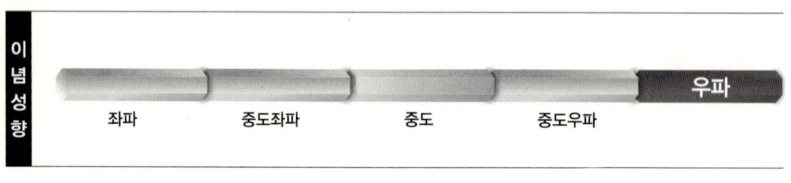

홈페이지: http://www.ylu.kr
전화: 070-8754-8466
설립일: 2009년 5월
주요인사: 장기정(대표)

자유청년연합(이하 자청연)은 우파적 이념을 가진 청년들을 중심으로 결성된 단체로, 기자회견 및 場外(장외)집회에 주력하는 청년우파단체이다.

거리의 투사들

자청연은 통합진보당(통진당) 해산 촉구 및 규탄시위를 지속적으로 열어왔다. 북한의 3차 핵실험 직후 통진당이 북한정권을 감싸는 듯한 주장을 하자, 자청연은 2013년 2월18일 통진당사 앞에서 기자회견을 열고

'북한 핵실험을 이명박 정부 탓으로 모는 통합진보당은 자진 해산하라'고 촉구했다. 같은 해 9월4일에는 이석기 내란음모사건을 규탄하는 기자회견을 열고 '내란음모 획책한 통진당 해체 및 이석기·김재연 국회의원직 즉각 제명하라'고 목소리를 높였다.

전교조와의 투쟁

2011년 1월27일, 장기정 대표와 자청연 회원들은 전국교직원노동조합(이하 전교조)의 '2011년 출범식'이 열린 서울 신길동 영신고등학교 앞에서 전교조 해체 촉구 기자회견을 열었다. 이때 자청연 회원들은 전교조 교사로 추정되는 사람들로부터 폭행을 당했다며, 같은 해 1월31일 서울 서초동 대검찰청 앞에서 기자회견을 열었다.

장 대표는 "전교조 교사들은 청년우파 단체회원들을 둘러싸 위협을 가했고, 이에 자유청년연합 회원들은 신변에 위협을 느껴 그 자리를 피하려 하였으나 다수의 전교조 교사들은 자유청년연합 회원들의 멱살과 팔을 잡고 행사장 안으로 끌고 가려고 했다"고 설명했다.

이날 장기정 대표 등 자청연 회원 3명은 전교조 교사 등을 검찰에 고소했다.

전공노의 大選 개입 폭로·고발

2013년 10월28일, 자청연은 '전공노(注: 전국공무원노동조합) 선거개입 밝혀졌다. 전공노를 즉각 수사하라'는 성명을 발표했다. 이들은 "18대 대선 때 전공노의 조직적 선거개입이 있던 것이 사실로 밝혀졌다"고 폭로했다. 자청연은 그 근거로 전공노 홈페이지 자유게시판 '국민후보 문재인을 지지합니다'란 글에 "[투표방침] 기호 2번 문재인 후보에게 표를 몰아주자", "친서민 공약 내세운 문재인 후보를 꼭 당선 시킵시다"라는 내용이 적혀 있었던 점을 들었다.

자청연은 "불법 선거운동을 한 쪽은 민주당과 문재인 후보 쪽인 것이 확연히 밝혀졌는데 민주당과 문재인 세력은 18대 대선이 국정원에 의한 조직적인 부정선거라고 주장하고 있다"고 비판했다. 이들은 전공노를 검찰에 고발하며 ▲전공노의 조직적 선거운동에 대한 사법처리 ▲전공노 소속 공무원들의 댓글 全數(전수)조사 등을 사법당국에 요구했다.

33 탈북난민보호운동본부(現 세이브엔케이)

탈북민 정착지원과 복지향상에 주력하는 단체

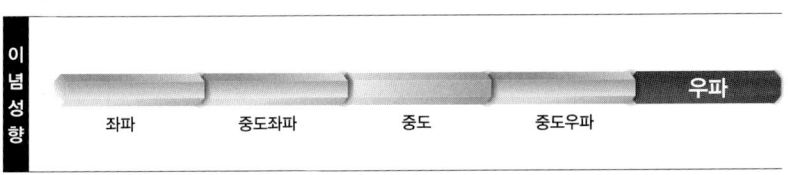

홈페이지: http://savenorthkorea.com
전화: 02-3446-7181
설립일: 1999년 4월16일. 2010년 7월 명칭 변경
주요인사: 이종윤(現 한국기독교학술원장)(이사장), 손병두(前 숙명여대 이사장)·이연옥(現 서울여대 이사장)·이정훈(現 연세대 국제학대학원 교수) 등(이상 공동회장), 김범수(現 미래한국 대표)(집행위원장)

    탈북난민보호운동본부(이하 세이브엔케이)는 1999년 4월16일 '탈북난민보호 UN청원운동본부'로 출범했다. 2004년 북한구원운동(Save North Korea)을 설립하여 기구를 통합, 2010년 통일부 산하 사단법인으로 등록하면서 현재 '세이브엔케이'로 이름을 바꿔 활동하고 있다.
    세이브엔케이는 '민간차원에서 통일을 준비하며 북한동포의 자유와 인권 개선을 촉진하고 통일에 대비한 지도자를 양성하며 북한이탈주민의 정착지원 및 복지향상에 기여하기 위해 설립된 단체'라고 명시하고 있다. 주요 활동으로는 ▲탈북민 국제법적 난민지위 획득과 강제송환 저지활동 ▲해외 탈북민 구출과 난민캠프 건설 ▲조사·연구·홍보 활동 등이 있다.

탈북민들의 한국 입국 지원

세이브엔케이는 1999년 12월13~15일 스위스 제네바에 대표단을 파견해 오가타 사다코(緖方貞子) 유엔난민고등판무관(UNHCR), 메리 로빈슨 유엔인권고등판무관 등을 만나 탈북자에 대한 난민지위 인정을 촉구하는 250만 명의 서명자 명단과 '탈북난민 현장보고서'를 전달한 바 있다. 2001년 5월부터 현재까지 탈북난민의 인권보호, 在中(재중) 탈북난민들의 한국 입국을 지원하는 긴급구출 활동 등에 주력하고 있다.

대표적으로 ▲탈북민 길수가족 한국입국(2001년 6월30일) ▲베트남 積滯(적체) 탈북민 468명 한국입국(2004년 7월27~28일) ▲탈북민 72명 구출(2006년) ▲ 탈북민 109명 구출(2008년)에 기여했다.

㉞ 피랍탈북인권연대

납북·탈북자 보호 운동

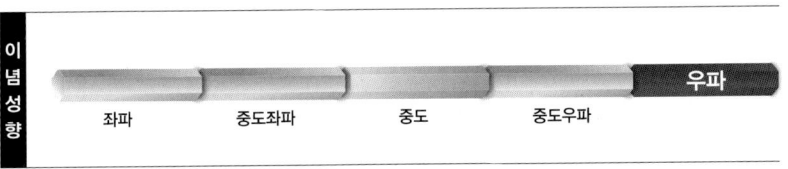

홈페이지: http://www.chnk21.org
전화: 02-735-1210
설립일: 2001년 3월
주요인사: 도희윤(대표)

피랍탈북인권연대(이하 인권연대)는 탈북동포에 대한 난민지위 촉구와 탈북난민 강제송환 반대운동 등에 주력해왔다.

'납북관련특별법 제정' 적극 지원

인권연대는 수많은 납북자들의 救命(구명)과 북한동포의 참혹한 인권유린 실태를 국제사회에 알림으로써 그들의 생명과 인권을 보호하기 위해 구성됐다. 이들은 한국과 북한, 중국, 유엔 등에 성명을 발표하고 인권단체와 연대해 북한인권개선 및 납북관련특별법 제정 등을 적극 지원해 오고 있다. ▲납북자·국군포로 생사확인 ▲납북자·국군포로 조속귀환 ▲귀환 납북자 특별법 제정 ▲납북자 가족지원법 제정 ▲해외 탈북자 보호 및 구명 운동도 전개하고 있다.

美 워싱턴에서 對北규탄 시위

도희윤 대표는 2012년 12월 美 워싱턴을 방문, 유엔 북한대표부 앞에서 북한 장거리 로켓발사를 규탄하는 시위를 벌였다. 그는 유엔본부 앞에서 미주탈북자선교회 마영애 대표 등과 함께 시위를 했다. 당시 都대표는 "유엔에서 8년 연속 북한인권법안이 통과됐지만 아직도 한국이 북한인권법을 통과시키지 못하고 있다는 것은 국제적인 수치가 아닐 수 없다"고 했다.

同年 5월1일에는 6·25전쟁납북인사가족협의회 등과 공동으로 '국군포로·납북자 이름부르기 캠페인'을 진행했다. 인권연대는 "국군포로·납북자의 이름을 한 명, 한 명 불러봄으로써 이들에 대한 생존 확인과 조속한 송환 문제를 국제사회에 알리기 위함"이라고 캠페인의 취지를 밝혔다.

㉟ 한국공업신문

국내 최초 보수 성향 노동신문

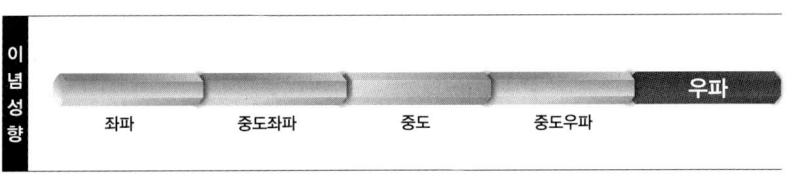

홈페이지: http://www.koinp.co.kr
전화: 없음
설립일: 2012년 8월
주요인사: 김기봉(대표)

한국공업신문(이하 신문)은 국내 최초의 보수 성향 노동신문이다. 신문은 "회사가 존재해야, 노조도 존재한다"는 모토로 2012년 8월 창간되었다.

민노총과 한국노총의 노선을 비판하는 동시에 노동자들의 權益(권익) 보호에도 관심을 기울이고 있으며, 對좌파투쟁도 벌이고 있다.

이 매체의 특징은 兩大 노총(특히 민노총)의 문제점을 고발하는 한편, 社側(사측)의 입장도 균형있게 보도한다는 점이다. 이들은 민노총이 벌이는 각종 불법과 비리 등을 기사화하곤 했다. ▲민주노총 충격보고서: 금품수수 일삼는 노조 간부들(2013년 11월2일字) ▲민주노총, 플랜트 건설노조 울산에 이어 충남에서도 복면 테러 강행(2013년 9월8일字) ▲위기의 민주노총 어떻게 할 것인가(2013년 3월31일字) 등을 다뤘다.

 신문은 '기업소식'을 통해 社側(사측)의 動向(동향)도 보도하는데, 본사가 울산광역시에 위치해 주로 현대중공업과 관련된 기사들이 많다.

㊱ 한국기독교총연합회

국보법 폐지·私學法 개정·연합사 해체 반대 운동

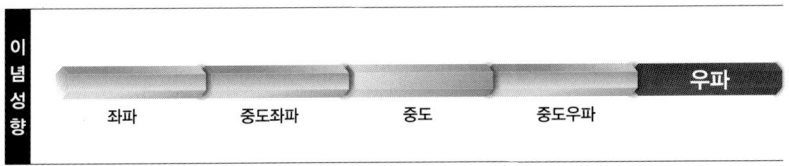

홈페이지: http://www.cck.or.kr
전화: 02-741-2782~5
설립일: 1989년 12월28일
주요인사: 홍재철(대표회장), 조용기·김선도·오관석·방지일·김장환 등(이상 명예회장)

한국기독교총연합회(이하 한기총)는 보수 성향 기독교계를 대변하는 단체라고 할 수 있다.

한기총은 "신구약 성경을 정경으로 믿으며 복음주의적 신앙고백을 같이하는 한국의 기독교 교단과 단체의 연합기관으로서, 각 교단과 단체가 독자적 정체성을 유지하면서 교회의 사명 감당을 위해 연합하며 정책과 사업을 개발 시행하는 것"을 목적으로 하고 있다. 이들은 노무현 정권 당시 국가보안법 폐지 반대, 사학법 개정 반대 운동에 주력했다.

대규모 군중집회 열어 안보의식 고취

2006년 9월2일, 한기총은 서울시청 앞 광장에서 '사학법 再개정과 전시작전통제권(전작권) 전환를 촉구하는 구국기도회'(이하 기도회)를 열었다. 7만 여 명이 참석(주최 측 추산)한 이날 기도회에는, 기독교계 뿐 아니라 재향군인회, 사학수호국민운동본부 등 보수단체 인사들과 교육 관련 주요 단체 인사들도 참여했다. 기도회에는 박종순 당시 한기총 대표회장을 비롯해 길자연 목사(現 왕성교회 원로목사), 서경석 목사(現 선진화국민행동 대표) 등이 참석했다. 참석자 중 대부분은 사학법 재개정과 전작권 전환을 추진하는 노무현 정권을 비판했다.

2012년 6월24일, 한기총은 서울시청 앞 광장에서 '대한민국 지키기 6·25 국민대회(이하 대회)'를 열기도 했다. 약 2만 여 명이 참석한 이날 대회는, 순국선열들을 기리고 호국·안보정신을 고취시키기 위해 마련된 자리였다. 홍재철 한기총 대표회장을 비롯해 조용기 여의도순복음교회 원로목사, 김삼환 명성교회 담임목사 등이 연사로 나왔다.

국가보안법 폐지·사학법 개정 반대

한기총은 2004년 노무현 정권과 이념적으로 대립했다. 당시 집권여당인 열린우리당이 發議(발의)한 국가보안법 폐지 방침에 대해, 金壽煥(김수환) 추기경, 法長(법장) 불교 조계종 총무원장, 기독교대한감리회(감독회장 김진호), 李秀英(이수영) 새문안교회 담임목사 등과 함께 길자연 한국기독교총연합회장도 반대 의사를 밝혔다.

한기총은 사립학교법(사학법) 개정에도 반대했다. 한기총 산하 한국교회언론회는 2004년 8월30일 성명을 내고 "종교적 목적을 建學(건학) 이념으로 해 세워진 학교에 대한 특수성을 인정해야 한다"고 주장했다.

통합진보당 해산에도 참여

한기총은 從北(종북)정당 해산에도 적극적이었다. 2012년 6월14일 용산 전쟁기념관에서 '종북정당 해산 촉구' 심포지움이 열렸다. 이 심포지움은 한기총과 재향군인회, 국민행동본부 등 보수단체들이 주관했다. 홍재철 대표회장은 "기독교인들 역시 바른 민족관과 애국관을 지니고 나라 살리기 운동에 적극 참여하겠다"고 밝혔다.

한기총은 2013년 11월5일 홈페이지에 '통합진보당 정당해산심판 청구안이 국무회의를 통과한 것을 환영하며'라는 글을 게재했다. 이들은 "한국기독교총연합회는 그동안 從北 논란이 끊이지 않았던 통합진보당의 해산 청원을 강력히 주장해 왔다"며 "민주적 기본질서를 해치는 정당에 대한 정부의 해산제소는 晩時之歎(만시지탄)이나 마땅한 것"이라고 평가했다. 한기총은 또 "통합진보당의 통일 강령이나 민중민주주의 강령 등도 북한을 일방적으로 추종하는 것임이 밝혀진 바 정당 해산을 위한 절차는 속히 진행되기를 촉구한다"고 밝혔다.

> [참고]
> '대한민국재향군인회' (405페이지)

③⑦ 한국논단

정통 보수 월간지…김대중 비판했다가 고초 겪어

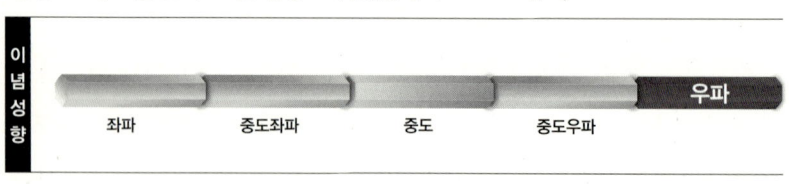

홈페이지: 없음
전화: 02-576-4393, 2096
설립일: 1989년 9월23일
주요인사: 이도형(대표)

한국논단은 1989년 창간된 보수 성향 월간지로, 2013년 11월 현재 통권 289호를 발행했다.

좌파세력 견제하는 正論誌 표방

李度珩(이도형) 대표는 육군 대위로 전역한 후 〈조선일보〉 기자를 시작으로 논설위원(1985), 관훈클럽 총무(1986) 등을 역임했고 1989년부터 한국논단 대표로 재직해왔다.

한국논단의 탄생은, 노태우 정부 출범 직후 민주화 열풍과 함께 등장한 左派(좌파)세력의 得勢(득세)와 관련이 있다. 1989년 이도형 대표는 이들을 견제할 正論誌(정론지)가 필요하다고 판단, 기업인 55명과 일반 주주들의 出資(출자)를 통해 한국논단을 창간했다. 한국논단은 그간 勞組(노조)의 親北性(친북성), 공영방송의 左편향 보도, 左派세력에 의한 역사왜곡 등을 집중 제기해 이들의 실체를 고발하고, 국가 정체성 수호에 앞장서왔다.

사상검증토론회 개최

한국논단과 李 대표가 널리 알려진 것은 1997년 제15대 대통령 선거 때였다. 그해 10월8일, 한국논단은 서울 타워호텔에서 당시 이회창 한나라당 후보, 김대중 새정치국민회의(이하 국민회의) 후보, 김종필 자유민주연합 후보, 이인제 국민신당 후보, 조순 민주당 후보를 초청해 '사상검증토론회'를 가졌다. 이도형 대표의 사회로 진행된 이날 토론회는 방송3社를 통해 생중계됐다.

그는 김대중 후보의 思想(사상)문제를 집중 거론했다. 李 대표는 金 후보에게 "황장엽 씨를 직접 만나보니 '김정일이 金 총재를 제일 좋아한다'고 말하던데 나를 설득해 보라"고 제안했다. 그는 또 "북의 독재체제를 공개적으로 비난하고 남북한의 상호軍縮(군축)이 아닌 북한만의 군축을 촉구할 수 있느냐"고 물었다. 이날 金 후보를 상대로 거론된 주요내용은 ▲김일성 사망 당시 弔問(조문) 파동 ▲새정치국민회의 고문이었던 오익제 씨 越北(월북) 사건 등이었다.

김대중 정권 들어 고초 겪어

그해 12월1일, 국민회의는 한국논단 12월호에 보도된 '金大中 씨의 평생 거짓말 한 번도 안 했다는 거짓말을 벗긴다'는 기사의 일부 내용을 문제삼아 그를 검찰에 고발했다(출처: 1997년 12월1일字 〈연합뉴스〉 보도).

서울중앙지검은 김대중 대통령 취임식 하루 전인 1998년 2월24일, 李 씨에게 불기소 처분을 내렸다. 고발 내용에 구체성이 없어 범죄요건이 성립 안된다는 이유에서였다.

하지만 김대중 측은 서울고검에 항고했다. 서울고검에서도 서울지검의 결정이 옳다며 이를 기각하자 이번엔 大檢(대검)에 再항고했다. 대검에서 한동안 계류되어 있던 이 사건은 7개월 만인 1998년 6월17일 趙 모 검사에 의해 公訴(공소) 제기됐다. 처음 불기소 처분을 내렸던 朱 모 검사는 그후 전주지검으로 좌천되기도 됐다(출처: 〈月刊朝鮮〉 2003년 12월호). 결국 李 대표는 징역 2년에 집행유예 3년을 받았다(출처: 2009년 8월29일字 인터넷 〈미래한국〉 보도). 그는 2005년 8월, 형선고실효 및 특별사면 복권되었다.

5·16 재조명 위한 세미나 개최

2013년 5월16일, 한국논단은 5·16혁명 52주년을 맞아 서울 프레스센터에서 학술 세미나를 개최했다. 이도형 대표는 "5·16은 정권획득의 수단이 아닌 조국의 앞날을 생각한 구국의 결단이었다"며 "역사의 판단을 기다리기 전에 5·16 당시의 상황을 눈으로 보고 겪은 우리가 (5·16을) 재평가해야 한다"고 밝혔다.

㊳ 한국대학생포럼

右派 최대 규모의 대학생 단체

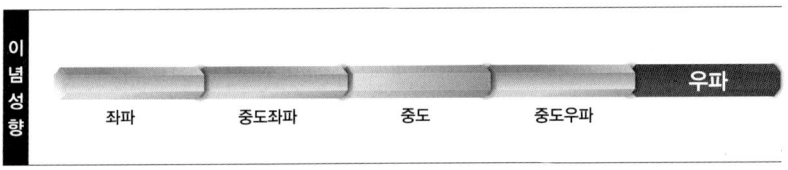

홈페이지: 없음
전화: 없음
설립일: 2009년 3월12일
주요인사: 심응진(회장), 이정현(부회장)

한국대학생포럼(이하 포럼)은 전국 51개 지부와 8100명(2013년 기준)의 회원을 갖고 있는 右派 성향의 대학생 단체이다.

'보수' 기치 내건 비전 선포식

포럼은 '자유민주주의와 시장경제적 가치에 기반을 둔 건전한 진보, 보수의 가치를 발전시키자는 목적'으로 창립되었다.

포럼은 2010년 새로운 도약을 위한 '비전 선포식'를 시작으로, 매년 그해의 비전을 선포하는 비전 선포식을 열고 있다.

2013년 3월28일 서울 프레스센터에서 열린 '2013 비전 선포식'에서 심응진 회장은 "좌우간 이념갈등 기성세대의 영향력에서 자유롭지 못한 대학생이 아닌 다양한 대학생들의 진정성 있는 목소리를 담아내는 그릇이 되고자 한다"며 "올바른 20대의 목소리를 대변하겠다"고 밝혔다.

통진당 부정선거·한대련 촛불집회 비판

포럼은 2012년 5월11일 서울 노량진 통합진보당(이하 통진당) 당사 앞에서 통진당 不正경선을 규탄하는 기자회견을 열었다. 이들은 "이번 부정선거는 민주주의의 선거문화를 크게 도태시키는 일이고 그들이 줄곧 외쳐왔던 정의와 도덕성은 과대 포장되어 진실을 호도하는 허위임을 보여주었다"고 비판했다.

박종성 前 회장은 2012년 5월30일 프레스센터에서 열린 '5월의 함성-시국선언'에서 "(통진당이) 대학생들의 사회 참여를 핑계로 집회 현장에 불러내고 정치 집회에 참석하게끔 만들었던 장본인"이라고 비판했다.

이어 "한대련(注: 21세기한국대학생연합) 학생들이 통진당 중앙위 폭력사태에 있었고 가담한 학생도 있었다. 한대련의 성명과 활동을 보면 통진당의 앵무새로 밖에 보이지 않는다"며 한대련의 해체를 촉구했다. 한대련은 과거 학생 左傾(좌경)운동을 주도했던 한국대학총학생회연합(한총련)의 後身(후신)이다.

北 핵문제는 실질적 안보위협

포럼은 2013년 2월20일 서울 청계광장을 비롯한 전국에서 기자회견을 열고 북한의 3차 핵실험을 규탄했다. 이들은 "북한이 작년 12월 실용위성이라고 주장하며 발사한 장거리 미사일 기술 보유는 더 이상 북한의 핵문제가 좌시할 수 없는 실질적인 안보위협"이라고 했다. 이들은 "북한에 대한 강력한 제재와 동시에 군사적으로 철저한 대북 대비태세를 갖추고, 全 세계 국가들과 협력해 북한을 향해 한 목소리를 낼 수 있는 네트워크를 구축해야 한다"고 밝혔다.

2013년 2월27일, 포럼은 미래를여는청년포럼 등과 함께 '위메이크코리아(이하 위코)'를 결성했다. 청년들의 안보의식을 재정립하고 건강한 한국을 만들기 위해 결성된 '위코'는 2013년 3월26일, 천안함 爆沈(폭침) 3주기를 맞아 '특별 안보캠프'를 열기도 했다.

정의구현사제단 '지탄받아 마땅'

포럼은 2013년 9월27일 서울 프레지던트 호텔에서 통합진보당 해산을 요구하는 기자회견을 열었다. 이들은 "이석기 내란음모죄는 국가기강을 흔드는 최고의 반역범죄 행위"라며 "통합진보당 정당해산 요구는 당연한 귀결이며 이 과정을 국민이 예리한 통찰로 지켜보고 있음을 간과해서는 안 된다"고 촉구했다.

同年 11월22일 천주교정의구현사제단(이하 사제단) 전주교구 지부는, 전북 군산 수송동 성당에서 소위 시국미사를 열었다. 이날 박창신 신부는 "NLL, 문제있는 땅에서 한미군사운동 계속하면 북한에서 어떻게 하겠어요"라고 물은 뒤 "쏴야지"라고 자답했다.

  포럼은 11월24일 서울 명동성당 앞에서 청년단체들과 함께 사제단의 사죄를 촉구하는 공동 기자회견을 열고, 박 신부의 발언을 비판했다. 이들은 "개인의 정치적 의견을 피력하는 것은 민주시민의 권리이지만 신의 이름을 앞세워 민중을 호도하는 종교인은 지탄받아 마땅하다. 사제단은 지금이라도 정치적 행위를 자제하고 순국장병의 영혼을 기리는 미사를 해야 한다"고 촉구했다.

㊴ 한국자유연합

自由統一과 一流국가 건설 표방하는 청년·시민단체

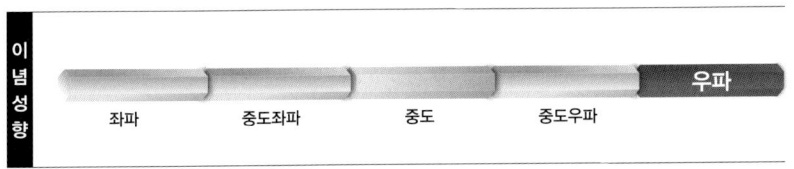

홈페이지: http://libertyherald.co.kr
전화: 없음
설립일: 2009년 9월
주요인사: 김성욱(대표), 홍수연(사무총장)

한국자유연합(이하 한자연)은 自由統一(자유통일)과 一流(일류)국가 건설을 표방하는 청년·시민단체이다.

한자연의 前身 '무한전진'

한자연의 前身(전신)은 '무한전진'이란 단체였다. 무한전진은 2004년 3월, 한 인터넷 포털사이트에 개설됐던 '노무현 탄핵 적극찬성'이란 카페가 母胎(모태)이다. 이 카페 멤버들은 대부분이 학생·청년들이었다. 이들은 오프라인 상에 무한전진이란 단체를 만들고 좌파세력을 상대로 본격적인 애국운동을 전개했다. 2009년 9월28일, 무한전진은 통일부에 법인등록을 마치고 같은 해 11월14일 서울 성북구 사무실에서 '한국자유연합'이란 이름으로 공식 출범했다.

'자유통일'과 '一流국가 건설' 모토로 내세워

한자연은 출범선언문에서 "대한민국 헌법이 정하고 있는 '자유민주주의와 시장경제를 기본이념으로 한 평화적인 자유민주주의 통일(자유통일)'을 달성하기 위한 대중조직"이라고 밝히고 있다. 이들은 "自由統一(자유통일)은 단순한 명분도, 구호도 아니다"라며 "자유통일은 폐허가 되어 버린 북한을 재건해 一流국가로 도약하는 유일무이한 길이다. 죽어가는 북한을 구하고 쇠락하는 남한을 살리는 血路(혈로)가 바로 자유통일"이라고 강조했다. "자유통일과 북한재건에 대한 사회적 인식 확산과 대중교육, 특히 청년대학생 교육에 집중하는 한편, 자유통일과 북한재건을 위한 연구 활동 및 汎(범)국민적 차원의 운동을 전개할 것"이라는 포부도 밝혔다.
한자연은 〈리버티헤럴드〉라는 인터넷 매체도 兼營(겸영), 사실과 논리에 입각한 자유통일의 당위성, 좌파세력의 실체를 고발하는 기사를 지속적으로 보도하고 있다.

뜨거운 반향 일으킨 '토크콘서트'

한자연은 김성욱 대표를 중심으로 활발한 강연활동을 펼치고 있다.

2013년 8월23일과 11월9일 각각 토크콘서트를 개최했다. 8월 토크콘서트에서는 김정은 정권을 무너뜨려 자유민주주의와 시장경제로의 체제 통합을 전제한 대한민국 주도의 평화적 통일을 해야 한다는 데 뜻을 모았다. 11월 토크콘서트에서는 남한 내 從北(종북)좌파세력을 척결하고, 북한 독재의 패륜적 暴壓(폭압)을 종식시켜 대한민국 청년들이 통일의 主役(주역)으로 거듭나자는 비전을 선포했다. 한자연 주최 행사의 특징은 他 보수단체의 행사와 달리 젊은 층이 많이 참석한다는 점이다. 두 차례에 걸친 토크콘서트엔 수백여 명이 넘는 청년들이 참석해 성황을 이뤘다.

'左派킬러' 金成昱 대표

金成昱 대표는, 우리나라에서 종북좌파세력의 뿌리와 실체, 그 해결방안까지 두루 꿰고 있는 記者(기자)이다. 金 대표는 〈미래한국〉 기자 시절인 2004년 12월, 당시 이철우 열린우리당 의원이 1992년 북한 조선노동당에 現地(현지)입당하고 당원부호(대둔산 820호)를 부여받았다는 사실을 특종 보도해 주목을 받았다. 金 대표는 활발한 취재활동을 통해 우리나라에 존재하고 있는 종북좌파세력의 실체를 심층적으로 보도해왔다. 그의 기사들은 책으로 엮어져 《노무현의 亂(난)》(조갑제닷컴 刊), 《대한민국 赤化(적화)보고서》(조갑제닷컴 刊), 《대한민국 블랙리스트》(조갑제닷컴 刊)라는 제목으로 발간되었다.

그는 조갑제닷컴을 통해 많은 기사를 게재하고 있는데 2013년 11월7일 현재까지 그가 써 올린 기사의 수는 3000여 건에 달한다.

㊵ 한국자유총연맹

反共연맹에서 출발, 자유민주 실천운동 주도

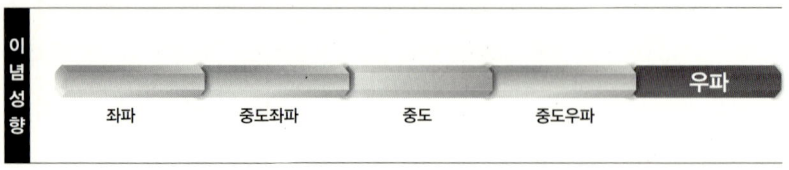

홈페이지: http://www.koreaff.or.kr
전화: 02-2238-1037
설립일: 1989년 4월1일
주요인사: 김명환(회장), 이영재(사무총장), 신동혁(사무부총장)

한국자유총연맹(이하 자총)은 1964년 1월15일 설립된 한국반공연맹의 後身(후신)이다. 1989년 4월1일 故 丁一權(정일권) 前 국무총리 등의 주도로 현재의 '한국자유총연맹'이 발족했다.

자유민주주의체제 수호에 주력

자총은 기구의 목적으로 "민주주의 이념에 입각한 국가정체성을 확립하고, 시장경제 활성화를 뒷받침하여 성숙한 민주시민사회를 선도하며, 대한민국의 안보를 위협하는 북한의 어떠한 도발책동도 단호히 분쇄할 것"을 명시하고 있다.

이들은 "생활 속에서 공감이 가능한 자유민주주의의 실천행동으로 행복한 대한민국 건설"을 목표로 ▲자유민주주의체제 수호 ▲자유민주주의 이념 확산 ▲자유민주주의 역량 강화활동 ▲성숙한 자유민주주의 구현에 매진하고 있다.

자총은 ▲북한 핵실험 규탄, 한미연합사해체반대 등의 '범국민운동' ▲국민의식 개혁과 건전한 통일관 정립을 위한 '통일준비 민주시민교육' 등의 사업도 진행하고 있다.

北이 'NLL 무효화 선언' 하자 규탄 성명 발표

과거 권위주의 정권 당시 官邊(관변)단체로서 각종 反共(반공)집회에 앞장섰던 자총은 김대중·노무현 정권 10년간 위축됐으나, 보수적 성향은 계속 유지했다.

자총은 김대중 정권 2년 째이던 1999년 9월2일 북한의 서해 북방한계선(NLL) 무효화 선언에 대해 "정전협정과 남북기본합의서에 대한 난폭한 도전"이라며 정부의 강력 대응을 촉구했다. 자총은 같은 해 9월3일字 성명에서 "1953년 휴전협정 체결 이래 지금까지 지켜져 온 실질적 해상경계선인 NLL에 대해 일방적으로 무효화를 주장하는 것은 일고의 가치도 없는 불법행위이자 명백한 주권침해"라며 "북한은 이를 철회하고 대북 포용정책의 선의를 악용, '通美封南(통미봉남)'을 획책하는 작태에서 벗어나라"고 말했다.

'이석기 제명 및 통합진보당 해산촉구 운동' 벌여

2013년 9월10일 취임한 金明煥(김명환) 회장은 홈페이지를 통해 "한국자유총연맹은 국민 안보의식을 고취하는 민간 안보 파수꾼으로서, 그리고 從北·左派세력의 책동을 분쇄하는 자유 지킴이로서의 역할에 충실해왔다…(중략) 대한민국의 정통성과 자유민주적 기본질서를 지키며 평화통일을 선도하는 건실한 보수 애국단체로 거듭날 것"이라는 의지를 밝혔다.

자총은 2013년 10월24일 열린 '통합진보당 해산촉구 서명 국민운동 보고대회'에서 "이번 서명운동은 이석기의 구속과 재판만으로 이 사건을 마무리할 것이 아니라, 국민의 혈세를 받아 북한의 종노릇을 하고 있는 정당을 해산해 우리사회의 암적 존재인 종북세력을 철저히 분쇄해야 한다는 범국민적 의지가 결집된 것"이라고 강조했다. 자총은 同年 9월6일부터 10월15일까지 전국적으로 '이석기 등 종북의원 제명 및 통합진보당 해산촉구 범국민 서명운동'을 전개, 43만 여 명의 서명을 받았다.

자총은 2013년 11월5일 경기·인천을 시작으로 한 달간 전국을 순회하며 '종북세력 척결 및 바른 역사알리기 범국민운동'을 전개한다고 밝혔다. 金明煥 회장은 격려사에서 이석기 內亂(내란)음모사건과 고교 한국사 교과서 좌편향 記述(기술)을 비판하며 "우리 애국시민세력은 從北세력의 국론분열 행위에 단호히 대처하고, 우리 아이들에게 올바른 역사관을 심어줌으로써, 한반도 비핵화와 평화통일을 이뤄내기 위한 범국민적 의지를 확산해나가야 한다"고 역설했다.

趙甲濟 기자의 라이프 워크

朴正熙 傳記 (全13권)

한 근대화 혁명가의 비장한 생애

23% 할인 판매!
총액 128,700원 → 100,000원

가장 감동적인 인간 드라마

趙甲濟의 現代史 이야기 (全13권)

36% 할인 판매! 총액 161,000원 → 110,000원

1. 조선총독부, 최후의 인터뷰
2. 김대중의 正體
3. 盧泰愚 육성회고록
4. 우리는 왜 核폭탄을 가져야 하는가?
5. 金賢姬의 전쟁
6. 김기철氏는 왜 요절했나?
7. 趙甲濟의 광주사태
8. 惡魔와 천사
9. 공산주의를 허문 8人의 決斷(결단)
10. 漢江의 새벽
11. 一流 국가 紀行
12. 이스라엘式으로 살기
13. '反骨기자' 趙甲濟

조갑제닷컴
CHOGABJE.COM & NATIZEN.COM

주문 전화 02-722-9411~3 국민은행 360101-04-065553(예금주 조갑제)으로 입금한 후 연락주십시오. chogabje.com 홈페이지에서도 결제 가능

左右이념단체動向보고

지은이 | 조갑제닷컴 편집실
펴낸이 | 趙甲濟
펴낸곳 | 조갑제닷컴
초판 1쇄 | 2013년 12월11일

주소 | 서울 종로구 내수동 75 용비어천가 1423호
전화 | 02-722-9411~3
팩스 | 02-722-9414
이메일 | webmaster@chogabje.com
홈페이지 | chogabje.com

등록번호 | 2005년12월2일(제300-2005-202호)
ISBN 978-89-92421-96-6-03330

값 15,000원

*파손된 책은 교환해 드립니다.